你一定爱读的

极简中国史

丁振宇◎著

金城出版社
GOLD WALL PRESS
中国·北京

图书在版编目（CIP）数据

趣历史：你一定爱读的极简中国史 / 丁振宇著. －北京：
金城出版社有限公司, 2020.8
ISBN 978-7-5155-2024-7

Ⅰ. ①趣… Ⅱ. ①丁… Ⅲ. ①中国历史－通俗读物
Ⅳ. ①K209

中国版本图书馆CIP数据核字（2020）第 094530 号

趣历史：你一定爱读的极简中国史

著　　者	丁振宇
责任编辑	岳　伟
责任校对	李明辉
责任印制	李仕杰
开　　本	710 毫米 × 1000 毫米　1/16
印　　张	32.5
字　　数	530 千字
版　　次	2020 年 8 月第 1 版
印　　次	2020 年 8 月第 1 次印刷
印　　刷	天津旭丰源印刷有限公司
书　　号	ISBN 978-7-5155-2024-7
定　　价	78.00元

出版发行	**金城出版社有限公司** 北京市朝阳区利泽东二路3号　邮编：100102
发 行 部	（010）84254364
编 辑 部	（010）64391966
总 编 室	（010）64228516
网　　址	http: //www.jccb.com.cn
电子邮箱	jinchengchuban@163.com
法律顾问	北京市安理律师事务所 18911105819

QIAN YAN 前言

中华五千年文明波澜壮阔，潮起潮落，几经沉浮。从茹毛饮血的远古到风谲云诡的近代，一路走来，“浪花淘尽英雄”。一个个鲜活无比的风云人物，一段段脍炙人口的历史往事，已流逝在岁月的长河中，但昂扬的中华精神必将融入炎黄子孙的血液，华夏文明会一代代传承下去。

“前事不忘，可以知兴替。”丰富的历史故事灿若星辰，让我们思索、反省，见贤思齐。每一个光辉的人物都是一盏明灯，点亮并指引我们的人生；每一段流传的故事都是一副云梯，让我们站得更高，看得更远。

“前车之鉴，后事之师。”中华历史是无数智慧的结晶，是以真实生活为笔，五千年岁月为纸，书写出的让人叹为观止的浩瀚长卷，一部难以超越的经典。作为年轻人，只有铭记过去，才能把握现在，进而创造未来。

纵观那些叱咤风云的历史人物，或是雄韬伟略的君主，或是心忧天下的政客，或是驰骋沙场的将士，或是才高八斗的文人，或是能工巧匠，或是妙手神医……无数名师在前方给我们指引道路，我们要牢记历史教训，汲取历史精华，踏着前人的脚印，走出辉煌灿烂的人生。

本书旨在弘扬中华民族的传统文化，引导读者关注先辈留给我们的无尽宝藏，感受人类社会的曲折演进历程。从政事、经济、军事等诸多方面着手，精心选取了那些影响历史进程的重大事件，内容丰富，同时力求尊重事实。本书语言风格简洁精要、通俗流畅，不仅具有思想性、文学性，而且不乏趣味性，可读性极强。读者朋友阅读本书，在获取知识、启迪智慧的同时，也能涤荡心灵，获取精神上的享受。

MU LU
目录

第一章　远古文明

第二章　夏商西周

第三章　春秋战国

第四章　秦朝汉代

MU LU
目录

第六章 隋唐五代十国

第七章 宋元时代

MU LU
目录

第八章　大明王朝

第九章　大清帝国

第一章 远古文明

YUANGUWENMING

政事

盘古开天辟地

“遂古之初，谁传道之？上下未形，何由考之？”创世之说历来众说纷纭。犹太人笃信“上帝创世”，古埃及人坚信“努神喊出世界”，日本人认为世界是由伊邪那岐、伊邪那美兄妹二神所创……看来几乎每个族群都有自己的“创世神话”，拥有五千年历史的中华民族也不例外。

相传亿万年前，天地一片混沌，万籁俱寂，人类始祖盘古从沉睡中醒来。他想伸个懒腰，却无法伸展四肢，于是一怒之下拔下一颗牙齿，将其化作神斧四处劈砍。一阵巨响过后，混沌飞散，浑浊之物缓慢下沉变为大地，而轻盈之气缓慢升高变为天空。混沌一片的宇宙因此有了天与地。然而天地之间的空间有限，盘古担心天地会再次相合，于是便头顶天，脚踏地，从此天每日升高，地每日增厚。不知多少年后，盘古的气力耗尽，而天地已相距甚远，再无相合的可能，盘古也累得倒下去。

盘古倒下后，他的身体发生了巨大变化。他的右眼化作太阳，左眼化作月亮，血液化作江河海洋，毛发化作树木花草，肌肉化作千里沃野，骨骼化作高山丘陵，筋脉化作道路，汗水化作甘露，欢喜时的笑容变成晴天，烦恼时的愁容变成阴天。他呼出的最后一口气变成了风，倒下时最后一声叹息变成了雷。他的头部变化作东岳泰山，腹部化作中岳嵩山，左臂化作南岳衡山，右臂化作北岳恒山，双足化作西岳华山。至此，古代中国人观念中的世界彻底形成了。

盘古开天辟地、化生万物的故事听来有些荒诞，却反映了先人对世界起源的浪漫想象与探索，更展现了远古先民与大自然斗争，征服天地、不畏艰难的生存信念，而这也正是我们中华文明数千年传承不衰的精神基石。

女娲氏

在中国的上古神话中，女娲是继盘古之后另外一位创世之神。因为她，世间才有了人类，她是长久以来受广大的民间百姓们崇拜的创世神和始祖神。

盘古开天辟地之后，终于累倒了，身体化作了世间万物，从此天地间有了日月星辰，有了花草树木，后来天地间残留的一股浊气吸收日月精华，化作了鸟兽虫鱼，从而使这寂静美丽的世界有了一丝生气。

有一个神通广大的女神四处游历，来到盘古开辟的天地里，她就是女娲。女娲在草丰木茂的原野上行走着，举目四望，发现山峦连绵起伏，江河奔流不息，草木枝繁叶茂，鸟儿婉转歌唱，走兽成群结伴，鱼儿水中畅游，这个世界真是太美好了。于是，她决定留下来。

日复一日，她享受着自然的美景，尽管有鸟兽虫鱼跟自己作伴，女娲仍然产生了寂寞孤独的感觉。她总觉得缺少点什么，但又说不出到底是缺什么，只能任这种寂寥的感觉与日俱增。

一天，她走在草木茂盛的原野上，飞鸟、走兽、游鱼再也不能让她高兴起来。她无精打采地沿着一条河流前行，觉得很累，就在河岸的一块石头上坐了下来。清澈的河水照出了她的影子，她看到了水中闷闷不乐的自己。于是她嘴角露出微笑，影子也笑了；她皱起眉头，影子也皱起眉头，这让她觉得非常有趣。突然间，她一下子明白了自己为什么会感到寂寞，因为世间只有她是唯一的，那些山川草木、鸟兽虫鱼怎么可能会与她心灵相通？

她想，既然如此，何不按照自己的样子创造一些生灵，让世界热闹起来。有了主意，她马上动起手来，在河边抓起一团黄泥，对着水中的影子又是捏又是揉，很快一个小泥人就做好了。女娲把小泥人托在手里，放到嘴前轻轻地吹了一口气，小泥人有了气息竟活动起来，放到地面上后就到处走动，还一个劲儿地喊着："妈妈，妈妈……"女娲真是太高兴了，赶紧动手捏了第二个，也同样吹了一口气，第二个也活了，她又捏了第三个，第四个……泥人越捏越多，后来女娲就把他们通通放在地上冲着他们吹了一口气，泥人们全都活了。他们有喜怒哀乐，而且还能说话，跟那些草木鸟兽完全不同。女娲再也不觉得寂寞了，她称呼这些活了的泥人为“人”。人们一开始围在女娲的周围活动着，但渐渐地很多都走远了，分散到了各处。

有了人，世界变得无比充实，女娲非常高兴，她继续一刻不停地接着捏泥人。可是大地如此辽阔，人们很快就消散于各地，女娲也感到越来越累了。她想，这样下去，等不到世间的人大量增加，她已经累得不行了。于是，她顺手从山崖上扯下一条藤蔓，伸进泥潭里抽打起来，溅起了很多黄泥点儿，那些泥点儿落地后也变成了活蹦乱跳的小人儿。她每抽打一下，就会产生很多人，而且和之前捏成的小人没什么两样，这样造人就快多了。于是，女娲高兴地使劲抽打起来，泥点子落得到处都是。等女娲停下来时，大地上已经有足够多的人了。

一天，她想看看各处的人，便来到一个地方，发现有些人躺在地上一动不动，十分奇怪，仔细一看才发现这些人已经满头白发。原来他们年纪太大，已经死了。女娲就想，人们都会老去、死去，这样下去，总有一天人会死光的，难道到时候还要再重新创造吗？这也太麻烦了。女娲想，最好的办法是让人类自己繁衍生息，这样他们就可以绵延不绝了。

于是，她就让这些人具有不同的身体特征，从而区分出男女，并让男人和女人结合，生出后代。为了不让这种结合使人类陷入混乱，她又建立了婚姻制度，从此人类靠自己就可以不断发展壮大了，所以女娲又被称为“婚姻女神”或“神媒”。

人类可以靠自己繁衍生息了，他们一代一代地在大地上幸福地生活着。可是没过多久，他们就遇到了一次毁灭性的灾难。水神共工和火神祝融争夺帝位，结果共工落败。共工一气之下，就用头撞倒了不周山，这座擎天的大柱在一声巨响之后，便轰然倒塌，紧接着天向西北倾斜，地往东南塌陷，海水灌进了陆地，洪水泛滥。因为剧烈的震荡，地上裂开很多大豁口，一个劲儿地往外喷火，山林里的野兽也都受到了惊吓，纷纷蹿出来，见人便咬。很多人要么被水淹死，要么被火烧死，要么被野兽咬死。

看着自己的子孙处在水深火热之中，女娲痛心不已，决定拯救人类。她周游四海走遍群山，走到东海的天台山，发现那里有可以炼石用的五色土，便决定在那里炼石补天。她在天台山顶堆起巨石当炉子，借来太阳神火，将五色土放入炉中，经过九天九夜终于炼就了五色巨石。然后她又花了九天九夜，用这些五彩的巨石把天补好。为了不让补好的天再塌下来，她就斩下一只万年神龟的四足来支撑四极。终于，天地归位，洪水入渠，大火也熄灭了，人间又恢复了平静。从此以后，每当雨过天晴，天边就会出现五色云霞，天空比以前更美了。人们摆脱了灾难，各个欢呼雀跃。

女娲是中华民族伟大的母亲，她不仅按照自己的模样创造了人，建立了让人类可以繁衍的婚姻制度，使人们结成人类社会；当人类受到天灾的威胁时，还勇敢地保护人类。为了对这位伟大的母亲表示感谢，人们在天台山下建了女娲庙，世代朝拜，香火不断。

关于女娲的传说，虽然是神话，但也是早期人类社会生活的写照。众所周知，早期人类处于以血缘为基础的母系氏族社会，女性在生产生活中居于主导地位，子女只识其母，不知其父，而女娲的传说正是母系社会这一历史时期的反映。

伏羲氏

伏羲又被称为宓羲、庖牺。伏羲氏所处的时代大概是新石器时代中晚期，与神农、黄帝共同被尊为中华民族的人文始祖——三皇。根据相关记载，伏羲氏是我国最早的王之一，他的活动标志着中华文明的起始，因此被尊为三皇之首。关于伏羲留下了大量的神话传说。

相传，伏羲出生在一个世外桃源一样的国度里，他的母亲是一个名叫华胥氏的美丽女子。有一天，华胥氏趁着风和日丽出去游玩，来到一个大泽中，这里到处是奇花异草，中间还有云雾缭绕，景色美不胜收，这就是传说中雷神的地盘——雷泽。雷神是人首龙身，靠鼓动腹部发出轰鸣的雷声。华胥氏来到这里，被这里的美景所吸引，走着走着，看见地上有一个巨大的脚印，形状奇特，她想这里是雷神的地盘，这个巨大的脚印无疑是雷神的。出于好奇，华胥氏不由自主地踩了上去。突然，她觉得一阵恍惚，浑身发热，好像被蛇缠住了身体，怎么也挪不动脚步，过了好一会儿，她才从那个大脚印中走出来。

华胥氏回去以后不久就有了身孕，怀孕12年后才生下一个男孩，这男孩却是人首蛇身。华胥氏是踩了雪神的脚印之后怀孕的，这个孩子又是人首蛇身，显然他是雷神的孩子，华胥氏给他取名为伏羲。伏羲是人神结合的半神，从小就聪明过人。

伏羲长大成人后，华胥氏就撒手人寰了。这时伏羲决定离开自己生长的地方，到外面去游历。他一边向东走，一边对沿途的各种现象仔细观察，不管是斗转星移还是鸟兽虫鱼无一例外。

他看到渔人徒手在水里抓鱼，猎人冒着生命危险去追逐猎物，虽然很辛苦，但获得的成果却很少。伏羲就想，怎样才能改善这种状况呢？他又走了很久，觉得累了，就躺在一棵高大的树下休息。不一会儿，他就睡着了，梦见自己来到了天上，有一个声音对他说，天界和人间都需要一个睿智圣明的人来改造，而他就是那个人。伏羲醒来后，想了想梦中的声音，又继续上路去游历了。

当他走到中原大地时，看见这里的人们生活艰苦，被深深地触动了，决定结束游历，留下来帮助这里的人们。

有一次，伏羲看到蜘蛛结网，深受启发，便学着蜘蛛的样子，把绳子打结做成了很大的网，网眼大的用来捕兽，网眼小的就用来捕鱼。自从有了网，百姓们渔猎时的收获大大增加了，猎捕的猛兽吃不完，就圈养起来，从此人们就开始养家牲畜了。

此外，他发明了琴、瑟等乐器，创作了乐曲，使人们的生活中有了音乐；还发明了文字，用于记事，结束了结绳记事的历史；改革婚姻习俗，提倡男聘女嫁的礼节，结束了原始的群婚状态。

在伏羲的帮助下，人们的生活比以前富足多了，生活质量也得到了提高，为了答谢伏羲，各部落的人们一致推选他为大家共同的圣主。因此，他就成了第一个真正的部落联盟领袖，也就是第一个王。

伏羲最大的贡献则是根据天地间阴阳变化之理，发明创造了八卦，给八种简单的符号赋予深刻的寓意，以此来概括天地间万事万物的变化。相传伏羲画八卦的地方叫作卦台山。在伏羲的治理下，天下呈现一片太平盛世的景象，上天还降下祥瑞的迹象对伏羲予以嘉奖：一天，伏羲接到报告说，卦台山出现了一种奇异的动物，长着龙头马身，身上还有非常奇特的花纹。伏羲赶紧去观看，到了卦台山果然看见了那匹龙马（伏羲本来就很喜欢观察，有时还研究飞禽走兽的脚印和身上的花纹）。他发现，那龙马身上有很多黑白相间的点，仔细一看，这些点的分布很有规律。这匹龙马后来跳到了卦台山下渭水河中的一块大石上，这块石头形状就像太极，和龙马身上的花纹相映衬，伏羲顿有所悟，立刻就画出了八卦。

八卦的八个卦象代指天、地、水、火、风、雷、山、泽八种最具代表性的自然体，反映了自然阴阳的消长，世间万事万物相辅相成的关系，是伏羲文化的特征。直到现在，国内外无数学者仍被它吸引，对它进行探索、研究。许多科学家都从中得到启示，从而推进科学的发展。

伏羲为人类做出很大的贡献，为了纪念伏羲，人们将他的诞生地更名为成纪。《汉书》中记载成纪属天水郡，是古帝伏羲氏所生之地。因此，甘肃天水被称为“羲皇故里”。每年的正月十六，也就是伏羲氏生日的当天，天水市都要开启伏羲文化节的活动。

燧人氏钻木取火

在中国的神话传说中，最早发现人工取火的是燧人氏。他凭着自己的智慧给人们带来光明和温暖，结束了人们茹毛饮血的生活。

传说，在遥远的地方有个燧明国。一位圣人受天上的神明指点，外出寻求火种。他翻山越岭，历尽艰辛，到了之后才发现，那里是漆黑一片，根本没有白天黑夜之分，哪里有什么火种？圣人很失望，坐在一棵大树下休息。树上有几只大鸟正在用它们硬硬的嘴啄树上的虫子吃，它们每啄一下，树上就会蹦出明亮的火花。这些火花一下子引起了圣人的注意，他想既然鸟啄树可以产生火花，那我模仿它的样子应该也会有火花。于是，他马上从树上折下一节树枝，然后在树上钻了起来。经过几次尝试，树上真的冒烟了，他继续钻，渐渐地有了火星。圣人非常高兴，然后将这种取火的方法带回部落并广泛传授。从此人们可以自己生火，不必忍受寒冷和黑暗了。人们感念这位圣人的功德，推举他做部落首领，并称他为“燧人氏”，意思是取火者。

这个神话反映了原始人从利用自然火，进化到人工取火的情况。

现在，人人都知道火能照明，能取暖，能煮熟食物，人们早就能熟练地运用它了。其实，早在人类诞生之前，火就已经存在于自然界中，火山爆发自不必说，打雷闪电，也很容易引起森林大火。

远古时期的人们惧怕自然之火，不知道怎么用火，因此基本上都是吃生的东西。他们生吃采摘到的植物果实，就连打到的猎物也是活剥生吞，连毛带血地吃。生肉严重影响了他们的健康，远古人类经常生病，寿命也都很短。

远古人是先在雷电中认识到火的。暴风雨来临之际，电闪雷鸣，闪电劈在树木上，树木燃烧起来，火势越来越大，火光通天。人们不知道这是怎么回事，吓坏了，四处躲藏。等暴风雨平息后，他们才敢慢慢出来。他们看到了燃烧的树木，也看到了被大火炙烤后野兽的尸体。他们感到很暖和，同时也闻到那些被烧死的野兽散发出的阵阵香味儿，于是从烧死的野兽身上撕下一块肉放到嘴里，发现竟特别好吃，这才知道火的功用。于是他们便将那些还在燃烧着的树枝保存起来，作为火种，用来烧东西吃。可是，树枝燃尽之后火终会熄灭，人们又要重新面对黑暗和寒冷，只能等着下次打雷闪电时再取得火种。

在陕西西安半坡遗址中，原始人的住房是半地穴式，而且没有门，只在住房的门口处设一个火塘。由火塘所在的位置可知，它并不单是为了取暖和照明，还为了防止野兽半夜来袭。可见，此时的原始人已经认识到，野兽很怕火，因此可以用火来驱逐野兽。他们对火善加利用，用火自卫，围猎时用火驱逐野兽。有了火，人们可以不必为了躲避野兽和恶劣的生存环境四处迁移，而可以定居在某处了。对火的利用极大地提高了原始人的生存能力。火的出现，解决了原始人在吃、住两大生存条件上的问题。但是只靠在自然中取得火种是远远不够的，人工取火已成了人类必然的需要。

又过了相当长的时期，有人偶然间用又坚又硬的木头在另一块木头上钻，也可以生热。钻木虽可以生热，但是木头着火点较高，靠钻木产生的热量燃烧是不容易的，这就需要一个引火物。但是，合适的引火物也是不容易找到的。为此，数代人不断地积累和探索，或许是某个痴迷于此的人由于机缘巧合就点燃了一根树枝，第一株人工火苗就这样诞生了。可是，也许那个时代的人根本就没有名字，再加上年代久远，人们也就不知道第一个点燃人工火苗的人是谁了。后来，历史中的人突然注意到了火，就想到了发现人工取火的那个人，于是把他称为“燧人氏”。

“燧人氏”看似代表一个人，其实代表的是为人工取火做出贡献的所有劳动人民。

人工取火的发现，使人们可以随时烧制食物，彻底摆脱了落后的饮食习惯，并给原始人的聚集提供了条件。这个了不起的发现使人类文明向前迈进了一大步。

神农尝百草

在关于上古时期的神话传说中，神农氏是另外一位对中华民族贡献颇多的传奇人物。《补史记 · 三皇本纪》记载：“神农氏，姜姓。母曰女登，有娲氏之女……感神龙而生炎帝，人身牛首，长于姜水，因以为姓。”据此推测，神农氏是生活在姜水流域一个姜姓部落的首领，“姜”字的原意是牧羊人，可见这个姜氏本是一个游牧或者半游牧的民族；“女”字底则表明这个姓氏源自古老的母系社会。

传说，神农教会人们种植五谷，还发明了耕作的农具，并传授制陶纺织的技术。他因为这些显赫的功绩而被尊为农业之神。《周易 · 系辞》里是这样记载他的功绩的：“包牺氏没，神农氏作，斫木为耜，揉木为耒，耒耨之利，以教天下，盖取诸益。”

传说上古时期，五谷和杂草长在一起，不但分不清哪些是可以吃的，而且也没有固定的产量，人们只能靠捋草籽、采野果、猎捕鸟兽来果腹，可是食物的来源既不充足，也不稳定，因此人们时常饿肚子。

人们忍饥挨饿，神农心里非常难过。有一天，天上飞来一只全身长满红羽毛的鸟儿，它嘴里衔着棵五彩九穗谷，飞过神农头顶时，那颗谷穗掉到了地上。神农拾起谷穗，几个谷粒掉到他的手里，他就放到嘴里嚼了嚼，觉得还挺好吃。他把谷穗埋进土里，没多久竟长出一小片来，这让神农深受启发：每年草木都会结种，种子掉到地上，第二年又会发芽结种，既然如此，何不将那些可以食用的草木的种子收集起来，专门找个地方种，等来年结出果实就可以用来填肚子了，如此一来，年复一年，人们都会有东西吃了。那时野草和五谷混杂生长，神农就把各种草籽收集起来，然后一样一样地尝，觉得可以吃再去试种，经过他的分辨和试种，最后发现了麻、黍、稷、麦、菽五种粮食。他让人把树木砍倒，把野草清理掉，开辟出一块块农田，把播种五谷的方法传播开来。他告诉人们播种后不能干等，要到田间去劳作，还发明了锄头、耒耜等生产工具，并教人们如何使用。同时，他意识到水对农作物的生长有着非常重要的作用，就发明了九井相连的水利灌溉技术，将水引入农田，让庄稼更好地生长。从此以后，百姓可以生产粮食，不用再饿肚子了。

神农的神话传说是中国原始社会从采摘、渔猎转化为农业生产阶段的现实反映。他使原始社会有了农业生产，还教给人们农耕技术，因此人们尊称他为神农氏。《四书章句集注 · 孟子集注 · 腾文公章句上》载：“神农，炎帝神农氏。”因此有一种说法，称神农氏就是以无上的德行闻名于世的三皇之一“炎帝”。在晋王嘉的《拾遗记》中，关于神农氏的传说是这样记载的：“时有丹雀衔九穗禾，其坠地者，帝乃拾之，以植于田，食者老而不死。”关于神农氏和炎帝到底是不是一个人，历来说法不一，在此不做探究，因为我们要说的重点是神农氏对人类的贡献。

传说中，除了发明农耕技术，神农还尝遍百草，发明了医术，是医药之祖。《补史记 · 三皇本纪》中记载：“（神农氏）作蜡祭，以赭鞭鞭草木，始尝百草，始有医药。”《淮南子 · 修务训》中记载到神农尝百草之滋味，一日而遇七十毒。《搜神记》中写道：“神农以赭鞭鞭百草，尽知其平毒寒温之性，臭味所主，以播百谷。”神农尝百草的神话流传久远，至今不衰。

神农选出五谷，开垦田地，人们有了粮食可以吃饱了，可是，还是有人因为吃了不该吃的东西而中毒，或是产生各种疾病，或是渔猎时受伤。生病之后，人们不知道该怎样缓解病情，只能挺着，有的人挺过去了，有的人就病死了。看着人们饱受病痛折磨，神农氏非常着急，他向很多人征求意见，也想了很多办法，比如火烤、水浇、冷冻等，但是效果都不太理想，有时甚至会加重病情。

神农带着几个助手和简单的行装，就从家乡出发朝大山走去了。他日夜兼程，终于来到高山脚下，这时腿肿了，脚也磨出了水泡，可他还是一刻不停地翻山。山上长着各种奇花异草，神农每看见一种植物，就摘下来放到嘴里尝尝，然后记录下这种植物的特征、性状，以及吃到嘴里的感觉和吃后身体的反应。

有一次，他刚把一株草放到嘴里嚼了两下，顿时身体麻木，失去知觉，栽倒在地。身边的助手慌忙扶着他坐起来。他知道，自己吃了有剧毒的草，可是全身都麻痹了，他说不出话来，只好用尽力气抬抬手，指着前面一株发着红光的草，又指指自己的嘴巴。助手们赶紧摘下红草放到自己嘴里嚼烂，然后喂给他吃。神农吃下这株草，毒马上就散了，身体也不麻了，头也不昏了，话也能说了。神农用来解毒的那株草就是灵芝草，后来，人们由此就知道了灵芝草能起死回生。

这次是有惊无险，尽管他知道如果继续尝下去，这种危险还会发生，而且说不定下次就没那么幸运了，可他仍继续翻山越岭，每到一处都尝遍那里的草木。山路曲曲折折，崎岖难行，因为植物茂盛，阳光透不过来，很多山路上长着青苔，溜光水滑，一不小心就会摔下山谷，而且深山里除了有毒草，还会有毒蛇猛兽出没，非常危险。

有一次，在一座深山的树林里，神农被几条毒蛇围攻，被毒蛇咬成重伤，昏迷不醒，命在旦夕。天上的西王母感念他为解救苍生，以身试药，于是派了一只青鸟衔着她的仙丹到森林里给神农解毒。青鸟找到他，把仙丹喂到了他嘴里，神农慢慢苏醒过来。青鸟见他醒了，就飞回去复命。神农感激上苍的保佑，便高声道谢。谁知，他一张嘴，仙丹掉到了地上，很快地上长出一株青草，顶上还有一颗红珠。神农仔细一看，这颗红珠跟仙丹一模一样，就把它摘下来，放到了口中，身体马上就不那么疼了，中毒的症状也好了。他非常高兴，因为以后被毒蛇咬伤，就有药可解了。他给这味草药取名为“头顶一颗珠”，后来，人们将它命名为“延龄草”。

就这样，他翻过一座又一座山，尝完一座山的花草，再去攀缘另一座山，尝出了三百六十五种草药，记录了这些草药的功用，写成《神农本草经》，人们生病了就可以针对症状，采来草药医治。后来，神农在山上采草药时，误尝了断肠草，没能解毒，就这样死了。

神农为人们找到五谷，还以身试药，发明了医药，为了纪念他的伟大功德，民间有各种形式的纪念活动，为他建造庙宇，并在每年的正月初五到正月二十举行祭祀活动——相传神农生于正月初五，同时也祈求五谷丰登。旧时，药铺里经常会供奉一张神农的画像，画像里的神农手执草药，浓眉大眼、笑容可掬。

尧舜禅让

相传，帝喾有四个妃子，其中一个妃子娵訾氏，名常仪，生子名挚，就在帝喾105岁去世时，挚继承了帝位。挚在位9年，为政不善，便将帝位禅让给尧。

尧，又称伊祁氏，号放勋。因封于唐，故称“唐尧”，母为陈锋氏女。尧虽贵居帝位，但仍和大家一样住茅草屋，吃粗茶淡饭，披粗麻衣，在他的治理下，百姓安泰，天下安宁。尧在位第70年时，感觉到有必要选择继任者。有人推荐他的儿子丹朱继位，尧不同意，他认为丹朱凶顽不可用，故与部落联盟四岳十二牧商议，请他们推荐人选，大家推荐了舜。相传舜是帝颛顼的后裔，但出身甚为寒微。由于舜的母亲很早就去世了，他的父亲瞽叟续娶了继母并生子取名叫象。父亲、继母、弟弟串通一气，总是要除掉舜，但舜每次都能及时逃避、化险为夷，事后舜仍能敬爱父母、呵护弟弟。正是这种非凡的德行才让舜具有了很高的声望，获得了四岳十二牧的赏识。

尧对舜并不十分了解，决定从各方面考察一下舜。尧先将女儿娥皇、女英嫁给他，以考察他处理家政的能力，然后再委以政事。凡事舜都以身作则，以德服人。他在哪里劳作，哪里便兴起礼让的风尚；他制作陶器，也能带动陶工认真对待工作、精益求精。他走到哪里，人们都愿意追随，因而“一年而所居成聚（聚即村落），二年成邑，三年成都（四县为都）”。尧得知这些情况很高兴，赐予舜牛羊、絺衣（细葛布衣）和琴，还为他修筑了仓房。

瞽叟和象很是嫉妒，他们心生歹意，想杀掉舜侵吞他的财物。瞽叟在让舜修补仓房顶时，偷偷地纵火焚烧仓房。舜用两只斗笠作降落伞跳下房顶，才幸免于难。一计不成再生一计，瞽叟又让舜掘井，想将舜活埋在里面。舜警觉后，在井壁旁侧挖了一条暗道，又躲过了一劫。瞽叟和象以为阴谋得逞，两人高兴地去分舜的家产，象还想霸占娥皇、女英。舜始终没有记恨，一如既往地孝顺父母，友于兄弟。

后来，尧让舜直接帮忙管理百官，处理政事，经受各种锻炼。舜不但将政事处理得井井有条，而且大胆地选贤任能起用了“八元”“八恺”等贤人，还恰当地处理了“四凶”的问题，种种考验都显示出舜具有高超的政治才干。

各种考验的结果令尧十分满意，尧在位第90年禅位于舜。舜执政以后，夙兴夜寐、宵衣旰食。他重新修订历法，举行祭祀天地山川的大典；到各地巡守，会见各地诸侯君长，举行隆重的典礼，重新颁发信圭；访察民情，考核诸侯，明定赏罚，舜把共工流放到幽州，把驩兜流放到崇山，把三苗驱逐到三危，把治水无功的鲧流放到羽山，此后“庶绩咸熙”“四海之内咸戴帝舜之功”“天下明德皆自虞帝始”。

舜在年老的时候，认为自己的儿子商均不肖，同样咨询四岳十二牧，选出禹来摄行政事。舜死，禹继位。故舜与尧一样，都是禅位让贤的圣王。

大禹治水

大禹治水，是远古时期的一件大事。传说在尧舜时期，洪水横流，泛滥天下，人民饱受海浸水淹之苦。尧主持召开部落首领联盟会议，与大家商议治水良策，多数人推荐了鲧。鲧是颛顼的儿子，禹的父亲，姒姓，建国于崇（今河南嵩县北），史称“崇伯”。尧并不看好鲧，囿于大家的坚持，只得同意。

《山海经》中记载，鲧花了9年时间，也没有把洪水制伏。无奈之下，就到天上偷来息壤（一种能自生自长的神土）“以堙洪水”，尧帝知道后大怒，命令火神祝融将鲧杀于羽郊。父死子继，禹受命治水，益和后稷做其助手。禹先是认真总结前辈治水的经验教训，然后亲自到洪灾严重的地区勘察地形地貌，分析洪水的走势。最后他决定改用疏导和堰塞相结合的办法，疏通水道。据考证，当时禹治水的地区，大约在现在的河北东部、河南东部、山东西部和南部，以及淮河北部。

开山凿渠的过程异常艰难，损坏的工具不计其数，人员伤亡也数不胜数，很多人被砸死、摔死或被洪水冲走。但是人们治水的决心毫不动摇，坚持开凿。禹更是身先士卒，节衣少食，陆行乘车，水行乘船，泥行乘橇，山行乘[illegible]。左手拿准绳，右手握规矩，奔忙不息，劳身焦思。传说禹新婚4天便离开家，在外13年，三过家门而不入。有一次他路过家门，听到孩子的哭声，很想进去看看孩子，但最终还是狠下心离开赶着去治水。由于他常年奔波在外，人又黑又瘦，手上、脚底布满了老茧和血泡，腿上的汗毛也掉光了，人们看了无不心痛流泪。在禹的亲力亲为和众人的顽强奋战下，终于把洪渊填平，河道疏通，洪水由此顺流千里，经湖泊河流汇入海洋，洪水得以制伏，人民终于可以安居乐业，不再受迁徙流亡之苦了。后人因肯定禹治水的伟大功绩，尊称他为大禹。舜死后，大家都推选禹继任部落联盟首领。

《吕氏春秋·爱类篇》《水经注·卷四》《孟子·滕文公上》《墨子·兼爱中》《史记·河渠书》等古籍记载，大禹治水之前，黄河水本无龙门可走，后大禹开凿龙门，才使黄河水南到华阴，东下砥柱、孟津。据说，龙门即今山西河津市与陕西韩城市之间黄河峡谷上的禹门口。大禹还在黄河下游疏通多条河流，使之流入渤海。

大禹不但疏通大江大河，还注意人民生计，兴修水利，指导、组织农业生产，提倡种植水稻。在《诗经 · 大雅 · 韩奕》中歌颂了大禹的功绩：“奕奕梁山，维禹甸之。”人们将“大禹”尊为社神。

仓颉造字

仓颉，也称苍颉，在先秦传说中，是他创造了汉字。在我国的古代典籍中，战国之前的记载里从没提到过仓颉这个人物。最早把仓颉引出来的人是战国时的荀子，在《荀子 · 解蔽》中记载："好书者众矣，而仓颉独传者，壹也。"后来《吕氏春秋 · 君守篇》引申了荀子的说法，记载道："奚仲作车，仓颉作书。"渐渐地"仓颉造字"的观点便被广大人民接受了。到了汉代，仓颉造字已经开始被神化了，特别是汉代的纬书《春秋元命苞》进一步将其渲染，记载仓颉"生而能书，又受河图录书，于是穷天地之变，仰视奎星圜曲之势，俯察鱼文鸟羽，山川指掌，而创文字"。在民间，仓颉造字的传说广为流传。

相传仓颉是黄帝的一名官员，他生有"双瞳四目"，主要是管理牲畜和粮食——记录它们都有哪些种类，每一种都有多少，哪一种多了，哪一种少了，以便向黄帝上报。

这时的人们普遍采用的是在绳子上打结来记录事情，大事就打个大结，小事打个小结，相关联的事情就打连环结。仓颉很聪明，用不同颜色的绳子，表示不同种类的牲口、食物，而在绳子上打结的数量，就代表每个种类的数量。

仓颉的能干黄帝都看在眼里，于是就放心地把其他的事情也交给他去做，他管的事情就越来越复杂了。如每年的祭祀，狩猎后的分配，部落人数的增减，等等，靠在绳子上打结根本不可能记住所有的事情。因为绳子越来越多，时间一久，每根绳子代表什么事情很容易就被记混或是忘记。这样下去总有一天会出错的，这让仓颉犯了难。后来，他想出一个办法，就是用刀子之类坚硬的器物在木头或竹片上刻上不同的符号，以此来代表不同的事情，可是这个方法用了不久，也显露出了弊端。这些符号都是很随意的，同一件事也许今天用的是这个符号，过几天就换成了别的符号，因此符号越来越繁杂，越来越难以辨认。

怎么才能清楚地记录每件事，而又不出差错呢？这是每天萦绕在仓颉脑子里的问题。一天，他跟着狩猎的人群来到一个三岔口，几个老人在这里争论不休，都说应该走自己选的那一条路。一个老人说，东边那条路有羚羊，所以要往东走；一个老人说，西边那条路有老虎，要赶紧去猎杀它们；还有一个老人说，北边有鹿群，可以打到很多猎物，所以要往北走。仓颉问老人们是如何知道有那些动物的。老人们告诉他，因为地上有野兽的脚印。

仓颉猛然间想到，就像野兽的脚印各有不同一样，世间的万事万物都有不同于其他事物的地方，如果能抓住这种不同，用图像记录下来，分别代表各种事物，不就可以把它们区分开了吗？

受到这个启发，仓颉走到哪里都非常仔细地观察，认真地思考，依据星宿的分布，山川的形状，鸟兽留下的痕迹，器具的形态等画出了一些图画符号。他希望这些符号能一目了然，让人一看就知道代表什么东西，因此这些符号主要是模仿各种事物的形态。如“日”字是一个圆圈中间有一个点，“月”字就是一个月牙儿的形状，“人”字是一个人的侧影……仓颉用这种方法把星、云、山、河、湖、海，还有各种飞禽走兽、应用器物，都描画成符号，并把这些符号拿给别人辨认，只要他稍一解说，别人马上就能明白。

用这种符号记事，果然清楚明白，不管事情多么复杂，仓颉都能管理得一清二楚。后来，黄帝知道了这件事，大加赞赏，觉得值得推广，就马上召集九州首领，让仓颉把造好的字传给他们，并让他继续创造新字。于是，这些按照事物的形态描画的符号，就被固定下来了，并越来越广泛地应用到社会生活中。随着时间的积累，符号越来越多，就渐渐地形成了文字。

东汉的《淮南子·本经训》中记载：“昔者仓颉作书，而天雨粟，鬼夜哭。”意思是说，仓颉造字后，白天竟然下起了粟雨，晚上还听到鬼哭的声音。这显然是夸大了文字的作用，但文字的产生结束了“结绳记事”的时代，文字的使用对于记录和传承中华文明起到了毋庸置疑的作用。

当然民间关于仓颉造字的说法只是个传说。过去，历史学家们曾对是否真有仓颉这个人进行过考证，想要探究如果确有其人，那他是哪个时代的人，但是，因为没有确凿的史料可考，所以很难下结论。依照《荀子·解蔽》中记载推断，仓颉应该是个搜集整理民间文字，并对文字的使用和创作规律做了很多研究的文字专家，对于文字的规范肯定起到了很重要的作用。在文字成形的晚期，应该会存在这样一个人，但是说文字是他一人所创，肯定是不符合历史事实的。因为汉字是个庞大复杂的体系，绝非一人一手之功就可以创造的，而是在社会文化发展到一定阶段，需要文字来记事的时候，先民在社会生活中观察自然的事物，不断积累、不断总结，根据所要表达的思想内容而创制出来的。

在近代考古中，已经发现了七八千年前刻在龟甲上的符号，有人认为那便是早期的文字；五六千年前的仰韶文化和大汶口文化，人们在有些陶器上发现数十种符号；三千六百多年前商朝留下的龟甲与牛胛骨上，人们所发现的文字更是多达数千个，而且造字方法多样，说明此时文字已经很完备了，而这之前它肯定有一个更长的发展过程。

鲁迅先生在《门外文谈》中写道：“……在社会里，仓颉也不是一个，有的在刀柄上刻一点图，有的在门户上画一些画，心心相印，口口相传，文字就多起来了，史官一采集，就可以敷衍记事了。中国文字的来由，恐怕逃不出这例子。”由此可见，现代人也是承认有仓颉的，只不过仓颉代表了一个庞大的造字队伍。文字不可能光靠一人就创造出来，但原始社会有许许多多的仓颉，是这些仓颉把文字慢慢丰富起来的。

军事

涿鹿之战

涿鹿之战

据史书记载，早在四千多年前的上古时代中晚期，中国的黄河流域、长江流域就散居着许多氏族和部落。这些氏族、部落通过长期战争、交往、迁徙和联盟，逐渐形成了华夏、东夷、苗蛮三大部族。

华夏族兴起于今关中平原、山西西南部和河南西部，以黄帝、炎帝两大部族为核心。经融合后，华夏族沿着黄河南北岸，向华北平原西部发展。与此同时，兴起于黄河下游的东夷部落，也在其著名领袖蚩尤的领导下，以今山东为根据地，由东向西发展，开始进入华北平原。这样华夏部落与东夷部落之间的一场冲突也就不可避免了。中国历史上最早的战争——涿鹿之战，就是在这种历史背景下爆发的。

战争伊始，东夷部族首领蚩尤联合巨人部族夸父和三苗一部首先进入华北地区，并一举击败炎帝部族，继而占据了炎帝部族的领地——九州。炎帝神农遂向黄帝轩辕求援，轩辕接到求援即刻调兵遣将，他命应龙带领三路军队堵截蚩尤，又命常先、大鸿做好正面进攻的准备，命风后、王亥二人准备300匹火畜组成骑兵，还准备了800面夔牛大鼓。蚩尤的军队亦不甘示弱，他们利用气候变化，偷袭轩辕。而轩辕军队则把蚩尤围得水泄不通，不给其留下半点逃窜的空隙。双方军队战战停停，整整对峙了四十九天，难分胜负。一天中午，天气骤变，瞬间狂风大作，天昏地暗。蚩尤认为再次交战的时机已到，即刻命夸父传令准备突围脱逃。轩辕发现蚩尤意图，即命大鸿、常先和应龙按原计划作战。在狂风呼啸、沙尘飞扬中，夸父领兵突围，被大鸿截住，双方开战。只见兵器相击，火星飞溅，这时夸父的眼睛因被沙尘所迷，大鸿抓住时机，挥刀砍向夸父的腰背，夸父惨叫一声跌倒在地。蚩尤获知夸父受伤的消息后，双眼怒睁，抡起板斧，左右拼杀，领兵冲出重围，杀出一条血路。轩辕发现蚩尤拼命突围，即命应龙率骑兵跨上火畜，又命风后擂鼓接应。蚩尤虽凶猛顽强，但突遇对方骑兵，始料未及，一时乱了阵脚，慌忙命令全军撤退。这时，轩辕把手一挥，800面夔牛大鼓一齐擂响，鼓震得蚩尤军队耳聋眼花，溃不成军。轩辕命六路大军，借鼓声威力，发起总攻，一举把蚩尤军队全部歼灭在涿鹿之野。

阪泉之战

炎帝在涿鹿之战中屡屡败退，若不是黄帝及时营救，恐怕早已死于蚩尤的刀兵之下。涿鹿之战后，黄帝在联盟内部的权威日益见涨，导致炎帝与其反目。威信不再的炎帝只能通过重燃战火，才能一洗一战即溃的耻辱，重振往日的威严。因此，涿鹿之战的硝烟刚刚散去，炎黄联盟内部又爆发了新的战争。

黄帝部族的主力军因与蚩尤军队作战多年，涿鹿之战后，疲惫不堪，而一直屯兵于阪泉作旁观者的炎帝部族，情况则恰恰相反。所以炎帝看准时机，向黄帝部族发起攻击。黄帝对炎帝反目宣战倍感意外，虽经多次和谈，都不能消解炎帝的作战之欲，于是黄帝只能带领自己的部族与炎帝部族于阪泉激战。

战争伊始，黄帝亲率熊、罴、貔、貅、貙、虎六部之军向阪泉进军，炎帝自然厉兵秣马严阵以待。原本疲于作战的黄帝军队加之舟车劳顿，更显疲累，因此交战两日，数量占优的黄帝军队仍不能完胜。

到了第三天，两军相接之际，黄帝突然摆动大纛，以黄帝所在之卫队为“摇光”，后队变前队，分别以六部之军为“开阳”“玉衡”“天权”“天玑”“天璇”“天枢”，变成了一个北斗七星军阵。其以虎部军队为首的斗魁，立刻形成了杓头一样三面包围、一面开网的阵势，像旋风似的卷向了炎帝所在之处。

炎帝见势阵脚大乱，急忙夺路逃亡。但无论怎样逃窜，炎帝始终逃不出黄帝布下的合围军阵，体力不支的炎帝只能投降以求保住性命。

黄帝“内行刀锯，外用甲兵”，通过阪泉之战，既平息了联盟内部的纷争，也建立了新的统治秩序，黄帝成为包括诸夷在内的更大规模的部落首领。从此，黄帝部族成为不断融合各地部落的核心力量，中华民族自此迎来了第一次大统一，而黄帝也被后人尊崇为中华民族的祖先。

第二章 夏商西周

XIASHANGXIZHUO

政事

暴君商纣

家天下

夏王朝的建立，到底是始于禹，还是始于启，一直争议不断，但“世袭制”最终代替“禅让制”，“家天下”得以正式确立，却是到启时才完成的。在此之前，夏族还有一段更长的历史。

夏族是活动于我国黄河中游地区的一个古老部族，最早有文献记载的夏族首领是鲧。当时黄河流域洪水泛滥，鲧临危受命，被推举为治水领导。由于鲧治水的方法失当，历时9年以失败告终。禹是鲧的儿子，鲧死后，禹受命，继任治水的工作。禹改进其父的治水方法，疏导河流，终将水患解决。

治水后，夏部族势力逐渐增强，而舜对禹的能力与胆识倍加赏识，他特派禹去讨伐三苗部落。禹不负众望，屡败三苗，最后驱逐三苗于丹江与汉水附近。成功治水加之讨伐三苗的胜利，使夏部族的威望大涨，而禹也得到了包括舜在内的所有首领的青睐。当舜年老时，大家一致推举禹为继承人。

禹即位后，建都于阳城（今河南登封告成镇），后又将都城迁至阳翟（今河南禹州市）。两座都城都地处颍水上游；西连伊洛，东临河济，南望淮上；既是中原地区的中心地带，又便于联合东南地区众多邦国或部落。为了巩固王权，禹沿颍水南下，在淮水中游的涂山（今安徽蚌埠市西郊）大会诸部落首领和众多邦国君长。因禹治洪水的创举远传天下，遂众首领及邦国君长皆以玉帛相见，对禹行臣服礼，甘愿成为禹统治下的诸侯。这就是历史上的“涂山之会”，亦是夏王朝建立的重要的政治基础。

禹年老时，也效仿尧、舜推行禅让。他曾推举颇有威望的偃姓首领皋陶为继承人，然而皋陶没有等到禅让就过早病故了。后来禹觉得自家势力已足够称霸于世，遂有自立王朝的打算。但为了表示对“禅让”的尊重，他只能暂命东夷首领伯益为继承人。暗中培养其子启的党羽，希望他能一统江山，开辟王朝。

禹死后，伯益按照禅让的传统，躲到另一个地方表示谦让，由各氏族部落推选继位。然而多数部落都不拥戴伯益。尴尬至极的伯益只能孤注一掷地将启拘禁。启设法逃脱后，亲自率兵讨伐伯益，将其杀之。最大的障碍一经扫除，启名正言顺地继承了首领之位。

启即位后，在钧台大宴各部落首领，以期大家对他的地位予以确认。有扈氏对启破坏禅让制的做法大为不满，坚决不予出席。出于对王权的维护、社会的统一，启调动军队对有扈氏进行征伐。两军在今河南洛阳市以西的甘地展开决战。最后有扈氏大败，其士兵皆被启所诛杀，而族众亦沦落为奴。这就是历史上著名的“甘之战”。这次战争使启的专制政权得到了巩固。在这次战争之后，中国历史彻底从“公天下”的时代进入了“家天下”的时代。

太康失国

一个新政权的产生，必然面临缺乏统治经验的问题。建立在私有制基础上的政权，面临的形式就更加严峻。倘若统治者一味地剥削、掠夺、贪图享乐，那么其政权必定会受到挑战。

启建立夏朝后，经过数年治理，天下一片繁荣，但他很快就沉湎于声色享乐的生活。启的大儿子太康从小便深受父亲影响，启死后，太康继位，他腐败堕落的程度更胜于启。他整日“盘于油田，不恤民事，疏于朝政”，民间怨声载道，而他却不闻不问。人们的反叛情绪逐渐滋长，各个部落都想废除太康，取而代之。在这些部落当中，实力最为强劲的是东边的有穷氏。

有穷氏的首领后羿，因箭法超群，体恤民众而受到族人的拥戴。他时常教族人习武，并亲自游走民间体察民情，很多人都慕名而来，愿意追随于他。

整天只知享乐的太康，在一次出外打猎时，三个月未回朝。于是后羿趁机带领族人一举占领了夏都，正式接管了天下。而孤身在外的太康自知势单力穷，无力复国，便在其狩猎的山林中郁郁而终了。这就是历史上的“太康失国”。

后羿其实是一个残暴的统治者，夺取权力后他也开始不修民事而淫于声色。他把政事交给一个名叫寒浞的亲信，而寒浞乃奸诈小人。他对后羿极尽谄媚之能事，获得了后羿的信任；同时，又骗取同僚和一部分庶民的支持，在条件成熟之后，勾结后羿的亲信随从，杀死后羿，并霸占了后羿的妻妾和财产，夺得了最高统治权。

少康复国

相传，后羿一开始并没有直接夺得夏的王权，只是协助太康之弟仲康管理朝政，等到仲康一死，他才直接将仲康之子相撵走夺得王权。

被赶出的仲康之子相召集了一批夏王朝的旧臣，先后在斟鄩（今山东潍坊）、帝丘（今河南濮阳南）等地积蓄力量，欲图复国，还得到了斟灌氏（今山东寿光东北）、斟鄩氏等东方诸侯和亲夏势力的支持。而寒浞担心夏会夺回王权，为消除夏的余势，全力进攻相，最后相被寒浞杀死。当时，相的妻子缗已经怀孕，侥幸从墙洞中逃走，回到娘家有仍氏，生下子少康。少康自幼聪明，有心计。虽然生活艰难，但是他的母亲缗希望他能为父报仇，把失去的国家夺回来，所以，少康自幼立志发愤图强，在艰难的环境中长大，为报仇雪恨，练就了一身本领。少康长大后，当过有仍氏的“牧正”，管理畜牧。但是，当寒浞得知少康还活着的消息时，就派其子寒浇追杀少康。少康只得逃离有仍氏，来到舜的后代有虞氏处。有虞氏的首领虞思很同情少康，不但收留了他，还挑选了两名女子嫁给少康，并委任他当了“庖正”，封于芝呈（今河南虞城）。少康在纶邑，“有田一成，有众一旅”。就这样，少康有了自己的根据地和武装力量。在纶地，少康关心民众的疾苦，宣扬祖上大禹的功德。他还召集夏朝的余部，积极准备复国。夏的遗臣靡，在夏亡后，曾逃至有鬲氏（今山东德州），在此汇集了众多流亡之士，积蓄力量，也在等待复兴的时机。一听说少康在纶邑蓄兵的消息后，急忙带领部众赶来，与少康会合，准备攻打寒浞。

这时，寒浞因频繁用兵，大失民心，招致各地强烈不满。少康抓住这一有利时机，首先派儿子季杼带兵去攻打寒浞的次子寒戏的封地戈（今河南省境），重创寒浞。然后又派将军女艾进行侦察，摸清寒浞的实际情况。一切准备就绪后，他从纶邑出兵，一路势如破竹，杀奔夏朝的旧都城安邑。这时候寒浞已经死去，其子寒浇虽然想顽抗，无奈大势已去，最终被少康所灭。少康被拥立为夏王，恢复了夏王朝的统治。历史上称之为“少康复国”或“少康中兴”。

复国后的少康在大禹之都阳翟（今河南禹州）重建都城，勤于政事，发展生产。在他的治理之下，天下安定，声威四起，各部落都前来朝拜，夏朝再度兴盛。

少康也是传说中的杜康，为高粱酿酒的发明者。《说文解字》中称："古者少康初作箕帚、秫酒。少康，杜康也。"

夏桀暴政

桀是夏朝最后一位君主，是中国历史上有名的暴君。他不但荒淫无度，且暴虐无道。据史书记载，桀继位之初，对百姓极尽暴虐搜刮之能事。为宠妹喜，他不惜大肆征兵“饰瑶台、作琼室，立玉门”。不仅如此，他还对外滥施征伐，勒索小邦，在内重用佞臣，大肆网罗天下美女。夏王朝内部阶级矛盾日趋尖锐，与周围部落之间的关系也渐趋紧张。可是桀却一意孤行，拒不听从忠臣劝谏，大臣关龙逢因苦谏被杀。桀还时常自信地以太阳自喻，相信夏朝统治永不灭亡，可实际上夏朝的统治已岌岌可危。

就在夏王朝内忧外患日益加剧之时，东方的商部落在商汤的领导下日益强盛了起来。公元前1600年，商汤看到夏王朝已成败亡之势，遂决心起兵伐桀，推翻暴政。但他并没有鲁莽行事，而是先利用各种手段与其他部落结成联盟。在与伊尹分析了当时的夏朝形势后，他认为“百足之虫死而不僵”，不能与夏朝正面冲突。于是，在伊尹的协助下，商汤最先歼灭了夏王室的主要附属国，使夏朝势力大为减弱，然后亲自率兵大举进军夏都安邑，一举攻灭夏朝。势孤力穷的桀只能带着妹喜与各种珍宝逃往南巢（今安徽巢湖）。随后商汤军队快马加鞭将其拦截于鸣条（今山西运城夏县之西），彻底击败夏桀。华夏第一王朝自此败亡。

商汤回师西亳后，召开了众多诸侯参加的“景亳之命”大会，得到三千诸侯的拥护，成为天下之主。他定都于亳，立国号为商。中国历史上第二个奴隶制王朝自此建立。

成汤革命

在夏桀的统治无法再维持下去的时候，东方兴起了一个强大的部落，这就是商族。商族生活在黄河下游地区，是一个有着悠久历史的部落，其畜牧业发展很快。据说商的祖先是契，在尧舜时代曾协助禹治过水。因为他功勋卓著，舜任命他为司徒，“封于商，赐姓子氏”。商逐渐成为宗族名称。相传契的母亲是吞吃了玄鸟（燕子）卵而有身孕生下了契，所以契又称玄王，而商代的族徽也多为鸟的形象。

后来，经过商族几百年的传承，到第十四世汤时，商族已经成为一个强大的部落，但是在汤之前，商族一直是臣服于夏朝的。汤是一位具有雄才大略的首领，当他看到夏桀荒淫无道时，就决心消灭夏朝。汤打破传统，广募人才，在他的麾下聚集了众多的能将贤臣。被他破格提拔的丞相伊尹原本是汤的妻子的陪嫁奴隶，专门服侍商汤的。汤与他交谈之后，才知道他是有心装扮成陪嫁奴隶来找汤的。伊尹向汤谈了许多治国的道理，得到汤的赏识和重用，伊尹成了汤的助手。伊尹建议汤先试探一下夏朝的势力。汤接受了伊尹的建议，停止向桀进贡。桀很生气，命令九夷发兵攻打汤。汤和伊尹感觉灭夏的有利时机还未到。于是只灭掉了附近的十几个小部落。商的势力逐渐壮大，不断向外发展，活动于黄河中下游一带，向东的足迹也遍及渤海沿岸。

当夏桀看到商族一天天壮大起来，商汤的政治影响力与日俱增，已严重威胁到了自己的统治时，便设计谋将商汤囚禁在夏台（今河南禹县的钧台）。商部族一时群龙无首，陷入困境。好在有伊尹的主持，商部族上下积极采取营救措施，最后夏桀放了商汤，汤就加紧了灭夏的准备。

后来臣服于夏的九夷中的一些部落实在忍受不了夏朝的压榨勒索，陆续叛离了夏朝。商汤看到时机已经到来，立即起兵伐夏。为了动员将士勇猛作战，汤召集商军将士，并亲自发表誓词，即著名的《汤誓》，声称“夏氏有罪，予畏上帝，不敢不正”。同时也明确赏罚纪律，激励广大将士。夏、商两军激战于鸣条（今山西运城夏县之西），桀大败。最后，夏桀逃至南巢还是被追来的汤活捉。汤把桀流放在南巢，一直到桀死去。

鸣条一役，商汤取得大胜，遂建都于亳（今河南商丘），开始了商王朝历时五百多年的统治。成汤灭夏是中国历史上第一次以武力改朝换代的事件，又由于历史上习惯把改朝换代说成是天命的变革，故亦称“成汤革命”。

伊尹囚君

商汤灭夏，是我国奴隶社会中一个奴隶主的总代表去革另一个奴隶主总代表的命。商汤是一个既有文治又有武功的帝王，他爱才爱将，品德高尚，再加上右相伊尹和左相钟虺的辅佐，商朝全国呈现出一片欣欣向荣的景象。百姓安居乐业，兵士勤于练兵，满朝臣子也是兢兢业业。

古时候，人们的科学知识十分匮乏，因为对许多自然现象不理解，所以加以神化，如打闪、打雷、下雨都被看作鬼神的安排。那时从国君到臣子再到黎民百姓对鬼神都十分尊敬，认为一切天灾人祸都是上天的旨意。

过去老百姓是靠天吃饭的，如果遇上天气好，农业的收成就好，百姓就可以少挨饿；如果遇上天气不好，一年颗粒无收，百姓就得挨饿受苦。在闹灾荒时，饿死人的现象时有发生，所以老百姓对上天更是敬畏，时时祈祷老天保佑。商朝刚刚建立，一切都呈现新气象时，一场大旱悄然而至。这场大旱着实罕见，地上草木枯干，老百姓吃水都成问题，有的小动物也被渴死了。这可急坏了贤德的商汤，他焦急万分，天天祈祷上天保佑大商举国臣民。可是老天不知怎么回事，依然烈日当头，太阳火辣辣地照耀着大地，河水早已枯竭，大地已干裂。这样的旱情持续了七年，百姓饿死无数，加上天气特别热，中暑而亡的人数也不少。商汤本身也十分相信鬼神，心想一定是自己有些行为不对惹了鬼神，上天怪罪下来，让我大商王朝受此罪。他开始自责，思考自己的行为举动，可怎么也想不出自己哪里得罪了上天。

这一天，商汤穿戴整齐，神情异常严肃，跪倒在地拜求鬼神。这时的商汤又黑又瘦，他为国事日夜操劳，又心系百姓之疾苦，所以寝食不安。商汤诚恳地对上天说："老天爷，求求您了，您可怜一下我大商朝的百姓吧，他们是无辜的。如果您认为我大商朝有错，那么一切错都是我的，与我的臣民没有关系，如果您降下甘霖，我愿一人受罚。"在他身后一起祈祷的臣子听了商汤的话，感动得直流泪，心想：国王真是一代明君，宁可牺牲自己，也不愿意让百姓遭受疾苦。

不知是上天真的被感动了，还是气候本该如此。不久，天空阴云突起，连成了一片，越来越低，百姓纷纷出城来求雨，一声晴天霹雳，大雨倾盆而降，举国上下顿时成了欢乐的海洋。商汤率领众臣子出了宫，站在雨中接受雨的洗礼，他瘦弱的身躯显得那么坚挺。他两手伸向天空，仰天长笑，大叫："老天有眼，老天有眼，我大商朝又有希望了！"不久商汤求雨之事举国上下都知道了，老百姓本来就十分爱戴商汤，这一下更是万分钦佩。商汤爱民如子，被百姓颂扬，在连续大旱的那几年里，商汤把国库的粮食发放给百姓充饥，虽然根本不够，但百姓拥护商汤，没有一个地方发生反叛，仍十分安定。大雨过后，草木皆绿，农业更是呈现一派新景象，畜牧业也得到发展。从那以后，连续几年都风调雨顺，五谷丰收，百姓喜不自胜。

由于日夜操劳，商汤病倒了。他知道自己活不了多久了，就拉着伊尹的手说："我在世的时间不会太久了，大商王朝终于走出了困境，我心满意足，可唯一让我放心不下的是国家社稷和黎民百姓。太子早死，余下的儿孙年龄尚小，不堪重用，我大商王朝的江山只有指望你了。"伊尹十分难过，对商汤说："国王您放心吧，好好休养，上天会保佑您的，您不必担心国家事务，我会帮您处理的。"商汤放心地点点头。

商汤的病终究没有好起来，不久便离开了人世。伊尹忍着巨大的悲痛为国王举行了隆重的葬礼，全国上下都沉浸于悲痛之中，百姓们哭成一片，深深哀悼这位贤德的国君。伊尹也是思潮起伏，百感交集，想起自己得到商汤的重用，与商汤一起出生入死，经历了风风雨雨，从商部落弱小到逐渐壮大，再到灭夏，建立大商朝，而今老王已闭上了眼睛，新王尚且年幼，自己肩上的担子异常沉重。

商汤死后，伊尹按照先主的旨意辅佐幼主治理天下。商汤长子早亡，次子登上王位，两年后次子又病死。伊尹十分痛心，唯恐商朝天下毁在自己手里，对不起先帝的恩泽。伊尹又推三王子继位，而三王子四年之后也病死。伊尹越来越觉得对不起先帝，心情越来越沉重。没有办法，伊尹只好推商汤的孙子——太甲登上王位，而太甲年幼无知，又生性好玩。老臣伊尹无奈，只好将他带在身边，整日给他讲治国之道，讲他爷爷治国打仗的事，讲夏桀如何灭亡。伊尹希望太甲能从中吸取教训，增长见识，掌握治国之道，可太甲无心聆听，渐渐产生了厌烦情绪。伊尹常常面对商汤的遗像暗暗落泪，深深自责。

几年过去了，太甲已渐渐长大，可仍无心治国，伊尹准备好好"教训"太甲一下。

祭祀的日子到了，太甲也跟着队伍来到桐宫。太甲觉得祭祀实在无聊，若不是先王的祭礼和伊尹的叮嘱，他肯定是不会参加的。伊尹为先王祭礼，心感愧对先王，他接过主祭人手中的祭词，恭恭敬敬地诵读。听倦了祭词的太甲东张西望，可他仔细一听祭词的内容，吓出了一身冷汗。原来伊尹感觉自己无能，没有完成先王的遗嘱，决定把太甲留在桐宫，太甲听后连连后退，他吓傻了。原来这就是伊尹给太甲的“教训”——把他囚禁在桐宫。

伊尹头也不回地乘车返回王宫，流下两行老泪，那张憔悴的脸越发苍老。他也是出于无奈才囚禁了太甲，大臣们没有反对，一是伊尹德高望重，大家相信他忠贞不贰；二是大家都认为太甲这样荒废朝政，迟早有一天，用血汗换来的江山会断送在他手里，所以都觉得伊尹做得对。

太甲被囚禁在桐宫里，眼望外边的世界，自己却没有自由，心里不禁怨恨伊尹。三天过去了，他觉得好像过了三年。第四天，门忽然开了，伊尹来了。太甲本以为伊尹会放他出去，可伊尹却说：“每天不得贪睡，必须从早到晚读历代贤王的遗训和勤政的事迹。”起初太甲还不读，到了后来，他实在觉得无聊才开始读书，越读越觉得自己的无才，越读越发奋，而且常常思考自己的过错，痛恨自己以前的荒废，觉得自己有愧于祖宗。他也渐渐明白了伊尹的一片苦心，对这位身经百战的老臣肃然起敬。

转眼三年过去了，太甲在桐宫学到了许多知识。伊尹心感一丝安慰。在这三年里，伊尹代理太甲行政，他没有夺权之意，众位臣子也言听计从。在这一段时间，商朝社会安定，农业、畜牧业都在迅速发展。

这一天，伊尹又来到桐宫，太甲起身相迎，而伊尹却跪倒在地，对太甲说：“微臣斗胆将国王囚禁在此三年有余，如今微臣前来迎国王回宫。臣囚王有罪，请国王治罪。”太甲两眼含泪，明白了伊尹的用心，猛地跪在伊尹面前说道：“老人家无罪，都是我让您费尽心思，实在是惭愧。”太甲和老臣相拥而泣。

太甲穿上了王袍，戴上王冠，重新复位。他勤于政务，国家安定富足。

太甲在位23年后病死，伊尹又辅佐太甲之子沃丁继位。不久，这位德高望重的老臣也离开了人世，100多岁的伊尹为商朝贡献了毕生的心血，消息一传开，举国上下哭声一片。伊尹在百姓之中已被看作是国家的栋梁，有他在，国家就会安康，各地百姓自发地为他举行各种仪式，以示纪念。

沃丁以先王之礼为伊尹举行了隆重的葬礼，并为他修建了墓地和祠堂。至今伊尹的墓地和祠堂还保留着，历史将永远记载着这位贤德的功臣。

盘庚迁殷

商朝自汤建国于亳（今河南商丘）以后，“弟子或争相代立”国内曾发生过多次争夺王位的斗争。与此相伴，就出现了多次的迁都，商朝大概是中国历史上迁都最频繁的一个朝代。从总体上看，迁都的原因是争夺王位继承权造成的。但从具体情况来看，每次迁都的缘由也各不相同。商朝五百五十多年间，一共出现过5次迁都，这5次迁都发生在仲丁至盘庚这一时期内。

《史记·殷本纪》中记载：“此九世乱，于是诸侯莫朝。”商朝出现的九世衰败始自仲丁，自仲丁至盘庚的一百年间，商朝的国力渐衰，统治也开始不稳，危机重重。为摆脱危机，商朝的统治者选择以迁都的方式作为解决问题的办法，从仲丁到盘庚出现的5次迁都，分别是仲丁迁于隞（今河南荥阳），河亶甲迁于相（今河南内黄），祖乙迁于刑（今山东梁山附近），南庚迁于奄（今山东曲阜）和盘庚迁于殷（今河南安阳）。其中以盘庚迁殷最为有名，而且此后商朝再没有迁过都城。

盘庚是商朝的第20位王，名旬，继承的是其兄阳甲的王位。商朝在阳甲统治时期，出现了衰败，国内王族为争夺王位争斗不已，加上黄河下游经常闹水害，使得人民荡析离居，动荡不安；国外诸侯趁着商朝出现内乱的时机疏于朝贡，还伺机与商争利，商朝处于内外交困的危机之中。盘庚接手的就是这样一副烂摊子，他为了缓和社会矛盾，重振商威，决意将都城从奄迁至殷。

盘庚为什么选择殷作为新的都城呢？原来，殷在黄河以北，地处黄河中下游，有广阔的平原，土地肥沃，水资源丰富，农业发达，粮食充足。更重要的是它处于东夷、淮夷与犬戎的中间，对于防卫周边部落的侵扰、守护国土安全最为有利。所以，盘庚将殷作为新都城的选址。可是，对于盘庚的这个决定，国内的各种力量都不支持，还积极反对。贵族、大臣们只顾聚敛财物、嬉戏游乐，根本不关心国家的命运与前途，认为搬家太麻烦，会影响自己舒适的生活，极不乐意搬迁，甚至个别有势力的贵族还煽动平民闹事，扰乱社会秩序。平民因为生活困苦，无力搬迁，也不支持盘庚的决定。盘庚没有在重重困难面前退缩，用杰出政治家的魄力，采取了软硬兼施的手段，一面不厌其烦地苦口劝说：搬迁是为了安定国家，臣民应该谅解他的苦心，不要发生不必要的惊惶；迁都只有好处，没有不利，臣民应该敢于舍弃一个旧家，再建立一个永久的美好的新家园。还明确表示，任何反对都不会改变他的决心。同时，他也采取了强硬的办法，在国内张贴告示，严厉警告臣民要服从朝廷的安排，违者重惩。盘庚挫败反对势力后，最终带着臣民，北渡黄河，将都城迁至殷。

盘庚迁殷以后，有些人不习惯该地的生活，嚷着闹着要求再迁回去，盘庚仍用软硬并施两种办法制止了他们的回迁企图。在新的都城殷，盘庚恢复商汤修德勤政的传统，整顿朝政，发展生产，提倡节俭，减轻剥削。很快，在盘庚及其臣民的共同努力之下，百姓安居乐业，国家富足繁荣，使衰落的商朝又恢复了勃勃生机，实现了商朝建国以来的第4次复兴，很久不来朝贡的诸侯又纷至沓来，带着珍贵的贡品前来祝贺殷的美丽、商的重振。这一切都是盘庚的伟大功绩，正因为盘庚具有超人的才能、执着的信念和非凡的魄力，成为历史上著名的政治家，史称“中兴贤王”。《古本竹书纪年》中记载：“自盘庚徙殷，至纣之灭，二百七十三年更不徙都。”

武丁盛世

武丁是商王小乙之子，商朝的第23位国王（约公元前1250年～公元前1192年在位），是上古的一位名王，在位达59年之久。他在位时期，任用贤臣良将，在国内推行有利于经济发展和社会安定的措施，对外讨伐那些不听号令或侵犯商朝利益的部落，把商朝推向鼎盛，史称“武丁中兴”。

相传武丁少年时，父亲不让他留在王宫中，而是让他隐瞒身份去民间游历。武丁来到民间后，与平民一起生活、劳动，了解了人民的疾苦和劳作的艰辛，广泛地接触了社会生活。他还拜有名的贤人甘盘为师，学习治理国家的本领。一次，在一个建筑工地上，武丁遇见了一个叫傅说的奴隶，他们两个人一边筑墙一边交谈。虽然傅说其貌不扬，但他知识丰富，说话幽默风趣，对国家大事有很精辟的见解，对王室之过进行直言不讳，武丁越听越佩服，心想：我即位后一定任命他为宰相，好好治理国家。

后来，傅说知道了武丁的真实身份，怕别人说他巴结权贵，就躲了起来，不愿再见武丁。武丁四处寻找，但都没有找到。

后来武丁即位，三年内没有说一句话。每天上朝，只听大臣们的议论，从来不发表意见，大臣们一个个既纳闷又害怕。一天上朝时，武丁竟然睡着了，还发出轻微的鼾声。大臣们生怕吵醒了大王的美梦，都不再说话了，大殿上顿时鸦雀无声。过了一会儿，武丁长长地伸了个懒腰，揉了揉眼睛对大臣们说：“刚才先王汤托梦给我，告诉我天帝派了一个圣人来辅佐本王。这个人有点驼背，身穿粗麻布衣，胳膊上拴着绳索，好像是个囚犯。”随后，武丁让画师按他的描述把圣人的像画了下来，命群臣四处寻访梦中的圣人。结果大臣们在虞、虢交界一个叫傅岩的地方找到了一个和画像很像的奴隶，便将他带到朝中。武丁一看大喜，这个人果然是傅说。便对众人说：“他就是天帝派来辅佐我的圣人。”并马上任命傅说为宰相。原来武丁三年不说话，其实是在用心观察，看哪位大臣是忠臣，哪位大臣是奸臣，以便摆脱奸臣的左右，选拔有用的人才。

傅说当上宰相后，开始整饬朝政。傅说首先劝说武丁节约，祭祀时减少供品，为群臣和百姓做好榜样。后来，武丁又任用贤臣祖己和老师甘盘。在这些贤人的辅佐下，武丁励精图治，商朝逐渐强大起来。

在武丁即位以前，商朝曾经多次发生王位之争，史称“九世之乱”，结果导致国力大衰，原先归附商朝的较大的部落和方国，纷纷摆脱商朝的统治，甚至出兵攻打商朝，掠夺商朝的庄稼、牲畜和人口。尤其是西北地区以羌族为主体的西戎，对商朝的西部边境构成了严重威胁。那些小的部落和方国则是时而归顺，时而反叛，经常以种种借口拒绝向商进贡物品，甚至起兵反抗。

为了恢复商朝昔日的荣光，武丁开始四处征伐。

武丁首先将矛头对准了商朝周边的小部落和方国。武丁身先士卒，驾驶战车，率领车兵和步兵，一举征服了40多个部落和方国，使商朝的统治基础得以稳固。

随后，武丁开始征讨商朝最大的敌人——以羌族为主体的西戎部落。武丁和他的妻子妇好率领全国的精锐军队，在西北征战多年，终于打败了西戎部落。在征战的过程中，有的部落被消灭，商人就在他们的土地上建立城邑；有的部落战败投降，沦为奴隶；有的战败逃往更西更北的偏远地区。

随后，武丁又进攻南方的荆楚。南方江河纵横，湖泊众多，山势险要，道路难行。武丁不畏艰险，率军逢山开路，遇水搭桥，深入敌境，取得重大胜利，征服了很多部落和方国。

据甲骨文记载，在一次战役中，武丁令妇好和另一位大将配合，先在西边埋伏好，武丁从东边进攻敌人，把敌人赶进妇好的包围圈，然后围而歼之。这是我国军事史上最早的关于事先埋伏、围歼敌人的文字记录。

武丁经过多年的征战，大大拓展了商朝的疆域和势力范围，促进了中原地区和周边各少数民族的交流，使商朝成为北到大漠，南逾江淮，西起甘肃，东至大海，包含众多部族的泱泱大国。

暴君商纣

商朝后期的几个国王毫无作为，百姓处于水深火热之中。

商朝最后一个国王是商纣王，他十分残暴，而且生性多疑。他本是个很聪明的人，可以治理好国家，可他却把聪明用在了歪门邪道上，想尽一切办法寻欢作乐和残害忠臣良将。

纣王继位后，调集上万名奴隶大兴土木，在朝歌修建了鹿台，在钜桥修建了大仓库，还命人修建了几个游乐园。不仅如此，他还从民间不断选美女入宫。

纣王要从四方诸侯封地中选百名美女的消息让老臣商容得知，商容十分气愤，便去劝谏纣王。可残暴昏庸的纣王不但没有听老臣的话，反而觉得老臣是自己玩乐的绊脚石，立即命人推出去处斩。商容悲痛不已，倒不是因为自己将被处斩，而是觉得商朝天下让这样的昏君治理，江山社稷将不会持久。商容老泪纵横，临死前悲痛地说道："先王让我辅佐纣王，可如今我无能为力，只好去见先王了。"说罢他一头撞在石柱上，以死劝谏。然而老臣的死不但没有惊醒这位纣王，反而更加刺激了他选美女的兴趣。

商纣王手下有一个叫费仲的人，此人没有什么才能，却会溜须拍马，深受纣王喜欢。他对纣王说："苏护有一个美丽动人、能歌善舞、窈窕可爱的女儿妲己。"纣王一听非常高兴，立即下命令，让苏护把女儿妲己送到宫中。

纣王一见妲己如此娇媚动人，心头大喜，立即重赏苏护，还封妲己为王后。从此，纣王整天陪着妲己寻欢作乐，根本不理会朝政之事。

商纣王的荒淫无度给百姓带来了无尽的苦难，被压迫的百姓忍无可忍终于起来造反了。而纣王一旦把反叛的奴隶捉住，轻则在脸上刻字、割鼻、断足等，重则将人活活砍死，剁成肉酱，有的还烤成肉干，更甚之的是炮烙之刑，即用大火将铜柱烧得通红，然后让人从柱子上走过去，人一踏上去，脚立刻被烧焦，站立不稳，就掉在下边的火炕里被活活烧死。而这位昏庸的纣王在一旁边饮酒，边与美女寻欢作乐。

有位大臣叫梅伯，他深明大义，知道奴隶造反是因为无法忍受苦难，是官逼民反。于是梅伯冒着生命危险进谏，这时纣王已昏庸得不可救药，岂能听进良言相劝。纣王恼怒，派人把梅伯绑在铜柱之上，活活烧死。从那以后，再也没有人敢上谏纣王了。

纣王不仅残暴而且生性多疑。那时候，周围四方诸侯手握重兵，本来这些诸侯没有反抗之意，但商纣王害怕他们起兵反抗，于是就把他们骗入朝歌囚禁起来。那时姬昌、九侯、鄂侯都被昏君关了起来。

纣王十分好色，只要听说有美女就要想方设法弄到手。他听说九侯有一个漂亮的女儿，貌似天仙，便将她召入宫中。一见果然如此，可是九侯之女性情刚烈，誓死不从。纣王让囚在朝歌的九侯去劝劝自己的女儿，只要她女儿从了，就可放他出去。九侯见到女儿，泪流满面，他无力保护自己的女儿，深感惭愧，又怎么忍心让自己的女儿受这个暴君的折磨呢？纣王一看九侯之女仍不从，一怒之下，杀死了她。但纣王怒气未消，认为是九侯没有好好相劝自己的女儿，也想把九侯杀掉，此时鄂侯跪地为九侯求情，结果二人一起被剁成了肉酱。

姬昌知道此事后吓了一跳，不禁泪流不止，一为自己的处境难过，知道自己死期不远了；二为自己的好朋友如此惨死而难过。姬昌为了保全自己的性命，每日弹琴看书，言谈中流露出效忠纣王的意思，纣王听了很高兴，因此没有杀掉他。

姬昌的大儿子伯邑考和次子姬发商量，决定由伯邑考去救父亲，谁知刚到朝歌便被纣王捉住，剁成肉酱，并做成肉汤，送给姬昌。

姬昌接过肉汤，如五雷轰顶，但他很快冷静下来，发誓要为儿子报仇。姬昌把肉汤一饮而尽，心里暗暗咒骂这个无道的暴君，嘴里却说感谢纣王替他处死了这个不孝之子，并表示永远效忠于纣王，纣王听了心里十分高兴。

伯邑考被杀，弟弟姬发悲痛不已。他决心去救父亲。姬发十分聪明，他知道如果像哥哥那样，必然白白送死。既然纣王喜爱财色，不如多送些宝物和美女。姬发把财宝分成两份，一份送给纣王，另一份送给纣王宠臣费仲，然后自己再去求情，请求纣王放回姬昌。

纣王得了大量财宝和美女，十分高兴，但是对放不放姬昌仍然犹豫不决，因为不知姬昌是否真心效忠，所以便招来宠臣费仲商议此事。费仲拿了姬发的财宝，自然为姬昌说话。费仲对纣王说：“姬昌为人忠厚，被囚在朝歌仍没有怨言，十分效忠您，您把姬昌长子伯邑考杀掉做成肉汤，他一饮而尽，可见他是多么忠诚于大王啊！”纣王一听，便决定放了姬昌。

姬昌被放之后，原想和几个老朋友设宴叙旧。这时一位老友黄飞虎劝道：“你我兄弟喝酒之日以后还长，何必现在呢？纣王喜怒无常，先离开这是非之地吧！”姬昌一想所言极是，便立即起身，告别故友。

纣王没想到，正是忍辱负重的姬昌和他的儿子姬发推翻了商朝天下。

周公辅政

周武王建立周王朝后，将天下按照功劳的大小分封给了为他出生入死的功臣和亲属。周武王想通过这种方式，让为他出生入死的人们感到安慰，心存感激，借此巩固自己的地位。

当时商朝虽已灭亡，商纣自杀，可残余力量还存在，而且势力还相当大，对刚刚建立的周王朝有不小的威胁。周武王为了安抚这部分残余力量的首领，把殷都全部留给了纣王的儿子武庚，并且封武庚为殷侯，同时派自己的三个兄弟管叔鲜、蔡叔度和霍叔处去帮助武庚治理殷都。说是帮助治理，实际上是为了防止武庚反叛，而监视武庚的。因此这三个人也被称为“三监”。

周武王这一做法十分周密，他认为这样可以很好地控制武庚。他对三个兄弟说：“到达殷都后，掌握实际大权，让武庚只有个虚名，这样武庚想反也反不了。”但是周武王万万没有想到，两三年后，三监却和武庚联合起来，共同反叛朝廷。

周武王一生打打杀杀，呕心沥血，勤于朝政，对待百姓也十分关心。由于操劳过度，没过两年，他就得了重病。可当时周武王的儿子只有13岁，年龄太小，武王放心不下。让谁辅佐幼主呢？周武王想找一位可靠的人，于是他想到了周公旦。临死前，周武王把周公旦叫到身边，请求他辅佐年幼无知的周成王。周武王拉着周公旦的手，亲切地说：“我大周朝能否兴旺发达，我大周王朝臣民能否安康富足，千斤重担就都交给你了。”周公旦为人忠厚，望着周武王深深地点了点头。

周武王不久便死了。周公便将国家这副担子挑了起来。他一方面辅佐幼主，让他读书，给他讲治国之道，让他知道历代前贤的优良品质，给他讲夏桀、商纣如何残暴，最后如何灭亡；另一方面周公修订制度，严明法纪。真可谓“一沐三握发，一饭三吐哺”，也就是说周公日理万机，时间安排得非常紧，洗一次头、吃一顿饭的时间里，往往都要处理几件政事。后来为了颂扬周公的精神，人们留下了“周公吐哺，天下归心”的美谈，许多贤才都纷纷归附周公。

周公日夜操劳，勤于朝政，自己很少有时间去休养，但他毫无怨言。可这并没有换来应有的回报，相反他却卷入了一场谣言之中。

渐渐地，周公发现身边的人有些不对劲，成王同他说话时，也和以前大不相同，言辞闪烁，目光游离。周公不知是怎么回事。这一天，周公正在处理政事，召公和姜太公对周公说他们想回到封地去，不想在宫中了。周公大吃一惊，不知为什么，便忙问二人原因。召公和姜太公也不说谎，便答道："外面早已议论纷纷，说你独揽大权，独断专行，迟早有一天，你会废了成王，自立为天子的。既然这样，我们也不想留在宫中了，我们只想到封地去。"周公一听火冒三丈，气得胡子都要竖起来了。周公心想就连两位德高望重的功臣都不信任自己，自己怎能不伤心欲绝呢？当时，周公老泪纵横，只好向二位表明了心迹，决不会自立为天子，只是想把幼主抚养成人。周成王满十五岁时，周公为成王举行了"冠礼"仪式，然后将一切事安排妥当后，带着几名随从离开了镐京。周公此次离开镐京，是为了查明造谣之人。不久他便查明了，造谣的不是别人，正是自己的亲兄弟，三监中的管叔鲜和蔡叔度。管叔鲜是文王的三儿子，而周公是四儿子。管叔鲜认为辅佐成王的人应该是他，按"兄终弟及"的习惯怎么能轮上周公呢？所以他心里愤愤不平，认为哥哥周武王也太偏心了，别人都有封地，却把他们哥三个派去只做一个监视人的苦差事。他越想越不是滋味，总想找时机报复一下周公和周成王。他便和蔡叔度商量了一番，蔡叔度心里也不平衡，也是一肚子怨气。二人臭味相投，便想出了一条计策，散布谣言，说周公想废成王，自立天子。而纣王的儿子早知道武王派来三个弟弟是监督自己的，现听说管叔鲜和蔡叔度给周公造谣，心里乐开了花，巴不得周室闹内讧，好借此良机举兵反叛。

自从周公离开镐京后，武庚便和东夷首领以及一些边远小国加紧了联系，将反叛之事提上了日程。他们想利用周公不在朝中，而周成王年龄尚小这个天赐良机，举兵造反。

这一年，镐京一带连降暴雨，雨水之大，历史罕见，淹没了不少地方。周成王虽然年幼，可也十分关心周王朝的江山社稷，他看到暴雨不停，会殃及百姓，日夜不能眠，而他也没有别的办法，只好到祖庙祈祷占卜。在那里，周成王发现了一篇祷词，是周公写的。上面写着周公甘愿以自己的性命去代替周武王的性命，为了周王朝的江山社稷付出一切，死而后已。成王一看，感动得两眼含泪，这才明白自己错怪了周公。成王立即派人将周公召回，请他继续辅佐朝政。周公回到镐京，立刻进行军事准备，他知道管叔鲜和蔡叔度既然敢造谣言，就很有可能造反。不出所料，没过几日，管蔡二人便伙同武庚起兵造反。一些小国也不甘寂寞，跟着起哄，加入了反叛的行列。

周公早已做好了准备，他授权姜太公带领人马征服不服周朝管辖的各个诸侯国，经过几年的征战，征服了所有不服周朝管辖的诸侯国。而他自己则带领一部分人马去征服“三监”和武庚。三年过去，周公率领人马直接打到了殷都，将暴君之子武庚斩首示众。管叔鲜一看武庚被斩，知道已经没有能力反抗了，又无颜再见周公，便上吊自杀了。周公把蔡叔度、霍叔处两个无知的兄弟流放贬职。

平定了叛乱，周王朝的地位得到了巩固。周公东征之后，觉得镐京离东部的中原地区很远，不便于控制，便决定在东部建立一座新都城——洛邑。自此，周朝便有了两个并立都城。

转眼间，周公帮助成王执政已7年有余，周成王已长大成人。周朝的统治在周公的治理下得到了进一步的巩固。周公无论在臣子中还是在百姓中威信都相当高。众臣眼里，周公俨然是天子，认为周公迟早有一天会自立为天子。于是有的大臣想拍周公的马屁，带人到周公府中，请周公继位称王。周成王得知此事，惴惴不安，他也认为周公会取代自己，自立为王。周公面对那些大臣，连忙称谢后，将他们送出了府。

第二天上朝时，周公神情严肃，众臣以为周公必然会登基，正准备向周公行君臣之礼，可周公却说：“我奉武王之命，辅佐幼主，代理朝政已长达7年，如今成王已长大成人，有能力统管我们周王朝了。从今天起，他要亲理朝政，如有不服者，推出去斩首。”众臣一听大吃一惊，万万没想到周公有如此做法。

周成王再一次为周公所感动，他跪下来请求周公继续代理朝政。可是周公主意已定，毅然离开镐京，去了新建的都城——洛邑。

周公到了洛邑后，继续为国事操劳并抽空去看望周成王。每次见面，周公都直言不讳，劝成王做一代明君。成王十分谦逊，对周公的话都牢记心中。成王还让史官把周公的话记录下来，整理成册。几次见面，周公的话竟被编成两篇文章，一篇为《无逸》，另一篇为《立政》。现在，这两篇文章我们可以从《尚书》中查到。

周公终于累垮了身体，在洛邑病死了。周成王悲痛万分，以天子之礼将周公葬到文王、武王的墓地，并为他修建了一座周公庙，记载他一生不朽的功勋。我们现在一提周公，仍然为周公的精神所感动。他襟怀坦荡，不为私利，他的美德被后人世世代代传颂。

烽火戏诸侯

公元前781年，周宣王去世，其子姬宫涅即位，这就是周幽王。此时，各种社会矛盾急剧尖锐化，政局不稳，地震、旱灾等自然灾害不断。地震曾造成了陕西境内泾、渭、洛三条河流的断绝及岐山的崩塌，可见受灾程度相当严重。地震后又发生了大旱灾，造成西周王畿地区普遍性的大饥荒，人民流亡，饿殍遍野，惨不忍睹。

在此严峻形势下，周幽王理应百般谨慎、夙兴夜寐、日理万机，以期挽回衰颓之势。但他派人四处搜罗美女，耽于酒色，依然昏庸贪暴。大夫越叔带上朝进谏，幽王不但不听，还革去越叔带的官职，将他撵出庙堂。大臣褒珦继续劝谏幽王，周幽王大怒，命人把褒珦送入牢狱。据说褒珦的家人为将其救出来，决定投幽王之所好，使用美人计，把美人褒姒献给幽王，以赎出褒珦。褒姒长得非常漂亮，幽王很宠爱她。可是褒姒却不苟言笑，幽王想尽办法，也不能引她发笑。虢石父向周幽王献计道："往昔为了防备西戎侵犯，我们在骊山之下建造了二十多座烽火台和大鼓数十架。敌人若来侵犯，就立即点燃最近的烽火台，狼烟直冲霄汉，相邻的烽火台收到信号，也一个接一个地点燃，附近诸侯见后就会立即出兵救驾。现在天下太平已久，烽火台一直未用，不如把烽火点燃，戏弄一下诸侯们，娘娘见了就一定会笑的。"

周幽王色迷心窍，一心想博得褒姒的欢心，竟视国家大事为儿戏，忘乎所以，不顾大臣的反对，赞同此计。当天晚上，幽王带着褒姒在骊山（今陕西临潼东南）游玩，一声令下，烽火被点燃，狼烟冲天，邻近的诸侯见后赶紧带着兵马前来救援。可是一到都城，却发现根本没有侵犯的敌人，原来是被幽王戏弄了，诸侯们敢怒不敢言，大为泄气，偃旗息鼓而去。褒姒瞧见这么多兵马忙来忙去，不禁大笑起来，幽王竟非常得意，而虢石父由于善于逢迎，受到周幽王的重用。虢石父主持朝政期间，触动了各诸侯国及国人的经济利益，引起国人的怨愤。

后来，幽王想立褒姒为后，就废掉了申后，剥夺了宜臼（申后之子）的太子封号还要杀宜臼，申后和宜臼逃到了申国。幽王顺利地改立褒姒为后，立褒姒之子伯服为太子。结果，引发了周王室内部的嫡庶之争。

周幽王十一年（公元前771年），申后的父亲申侯暗地联合缯国和犬戎共同攻打周，犬戎发兵5万，直取镐京。幽王见形势危急，点燃烽火告急，烽火台虽被点着，却已形同摆设，诸侯无一前来救援。犬戎很快攻破镐京，放火焚烧宫室，宫内珍宝，皆被犬戎掳去。幽王被杀于骊山之下，褒姒也被犬戎掳走。西周灭亡。

周幽王死后，申侯等人拥立太子宜臼为王，是为周平王。由于镐京残破，又处在犬戎的威胁之下，周平王元年（公元前770年），将都城东迁于洛邑（今洛阳），以避戎寇，史称“东周”。平王东迁后，周天子王权大为衰落，诸侯势力不断壮大，周天子无力自保和抗拒外族入侵，依赖于诸侯国的保护之下，历史进入了春秋时期，出现了群雄争霸的局面。

经济

井田制和分封制

井田制是我国奴隶社会实行的土地管理制度，据说，在夏商时期就已经实行了，但其真正充分发展并盛行是在西周时期。所谓“井田”，就是把耕地划分为一定面积的方田，每一块方田长、宽各百步叫一“田”，一田的面积为百亩，由一人耕种，为一“夫”。方田之间道路和渠道纵横交错，形状就像一个“井”字，井田制由此得名。领主强迫庶民集体耕种井田，九块方田为一“井”，其中周围的八块为私田，由八户耕种，收成也由八户各自所有；中间一块为公田，由八户共耕，收入全归领主所有，这就是八家为井、同养公田之制。

西周时期，号称普天之下莫非王土，因此井田的土地所有权属周王所有，而实际耕作者只有使用权。周王把土地分赐给诸侯臣下，他们就是土地领主，领主每年都要向周王交纳一定的贡赋。而且，这些领主只能享用井田，按照宗法制度依照嫡庶去继承，不能买卖和转让。那些在井田中劳作的庶民也作为土地的附属品为领主所有，没有转业的自由，终生都不能脱离土地。

西周的各级土地领主把土地中成千上万块的良田都化作公田，留给自己。这些土地一般都靠近河流，背山向阳，容易取得好收成，且面积很大，因此也叫大田。领主会指派官吏担任田官。田官们在冬天时就为来年的春耕做准备，先根据劳动者的身体状况、年龄大小，两人一组分为一“耦”，两个人一起劳动叫作“合耦”，这种劳作方法叫作“耦耕”。大领主的公田上，往往有成千上万耦的劳动者。春天来临，农忙季节也开始了。每天天刚一亮，大批庶人被驱使到领主的“公田”上去劳作。领主指派的田官就坐在村口，查点参加劳动的人数，监视他们劳动，晚间结束耕种时，也要接受田官的盘点。有时，土地领主还会亲自到田里监督庶人们劳作。到了秋天收获时，公田的收成堆积成山，全归领主一人所有。冬天农闲，庶人们就为领主做各种杂役，男的就修房、搓绳，女的就纺纱、织帛、做衣裳，每天从早起忙到半夜，为了防止庶人偷懒，领主还把他们集中到一起干活，以便监督。

领主们把城市附近郊区的土地分给和自己同族的普通劳动者。这些人是住在城市——也就是“国”里的，因此叫“国人”。“国人”不必交纳租税，但要负担军赋和兵役，平时他们每年要向国家缴纳一小罐米和一捆牧草的军费；战时就要拿起武器去当兵，而且要自己准备打仗所需物资。“国人”可以当兵，接受教育，他们学的主要是礼仪和军事方面的训练，也叫“武夫”或“士”。这些人自食其力，是社会里的普通平民，表面看来不受剥削，但是当时的社会战争频繁，只要打仗就必须参战，打了胜仗，战利品都归统治者所有；打了败仗，很有可能被俘沦为奴隶。战争结束后，回到家中，发现自己家的田地因无人管理，颗粒无收甚至已经荒芜，就只能忍饥挨饿了。由此可见，“国人”的地位很不稳定。

那些距离城市较远、又很贫瘠的田地，就被领主分给了住在野外的庶人，因此他们也被叫作“野人”。领主阶级觉得他们都很愚蠢，很鄙视他们，管他们叫“氓”。这些人没有任何权利，只能给领主种田、服杂役。他们只能先耕种领主的大田，得到同意后才可以去耕种自己那一小块土地。

西周中期，出现土地耕作者占有私田的现象，贵族之间开始了土地交易，出现了土地的个人私有制，九夫为井而无公田。春秋后期，鲁国实行初税亩制度，私田主人对土地的所有权得到承认，井田制逐渐瓦解。随着铁器的使用和牛耕的推广，新的剥削方式——封建地主对农民的剥削出现。战国时，商鞅在秦国变法，主要内容就是“废井田”“民得买卖”，肯定个人对土地的所有权，井田制彻底崩溃。

井田制是周朝的经济制度，在这个基础上，周朝建立起和它相对应的政治制度——分封制。西周建立之初，统治者开始分封诸侯，受封的主要是同姓子弟，异姓功臣，还有古代帝王的后代，比如周成王的弟弟叔虞被封到晋，姜子牙被封到齐，商王后代微子启被封到宋等。

周公姬旦辅佐周成王7年，稳定了周朝的统治，还政于成王后，为了进一步巩固周朝的统治，周公“制礼作乐”，推行了一套维护君臣宗法和上下等级的典章制度。这些制度确定了周天子至高无上的绝对支配地位，同时以血缘关系为纽带，规定嫡长子拥有继承王位的优先权，简单来说就是立嫡立长。古代社会是一夫多妻制，一个男人除了有一个正室，还可以有众多侧室。所谓嫡子，就是正室所生的儿子，而侧室所生的儿子则为庶子。嫡子是大宗，只有他有资格继承王位，而庶子是小宗，最多只能得到一小块封地，或是成为嫡子的臣子。如果正室有多个儿子，就要先立年长的；如果正室没有儿子，就在侧室所生的儿子中选年龄最大的继承王位，这叫立长。

这种制度在家庭范围内就是宗法制，在国家范围内是分封制。周天子利用册封，把其他庶子作为小宗分封为各地诸侯。他们可以在自己的封地内建立诸侯国，与天子是地方与中央、小宗与大宗的关系。这些被分封的土地被称为“诸侯”“诸侯国”“封国”，而统治诸侯国的君主称“诸侯王”“君王”“国君”。诸侯可以支配受封土地的所有资源，包括百姓、土地及封地的收益。诸侯在各自封国内，也以嫡长子为大宗继承王位，把其他小宗分封为卿大夫。卿大夫又会以嫡长子为大宗，把爵位传给他，并将自己的财产分给其他小宗的庶子，封他们为士。就这样，根据宗法制和分封制，在贵族统治阶层内部便形成了天子—诸侯—卿大夫—士的金字塔式等级制机构。

在这种制度下，诸侯必须服从周天子的命令，向周王缴纳贡赋和朝觐述职，诸侯的军队要听从周天子的调遣，保卫周王室，随从作战。在自己的封地内，诸侯可以将封地再分封，让自己的亲族做卿大夫。卿大夫也可以再将土地和人民分赐给士，他们同样要向上一级承担纳贡作战等义务。

通过分封制，周王室的亲族、姻亲和功臣建立了一批新兴国家，巩固了统治，拓展了疆域。分封制形成了以周天子为首的等级制度，是周朝社会的基本结构。在分封诸侯的过程中，周天子有效地控制整个领土，把建立地方政权与巩固自己统治有机结合起来，国家政权趋向严密，确立了周天子的至尊权威。分封制在各诸侯国普遍实行，从而建立了统一的制度，促进了各诸侯国的繁荣发展。但是，各诸侯国享有相当大的独立性，随着国势日益壮大，势必影响王室的权威。到了春秋时期，周王室日益衰微，“礼乐征伐自诸侯出”，大诸侯国不断进行兼并战争，争夺土地、人口及对其他诸侯国的支配权，形成了诸侯争霸的局面，分封制遭到破坏。

秦朝统一六国后，取消了分封制，在全国推行郡县制，并一直延续了下来，不过，分封制在一定范围内仍然存在着。

青铜器

我国夏商周时代的青铜器具，不单是盛物用的容器，同时也是宗庙中的礼器。青铜器的数量可以表示出主人身份地位的高低，青铜器形制的大小也可以显示出权力的等级。青铜器中，最重要的类别就是鼎。远古的青铜器可以分为食器、酒器、水器、乐器四大类。食器中包括鼎、鬲，等等。其中鼎是最重要的礼器。

青铜是铜和锡铅的合金。青铜工艺成为中国古代早期工艺美术的典型代表，是我们的祖先对人类物质文明的巨大贡献。夏商周时期是中国历史上的青铜时代，它以品类丰富、造型优美、纹饰华丽、制作精巧、风格独特而著称。此时的冶炼铸造技术可以说有了突飞猛进的发展，在应用上具有广泛的适用性。

中国古代青铜器，就使用规模、铸造工艺、造型艺术及品种而言，在世界艺术史上占有独特地位。青铜流行于新石器时代晚期至秦汉时代。以商周器物最为精美，品种丰富，器型多样，并出现了铭文和精细的花纹。商周青铜器的艺术装饰承接新石器时代艺术中若干精髓，经过长期变化，形成独特的体系，成为中国艺术史的一个组成部分。商周时期，青铜的冶炼业作为生产力的标志而达到高峰，是中国古代青铜器发展的鼎盛时期。

大盂鼎是西周早期青铜礼器中的重器，因作器者是周康王时期名叫盂的大臣而得名，表示康王自己要以周文王、周武王为典范。对于一个奴隶主贵族及其家族来说，青铜礼器又是他们身份与地位的象征。据文献记载，天子用九鼎，诸侯七鼎，卿大夫五鼎，士三鼎，必须恪守法度，而不能逾越。生前如此，死后陪葬也是如此。青铜礼器被制度化、神秘化、权力化，已不是一般的实用器具。在形制、纹饰的铸造方面我们就不能简单地用对待实用器具的眼光去看待，这是我们在欣赏时必须注意的。很多器物的形制纹饰表明它不适于在生活中使用，原因就在于此。各级奴隶主贵族在青铜礼器上寄托着他们的信条与期望。当这种要求用形制与纹饰表达仍嫌不足时，便诉之于文字。这就是中国青铜器铭文很多的原因之一。青铜器是物质的，但同时又是一种精神产物。

从造型艺术的观点看，许多青铜器又是精美的工艺美术品。青铜器的铸造方法与造型及装饰方法的密切联系，说明中国工艺美术中艺术与技术相结合的传统，形成独特的体系。从青铜器的纹饰上看，有饕餮纹、雷纹、弦纹、鱼纹、鸟纹、龟纹等。

后母戊方鼎（原称司母戊方鼎）、大盂鼎这两件青铜器的口端、顶盖、边沿饰有神态生动的造型，而动物凌厉的角和爪、卷曲的翅和尾、圆瞪的目、尖锐的牙等又常常被有意地加以突出表现。更多的则是以棱鼻为中心，两个侧身的夔形对接，正好拼成一个正面的饕餮（饕餮是传说中一种神秘的动物，是以虎、牛、羊等动物为原型，经过综合、夸张等艺术处理，创造出的一种动物形象。据说，饕餮是好吃的野兽，用它的形象来装饰青铜器，寓意吉祥丰收），同样形成尖角翻卷、双目圆瞪、龇牙咧嘴、利爪大张的状态。在众多造型中，饕餮的形象是最为恐怖的，这种造型多见，而且都刻在尊贵庄重的礼器上。久而久之，饕餮便被提炼成一个综合的奇形怪状的兽面。可见兽面纹的确是一种神圣王权的象征。君主掌握了兽面神器，就意味着人神合一，至尊高贵，即拥有神的权力，也成了神之子及其化身。

商周的青铜礼器中兽面纹是最主要的器饰主题和纹样，如后母戊方鼎、大盂鼎。同时也与人面纹、鸟纹、夔纹、龙纹等交替互渗，似是而非，具有演化变体的多样造型，始终占领着象征神灵的主导地位。多数器饰的造型均为兽面纹居中，鼻、口垂直的扉棱两边对称，陪衬的副题花纹则点缀在次要位置。这些冷峻的神态造型，更多给人以威严神秘的诡异色彩。

商周青铜器是中国商周时代生产科技和艺术发展水平的集中反映。造就了以狰狞为美的审美文化时尚也呈现了我国奴隶制残酷的本性。综上所述商周的青铜艺术是一颗光彩夺目的明珠。它以品类丰富、造型优美、纹饰华丽、制作精巧、风格独特而著称，在世界艺术史上占有独特地位。

后母戊鼎祭母

商被周所灭，国都殷也遭到破坏，沦为废墟。过了三千多年，到了近代，人们在河南安阳小屯村一带发掘出大量古代遗物，其中在许多龟甲和兽骨上发现文字，这些就是甲骨文。通过对甲骨文的辨认，人们才知道那里当年曾经是盘庚迁都的遗址，就把它叫作“殷墟”。同时也证明了商朝的存在，我国有文字可考的历史由此推进到商朝。

殷墟出土的大量文物，使现代人对商朝中后期社会发展的情况有了一定的了解。其中包括大量的青铜器，有各种生活器皿、祭器、兵器，种类很多，制作精巧。青铜冶铸业的发展，表明人类已经能够熟练地从矿石中提取金属，用它制造工具，改造自然。这不仅标志着生产力的发展，同时也标志着科学技术的进步。青铜业的发展，促进了新的手工业的产生，使各个行业一起兴盛起来。由于青铜业的发展，商朝创造了灿烂的青铜文明。殷墟中，还出现了后母戊大方鼎，其造型、纹饰、工艺均达到极高水平，说明中国青铜时代已进入繁荣时期。

后母戊大鼎出土于河南安阳侯家庄武官村殷墟墓，是商代青铜文化顶峰时期的代表作，因为鼎腹内壁铸有铭文“后母戊”三字，故以此命名。

后母戊大鼎以其巨大精美，而被誉为“青铜器之冠”。此鼎是我国目前已出土的最负盛名的四足方鼎，它高大厚重，外观雄伟，高133厘米，口长110厘米，宽78厘米，足高46厘米，壁厚6厘米，总重量达832.84公斤，鼎腹呈长方形，口沿很厚，轮廓方直，上竖两只直耳，下有四根圆柱形鼎足，四足中空，显现出不可动摇的气势，是迄今为止出土的最大最重的青铜器，在世界范围内，也是罕见的青铜器贵重文物。

除了高大厚重，大鼎上的纹饰美观华丽，精巧而不失庄重，体现了高超的工艺水平，更增加了它的价值。鼎身四面的方形都是空白素面，除此之外，其余各处皆有纹饰。在细密的云雷纹之上，各部分的纹饰都各具特色。鼎身四周铸有精巧的盘龙纹和饕餮纹，鼎身四面交接的地方，以扉棱装饰，扉棱上面是牛首，下面是饕餮。鼎耳外廓装饰两只相对的猛虎，虎头绕到耳的上部，虎口大张，衔着一个人头，好像被虎所吞噬，俗称虎咬人头纹。以这种吃人的形象做装饰，渲染出一种恐怖的气氛，给人精神上的压迫感，从而显示出统治阶级的无上权威。四只鼎足上铸有蝉纹，线条清晰，蝉纹之上施以兽面，匠心独具，同时增加了大鼎本身威武凝重的感觉。

后母戊大鼎是商王为祭祀他的母亲戊而铸造的。但“母戊”又是指谁呢？据研究，该鼎是商王武丁的儿子为祭祀母亲而铸造的，所以这座大鼎可能是祖庚或是祖甲铸造的，据此推测，母戊可能指商王武丁妻子之一妇好。

妇好是商王武丁众多妻子中的一位，十分聪明，有着超乎寻常的勇气和智慧。虽身为女性，却能够率领军队为武丁拓展疆土，而且多次主持各种祭祀活动，为武丁的统治服务。武丁是个有壮志的君主，非常喜欢辅佐他成就事业的妇好。后来，妇好先于武丁去世，武丁悲痛不已，厚葬了自己的妻子。武丁的后继者，妇好的儿子就铸造了后母戊鼎纪念她。

后母戊鼎是我国商代青铜器的代表作，显示出商代青铜铸造业的生产已具有相当的规模和技术水平。

军 事

“国人”暴动

牧野之战

商朝末期，纣的暴政已经达到了极点。商朝的贵族王子比干和箕子、微子十分担忧，苦苦地劝说他改邪归正。纣不但不听，反而将比干杀了，还残忍地叫人剖开比干的胸膛，挖出他的心，说要看看比干的心长什么样子。迫于无奈，箕子装疯卖傻总算免了一死，被罚作奴隶，囚禁起来。微子看见商朝已经没有了希望，便离开了国都朝歌。

此时，周武王得知纣已经到了众叛亲离的地步，认为时机已经成熟，请精通兵法的太公望做元帅，领5万精兵，渡过黄河东进。八百诸侯在孟津会盟。周武王在孟津举行誓师大会，历数了纣昏庸无道、残害人民的罪状，鼓励大家同心讨伐纣王。

一天，在周武王进军时，有两个老人挡住了军队的去路，要见武王。原来，这两人是孤竹国（在今河北卢龙）国王的儿子，哥哥叫伯夷，弟弟叫叔齐。孤竹国王钟爱叔齐，想把王位传给他。伯夷得知父王的心意后，便主动离开了孤竹国，叔齐也不愿接受王位，也躲了起来。他们两人在周文王在世的时候，一起投奔周国，并定居下来。他俩听到武王要去讨伐纣王，就赶来阻止，并说这是大逆不道的行为。

太公望知道这两人是一对愚贤，吩咐左右将士不要为难他们，把他们拉走就是了。后来这两个人想不开，竟躲到首阳山（在今山西永济西南）上绝食自杀了。

周武王的讨纣大军士气旺盛，一路上所向披靡，很快就打到距朝歌仅有70里的牧野（今河南淇县西南）。纣得知后，慌忙拼凑了70万人马，由他亲自率领，跑到牧野迎战。他以为，凭他70万人马，打败5万人马还不是轻而易举的事吗？

可是，那70万商军有一大半是由奴隶和从东夷抓来的俘虏组成的。他们平日受尽纣的压迫和虐待，对纣早就恨之入骨了，谁也不想为纣卖命。在牧野战场上，当周军勇猛地冲进商军队伍的时候，他们就掉转矛头，纷纷倒戈，配合周军一起攻打商军。70万商军，一下子就土崩瓦解了。太公望指挥周军，趁势一直追击到商都朝歌。逃回朝歌后，商纣王看到大势已去，就于当夜躲进鹿台，放了一把火，跳到火堆里自焚了。

周武王灭了商朝后，把国都从丰搬到镐京（今陕西西安市西），建立了周王朝。

周公东征

周武王在克商后不久，因病去世了，王位由太子诵继承，他就是周成王。因成王年幼，朝政就由经验丰富的周公帮助处理，并代成王摄行政之权。周公又名周公旦，是周文王的四儿子。武王伐纣后，封周公于少昊之墟曲阜，但他没有去封地，而是让自己的儿子伯禽前去管理，自己仍留在武王身边，尽心尽力地辅佐武王，操劳国家大事。实际上，周公的摄政称王也是武王的遗愿。武王在位时，由于殷商的遗民和东方徐、奄等族并非真心臣服于周主，武王担心年幼的儿子不能守护国家的完整，为了周王朝的安全，曾明确告诉周公，希望周公继承王位。看来，当时武王有此考虑，也是客观实际所决定的。

周公摄政很快引起了周王室内部集团的猜疑。武王的弟弟管叔和蔡叔怀疑周公将篡取王位，他们伙同族弟在国都大肆传播流言蜚语，说周公为篡夺王位，将要对成王不利。流言很快就传到成王与老旧大臣耳中，引起了他们的疑虑。周公对重臣太公望及召公奭说："我之所以弗辟（避）而摄行政者，恐天下畔周，无以告我先王太王、王季、文王。"最后周公在打开金縢之箱后，才澄清此事。

管叔、蔡叔见流言对周公毫发未伤，于是密谋叛乱。当时，管叔、蔡叔和霍叔驻守在殷都周围，各自的封区为邶、鄘、卫，用来监视武庚，史称"三监"。武庚是纣的儿子，因武王遵守"灭国不绝祀"的传统原则，保留殷人的祭祀，仍让武庚统治殷商故地。因此，当武庚获悉管叔、蔡叔将要叛周时，便立即与之勾结。

武庚积极联络庸、奄、薄姑、徐戎、淮夷、熊（祝融）、盈（嬴）诸族共同叛乱，地居河汾之东的唐也起事策应。在此危机形势之下，周公奉成王命东征，成王亦随同前往。出发前，发布文告，即《尚书·大诰》篇指出的：殷商遗族轻视周朝，企图叛反，祸乱天下，必须征伐以绝后患。周公经过占卜，卜兆吉利。有了上天的旨意，再加上文王、武王的余威，东征大军浩浩荡荡奔赴前线。周公东征的难度无论从战争的规模，还是形势的复杂程度，或是所经历的时间跨度等方面来看，都远远甚于武王克商的战争。

周公旦首先讨伐殷地，杀死武庚禄父（另一说法是武庚禄父逃往北方，下落不得而知）和管叔，流放了蔡叔，并把殷地遗民一部分封给康叔，成立卫国；一部分交给纣王的庶兄微子，建立宋国，以奉守商祀；其余殷商顽民，则迁往由诸侯在伊洛地区合力营建的新邑东都洛邑，由周公亲自管辖。周公继续东向征伐淮泗间（今苏北、皖北地区）的九夷（包括奄、徐戎及熊、盈等小国）。虽然九夷诸小国实力不强，但其地多低洼河湖，周师水土不服、行动不便，故费了九牛二虎之力才将其征服。

经过周公的东征，周人最终解除了政权所受的威胁，天下遂得安宁。成王长大后，即周公摄政的第7年，在新都洛邑举行盛大仪式，周公将政权正式奉还给成王，北面称臣。

“国人”暴动

西周第8位王周夷王死后，其子姬胡即位，他就是周厉王。厉王登基时，各种社会矛盾已经开始激化，统治出现了严重危机。厉王三十年为了增加财政收入，任用荣夷公为卿士，实行“专利”。所谓专利，就是把原本为贵族和平民所共同享有的山林川泽之利收归国有，不准平民即“国人”樵采渔猎。这样，便触犯了贵族和平民的利益，招致了普遍的不满和诽谤。之前，大夫芮良夫曾经规谏厉王，指出荣夷公好独占财利，会引发大的祸难，假如重用荣夷公，周朝定要败亡。可是厉王不听劝谏，坚持任用荣夷公做了卿士，掌管着国事。厉王的倒行逆施弄得民怨沸腾，骂声载道。

贵族召公虎也极力劝谏，厉王亦不加理睬。为了压制舆论，厉王反派卫巫监视民众，一旦发现有敢于指责的人就抓起来杀掉。很快，朝野上下没有人再敢议论国事了，同时诸侯也不来朝拜。就这样，厉王变得越来越严苛，“国人”在路上相见也只能互递眼色示意，无人敢开口说话。谁知厉王对此却十分高兴，他对召公虎说：“我已经消除了人们对我的议论和诽谤了。”召公虎无奈地回答：“防民之口，甚于防水。水壅而溃，伤人必多。民亦如之。”厉王仍旧我行我素，没有一点反省的迹象。

厉王的不谙世理，使得周与少数民族也矛盾重重。曾臣服于周的东南淮夷因不堪承受压榨，奋起反抗。淮夷一度攻入周人的腹地，厉王派人前往抵御，斩俘140余人，夺回被淮夷掳去的周民400人。而后又在虢仲等大臣的伴随下亲自前往征讨，一直打到淮夷的居地角（今江苏宿迁东南）、桐（今安徽桐城北）一带。当厉王返回宗周后，淮夷又联合东夷及姞姓的噩侯再度挑起争端。厉王下令调集宗周西六师、北部殷八师，从西、北两个方向向河洛地区聚集，前往扑伐，并要求对之斩尽杀绝，老幼一律不得放过。在付出惨重的代价后，终于击败了噩侯、淮夷，其中为夷人做先导的噩侯驭方被擒。周厉王还曾对猃狁进行过较大规模的战争。严狁入侵过去为公刘居住过的豳野一带，厉王命人前去讨伐，三战三捷，最终斩敌首215人，活捉23人，掳获敌人兵车117辆。

常年用兵，耗费巨大，再加上朝政腐败，“专利”政策的侵害，百姓怨声载道。周厉王十七年（公元前841年），聚居在国都镐京的“国人”终于忍无可忍，聚众发动武装暴动。他们冲进王宫，试图杀掉厉王，厉王仓皇而逃，狼狈地逃到彘（今山西霍县），后来死在了那里。这一事件史称“国人”暴动，也叫“厉王奔彘”或“彘之变”。当时，据说太子静被藏在召公虎家里，“国人”就包围了召公家，要求将太子静交出来杀死。召公为平息“国人”的怨怒，只得把自己的儿子交出去代替太子，太子才得以幸存。暴动平息后，政权落入谁的手里，有两种说法：一说政权落入一个在周朝做司马的共伯和手中，他做了临时的周王，历史上称为“共和行政”。共和元年，即公元前841年，是我国有确切纪年的开始。一说经大臣们商议，由召公虎和周公共同主持朝政，暂时代替周天子行使职权，历史上称为“共和行政”，又称“周召共和”。共和十四年（公元前828年），两位辅相扶立太子静为王，即宣王。

“国人”暴动是中国历史上有文字记载的第一次群众性的大规模武装暴动，动摇了周王朝的统治根基，此后周王朝愈加显出一派颓靡之势。

第三章 春秋战国

CHUNQIUZHANGUO

政事

齐桓公九合诸侯

在齐桓公的争霸大业中，长勺之战是一次少有的挫折，这也使得齐桓公更加重用管仲，不再独断专行。管仲建议齐桓公派人开采铁矿，这样一来可以大量制造兵器和农具，发展农业，以使国家和百姓充实起来，并利用齐国近海的条件发展渔盐业，同时，推行减轻社会各阶层负担的政策，齐桓公都一一采纳了。在管仲的辅佐下，齐国很快就变得国富民足、社会安定。

随着齐国的日益强盛，齐桓公想要号令各路诸侯的野心也越来越强烈。齐桓公问管仲："如今国富民强，可以在诸侯中称霸了吧？"管仲觉得，在诸侯国中，南边的楚国，西边的秦国和晋国，他们都自恃强大雄踞一方，因此齐国还不能称霸于各国，号令天下诸侯。据他分析：东迁以来，周王室虽然衰微，但在诸侯心目中，周天子仍然是天下共主。当时，中原各国备受戎、狄等部族的侵扰之苦。因此，管仲建议打出"尊王攘夷"的旗号，号召各诸侯尊重周朝王室，联合起来抵御戎、狄等部族对中原的侵袭，借此对诸侯发号施令，在中原建立霸主地位。齐桓公很赞赏这个计策，便问从何处着手。当时，周天子（周釐王）刚登基，管仲让齐桓公派使臣去向天子朝贺，并向他报告宋国爆发内乱，新国君宋桓公刚即位，地位还不稳固，因此宋国局势仍不稳定，请天子下道命令，承认宋桓公是宋国国君，以便结束宋国的动荡。等齐桓公拿到天子的命令，就可以挟天子令召集诸侯，订立盟约了。齐桓公点头赞成，马上就派人去朝贺新天子周釐王。

这时的周王室已经名存实亡，各路诸侯都忙着扩张自己，早就不来朝觐天子了。周釐王初登王位，像齐国这样的大国居然还派使臣前来朝贺，当然非常高兴，很痛快地就答应了让齐桓公代行天子之权，去召集诸侯，承认宋桓公的君位。

公元前681年，齐桓公奉天子之命，通知各诸侯到齐国北杏会盟，确定宋国国君的地位。当时的齐国在诸侯中还有没什么威望，因此到了会盟日期，只有宋、陈、邾、蔡四个诸侯国奉命到达北杏，而鲁、卫、郑、曹等国则持观望的态度，没有出席。齐桓公觉得来的国家太少了，想取消会盟，管仲劝阻他说，不能第一次会盟就失信于诸侯，三人就可以成众了，如今已有四国，再加上齐国自己已经不少了。齐桓公听了管仲的话，就去会见四国诸侯了。在这次会盟中，齐桓公凭借握有周天子令，被推选为盟主，最后，五国订立盟约，相约尊重王室，攘夷于外，互相帮助。

北杏会盟后，齐桓公就率军灭掉了没来会盟的几个小国，然后用武力迫使鲁、郑两国向齐国求和。公元前679年，齐桓公又召集各国在鄄地会盟，这次会盟，齐桓公的霸主地位得到了各诸侯国的初步肯定。

公元前662年，鲁国发生内乱，鲁庄公的妻子哀姜和他的弟弟庆父私通，并杀了庄公的儿子——刚即位的鲁闵公，想要立庆父为君。哀姜是齐桓公的妹妹，齐桓公杀了哀姜，庆父畏罪自杀，随后鲁僖公即位并与齐国会盟于落姑，终于使鲁国安定下来。至此，齐桓公成了一面正义的旗帜，大大提高了在诸侯中的声望，进一步扩大和巩固了他的霸业。

正当齐国在中原逐步确立霸主地位时，边远地区的少数民族狄人和山戎人也逐渐发展起来。他们屡屡举兵犯境，严重威胁着中原各国的稳定和发展。

公元前663年，燕国派人到齐国求救，称山戎统兵万骑，攻打燕国，劫掠了很多粮食、牲畜和财物，燕国抵挡不住了。齐桓公不想支援燕国，但管仲建议说："燕国遇难，前来求救，如果能率先举兵伐夷，必能在各国中树立威望。"齐桓公觉得很有道理，于是亲率大军举兵救燕。

齐桓公率领大军来到燕国，这时山戎早已得到消息，抢劫了大量财物逃跑了。管仲建议，向北追击，彻底打垮山戎，平定北方。齐桓公决定听从管仲的意见，继续追击山戎。当时与燕国临近的还有一个无终国（今河北玉田），同样时常受到山戎的侵扰。于是燕国君主燕庄公就派人向无终国求助，从而壮大了伐戎的军队。

齐桓公率领着三国联军，一路向北追击，杀出了蓟门关，山戎兵落荒而逃。齐桓公从山戎俘虏口里得知，山戎首领逃到孤竹国去了。齐桓公便跟踪追击，包围了孤竹国。孤竹国大将黄花割下山戎首领的首级献给齐军，并谎称孤竹国国君已弃国逃往沙漠，自己愿归顺齐侯，为齐军引路，去追击孤竹国君。齐桓公信以为真，跟着黄花率领大队人马进了沙漠。黄花乘人不备逃之夭夭，齐军身陷荒漠，根本辨不清方向，举目望去，漫天黄沙，一望无际，哪里找得着路？因此散失了很多人马。到了晚上，沙漠里狂风卷地，寒气逼人，好不容易挨到天亮，却又要面对高温酷暑，饥渴难耐。齐桓公急忙命军队寻找出路，可是大队人马却怎么也找不着路。齐桓公惊慌失措地向管仲问计。这时，管仲猛然想起老马大多认识归途，便向齐桓公建议说："老马多认识归途，燕马多从漠北而来，不如挑选几匹老马放行，或许可以带着军队走出沙漠。"齐桓公也没有更好的办法，只好依其言。管仲挑了几匹老马，放之先行，大队人马紧随其后，军队果然走出险地，回到了原来的路上。“老马识途”的成语由此而来。

孤竹国国君趁齐燕大军被诱入沙漠时占领了无棣城，齐军走出沙漠后，攻入该城，两军厮杀，孤竹国国君死于乱军之中。

齐桓公大破山戎，解救了燕国的危难，灭了令支、孤竹，获胜而还。燕庄公送齐桓公一直送到齐境，齐桓公说：“只有天子才可以被诸侯送出国境，我不可使燕国无礼。”于是就将燕君所到的地方划给燕国，并叮嘱燕君给周朝纳贡。这件事在诸侯中传开，使各诸侯莫不敬畏。

在救燕时，鲁国曾允诺出兵支援，却没有任何行动。齐桓公听从管仲的劝告，不但没有出兵惩罚鲁国，还将征燕胜利中得到的一些中原没有的战利品，送了一些给鲁国。此举使鲁国上下甚为感动，也赢得了其他各国的赞扬。接着，齐桓公又率兵马，帮助卫国和邢国驱逐了入侵的山戎和西狄，并且帮助卫国修建宫殿，帮助邢国复国，迁进新都。这些义举，使齐桓公得到了中原各路诸侯的赞许和拥戴，威望进一步提高。

当时为患一方的，除了北戎和西狄之外，还有南方的楚国。楚国一直是南方的强国，地处中原之外，楚国人在南方开垦土地，发展生产，逐步强盛起来，社会发展水平绝不低于中原各国，对华夏文化同样有着深刻的影响。因为远离中原，楚国强大之后更加藐视周王室，并且一直有北上的野心，到春秋时楚国竟以“王”自称。楚国因此被中原诸侯视为“南蛮”，作为共同打击的对象。

齐桓公通过援助燕国等一系列的军事行动，平定了北方的少数民族，又决定征伐南方的楚国。

公元前656年，齐桓公率领齐、宋、鲁、郑、卫、陈、许、曹八国军队攻楚之盟国蔡。接着，大军就攻向了楚国。楚成王得到消息，立即调集了军队准备迎战，同时，派使臣责问齐国为什么无故攻楚，齐国则反诘楚国不向周王纳贡，楚国承认错误，并答应恢复纳贡。齐国向楚国炫耀军威，但楚国使臣态度强硬，表示一旦开战就会反抗到底。齐桓公估计强攻楚国可能会两败俱伤，既然楚国答应恢复进贡，就决定就此收场。于是中原各国诸侯在召陵（今河南郾城东北）和楚国订立盟约，然后各国班师回国。此举暂时遏制了楚国北上的势头。

不久周王室发生了内乱，周惠王想废掉太子郑，立自己宠妃的儿子为太子。公元655年，齐桓公联合八国诸侯会盟于首止，以诸侯要拜见太子为借口，把太子郑接到了首止，在那里住了好几个月。周惠王虽然生气太子郑不听他的话，但害怕强大的齐国的威胁，太子的地位因而得以保全。不久周惠王去世，太子郑即位，是为周襄王。周襄王很感激齐桓公，派人将太庙的祭肉送给齐桓公。

齐桓公利用这个机会，通知各路诸侯到宋国葵丘去招待天子使臣。公元前651年，齐桓公与鲁、宋、卫、郑、许、曹等七国国君会盟于葵丘。大会上，使者宣布周王的意思，齐桓公接受胙（祭肉）时可以免于下拜。这说明，周王已经承认了齐桓公的霸主地位。各国再次订立盟约要和平共处，互相帮助。

葵丘会盟是齐桓公第九次，也是最后一次会合诸侯。通过这次盛会，齐桓公终于达到了联合诸侯，称霸中原的目的。因此，历史上齐桓公称霸的过程也被称作“九合诸侯”。

卫懿公好鹤亡国

卫懿公名姬赤，世称公子赤，是卫惠公的儿子，卫国第18代国君，在位时间为公元前668年至公元前660年。

卫懿公特别喜欢仙鹤。仙鹤体态优雅，能鸣善舞，的确是一种很高贵典雅的鸟。卫懿公对仙鹤已经到了痴迷的程度，以至于当上国君后，仍把全部心思都放在鹤的身上。他吃饭时有鹤相伴，出门时有鹤相随，上朝时鹤就陪伴左右。他把鹤编成队伍，起了名字，专门请人训练它们鸣叫和随着音乐起舞。他将养鹤的地方建造得非常豪华，喂鹤的食料也精挑细选，用的是上等的粮食，还请了名医，为鹤治病防疫，让宫女们为鹤梳理羽毛，鹤死后还会为其举行隆重的葬礼。国君喜欢鹤，就有人投其所好，纷纷进献仙鹤，那些献鹤的人也都得到了重赏，一时间处处养鹤，人们纷纷献鹤，以求重赏。

卫懿公把鹤按等级分类，封给品位，供给俸禄：上等的能享受和大夫一样的俸禄，较次的也能享士禄。由鹤及人，养鹤训鹤的人也都可以加官晋爵，得到俸禄。每次出游，必将鹤排列好次序，前呼后拥地相随，有的鹤还乘着豪华的大车，行在队伍的前面，号称“鹤将军”。卫懿公养鹤，每年都要耗费大量资财，但他只一味向老百姓加派粮款，厚敛于民，充当鹤粮，却不理朝政，毫不关心民情，百姓饥寒交迫，怨声载道。大夫石祁子为人忠直，多次劝谏卫懿公，但是卫懿公根本不予理会。

本来懿公做卫国国君，百姓大臣心里就都很不服气。卫宣公时，卫国诸公子争夺君位，懿公的父亲惠公是进谗言杀死太子急后自立的。惠公3年后被赶出了卫国，过了8年又回来。卫国百姓一直觉得太子急死得太冤了，心里很替他难过，后来惠公复位，百姓便诅咒说：“如果还有天理公道，一定不要让他稳坐王位。”公子毁是惠公的庶兄，是个贤德之人，百姓心里都想拥戴他。懿公好鹤失政，毁知道卫国离亡国不远了，于是找了个托词，就逃到了齐国。齐桓公将宗族之女嫁给他为妻，毁就留在了齐国。公子毁出逃，卫国百姓无不怨恨懿公。

此时边境的少数民族一直对中原地区虎视眈眈。齐桓公率军伐山戎时，狄族的首领就想借机进军中原，于是带领兵马前来攻邢，后来听说齐军正要派兵救邢，于是转而攻卫。

公元前660年冬，北狄的两万骑兵向南进犯，直逼朝歌。卫懿公正要载鹤出游，忽然听闻狄人打入卫国境内，惊恐万状，赶紧传令召集群臣商议对策，同时下令招兵抵抗。老百姓不愿充军，都躲了起来。众大臣说："您的那些鹤都是高官厚禄，现在是用它们的时候了，那些鹤就能抵御狄人了，哪里用得着我们。"卫懿公悔不当初，流泪认错，并下令把所有的鹤都赶散。于是朝中大臣们亲自到百姓中间述说懿公已知悔改，这才勉强招募了一些士兵。

懿公留下大夫石祁子等守城，自己率领新招募的兵卒亲自披挂上阵，与北狄大战于朝歌北部的荥泽。但是，卫军都是新招募的士兵，没有经过训练，军心不齐，基本上也没有战斗力，而且在荥泽又中了北狄的埋伏，卫军惨败，卫懿公被砍成肉泥。卫懿公的两位大臣从战场逃回朝歌，报告了懿公的死讯。卫公子申立即带卫人连夜向东南逃去。狄人攻破卫国，见卫人已逃，马上追赶。但此时卫人渡过黄河，宋桓公也已率兵到河边迎接，狄人这才没敢继续追。公子申被宋桓公立为国君，是为卫戴公，戴公在野外造草庵暂住曹地（今滑州东南白马坡），史称"庐于曹"，卫国国都也临时迁到了曹。

戴公即位当年就去世了，逃到齐国的公子毁归来，被立为卫君，是为文公。卫懿公的妹妹是许国国君的夫人，听闻卫国国破，从许国赶来，在诸侯中为卫国寻求广泛帮助。于是齐桓公派公子无亏率兵帮助卫国击败狄人，并帮助卫国在楚丘（今滑县东）建都，使卫国得以复国。经历了这次变故后，卫国的地位迅速下降，从大国沦落成为一个小国。卫懿公好鹤亡国，可说是玩物丧志的典型。

庆父祸国殃民

齐鲁两国相邻，关系密切，并有政治联姻的传统。鲁庄公九年，齐国爆发内乱，齐襄公被杀，公子小白（齐桓公）抢先回国即位，公子纠的母亲是鲁国公主，鲁国当然希望公子纠能继位。为此齐鲁关系一度紧张，多次兵戎相见。后来，齐桓公和鲁庄公会盟于柯，双方邦交关系恢复正常。鲁庄公二十二年，鲁庄公与齐大夫高傒盟于防，双方定下了娶哀姜这桩婚事。两年后，鲁侯亲自到齐国迎娶夫人哀姜。哀姜一直没有生子，随她一起出嫁的妹妹叔姜生有一子，名为启，哀姜就将启认作自己的儿子。除了公子启，鲁庄公还有两个儿子公子般和公子申。

鲁庄公有三个弟弟：庆父、叔牙、季友，三人在朝中的权势都很重。其中，庆父最为专横霸道，一直觊觎王位，还与鲁庄公夫人哀姜私通。鲁庄公病重，考虑王位传承的问题时，知道坐稳王位还要仰仗自己的三个弟弟的支持。因此，与他们商量这个问题。叔牙被庆父买通，极力推荐庆父，但是庄公也听到他与哀姜有染的传闻，因此没说什么。后来庄公又和三弟季友商量，季友知道庄公有意传位给公子般，于是表示会尽心拥戴般继承王位，于是就决定立公子般为太子。

鲁庄公病死后，季友设计毒死了叔牙，使庆父失掉了支持者，季友宣布遗诏，公子般顺利登上王位。但是庆父很不甘心，与哀姜密谋除掉新君。有个叫荦的养马人，因为曾被鲁庄公责罚而心怀怨恨，庆父就教唆荦害死了姬般。公子般即位不到两个月，就被庆父谋害。随后，拥立公子般的季友逃亡到了陈国。

哀姜想让庆父自立为王，但庆父考虑到公子启还年幼，便于控制，而且是齐国公主之子，为了讨好当时的霸主齐国，争取齐国的支持，最后还是拥立了公子启，就是鲁闵公。后来，庆父为了稳固新君地位，跑到齐国去争取援助，齐桓公也答应了他。庆父回国后，不但毫无顾忌地与哀姜淫乱，而且随意诛杀异己，欺压良善。他本来就是个贪婪残暴、权欲熏心的人，无所顾忌为所欲为，野心越来越膨胀。

齐桓公派大夫仲孙湫到鲁国去了解情况。仲孙湫从鲁国回去后，把了解到的鲁国的情况报告给齐桓公，并叹息地说："庆父不死，鲁难未已。"意思是：不除去庆父，鲁国的灾难就不会有终结的一天。鲁国中支持季友的大臣请求年幼的鲁闵公，让他请齐国把季友送回鲁国。齐桓公不但答应了，而且还派人在陈国找到了季友，并将他护送回了鲁国。

庆父这才发现自己控制鲁闵公，争取齐国支持的如意算盘落空，再加上他的野心膨胀，于是庆父决定杀死闵公自立。鲁闵公二年，哀姜与庆父安排一个叫卜齮的人半夜潜入宫中，刺杀了鲁闵公。季友趁乱带着鲁闵公的弟弟姬申逃到了邾国，并发出文告声讨庆父，号召国人杀庆父，拥立姬申。庆父在鲁庄公死后的两年里，串通哀姜连杀了两个国君，给鲁国造成了极大的混乱，国人也深受其害，百姓们对庆父恨之入骨，因此纷纷响应季友的号召，反对庆父。眼看就要有一场暴动，庆父觉得在鲁国已经无法立足，逃亡到莒国，而哀姜也在国内的政治压力下逃到邾国。

庆父奔莒后，季友就在国人的支持下，拥立姬申继承了王位，为鲁僖公。鲁僖公即位后不久，莒国接受鲁国贿赂，遣返庆父，将庆父送到一个叫密的地方后，庆父派公子鱼先回鲁国，跟季友说情，希望季友念及兄弟之情，免他一死。但是，此时，已经不是季友一人能够说了算的。公子鱼没能达成使命，哭着回到了密地。庆父远远就听到了他的哭声，知道自己在劫难逃，于是上吊自杀了。

庆父一死，人们又将矛头转向了哀姜。此时的齐桓公在中原的霸主地位已经非常牢固，且以"尊王攘夷"为旗号，俨然是正义的化身。再加上哀姜是齐国之女，更不能护短，齐桓公将哀姜从邾国召回，在路上将其杀死，把尸首归还给鲁国。鲁国为了表示对齐国的尊重，仍以夫人礼将她下葬。

假仁假义的宋襄公

公元前643年，称霸中原三十多年的齐桓公去世，他的儿子们为了争夺王位互相攻击，齐国陷入混乱。易牙、竖刁、开方三人废掉齐桓公立的太子公子昭，立公子无亏为君，公子昭逃到了宋国。

齐桓公在世时，宋国国君宋襄公积极维护齐国霸权，与齐国关系很好。齐桓公的儿子都是庶妾所生，都是庶子，他担心自己死后诸子争位，就把公子昭托付给宋襄公。宋襄公向来以仁义著称，现在公子昭果然前来投奔，他当然义不容辞，收留了公子昭。

宋襄公是宋桓公次子，即位之初，他任用贤臣子鱼、公孙固辅佐朝政，宋国由此大治。宋国的壮大也点燃了宋襄公称霸诸侯的雄心。正好公子昭来投奔，他就想借着帮助齐国平乱的机会，继承齐桓公的霸业，夺取齐国盟主的地位。

于是，宋襄公通知各国要护送公子昭回齐国去当国君，结果只有卫、曹、邾等几个小国派来一些兵马。宋襄公就率领这四国联军杀向了齐国，齐国贵族本来就心向公子昭，现在还有宋国出兵相助，于是就联合起来杀了公子无亏与竖刁，赶走了易牙，把公子昭迎回，继承了王位，是为齐孝公。宋襄公以为平定齐国之乱，拥立了齐孝公，诸侯就会对宋国刮目相看，于是想趁热打铁，召集诸侯会盟，确定自己盟主的地位。

此时，宋襄公已经以霸主自居了。滕国（今山东滕州）对宋国不服，宋襄公就扣押了滕宣公。接着，他邀曹、邾、鄫几国在曹南会盟，鄫国国君迟到，他就命邾文公把鄫国国君当作祭品押去祭祀。秋天，因为曹国没有送羊给他，他觉得这是对他的不敬，于是就发兵包围了曹国。宋襄公的蛮横引起了诸侯的不满，陈国国君陈穆公倡议重修齐桓公之好，联合鲁、蔡、楚、郑、齐等国在齐国结盟，表面上是怀念齐桓公，实际上是为了对抗宋襄公。这样，在诸侯中形成了楚、齐、郑、陈、蔡等国和图谋称霸的宋国及与之结盟的卫、邾、曹、滑几个小国两大阵营。

宋襄公见自己不能服众，就想先取得楚国、齐国两大国的支持，以此压服众诸侯。于是宋襄公派使者去楚国和齐国，商量和他们会盟诸侯的事情。楚成王暗自讥笑宋襄公不自量力，本不想理会。但是大夫成得臣献计说，可以借此机会进军中原，争夺盟主之位，于是楚成王答应会准时赴会。

公元前639年，宋襄公邀请齐孝公同楚国国君相聚在齐国的鹿地，商讨会盟诸侯的事宜。宋襄公以为盟主地位得到齐、楚的肯定，就居高临下以盟主自居，并自作主张地拟定了一份通告，称宋国要与诸侯会盟，共同扶持周天子，约定秋天在盂地（今河南睢县）结盟。楚成王和齐孝公对宋襄公的做法虽心有不满，但碍于情面，便同意了通告的内容。

秋天时，到盂地会盟前，宋襄公的哥哥公子目夷觉得楚成王心思难测，担心宋襄公会被骗，劝他带上军队。宋襄公却说，已经与楚国约好不带军队，不能不守信。自己以诚信待楚国，楚国不会骗自己，坚持不带军队。目夷只好说，让宋襄公遵守诺言轻车前去，他带一路兵马埋伏在三里之外，以防不测。宋襄公却责骂他，这样做也是不守信义，为了防止目夷带兵埋伏，破坏他的信义，宋襄公坚持让目夷同往赴会。

到了盂地，楚、陈、蔡、许、曹、郑等六国之君都来了，只有齐孝公和鲁国国君没到。楚成王要争夺盟主之位，宋襄公大怒不服。楚王一声令下，前来与会的五百随从脱掉外衣，露出盔甲和刀剑。这些手持刺刃的兵士迅速占据了会盟的场所，众诸侯吓得不敢出声，楚成王令楚兵把宋襄公拘押起来，然后指挥早已准备好的楚国大军朝宋国攻去。

目夷趁乱逃回宋国，团结宋人坚守城池，顽强抵抗楚军，拒不投降，终使楚成王灭宋的阴谋未能得逞。楚成王把宋襄公带回楚国，以便要挟宋国。宋国大夫公孙固便故意放出消息，让目夷即位宋国国君。这样一来，宋襄公就对楚国没有一点用处了。后来，在齐国和鲁国的调停下，楚成王这才放宋襄公回国。宋襄公回到宋国，目夷马上退位，让襄公重登君位。由此，宋襄公对楚国怀恨在心，无奈楚国国力强盛，他也拿楚国没有办法。这时的郑国国小力薄，是个依靠大国的墙头草，此时见楚国强盛，就与楚亲近。不久，郑文公去楚国拜会楚成王。宋襄公认为这是个机会，想趁机讨伐郑国，出出胸中恶气。

公元前638年，怒气冲冲的宋襄公不顾公子目夷与大司马公孙固的反对，联合卫、许、滕几个小国出兵伐郑。郑文公向楚国求救，楚国自然出兵救援，只是救兵并没有直接去帮助郑国抵抗宋国的军队，而是杀向了国内空虚的宋国。宋襄公不能兼顾，只好带领宋军星夜往回赶。宋、楚两军列阵在泓水（今河南柘城北）两岸。宋、楚两军力量相差悬殊，但宋襄公报仇心切，准备同楚国交战。公孙固对宋襄公说，宋国兵力弱小，抵挡不住楚国强大的兵力，楚国此行只为救郑，现在郑国已经解围，他们已经达到目的了，主张和楚国讲和。

宋襄公却说，楚国兵力再强也是不义之兵，宋国兵力再弱也是仁义之师，不义是战胜不了仁义的。于是，宋襄公坚持要和楚国一决雌雄，并特意做了一面绣有“仁义”二字的大旗，要用“仁义”打倒强悍的楚国。

天亮后，楚军开始过河。公孙固献计说，趁楚军渡过一半时，就杀过去，到时一定让他们措手不及，就会获胜。可宋襄公指着他的“仁义”之旗说，在人家渡河渡到一半时进攻是乘人之危，不合仁义之道，于是不同意。

当楚军全部渡过河，乱糟糟地在河岸布阵。公孙固又献计说，趁楚军刚过河岸，立足未稳时发起进攻，还有取胜的机会。宋襄公生气地说：“人家还没摆好阵势，你就去攻打，怎么对得起仁义之师的称号？”于是再次错过了战机。

楚军已经排好阵势，列队冲了过来，宋襄公这才下令出击。结果宋军大乱，宋襄公身陷敌阵，被箭射中大腿，宋襄公的亲兵全部战死。宋襄公在部下的拼死保护下，才得以逃脱，回到宋国。宋国的“仁义”之旗，早已在战场上被践踏得破烂不堪了。

泓水之战败后，百姓们大骂宋襄公无能，但他还是认为自己在战争中奉行仁义没有做错。后来他箭伤复发，不久就去世了。

宋襄公不能因时而异，迂腐地固守古代战争原则，吃了败仗，损失惨重，自己终其一生未能真正成为霸主，含恨而终，他的图霸也成了历史上的笑柄。

楚庄王一鸣惊人

楚国地处汉南，自立国以来，对周王室时而臣服时而背叛，是中原诸侯的心腹大患。后来，楚国君主熊通干脆僭越自称为王，是为楚武王。楚国经过楚武王、楚文王、楚成王几代君主的治理，扩地千里，逐渐强大起来，时时刻刻觊觎中原。中原诸侯为称霸打出“尊王攘夷”的口号，主要针对的就是楚国。齐桓公称霸时，楚国被限制在昭陵，后来晋文公称霸，在城濮大败楚国，楚国仍无力北进。

公元前628年，野心勃勃的太子商臣弑成王自立，他就是楚穆王。楚穆王有称霸中原的野心，但也知道晋国的实力不容小觑，于是韬光养晦，积极实施复国强兵的政策，以壮大楚国。但此时，晋国赵盾当政，军政号令都出自他一人，赵盾对内对外都非常强硬，尽管楚国在楚穆王的苦心经营下，可以在江淮、汉阳横行无忌，但因为受到赵盾强势的压制，因此依然无法进军中原。

公元前613年，楚穆王带着没能称霸中原的遗憾，暴病身亡。年纪轻轻的嫡长子熊旅即位，他就是一鸣惊人的楚庄王。楚庄王继位时，楚国国内贵族若敖氏家族势力强盛，野心勃勃，随时可能谋逆，庄王新立，国内政局很不稳定。此时的宿敌晋国，也看准了楚国的弱点，对楚国虎视眈眈。这种内外忧患的局势使刚刚继位的庄王面临着极其严峻的考验。

楚庄王即位第一年，晋国正卿赵盾南下夺取郑国，郑穆公附晋。晋国联合宋、鲁、陈、卫、郑、曹、许等国国君在新城结盟。陈、宋本来是依附于楚国的，这次会盟后也转向了晋国，把矛头对准楚国。

第二年，晋以蔡国不参加新城盟会为借口，派军讨伐楚国的邻国蔡国。蔡国一面坚决抵抗，一面派人向楚国求救，楚庄王没有出兵相救。在晋国猛烈的攻击下，蔡都失陷，蔡国国君为了免于亡国，和晋国结城下之盟。这件事让蔡国国君悲愤不已，第二年就去世了。

第三年秋，楚国发生大饥荒。周边各族纷纷起来反叛，先是巴国东部的山戎族趁机袭扰楚国西南边境，楚军出击；接着，东方的夷、越之族也趁机作乱，扰乱东南边境，占领了阳丘，直接威胁訾枝。一直臣服于楚国的庸国鼓动各蛮族部落如麇、百濮等趁机作乱，准备攻打郢都。

三年间，各地的告急文书纷至沓来，如雪片般飞到郢都。国内外形势一步步恶化，但楚王宫依然歌舞升平。年轻势弱的楚庄王即位三年，不发政令，不理国事，整天在后宫饮酒作乐。他还在宫门口挂了一块大牌子，写着："有敢谏者，死无赦。"

一边是晋国在赵盾的领导下，在中原横行无忌，如日中天；一边是楚庄王躲在深宫之中，花天酒地，不理政务。楚国几乎到了崩溃的边缘，形势非常紧张，那些依傍着楚王的大臣们忧心如焚，后来，大夫伍举终于忍不住了，去觐见楚王。庄王左拥右抱，满脸的醉意，正在看歌舞，看到伍举，便醉醺醺地问："大夫是来喝酒的，还是来看歌舞的？"伍举说，今日自己听到一个谜语，可是怎么也猜不出来，所以特来请教。庄王听说猜谜，也来了兴致，让伍举赶紧说说。伍举话里有话地说："有一只五彩的大鸟，飞到了楚国的山上，可是历时三年既不引颈高歌，也不展翅飞翔，您说这是什么鸟儿？"庄王听罢，知是暗讽自己，笑道："我知道是什么鸟。你不要小看他，他三年不飞，飞起来就会直上云霄；三年不鸣，一旦鸣叫必会一鸣惊人。"伍举听庄王这样说，才放下心来，高兴地回去了。

可是，又过了几个月，庄王依然还是整天喝酒打猎，耽于淫乐。大夫苏从决定冒死进谏。他进入宫中，刚见到庄王就放声大哭。庄王不解地问："什么事让先生这么伤心？"苏从说："我自己要死了，我固然伤心，但是更令我伤心的是楚国也要灭亡了。"楚庄王惊讶地问："你怎么知道自己要死？这又和楚国灭亡有什么关系？"苏从说："我是来劝谏您勤于政事的，您一定会杀了我。重臣看进忠言者被杀，大王再整天游玩打猎，花天酒地，就没人敢说什么了，这样楚国离灭亡也就不远了。"庄王大怒，说："你既然知道要死，为什么还来送死？"苏从说："您要是杀了我，我会因为忠君直言而被人赞扬，而您却会因此亡国，成为亡国之君了。"

楚庄王被深深地触动了，当即传令解散女乐，表示会听从苏从的进谏。从此以后，庄王真的远离酒色，勤于政事。这三年来，庄王也在暗中观察，谁是忠臣谁是奸臣，早就了然于心。当政后，他诛杀了数百人，也提拔了数百人，伍举、苏从等都被委以重任，楚国人都非常高兴。

楚庄王亲政的当务之急就是平定庸国的反叛。于是，楚庄王联合秦国和巴国，亲自指挥军队向庸发起了猛烈的进攻。各部落被楚国强大的军队慑服，纷纷与楚庄王订盟退兵，楚庄王乘胜一举灭掉庸国，取得了亲政以来的第一场胜仗。平定庸国一战，显示了楚庄王的杰出才干，巩固了楚国的后方，加强了与巴、秦的联系。此后，庄王的统治已趋稳定，于是便打算继承他父亲的意志，北上图霸中原。

楚国争霸中原最强劲的对手就是晋国，它西抑秦东制齐，秦、齐虽强却仍不是晋国的对手。但这时的晋国，晋灵公已经逐渐长大，开始亲政。虽然实权仍掌握在赵盾手中，但灵公与赵盾之间的矛盾日益突出，使赵盾在对外争霸上受到牵制。这就使楚庄王有机会乘虚而入。

随着楚国的稳定与实力的增强，中原一些国家见风使舵，重新考虑自己与楚国的关系。公元前608年，本来依附于晋国的郑国，主动与楚结盟。这时，陈国国君去世，楚庄王不派人前往吊唁，即位的陈灵公气愤，就与晋结盟。楚庄王立即亲领大军攻陈，接着又攻宋。晋国率宋、陈、卫、曹诸国联军攻郑以救陈、宋。

公元前607年春，楚国为了打击晋国，命郑国攻宋，宋军大败。同年，晋国赵盾联合卫、陈攻郑，楚庄王立即命子越领兵救郑，于是赵盾悄然退兵，这说明楚国的实力正在上升。

晋国在对外争霸中处于不利地位，国内又爆发内乱，晋灵公被赵盾所杀，晋成公即位，率军攻打郑国，郑国被迫与晋国求和，订立了盟约。不久，楚庄王亲领大军北上，攻打陆浑之戎，楚军公然陈兵于周天子都城洛邑附近，向周王室示威。周王惊慌，赶紧派大夫王孙满去慰问楚军。楚庄王接见王孙满，故意问："相传大禹曾铸九鼎，不知九鼎的大小轻重如何？"九鼎象征九州，是代表天子权力的传国重器。楚庄王问九鼎，毫不掩饰不臣之心。王孙满见楚国军队气焰旺盛，不敢责备，委婉地回答说，国家强盛靠的是德行，跟鼎的轻重没关系，不必打听。庄王觉得取代周王室的时机还没到，就撤兵回楚国了。这件事说明楚国的实力已经空前强盛。

楚庄王大军凯旋，才知道国内若敖氏家族发生火并。令尹子越占了上风，占领郢都，驻兵蒸野，只等王师归来，争夺王位。子越拒绝和谈，楚庄王带兵与子越在皋浒决战。关键时刻，楚庄王亲自击鼓，下令反攻，子越被一箭射死。叛军失去领袖，军阵大乱瞬间溃散。楚庄王乘胜将叛军一网打尽。平定这次叛乱之后，若敖氏家族的势力被连根拔起，楚庄王将军政大权都集中到了自己手上。

后来，为了壮大楚国的实力，庄王拜贤能的隐士孙叔敖为相。孙叔敖献策开垦荒地，兴修水利，鼓励生产。楚国的国力更加不可一世。

公元前598年，郑国同楚国在辰陵结盟，但郑国首鼠两端，不久又和晋国交好。郑国这种墙头草的做法，令楚国非常生气。第二年春天，楚庄王派大军包围了郑国国都，郑国向晋国求救，但晋国的援兵迟迟不到，郑国坚守了三个月，最后还是被楚国攻破。郑襄公投降，和楚国交换人质，签订盟约，表示会一心归顺楚国。直到郑国投降之后，晋国才派出援军，走到黄河岸边就得到消息，说郑国已经投降楚国。晋军中的主将荀林父、士会等人打算撤军回晋。荀林父新上任，在军中没什么声望，中军副将先縠等人竟不听主将劝告，擅自率军渡过黄河。荀林父无奈，只得率晋大军仓促渡过黄河。

当时，楚庄王驻军于郔，虽知道晋军已经渡过黄河，但仍试图求和。晋军渡河后驻于敖、镐一带，内部主战、主和两种意见相持不下。后来，荀林父派人去与楚讲和休战，但派去的都是主战的将领，他们违抗主将命令，竟主动挑战。晋军实际上并没有做好交战的准备，两军一交战，楚国大军蜂拥而至，荀林父一下就慌了，赶紧指挥撤退，擂鼓宣称先渡过黄河的有赏。晋军一片混乱，纷纷跑向渡船，争先抢渡，没上船的紧紧扒住船舷，先上船的为了摆脱他们用刀砍扒住船舷的手，很多人落入水中。到黄昏时，晋军残部已溃不成军。士会率领的上军较谨慎，设下埋伏，使上军得以全军而退，损失并不严重。楚庄王不想对晋军赶尽杀绝，因此没有乘胜追击。这就是晋楚在城濮大战后的第二次大战——邲之战。

这次作战，充分体现了当时的楚国政治稳定，举国团结一心，国力强盛。一时间，晋国不敢再与楚国抗衡，从此楚国声威大振，终于得偿夙愿，称霸中原。

楚庄王称霸中原，不仅使楚国威名远扬，也使楚国融入了中原文化，为华夏的统一，民族精神的形成起到了一定的作用，影响深远，后世对他评价很高。

邹忌谏齐王

公元前356年，齐桓公田午的儿子田因齐继位，称为齐威王。齐威王迷恋弹琴，经常独自在宫内抚琴，却不理朝政。其他诸侯国见齐威王终日弹琴，无心理政，便三番五次地兴兵进犯，齐国总吃败仗。韩、赵、魏的军队都打到齐国边界了，齐威王还是置之度外。有人曾多次劝诫，让齐威王以国家为重，但根本不奏效。有时，齐威王被说烦了，还会杀掉觐见的大臣。几年过去了，齐国越来越衰败。

邹忌见齐威王因弹琴荒废国政，便自称是古琴高手，要觐见齐威王，为他抚琴。齐威王听到奏报非常高兴，立刻召见了邹忌。

邹忌走进内宫，听到齐威王正在弹琴。一曲听完，他连声称赞。齐威王便问邹忌，自己的琴艺好在哪里。邹忌说："大王的弹奏指法熟练，大弦的声音庄重如一位明君，小弦明朗如贤臣，每个音符都和谐动听，灵活多变又非常恰当，就像国家清明的政令，如此悦耳，琴艺当然很好。"

接着，邹忌又说："弹琴和治国的道理一样，要专心。七根琴弦就像君臣之道，君王就像大弦掌控全局，小弦就如臣子的辅佐配合，该弹哪根弦，不该弹哪根弦，就好像国家的政令，配合协调了，于琴才能弹奏出美妙的乐曲，于国才是君臣各尽其责，使国富民强、政通人和。"

齐威王赞赏道："先生说得极是。既然先生深通乐理，一定也弹得一手好琴，就请先生试弹一曲吧。"

邹忌却只调试琴弦，齐威王有些着急，催促他快点弹奏。过了一会儿，琴弦调试好了，邹忌却两手离开琴，只做出抚琴的架势，并不弹奏。齐威王非常生气，指责他欺君。邹忌说："我是琴师，专门靠弹琴为生，当然要研究乐理和弹奏技巧，可大王是国君，却对国事不理不睬，这跟我抚琴不弹有什么区别？"

齐威王一下醒悟过来，说："有道理，我明白了。"于是齐威王拜邹忌为相国，封于下邳（今江苏邳州市西南），号成侯，和邹忌商讨治国定霸大业。

邹忌担任相国后，淳于髡前来见他，向他提出建议，说："大车不较，不能载其常任；琴瑟不较，不能成其五音。”意思是说，一个国家的政治，就像大车运载、琴瑟和弦一样，需要法令制度约束，百官同心协力。邹忌接受了他的意见，颁布法令，监督官吏，法办不法官员，打击官员们的歪风邪气，由此树立了正气，政治才能清明。

关于邹忌谏言齐王还有一则记载。

一天早上，邹忌穿戴好衣帽，看着镜子中的自己，问他的妻子：“我与城北的徐公，哪个更美呢？”妻子答道：“您非常美，徐公比不上您。”城北的徐公在齐国以美貌出名。邹忌不相信自己会比徐公美，又去问他的妾：“我与徐公相比，哪个更美？”妾也答道：“徐公怎么会比得过您呢？”第二天，有位访客来拜见邹忌，邹忌与他相对而坐，闲谈起来，邹忌问客人：“我和徐公相比，谁更美呢？”客人答道：“徐公的美及不上您。”又过了一天，城北徐公拜访邹忌，邹忌仔仔细细地打量他，自认为不如徐公美，后来，他又对着镜子端详，更感觉相差甚远。晚上，他躺下休息，却怎么也不能入睡，思考着这件事，领悟道：“我的妻子说我比徐公美，是因为偏心于我；妾说我更美，是出于对我的畏惧；客人也认为我更美，是因为有求于我啊。”

于是，邹忌入朝拜见齐威王，对他说：“我已经确定自己不如徐公美。但是我的妻子偏心于我，我的妾畏惧我，我的客人对我有所求，都说我比徐公美。如今，齐国的国土方圆千里，城池有120座，王宫内王后嫔妃和左右近臣，没有不偏心大王的；朝中大臣，没有不害怕大王的；齐国上下，没有不对大王有所求的。这样看来，大王受到的蒙蔽是非常严重的。”

齐威王点头道：“你说得对。”于是决定广开言路，悬赏求谏，并发布诏令：不管是官还是民，能够当面指责寡人的过失的，都给予上等奖赏；能上书劝诫的，给予中等奖赏；能在众人面前谈论朝政，并让寡人知道的，给予下等奖赏。

齐王开张圣听，齐国果然发生变化。诏令颁布之初，大臣们踊跃前来进谏，官门前，庭院内，总是有很多人等着进谏。几个月后，就只是偶尔有人来进谏。一年后，人们就算想进谏，也没什么好说的了。

燕、赵、韩、魏四国听到这件事，都来齐国朝拜。这就是所谓身居朝廷，内政修明、政治正义，不必用兵，就能战胜敌国。

商鞅变法

战国初期，秦国地处西部边陲，由王室宗亲贵族把持大权。这些宗亲贵族无视国家利益，只知道利用特权为自己谋取利益，造成了秦国“国乱、兵弱而主卑”国势日衰的局面。各诸侯国都轻视秦国，把秦国当夷狄来对待。公元前361年，年仅21岁的秦孝公即位。他血气方刚，一心图强，想要有一番作为，立志使秦国富强，提高秦国在诸侯国中的地位。于是，他张榜招贤，并声称“有能出奇计强秦者，吾且尊官，与之分土”。

在魏国的商鞅听到消息后，自魏入秦。商鞅是卫国国君的后裔，本姓公孙，其名为公孙鞅，又因为是卫国人，也被称为卫鞅，来到秦国变法有功，受到秦孝公奖赏，被封在“商”地，才被称为“商鞅”“商君”。商鞅自幼好刑名之学，专研以法治国，学成后，来到当时的强国魏国，希望能大展雄才。魏相公叔痤很赏识他，就让他做了自己的家臣。没多久，公叔痤一病不起，病中曾向魏惠王推荐商鞅接替自己的职位。但他看出魏惠王不会重用商鞅，就建议魏惠王杀了商鞅，以免被别的国家所用。魏惠王根本没把商鞅当回事，公叔痤死后，既没有重用商鞅，也没有杀他。

商鞅来到秦国后，在秦孝公宠臣景监的引荐下，以帝道、王道、霸道三种君主之策，三见秦孝公。终于，用霸道打动了秦孝公，然后，商鞅提出了废井田、重农桑、奖军功、实行统一度量和郡县制等策略，说服秦孝公变法图强。秦孝公对商鞅的策略大为赞赏，任他为左庶长，主持变法。就在商鞅辅佐秦孝公酝酿变法时，旧贵族代表甘龙、杜挚等重臣提出反对意见。他们提出不能改变祖宗之法，而商鞅则提出了“当时而立法，因事而制礼”的主张，结果秦孝公还是支持商鞅变法。

颁布变法法令前，商鞅担心不能取信于百姓，这样变法就会成为一纸空文。为了让百姓相信，商鞅在国都南门外的集市中，竖起一根三尺高的木头，并贴告示说，把这根木头搬到集市北门的人就可得赏十金。此举引来众多百姓围观，大家不知是真是假，指指点点，就是没人去搬木头。于是，商鞅又出示布告，将赏金提高到五十金。这时，有个人壮了壮胆子，扛起木头径直走到了集市北门。商鞅马上命人给他送上五十金赏金。这件事在百姓间引起了很大的反响，都相信官府言出必行。接着，商鞅便颁布变法法令，法令很快在全国得到贯彻执行。

商鞅变法的内容主要包括：废井田，开阡陌；重农抑商，奖励耕织；统一度量衡；奖励军功，实行军功爵制；编制什伍组织；除世卿世禄制，鼓励宗室贵族建立军功；改革户籍制度，实行连坐法；推行县制等。

变法期间，太子犯法，商鞅依法对太子的太傅公子虔和太师公孙贾用刑。后来，太傅公子虔再次犯法，商鞅对他用了割鼻之刑。百姓见商鞅执法公平，不避权贵，大为震惊，全国上下都严格执行新法。

新法令推行几年后，秦国百姓家给人足，道不拾遗，山无盗贼，军队强大，国势蒸蒸日上，诸侯畏惧，秦孝公将商鞅升为大良造。经过商鞅变法，秦国大治，开始使秦国凌驾于其余六国之上，发展成战国后期最富强的诸侯国。

公元前342年，周天子和诸侯派人来祝贺秦的强大。公元前340年，秦国借着魏国在马陵之战中战败的机会，联合赵国讨伐魏国。魏公子昂或卬率军迎战，被商鞅用计谋打败，魏国只好割河西（今陕西东部）向秦求和。这时，魏惠王才悔不当初，没有听公叔痤的话。商鞅因变法和战功被秦孝公封了商地15个采邑的封地。

但是，商鞅的新法太过刻薄，他设连坐，增加肉刑、抽肋、镬烹等酷刑，他提倡凭军功晋爵的制度，损害了贵族们的利益，且他执法甚严，因此在他主持变法的期间，引起了秦贵族的怨恨。

公元前338年，孝公去世，太子驷继位，是为秦惠王。这时，公子虔等旧贵族为报宿怨，开始反扑。他们诬陷商鞅谋反，鼓动秦惠王逮捕他。商鞅得到消息赶紧逃跑，逃到边关，想要在一家旅店住宿。店主要他出示身份证明，否则不敢留他住宿。因为商鞅的法令中有一条规定是，不能留住没有身份凭证的人，违者就要受连坐的处罚，这正是“作法自毙”。商鞅无奈，只好逃往魏国，但是他曾帮助秦国用计打败魏国，魏国记恨不肯收留他。商鞅又逃回秦国商邑，并带领自己的属下，组织军队出击郑国，想用军功赎罪。商鞅在郑国黾池兵败被杀，秦惠王把他的尸体带回秦国国都，施以车裂之刑，并灭了商君一族。

三家分晋

三家分晋是指从公元前403年周威烈王封韩、赵、魏三家为诸侯开始，到公元前376年，韩、赵、魏三家废晋静公，并将其国土全部瓜分的历史事件。三家分晋在历史上具有划时代的意义，它是中国奴隶社会瓦解，封建社会确定的标志。一般以此作为春秋与战国的分界点。

春秋时期大国争霸，中原地区硝烟弥漫，大诸侯国纷纷吞并小诸侯国。在争霸过程中，许多国家内部发生了重大变革，大权渐渐落入权臣手中。其中，作为中原霸主的晋国情况最为明显。

春秋末期，晋国国君的权力日趋衰落，实权分别由韩、赵、魏、智、范、中行这6家大夫所把持，他们凭借各自的地盘和武装，互相斗争。后来范、中行两家被打败，剩下智、赵、韩、魏掌握晋国实权。而在这4家中，又以智家的势力最大。

智家的大夫智伯瑶想独占晋国土地，遂以“还地于晋室”为由，向韩、赵、魏三家进行勒索。三家大夫皆知智伯瑶之用心，韩、魏两家因实力较弱，自知难以抗拒便勉强答应，唯赵襄子不予从命。智伯瑶于公元前455年，联合韩、魏两家出兵攻伐赵家。智、韩、魏三家联合围攻赵家于晋阳城（今山西太原市）。由于赵襄子在其封地内苦心经营，百姓生活安定，民心依附，使得晋阳城内粮草、兵器等储备充足，三家联军围攻三个月未果。后来智伯瑶经过勘察晋阳城的地形后，决定采用水攻之策，引晋水灌晋阳，以达到攻灭赵家的目的。

据说，三家围困晋阳城前后一年多的时间，晋阳城只有城墙露出水面，城中百姓只能“高床而眠，吊锅而炊”，城中的粮草眼看消耗殆尽，形势岌岌可危，然而“民无叛意”，依然协助赵襄子坚守。后来赵家谋士张孟谈建议赵襄子密联韩、魏二家反攻智，令对峙局势产生了扭转。

张孟谈潜出城外秘见韩、魏二君，一针见血地指出“赵将亡，然二君为之次矣”的现实。韩、魏两家本无伐赵之意，只因实力较弱，无奈屈从于智。此外，韩、魏的封邑安色、平阳分别濒临汾水、绛水，倘若智想攻伐其一，亦可采用水攻，张孟谈之言直指韩、魏两家之痛。因此，赵、韩、魏三家从各自利益出发，一拍即合，立即达成三家联合伐智的协议。

赵襄子不仅与韩、魏二家联络，约好里应外合，同时赵襄子还在夜里派出军卒突袭智伯瑶的守堤军队，挖开一处河堤，反使晋水冲向智军。赵军后又从晋阳城中杀出，正面冲击智军。智军见突然而至的大水，已先乱作一团，迎面而来的赵军更令其无暇防备，这时韩、魏二家的军队又从两边夹击，结果智军大败。智伯瑶被赵襄子斩杀。赵、韩、魏三家遵照事先约定，将智家的封地瓜分。

公元前437年，晋哀公去世，幽公即位，三家继续瓜分晋国土地和人口，使得晋国国君直接控制的土地越来越少，最后只剩下国都绛及曲沃两座孤城。不仅如此，晋幽公还要定期去朝拜势力强大的三家。至此，曾是中原霸主的晋国已名存实亡。

不过，晋国在此后还苟延残喘了一段时间，直到公元前376年，赵、韩、魏三家才真正把晋国最后一小块土地彻底瓜分掉，并将其最后一位国君晋静公降为平民。从此，晋国彻底从历史的长河中消失，紧随其后的是战国时代。

荆轲刺秦王

燕太子丹本是燕国的太子，后被送到秦国做人质，在秦国受尽了屈辱，便私自逃回了燕国。眼见秦国就要吞并六国，一统天下，太子丹感到十分惶恐，便向太傅鞠武求救。然而，面对这样的情况，鞠武也是束手无策。

没过多久，秦国的大将樊於期逃到了燕国。原来，樊於期奉秦王嬴政之命攻打赵国，却败在了赵国大将李牧手上。他生怕秦王会怪罪自己，不敢再回秦国，便逃到燕国来，恳请太子丹收留自己。鞠武劝说太子丹不要答应他的请求，以免激怒了秦王，惹祸上身。但太子丹心意已决，一定要让樊於期留下。鞠武见状也不好再说什么。在此之后，鞠武建议太子丹重用一位名叫田光的谋士，共谋护国大计。

田光来访时，太子丹对他以礼相待，向他询问如何才能在秦国的威胁下保住燕国。此时，田光年事已高，自觉无力再为国家做什么贡献，便向太子丹推荐了自己的好友荆轲。荆轲本是卫国的一名侠客，与田光的交情一向很好。太子丹决定召见荆轲，并请求田光将自己的心意转达给荆轲。田光告辞之际，太子丹为免自己与他会面一事泄露出去，招致不必要的灾祸，还特意叮嘱他千万不要对外人提及此事。告别了太子丹，田光又赶去拜访荆轲，并告诉荆轲自己已向太子丹推荐了他，请他无论如何都要去跟太子丹见上一面。荆轲很痛快地答应了他的请求。田光非常欣慰，他对荆轲说，自己曾经向太子丹承诺，绝对不会将他召见自己的事泄露出去，眼下荆轲既已答应去跟太子丹会面，自己的心愿也就达成了，就算是马上自杀也不会有任何遗憾了。田光说着就在荆轲面前自刎了。荆轲深受感动，后来他之所以会铤而走险，刺杀秦王，多多少少也是因为受到了田光之死的影响。

见到太子丹后，荆轲便将田光的死讯和死因全都说了出来。太子丹一面流眼泪一面对荆轲的到来表示感谢。在此次会面中，他向荆轲提出了刺杀秦王的计划，希望荆轲能够担此大任。荆轲沉默了一阵子，才向他表示自己资质平庸，只怕会辜负了他的期望。遭到婉拒的太子丹并不死心，堂堂燕国的太子竟然向荆轲这个平民磕头，恳请他一定要答应自己的请求。荆轲没有再推辞。其后，他就在太子丹这里安顿下来。为了让荆轲竭尽所能效忠自己，太子丹不断用财宝和美人笼络他。在此之后相当长的一段时间内，荆轲一直过着锦衣玉食的生活。不过，对于刺杀秦王一事，太子丹却从未听他提起过。

后来，眼看着赵国也被秦国吞并了，秦国的大军已经逼近燕国南部地区，太子丹终于沉不住气了，请求荆轲尽快行动。荆轲提出要带着樊於期这个秦国叛徒的头一起去面见秦王，因为只有这样才能取信于秦王，然后再趁着秦王麻痹大意之际将其刺杀。虽然荆轲此言甚有道理，但太子丹却不忍心出卖自己的好友樊於期，只好请求荆轲另谋他法。但是，荆轲却坚持认为这是最好的法子，不管太子丹是否同意，他都要这么做，为此他还特意瞒着太子丹偷偷去跟樊於期会面。

此时，樊於期的父母宗族早已被秦王诛杀了。樊於期对秦王恨之入骨，却苦于找不到复仇的方法。荆轲便对他说，只要自己能带着他的头颅去拜见秦王，必定能取悦秦王，到时候自己就可以寻找机会将秦王杀掉。如此一来，既可以为樊家上下报仇，又可以保护燕国不被秦王所灭。樊於期被荆轲的一席话深深地打动，马上在荆轲面前自杀了。太子丹听闻他的死讯，不由得大哭起来，但事已至此，也只好按照荆轲的计划进行了。

单是得到了樊於期的头颅对荆轲而言仍是不够。在刺杀秦王之前，他还要做很多的准备工作。首先他要准备一把锋利的匕首，为了确保刺杀秦王成功，还要在匕首上淬上天下间最毒的毒药，幸好这些太子丹都已准备好了。太子丹以一百金的高价从当时的铸剑名师徐夫人那里买了一把号称是世间最锋利的匕首。匕首买回来之后，太子丹又叫人在上面淬了某种不知名的剧毒。据说，人的血液只要沾染了一点点这种剧毒，就会马上毙命。

至此，刺杀秦王的准备工作已经完成了。荆轲带上樊於期的头颅和淬有剧毒的匕首，跟自己的助手秦舞阳一同踏上了刺杀秦王的不归路。太子一身缟素，赶到易水之畔为他送行。临行之际，荆轲高唱："风萧萧兮易水寒，壮士一去兮不复还。"这篇流芳千古的《易水歌》也预示了荆轲此后悲惨的命运。

抵达秦国后，荆轲首先去拜见秦王的宠臣蒙嘉，向蒙嘉表明燕王愿向秦王献上樊於期的首级和燕国的部分领土，以此表明燕国向秦国臣服的诚心。蒙嘉将荆轲的话转告给秦王以后，秦王便下令在咸阳宫接见荆轲。

到了约定的日子，荆轲和秦舞阳带着两个盒子来到了咸阳宫的大殿上，盒子中分别装着樊於期的首级和燕国的地图。秦舞阳因为紧张过度，忍不住浑身哆嗦。荆轲急忙帮他掩饰，说他只是因为没见过什么大场面，才会在名震天下的秦王面前失态。秦王不疑有他，叫荆轲把燕国的地图呈上来。荆轲将卷轴地图在秦王面前慢慢展开，最后露出了藏在地图中的匕首。秦王大惊失色，荆轲迅速拿起匕首朝秦王刺过去，谁曾想却刺了个空，就此错过了刺杀秦王的大好时机。随后，荆轲继续追赶秦王，两人绕着殿中的柱子转起圈来。荆轲始终未能刺到秦王，最后还被秦王拔剑砍伤了。荆轲左腿受伤倒地，又将手中的匕首朝秦王扔过去，结果匕首却扎在了柱子上。刺秦王未遂的荆轲当场被诛杀了。

荆轲刺秦让秦王对燕国深恶痛绝，派出大将王翦前去攻打燕国，很快就将燕国的都城攻陷了。燕王被逼无奈，只好杀掉太子丹献给秦王。秦王丝毫不为所动，继续命人攻打燕国。5年后，燕国被秦国所灭。

经济

李冰修建都江堰

李冰修建都江堰

李冰是战国时的水利专家，因为他善于治水，所以成了人们心中水神一样的人物。李冰治水，最著名的一件事就是他主持修建了都江堰。

当时秦国攻占巴蜀，蜀国成了秦国的蜀郡。蜀郡地处平原，盛产粮食，有岷江穿流而过，成了秦国四处征战的军粮供应地。公元前280年，秦将司马错沿岷江而下，出兵楚国，不想夺取了楚国的商喻后，粮草得不到供应，军队难以前行。原来，当时军备资源都在成都，军队需要的粮草，必须要从成都走一段陆路才能到岷江码头。交通不便，使得军队在作战中难以及时地补充粮草，维持战斗力。于是司马错产生了一个想法：更改岷江河道，使它经过成都。

公元前272年，秦昭王任命李冰为蜀郡郡守，改道岷江的重任也随之落到了他的头上。李冰先用了三年多的时间考察岷江水情，希望既能把岷江江水安全地引入成都，又能防止堤坝坍塌，发生洪灾。公元前270年，他终于制定出一套完整的治水方案：要想把岷江水引入成都，首先必须修建一个既能引水，又能防止发生洪泄的水利工程。

岷江是长江最大的支流，从雪山滚滚而下，水势湍急，而且旱年无水，洪年泛滥。李冰治水的关键，就是选择好治水工程的位置，这是整个工程的成败所在。李冰做了多方面的实地勘察以后，最终选择了山地和平原的临界点。这个地方是岷江的咽喉，锁住了它，就等于锁住了岷江江水。

有了方案，李冰开始召集民工，着手修建。这时，一个难以解决的问题出现了：要想把岷江水引入成都，必须要经过一座尖山，即玉垒山。玉垒山挡住了江水东去的路，只有凿开玉垒山，江水才能进入成都。没办法，李冰只好凿石开山。开山不是一件容易的事，那时候还没有火药，不可能用火药炸开缺口，只能用锤子日积月累，一点一点地凿。但是，要想劈开一座大山，用人力凿至少要30年的时间，而秦国不可能等30年以后再去攻楚。于是李冰想到一个办法，他先在岩石中间凿一个深槽，再往里面放进大量的木柴，点火烧石，石头遇高温开始发红、膨胀，这时候再把冰凉的江水浇在滚烫的石头上，石头热胀冷缩，全部爆裂开，然后民工再登上岩石，斧敲锤凿。这样一来，工程的进度大大加快了。8年以后，李冰终于带领民工们凿开一个20米宽、40米高、80米长的缺口。这个缺口看上去像一个瓶子的开口，于是李冰给它取了个名字“宝瓶口”，把凿出来的这一堆石头称为“离堆”。

李冰之所以要打开这么一个缺口，把岷江江水东引，除了要让它改道成都以外，还有一个很重要的原因就是，只有把岷江水分流到东边，才能减少西边江水的流量。这样西边江水少了，就不再泛滥了；而东边也有了江水，就不再干旱了，这是治水的重点。

完成了这一步，李冰开始把岷江江水引入“宝瓶口”。他又用了4年时间，让民工把卵石塞进竹笼内，再用渡船运到江心，投入江中。卵石越积越多，把岷江江水分成两部分，这样岷江就有了内外两个分流，内江是改道成都的引水河，被迫流入“宝瓶口”；外江就是氓江原来的河道。这个拿卵石筑成的分水堰，露在岷江外面的堰头部分，远远看上去像个大鱼的嘴巴，所以也被取了一个名字，叫“分水鱼嘴”。

岷江的江水被一分为二，由于东边的内江又窄又深，西边的外江又宽又浅，所以，枯水季节，大部分的河水就进入河床底的内江，使成都不致缺水，产生旱灾；水量大的时候，多出来的水就流入了江面较宽的外江。这种设计使江水可以自动分配，很好地调节了内外两江的水量，既防止了干旱，又防止了泛滥。

为了更好地保证两江的水量平衡，李冰又在“分水鱼嘴”和“宝瓶口”的中间，建了一个溢洪通道“飞沙堰”。“飞沙堰”也是用竹笼装卵石筑起来的，是一个较低的大坝。堰顶修到合适的高度，当内江的水超过“宝瓶口”能承担的流量时，多出来的水就会从“飞沙堰”翻过去，自行溢到外江，确保了成都平原不会受到水灾的侵害。而“飞沙堰”之所以叫作“飞沙堰”，是因为它还有“飞沙”的功能，岷江水从雪山携带砂石滚滚而下，如果流入内江就会堵在“宝瓶口”。有了这么一道工序，水流再下来的时候，会在这里激起一道漩涡，水中的砂石就会顺着水势被抛入外江。

经历“宝瓶口”“分水鱼嘴”和“飞沙堰”这三道程序，公元前256年，李冰用了14年时间，终于把都江堰建起来了。为了保证都江堰的良好运行，李冰还定下了维护制度。他修建都江堰的时候，在“宝瓶口”分流出来的内江河床埋了一个石马，规定每年枯水的季节都要清理河床，清理淤泥的时候，要清理到石马的位置。同时，每年还要调整“飞沙堰”的高度，使它既能飞沙又能分洪。李冰定下来的维护制度，直到今天还在使用。

都江堰建成以后，岷江内江的水滋润了成都平原，百姓们纷纷开挖大小河道，使用岷江水灌溉农田，成都成了蜀郡的富庶之地。当初，秦王下令让李冰修建都江堰，是为了攻打楚国，为秦军送粮草用的，没想到无心插柳，反而造福了一方的黎民百姓。百姓们为了纪念李冰父子，在都江堰的渠首修建了二王庙，每到清明时节，都会到庙里祭祀；每年的维护工作做完后，也会到庙里举行放水典礼——李冰成了都江堰灌区百姓心目中的神灵。

军事

秦晋崤山之战

公元前628年，秦国行军几千里，越过好几个诸侯国去偷袭郑国，晋国得到情报。此时晋文公去世，晋襄公刚刚即位，晋国将军先轸认为这是打击秦国的好机会，便向襄公建议说："崤山是秦军的必经之地，那里树木丛生，悬崖峭壁林立，山路盘旋曲折，只容得下一辆战车通过，地势十分险要，可以凭借崤山之险拦击秦军。"晋襄公听取他的建议，亲自率领大军开到崤山，安排士兵砍倒树木堵住道路，命人在上面插了一杆三丈高的晋国旗帜，并在周围设伏，以旗帜放倒为出击信号，伏击秦军。

商人弦高谎称郑国使者，使秦军以为郑国已经有所防备，不得不放弃偷袭计划，但他们行军千里，不愿无功而返，于是顺路消灭了小国滑，抢夺大量财物后，便迅速率军回秦国。秦国大军走到渑池时，秦国将领白乙丙曾提醒孟明视，快到崤山了，一定要当心。但孟明视自恃秦军强大，认为没人敢来偷袭，因此进入崤山后，虽然看到堆在道路上的树木上插着一面晋国旗帜，仍没有引起足够的重视，命士兵放倒旗帜，清除树木开路。

晋旗刚一放倒，晋军就从四面八方杀了过来，秦军被团团围住，无路可退，无奈退到堆树木的地方，但是那些树木上被撒了硫黄等易燃物，秦军一退到这里，就有无数的火箭射了过来，那些树木顿时着起火来，山谷里成了一片火海。三百乘战车和数千兵士全军覆没，孟明视、西乞术和白乙丙三员大将都成了晋国的俘虏。

晋襄公得胜回朝，十分高兴，打算把秦军的三员大将杀了，庆祝胜利。但晋襄公的母亲文嬴是秦穆公的女儿，她听说孟明视等三人被俘，不愿同秦国结仇，就跟晋襄公说："秦国和晋国原是亲戚，关系一向很好。孟明视等人为了争功，伤了两国的和气，秦君肯定怨恨他们。但是如果杀了他们，两国可能会结下深仇，不如放他们回去，秦君一定不会放过他们。"听母亲这样说，晋襄公觉得也有道理，就把孟明视等三个俘虏放了。

先轸听说孟明视被释放了，赶紧跑去见襄公，责备襄公不该把将士们浴血奋战抓到的俘虏轻易放走，气愤之极，竟不顾君臣之礼，一个劲地吐唾沫。晋襄公也后悔，赶紧派将军阳处父带领一队人马去追赶。而孟明视三人被释放后，怕晋君后悔，快马加鞭地逃跑，跑到黄河边时，已经有晋兵追上来了，他们赶紧跳上河边的一艘小船，拼命地划船。等阳处父赶到河边，船已经离岸。阳处父没有船，在岸边冲他们大喊道："我们主公备了几匹好马送给你们，让你们可以尽快赶回秦国，请你们回来收下。"

孟明视知道是圈套，当然不肯上当，他站在船头，行了个礼说："晋君的大人大量我们已感激万分，不敢再接受礼物。如果回去后还能保命，那三年后一定再来报答贵国的厚恩。"就这样，孟明视等三人侥幸逃脱。

阳处父回去后，将孟明视的话回报给晋襄公，晋襄公悔不当初，但事已至此，也无可奈何了。

秦穆公得知秦军全军覆灭，后悔自己不听蹇叔的劝告执意伐郑。孟明视等三个人回到秦国，穆公身穿素服，亲自出城到郊外迎接他们。孟明视等人急忙跪下请罪，秦穆公哭着说："你们哪有什么错？是我不听蹇叔的话，害你们打了败仗。我不能因为小过失而抹杀你们的大功。"秦穆公不但没有怪罪他们，还恢复了这三人的官职。孟明视等人十分感激，于是下定决心不忘国耻，立功赎罪。

从此以后，他们一心一意操练兵马，认真演练阵法，誓要报仇。公元前626年，孟明视认为秦军已经具备相当的实力，可以打败晋军了，于是向秦穆公请战。秦穆公则派孟明视等带兵，继续东进。晋襄公也料到秦国不会就此罢休，因此也在积极备战。秦军和晋军在彭衙遭遇，厮杀一场，秦军再次失败。接连两次战败，秦国东进的道路被阻，只好转而向西发展。

公元前625年，秦军已经被孟明视训练得兵强将勇，战斗力十分强大。他觉得到了征伐晋军，报崤山之仇的时候了，于是请秦穆公一起出征。秦穆公调给他500辆兵车，同时还有装备精良的兵器和充足的粮食，还专门拨出粮食和钱财给出征兵士的家属，让士兵们没有后顾无忧。经过精心的准备，将士们斗志昂扬，下定决心和晋国一较高下。孟明视、西乞术和白乙丙三位将军率领秦国大军，浩浩荡荡地奔向了晋国。

秦军渡过黄河后，孟明视下令将渡船全部焚毁，表示这次要和晋军决一死战。孟明视亲自担任先锋，率领同仇敌忾的秦军，一路势如破竹，在晋国的土地上纵横驰骋，没几天就抢回了曾被晋军攻占的两座城池，然后又接连攻下晋国的几座大城。

秦国大军势不可挡，晋国君臣惊慌失措，不敢迎战，晋襄公下令晋军紧闭城门坚守，不得与秦军交战。

秦穆公见失地已经收复，而且晋国不敢出城迎战，威风丧尽，终于洗刷了以前的耻辱，僵持下去对双方都没好处，于是便带领大军到崤山，在当年的战场上，埋葬尸骨，哭祭战死的将士，并发表了有名的《秦誓》，祭奠将士们的亡灵。孟明视、西乞术和白乙丙也跪在坟前，大哭不止，全军上下无不为之动容。

晋楚鄢陵之战

公元前579年，楚国和晋国在宋国的都城西门外结盟，双方约定暂时息兵，停止战争。晋国受到秦国和白狄的袭击，因此急于和楚国妥协，以便集中力量打击狄、秦；而此时楚国发生内乱，也无力与晋国争夺霸权，因此这次结盟只是晋楚之间的权宜之计，并不意味着两国已经达成和解。西门之盟后，晋国先后大败狄人和秦国，秦国一时无力东顾。这之后，晋国在争霸的斗争中，占有明显的优势。齐、晋同盟得到巩固；中原地区各中小诸侯国皆臣服于晋，南方吴国和晋联手，共同抵制楚国，而楚国陷入了被动。

公元前577年，郑国仗着有强大的晋国撑腰，率军攻打许国，结果被许国打败。郑成公不甘心，又亲自率军攻打许国，攻入许国国都外城，逼得许国把叔申的封田割给郑国求和。许国是楚国的盟国，楚国当然不能容忍郑国这样欺负许国。于是，楚国决定攻打郑国，间接与晋国争夺霸权。

公元前575年，楚国答应把汝阴之田送给郑国，向郑国求和，郑国又背着晋国投靠楚国。郑子罕率军攻打宋国，在汋陂被宋国打败，郑国组织军队反攻，在汋陵打败宋国。郑国攻打宋国不久，晋国派人到卫、齐、鲁，请他们派军队协同晋国攻打郑国。晋厉公亲自为四军统帅，命栾书为中军将军，士燮为副将；郤锜为上军将军，荀偃为副将；韩厥为下军将军，副将佐荀罃留守国内；郤犨为新军将军，郤至为副将。

郑国得到消息，赶紧向楚国求救。楚共王亲自统率，左广彭名驾驭战车，潘党为右；右广许偃驾驭战车，养由基为右，任命司马子反统领中军，令尹子重统领左军，右尹子革统领右军，统帅三军，会同蛮军救郑，与晋军战于郑地鄢陵。

楚军到达鄢陵后，晋国的盟国齐、鲁、卫的军队还在往鄢陵来的路上。于是，楚军的统帅决定趁晋国还没和盟军会合之际，集中优势兵力击破晋军，速战速决。当时正是六月二十九日，是古代忌讳用兵的日子，楚军趁晋军不备，借着黎明的浓雾，突然逼近晋军营垒。

楚军逼近，而晋军营前有大片泥沼，无法出动兵车应战，盟国的援军也还没到达，形势非常不利。中军将军栾书认为楚军轻浮急躁，不能持久，三天后一定撤军，主张固守，等他们撤退时，再出兵袭击。但新军副将郤至则认为楚国军队不整齐，秩序混乱，且将领之间有矛盾，因此主张出击。晋厉公认为郤至分析得很有道理，于是决定不再固守等待援军，立即与楚军决战，为了扩大军队活动的空间，晋厉公下令把营垒中的灶铲平，将营前的泥沼填上，疏通队伍之间的行道。

战前，楚共王在大宰伯州犁的陪同下，登上瞭望车，观察晋军的动静。伯州犁是晋国大夫伯宗之子。伯宗贤达好直言，他不满于郤氏家族独揽晋国军权，建议晋厉公抑制郤氏的权势。郤氏便以诽谤朝政之罪将他打入大牢，并驱逐了伯州犁。伯州犁逃到楚国，担任大宰之职。楚王就晋军的动向询问伯州犁，伯州犁则向楚共王一一解释晋军活动的目的，把晋侯亲兵的位置指给楚共王。但是，楚军观察敌情时，并没有判断出晋军的作战意图，因此也没有做相应的准备。

晋军方面，晋厉公也在苗贲皇的陪同下，登高侦查楚军的情况。苗贲皇是楚国权臣斗椒之子，楚庄王在平定若敖氏叛乱时，杀了斗椒，苗贲皇则逃到晋国，晋赐以苗邑。苗贲皇熟悉楚军内情，认为楚军的精锐是在中军的王族部队，兵力强大，而左、右军分别为郑军和蛮兵，军心不齐，队列不整，于是他向晋厉公献计，改变晋军阵型，制造出中军薄弱的假象，诱使楚左、右军进攻中军，等楚军陷入包围时，再集合上、下军精锐之力配合中军聚而歼之。晋厉公欣然采纳这一建议，并依据这一建议制定了作战方案，然后下令改变原有的阵势，让中军主将和副将各自率领一支精锐队伍补充到左右两翼的军队中。部署完毕后，晋军就冲出营垒，从营前泥沼的两侧向楚军发起进攻。楚共王果然中计，以为晋中军兵力薄弱，于是率楚中军进攻，晋军顽强抵抗。晋将魏锜射中楚共王的眼睛，楚共王给养由基两支箭，命他射魏锜。养由基一箭射中了魏锜，魏锜当场毙命。养由基带着另一支箭去向楚共王复命。楚共王虽然眼睛被射伤，仍忍住疼痛坚持在阵前指挥作战。

双方激战从早晨一直到傍晚，难分胜负。楚国损失惨重，楚共王决定暂时收兵，让士兵休息后，明日再战。楚国将领子反在军中查看情况，慰问伤员，休整军队，准备明日重新投入战斗。

晋军方面，苗贲皇通告全军，准备明日再战，同时，故意放楚国俘虏逃跑。他们逃回楚营后，向楚共王报告了晋军准备迎战的情况。楚共王听后，马上召见主帅子反商量如何应对。没想到子反当晚醉酒，无法商议军机，楚共王不知如何是好，最后决定带领军队连夜撤退。在这次战斗中，楚军虽然受挫，但与晋胜负未分。中军主帅司马子反竟然临阵醉酒，导致贻误军机，使楚王退兵。楚军退到瑕地时，子反在子重的逼迫下，畏罪自杀。

鄢陵之战是继城濮之战、邲之战之后，晋楚第三次争霸战争，也是两国最后一次主力军队的会战，以楚共王悄然退兵收场。经此一战，楚国的霸权被削弱，标志着楚国对中原的争夺走向颓势。而晋国虽然借此战巩固了霸业，但是直到战斗结束，鲁、卫两国都未发一兵一卒，只有齐国发兵支援，还是在晋军结束战斗后，回师时方才赶到，可见其对中原诸侯的控制力已经减弱。

齐鲁长勺之战

齐桓公即位后，大败支持公子纠前来挑衅的鲁国，并胁迫鲁国杀死公子纠，稳固了统治。他任用管仲为相。在其辅佐下，齐国的政治、经济、军事各方面都得到长足发展。齐桓公看到齐国社会稳定，物质繁荣，兵强马壮，便决定兴师伐鲁，报复鲁国一年前支持公子纠争位的宿怨，同时想征服鲁国，向外扩张齐国的势力。但是，管仲认为称霸的时机未到，劝齐桓公内修政治，外修邦交，继续等待时机。而齐桓公急于称霸，根本听不进管仲的意见。

公元前684年春，齐桓公发兵攻打鲁国，齐军侵入鲁国境内。齐国和鲁国都是西周时期分封的重要诸侯国。鲁国都城位于曲阜（今山东曲阜），辖区主要是今山东西南部地区。鲁国较为传统，一直遵循着周朝礼乐制度，到了春秋时期，只称得上是二等诸侯国。齐国是西周开国功臣姜太公的封地，都城临淄（今山东淄博东北），今山东北部地区的广大地域都在它的管辖范围内。那里土地肥沃，物产丰富。姜太公及其继任者都励精图治，推行了正确的发展政策，因此经济发达，国力雄厚，从西周至春秋，齐国在各诸侯国中一直举足轻重。鲁国和齐国相比，不管是疆域还是国力，都处于劣势。

但是一年前，鲁国被齐国大败后，鲁庄公为了防备齐军的进攻，就加强了军队训练，赶制各种兵器，同时整修内政，取信于民。当齐桓公率齐军逼近鲁境时，鲁庄公决定动员全国力量抵抗齐军的进攻。齐军兵强马壮，再加上一年前曾战胜鲁国，士气正盛，为了暂时避开齐军锋芒，鲁庄公率军撤退到有利于反攻的长勺（今山东曲阜北郊）地区。

就在鲁庄公准备应战时，鲁国民间有个叫曹刿的人，要求觐见鲁庄公，为之谋战。曹刿很有谋略，而且有政治远见，他怀着一颗救国的决心，去见鲁庄公。曹刿问鲁庄公：“您依靠什么同齐国作战？”鲁庄公答道：“像衣服饮食这些东西，是用来安身立命的，我不敢独自占有，一定拿来和人分享。”曹刿说：“这些不过是小恩小惠，而且也不能惠及全国的百姓，百姓作战时不会奋不顾身的。”庄公说：“祭祀时，一定对神明诚信，不敢虚报祭品的数量。”曹刿说：“这点诚意难以使人信服，未必能感动神明，神不会因此保佑您。”

庄公说："民间的大小案件，虽然不能做到明察秋毫，但一定要处理得合乎情理，不让人们受冤屈。"这时，曹刿才说："这倒是尽到了君主的责任，百姓可以听从你，可以去战斗了。"接着，曹刿自告奋勇，请求随庄公奔赴战场。

于是，庄公和曹刿同乘一车前往两军对阵之地长勺。周朝时，两军作战讲究遵循一定的军礼：双方在阵前列好阵势，击鼓而进，行进五十步后停下，重新整顿队伍，直到两军相接，冲入敌人的军队中，阵势才会混乱。

两军列阵完毕，鲁庄公见齐军攻击鲁军阵地，就想下令马上应战。曹刿劝阻说："齐军士气正盛，我们没有胜利的把握，不能出击。"于是，庄公下令鲁军不许出击，只让弓箭手防御，稳住阵势。齐军遭遇弓箭的压制，无法冲进鲁军阵地，只得退了回去。退回阵营的齐军稍事休整，马上又展开了第二次进攻。这次，曹刿还是坚持劝庄公不要出击，稳住阵势固守。齐军气势汹汹地攻过来，没人迎击，还是被弓箭抵制，攻不进阵内，只好再次退回到原阵地。齐军的将领认为鲁军不出来应战，是被他们吓怕了。于是，很快展开了声势浩大的第三次进攻。经过前两次的进攻，齐军的士兵们已经很疲惫，士气衰竭。但是，鲁军依然阵势严整，斗志高昂。曹刿见战场形势已发生了变化，认为出击时机已到，于是马上建议庄公出兵反击齐军。庄公亲自擂起战鼓，命令出击。鲁军将士早就摩拳擦掌，听到出击号令，个个奋勇争先，锐不可当。齐军被打得溃不成军，节节败退。

战场上，鲁军获得了决定性的胜利。庄公传令乘胜追击。但曹刿告诉庄公不要急于追击，然后自己登上战车朝齐军败退的方向望去，又下了车察看战场，这才让庄公发布追击的命令。鲁军士气高昂，对齐军紧追不舍，终于把齐军赶出国境，还俘获了大量甲兵和辎重，赢得了长勺之战的胜利。

鲁军获胜后，鲁庄公终于忍不住与曹刿论及战争胜负的原因。曹刿说："用兵打仗要凭勇气，第一次击鼓命令前进时，勇气最盛，第二次时，勇气就已经弱了下来，而到第三次时，勇气就已经衰竭了。敌人三鼓，士气衰竭，我军初鼓士气正盛，彼竭我盈哪有不胜的道理？"至于为什么没有马上追击的问题，曹刿则说："齐国是大国，兵力素来很强，怕他们是故意败退，设下埋伏。我登车看到他们军旗兵器东倒西歪，下车看到他们战车留下的车辙也非常杂乱，这才断定他们是真的战败，于是同意下令追击。"鲁庄公听后，心悦诚服，点头称是。

齐鲁长勺之战，规模虽然不大，却在政略、战略和策略上体现了古代的军事辩证思想，反映了弱军对强军作战的基本规律。这场战役在中国古代战争史中，以后发制人、敌疲再打的防御原则取胜而著称。

勾践灭吴

吴王阖闾在孙武和伍子胥的辅佐下打败了强大的楚国，接下来计划攻打楚国的盟国越国。公元前496年，越王允常去世，他的儿子勾践继位，新王初立，越国国内不太稳定。阖闾认为这正是攻打越国的大好时机，因此不顾孙武等人的劝阻，在没有充分准备的情况下仓促出兵。勾践组织军队应战，在阵前施巧计，打得吴军仓皇败退。阖闾在这次战役中受了重伤，不久就去世了。他的儿子夫差继位，阖闾临终前曾嘱咐夫差一定要替他报仇。

夫差继位后，不忘遗训，在孙武和伍子胥的辅助下，日夜练兵，以图为父报仇。勾践听说夫差日夜练兵，准备报仇，想先发制人，于是不顾范蠡等人的劝阻，主动出兵攻打吴国，两国在夫椒山展开激战。结果，在孙武、伍子胥的策划下，夫差出奇兵大败越军。勾践带领残部逃到会稽山上一个小城中，被吴军团团围住。范蠡献计让勾践亲自去侍奉夫差，这样就能消除他的戒心。勾践为了保存力量，以图东山再起，采纳了范蠡的计策，向夫差屈膝投降。于是，越国人用美女和宝物贿赂吴国太宰伯嚭，说越王勾践愿意向吴王称臣纳贡。伯嚭是个贪财好色之人，接受了越国的贿赂，就在夫差面前帮越国说好话，夫差终于同意不会灭亡越国。伍子胥坚决反对，说勾践只是被迫求和，日后一定会报仇，如果这次不斩草除根的话，一定会后患无穷。但夫差听信伯嚭的谗言，根本不理会伍子胥的苦谏，坚持撤兵回国。

勾践在国人面前痛悔，说自己自不量力，在不当时机攻打吴国，使百姓深受其害。然后埋葬战死的人，慰问受伤的人，抚恤死者家属，能为百姓做的就尽量为百姓做。嘱咐文种等人代为管理国家，就带着妻子和范蠡前往吴国去服侍夫差了。大臣和百姓们都哭着为他送行。

勾践夫妇到达吴国的都城后，夫差故意羞辱他们，让他们住在潮湿阴冷的石室里。勾践亲自为夫差驾车驭马，充当马前卒，他的夫人则每天打扫宫室。勾践夫妇一直恭恭敬敬，三年来虽受尽屈辱，却一直尽心服侍，从无半句怨言。这期间，伍子胥多次进谏，请夫差杀了勾践，但太宰伯嚭一直接受越国的贿赂，在夫差面前为勾践说好话，勾践这才免于一死。有一次，夫差生病，勾践为了帮他看病，甚至亲自尝夫差的粪便，夫差深受感动，终于相信勾践是真心臣服，于是完全不顾伍子胥的极力谏阻，坚持放勾践回国。

公元前490年，勾践终于回到越国，看到的是受战事所累，土地荒芜，人口凋零的颓败景象。勾践立志复国雪耻，为了恢复国家的实力，他重用范蠡、文种，采取他们的主张改革内政，同时推行鼓励生产，奖励生育的政策。让百姓休养生息的同时，增加人口。

勾践采纳范蠡的“美人计”，将美女西施送去吴国，迷惑夫差，削弱他的意志。夫差得到西施后，宠爱有加，每天陪着西施，日日饮酒，夜夜笙歌，沉迷于酒色，不再勤于政事。为了讨好西施，他还大兴工程，建造姑苏台，消耗民力。同时，勾践继续贿赂太宰伯嚭，进一步离间夫差与伍子胥的关系，使夫差更加疏远伍子胥。而勾践自己则远离酒色享乐，粗茶淡饭，粗布麻衣，始终和夫人过着清贫的生活。他还经常带着夫人和百姓一起下田种地，他穿的衣服也是他的夫人自己养蚕织布做成的。为了激励自己不要忘记曾经受过的耻辱，坚定报仇雪耻的决心，他不住宫殿，而住在柴草屋，睡在柴草上，并在房门口悬挂一个苦胆，每天都要尝尝以警醒自己。

就这样过了10年，勾践在范蠡、文种辅佐下，励精图治，“十年生聚，十年教训”。越国人民殷富，社会安定，兵强马壮，只等有利时机，便可向吴国发起进攻，以雪前耻。而这期间，吴国一直是南方地区的霸主，夫差便想进军中原，越国为了消耗吴国国力，积极支持夫差北上同齐、晋争霸，但自己暗地里同齐、晋、楚等国交好。为了消除吴国的猜忌，越国还和楚国开战，吴和楚是宿敌，吴人见越和楚兵戎相见，就更加相信越国了。公元前485年，夫差为争霸而北上伐齐，伍子胥反对，认为应首先除掉越国，夫差不听，继续伐齐，在艾陵之战中大败齐军，获胜而归，夫差十分得意，此后便逼死了伍子胥。伍子胥死后，孙武也归隐山林，伯嚭就接管了所有政事，朝政更加腐败。

公元前482年，夫差又率领数万精锐部队，北上到达黄池（今河南封丘南）大会诸侯，当时晋国正在爆发内乱，吴国依靠着强大的军事力量，一度夺得霸主地位。夫差北上黄池争霸，也要求勾践带兵与会。夫差兴师动众，率大部精锐赴黄池之会，吴国都城只剩下太子和老弱留守，城内空虚，勾践觉得这正是乘虚而入、攻打吴国报仇雪恨的大好时机。

越国上下早就摩拳擦掌等着和吴国一战，战前，百姓们三次向勾践请战。勾践见众人意志坚定，便下令进军吴国。他佯装答应吴国赴黄池之会，却带领3000精兵直接攻向吴国的都城。夫差长期穷兵黩武，滥用民力，这次又全军在外，留守的都是老弱，难以抵挡越国的进攻。越国一举攻下吴国的都城，杀了吴国太子。

夫差赶紧返回吴国，勾践不断发兵进攻，围困了吴军长达三年。吴军终于力不能支，派人向勾践屈膝求和，但勾践并不答应。吴王无奈，自杀而死，吴国灭亡，勾践终于得以雪耻。

范雎远交近攻

范雎是战国时期魏国人，他本打算在魏国成就一番事业，于是到中大夫须贾家里做门客。有一次，魏王派须贾出使齐国，范雎随同前往。在齐国，范雎能言善辩，得到齐王的赏识，齐王送给他丰厚的财物，想把他留在齐国做客卿，范雎谢绝了。没想到回国以后，须贾不但不称赞和重用他，反而向相国魏齐污蔑他，说他收受齐国人的贿赂，出卖国家。于是，魏齐把他投入监狱严刑拷打，范雎靠装死才侥幸逃过这一劫。

范雎回家后，为了掩人耳目，改名张禄，并让家人为他举行葬礼，好让魏齐相信自己已经死了。半年以后，秦国使臣王稽来到魏国，范雎通过朋友引荐见到了他。两人见面，相谈甚欢。王稽对范雎的才华深为赞赏，于是把他带到秦国，想办法引荐给秦昭王。当时的秦国，朝政被昭王的母亲宣太后和舅舅穰侯把持着。公元前270年，穰侯为了扩大自己的领土，准备跨过韩国和魏国，出兵攻打齐国。范雎看到了机会，于是上书秦昭王说，有重要的谋略告知秦王，希望可以面谈。

秦王求贤若渴，用车把他接进秦宫。秦王再三请求，范雎才说："秦国人只知道王宫里有太后和穰侯，不知道还有个秦王。"这句话说中了秦王的心事，秦王立刻把范雎当作值得托付的人。范雎取得了秦王的信任，才把自己准备好的话说了出来："秦国北面有甘泉和谷口，南面有泾水和渭水，西南是陇山和蜀地，东面又有崤山和函谷关。秦国占据这么好的地形，您又有这么多战车和士兵，对付其他国家不是轻而易举吗？可现在秦国却不能东进一步，为什么呢？您跨过韩国和魏国的国土去攻打强大的齐国，这不妥。发的兵少了，伤不了齐国；出的兵多了，秦国内部的防御就弱了。您希望是自己少出兵，让韩国和魏国多出兵，但他们不肯。您明知道这两个国家不足为信，还穿过他们的国土去打仗，这样是不是太大意了？以前齐国攻打楚国的时候，明明打赢了，却连一寸土地都没有拿到。难道他们不想要土地吗？是他们的疆界扩展不到那里。其他国家一看齐国士兵疲累，内部君臣关系也一团混乱，就一起攻打，把齐国打得落花流水，土地就落到别人手里了，自己也成了笑话，为什么会这样？因为齐国讨伐楚国，讨伐成果却落到了临近楚国的韩国和魏国手里，这不是借给强盗刀枪，送给小偷粮食吗？与其这样，您不如同距离远的国家建交，攻打距离近的国家，得到的寸土寸地都是您自己的。从前的中山国那么大，赵国把它独吞了，也没人能把赵国怎么样。现在的韩国和魏国在诸侯国的正中间，正是枢纽的位置。如果您想成就一番霸业的话，一定要先把枢纽打通，楚国和赵国才会感到威胁，而这两个国家不管哪个强哪个弱，弱的那个总会来归附秦国，把这两个国家收服了，齐国肯定慌乱，也会来归附。三个国家都归附了，那么剩下的韩国和魏国不就好说了吗？”

秦王说：“我本来是想拉拢魏国的，可是魏国态度变来变去，让人摸不着头脑，这怎么办呢？”范雎说：“先用财物笼络，不行就割地送给它，还不行的话，就攻打它吧。”秦王听从了范雎的建议，两年后发兵进攻邢丘。邢丘失守，魏国果然要求归附秦国。

魏国归附以后，范雎又说：“秦国和韩国，两国国土交叉的地方太多了。有韩国在秦国旁边，万一哪一天天下局势生了变化，韩国就是最大的祸患，不如让韩国归附秦国。”秦王说：“我也是这么想的，可韩国不听怎么办？”范雎说：“您应该先攻打韩国的政治、经济、交通和军事要塞荥阳，这样既挡住了去成皋的路，又拦住了北去太行的路，上党的韩军也不能南下，韩国被分成了三块，不能相通，又怎么会不听从秦国的命令，乖乖归顺呢？韩国归顺了，一统天下就容易多了。”秦王又一次听从了。

按照范雎的想法，秦国先同最远处的齐国和楚国结盟，内外夹击，孤立中间的韩国和魏国，使它们不得不归附；然后北进南推，攻破南北两翼的赵国、燕国和楚国，再整合三国的力量，回头消灭韩国和魏国，最后以压倒性的优势消灭齐国，这样，“得寸，则王之寸；得尺，亦王之尺也”。既不至于使自己的战果落入他人之手，又巩固了自己的力量，这就是“远交近攻”的谋略。

范雎提出的这个谋略，成了秦国吞并其他诸侯国的基本战略思想。秦国正是在“远交近攻”思想的指引下，南征北战40多年，终于一统全国，独霸中原。

赵括纸上谈兵

赵括是赵国将领赵奢的儿子。公元前280年，赵王命令赵奢攻打齐国麦丘，于是赵奢带着儿子赵括一起来到麦丘。在他们父子到来以前，赵军已经攻打麦丘很多次了，结果都以失败告终。赵王于是改用赵奢为将，要他一个月以内必须拿下麦丘。有了赵王的指令，赵奢一到麦丘，立刻下令开始进攻。但赵括认为，麦丘的防御完善，赵军已经进攻了这么多次都没能攻下来，硬攻只会损伤自己的实力，要想在一个月以内拿下麦丘，应该想其他的方法。他想，赵军已经围困麦丘这么久，麦丘的粮食肯定快吃光了，于是他建议父亲停止进攻，保存实力，先弄清楚麦丘城内的情况再想进攻策略。但赵王一个月的期限让赵奢心急如焚，他根本听不进儿子的话。

赵奢抓到齐国的战俘，向他们用刑，想打探出麦丘城内的情况，但俘虏们牙关紧闭。赵括每天送饭给俘虏吃，待他们很有礼貌，还让他们带粮食回家。于是，就有俘虏悄悄告诉他："其实城内的粮食快吃完了，老百姓的粮食全都充当了齐军的军粮。而老百姓没有饭吃，已经开始吃人了。"赵括问："那么齐军还能守多久呢？"俘虏回答："几个月吧。"

赵括打听到的消息是父亲费了九牛二虎之力都没能得到的，赵奢开始对儿子刮目相看，于是听从了他的建议，不再硬攻，并把俘虏都放回了城。俘虏回城后，对城里的百姓说："这一支赵军待人很好，不但没有让我们受委屈，还给我们饭吃，让我们把粮食带回来。"这样一来，城里的百姓就动摇了，有些人想向赵军投降。

齐国将领一看归来的俘虏动摇了民心，于是把他们全都关了起来。这样的举动让城里的百姓和士兵大为不满。这时候，在赵括的提议下，赵奢开始让士兵往城里抛粮食。于是围城的赵军每天把粮食抛进城，什么都不说，接着就回营休息。几天后，齐军派人把粮食运回来，并传话说："要攻快攻，不要再往城里抛粮食了。"齐军派的人回去以后，赵奢仍然不进攻，过了几天接着向城里抛粮食。抛了几天以后，齐军又派人来，要和赵奢选个日子决一死战。赵括对父亲说："别理他们。"又过了几天，他们得到消息，守城的齐军将领被百姓杀了，麦丘百姓全部投降了赵军。

赵括让麦丘百姓不战而降，这件事传回赵国，赵王对他很是赞赏。赵括从小就喜读兵书，研习兵法，谈论兵事，并且著书立说，广收徒弟。他和父亲讨论用兵之事，有时候就连父亲都是他的手下败将，但是赵奢从来都不夸奖他。赵括的母亲不明白，赵奢告诉她：“打仗是性命攸关的事，但赵括总是夸夸其谈，把它看得太容易了。赵王不让他领兵打仗还好，如果他带兵，赵军必败无疑。”

父亲的话很快得到了证实。公元前262年，廉颇率领的赵军和王龁率领的秦军在上党对峙，秦攻赵守。秦军几次挑衅，廉颇都避不应战。秦军长期在外，眼看粮草用尽，秦王请范雎拿主意。范雎说：“廉颇经验丰富，破城只有一个办法，就是让赵国调走廉颇。”

范雎很快想到一条计谋。没几天，秦军阵营里议论纷纷，说廉颇要谋反。这时候，赵王也听到传言：廉颇老了，大不如从前了，赵军眼看就抵挡不住了，秦国害怕的其实是年富力强的赵括。赵王对廉颇生了疑心，于是向大臣们征询意见。

蔺相如力挺廉颇说：“赵括只会读他父亲的兵书，还没有亲自带过兵，战场形势瞬息万变，他经验不足，担不起这么大的责任。”赵王又去询问老将军乐毅，乐毅说：“廉颇擅长的是短时间就能打完的攻坚战，而不是两军对峙的持久战。赵括从小在军中长大，军事经验不会不足，而且赵军中很多将领都向他学习军事理论，以他为将，足以服众。况且，他和父亲赵奢曾经破过秦军名将的阵营，秦军对他们父子的威名很是敬畏。”

赵王听从了乐毅的意见，召见赵括，问他如果派他出征，能不能打败秦军。赵括说：“如果秦军将领是白起，我或许还要考虑考虑。但现在是王龁带兵，他不过是廉颇的对手，对我来说，小事一桩。”赵王于是命令赵括去接替廉颇。

赵括的母亲得知了赵括要领兵的消息，立刻向赵王上奏，请赵王收回成命，说：“他父亲临终前再三叮嘱，一定不能让他领兵，这个孩子把打仗当游戏，用他为将，只怕枉送了士兵的性命。”赵王不听。赵母只好回去，要赵括向赵王请求赏赐，置办家业。赵括不解。赵母说：“你这次领兵，带走了赵国一半的军队，赵王不可能对你完全放心。况且上党地势险要，你手握重兵，在那里足以拥兵自立。你出征的日子久了，免不了有人对赵王进谗言。而且，这次出征事关国家存亡，败了，国破家亡；胜了，功高震主。你替家人求封赏，把家人留在这里，也是为了让赵王知道你是一定会回来的。这么大一场仗，本来就难辨胜负，全看评判的人怎么评判，所以让赵王安心比什么都重要。”赵括听从了母亲的话。赵母又向赵王请奏，希望赵王承诺，无论赵括战胜还是战败，都不牵连家人。赵王同意了，赵括这才领兵出征。

公元前260年，赵括带着兵马到了长平，把廉颇制定的军法全部废除，下令："一旦秦军再来挑衅，全力迎战，打退以后乘胜追击，让他们全军覆没。"

赵军换将的消息传到秦国，范雎知道赵王中了计，立即改派白起为将领。白起设下埋伏，先同赵军打了几场仗，佯败。赵括不知有诈，一味追击，便把赵军带进秦军的埋伏。赵军被围困了46天，赵括率精兵突围，突围不成反被秦军射杀。主将被杀，40多万赵军只好投降。长平一战，赵括断送了40多万士兵的性命和赵国的前途，从此成了后人口中只会"纸上谈兵"的将军。

田单摆火牛阵

齐湣王极为昏庸，喜欢阿谀奉承，他一面对百姓搜刮奴役，一面大肆扩充军队，无故侵犯邻国。于是，引起了民怨和各诸侯国的憎恨。这一年，燕国国君燕昭王派大将乐毅出兵攻打齐国。

乐毅少年聪颖，喜好兵法，其先祖乐羊为魏文侯手下的将领。曾率兵攻取中山，因功被封在灵寿，从此乐氏子孙便世代定居在这里。中山复国后，又被赵武灵王所灭，乐毅也就成了赵国人，并被举荐为官员。后来，乐毅离开赵国，到了魏国做官，并作为使者，为魏昭王出使到了燕国，燕昭王早就听说了乐毅的名声，便以宾客的礼节接待他，劝说他留在燕国。乐毅推辞谦让一番之后，终于向燕昭王敬献了礼物，表示愿意为燕国效力。燕昭王大喜，就任命乐毅为亚卿。此时又任命乐毅为上将军，让他联合赵、楚、韩、魏、燕五国的军队，共同讨伐齐国。乐毅果然不负所望，连战连克，接连拿下齐国70多座城。最后，只剩下莒和即墨两座城。这时，田齐宗室远房的一个亲戚名叫田单，是一个管理市场的小吏，由于战乱，他和家人逃到了即墨。紧接着，燕国出兵攻打即墨。即墨大夫要出城迎战，田单劝他说，齐国现在兵力不强，不宜出去与敌军交战。这个大夫不听田单的劝说，结果战败被杀。于是，众人推田单为将军，守卫即墨。

田单上任后，为了扩充军队，他把自家老小也编入队伍，城里很多百姓都很敬仰他，再加上田单为人忠厚、品德高尚，因此大家纷纷找他报名从军。很快，即墨的士气就旺盛起来。即墨是一座难攻易守之城，而且还有充足的粮食供给，燕国大将乐毅率兵攻打莒和即墨，整整围困了三年，也没有攻下来。乐毅的计划在田单的意料之中，田单知道他是善战的大将，也知道燕军只要有乐毅在，迟早都会攻下即墨。因而田单千方百计地寻找机会除掉乐毅。公元前279年，燕昭王去世，太子乐资即位，即燕惠王。燕惠王在做太子时就对乐毅有所不满，等他即位之后，田单很快就了解到他与乐毅有矛盾的情况，于是，田单想出了一条反间计，他派人到燕国怂恿与乐毅不和的官员，说乐毅的坏话。果然，有官员对燕惠王说："乐毅半年之内就打下70多座城，而现在三年了却连两座城也拿不下。他恐怕是想要自立为王。”听了这话，燕惠王撤了乐毅的大将职位，任命骑劫为大将。看到燕王果然中计，田单长舒了一口气。

乐毅在燕军中很有威望，他被突然换掉，很多将士心里不服。骑劫上任后，立即下令燕军把即墨围上好几层。几天后，燕军听到有百姓说：“以前乐将军太好了，抓到俘虏也会好好对待，齐国人才敢打仗。”还有人说：“我祖宗的坟还在城外，要是燕军把坟刨了，这可怎么办？”骑劫听到附近百姓的谈话，立马派人把这些百姓的鼻子削去，还把那些人的祖坟都刨了。即墨城里的人听到这些事都很气愤，纷纷要求田单率领他们出兵与骑劫大战一场。这时，田单打发几个人装作即墨城里的富翁，让他们夜里偷偷地给骑劫送去金银财宝，并对骑劫说：“即墨城里的粮食快吃完了，没有几天就要投降了。到时候将军打进城的时候，一定要保全我们一家老小。”骑劫高兴地接受了财宝，心想：即墨城里没有粮食，看你们能撑几天？我也不用发兵，过几天你们就乖乖地来投降吧。于是，他放松了警惕，晚上也放心地睡起大觉来。

几天后，田单挑选了一千多头强壮的牛，并在它们身上画上奇怪的纹样。每头牛的牛角上还绑着两把刀，牛尾巴上系着一捆浸了油的苇束。夜里，田单命人迅速凿开十几处城墙，把牛群赶到城外，将牛尾巴上的苇束点燃。这时，牛尾巴着火，受惊的牛立刻疯了一般向前面的燕军兵营冲去。接着，齐军5000人拿着大刀，向敌营杀去，而城里的百姓则拿起铜盆、铜器敲起来。而此时，燕军还在熟睡，突然听到惊天动地的呐喊声、敲打声，急忙起来。燕军睡眼蒙眬中，看到一片火光，还有长相诡异的怪兽，很是惊恐。燕军一片慌乱，许多人来不及抵抗就被牛角上的刀扎死了，还有很多的燕军是在混乱中被自己人踩死的。这时，田单下令乘胜攻击，齐军奋力杀敌。侥幸活下来的燕军本想驾车逃走，结果被齐军围住杀死，齐军获得大胜。因为田单的火牛计，齐国才避免了一场灭国的灾难。

公元前279年，田单打败燕及诸国军，收回了齐国被夺走的70多座城。当时，齐湣王已被敌军杀害，田单找到藏在百姓家中避难的齐湣王的儿子田法章，拥其即位，他就是历史上的齐襄王。齐襄王即位后，田单被封为相国。后来，齐襄王又把全国的兵权交给田单掌管，田单加紧整训军队，齐国日渐强盛。

合纵抗秦的苏秦

有谁能够同时被六个国家任命为相国？有谁可以做到“一怒而天下惧，安居而天下息”？有谁可以凭借出众的口才和智慧叱咤战国时期的政治舞台？能做到这点的人，恐怕只有善于辞令和外交的苏秦一人。

苏秦，字季子，东周洛邑人。他出身贫寒，但是素有大志，据说曾与张仪一起向鬼谷子学习纵横术。学成后，他想去秦国施展自己的才华。于是到秦国多次向秦王推行自己的主张，但是都没有得到秦王的赏识。眼看盘缠用光了，衣服也穿破了，他只好返回家乡。

回乡时，他衣衫褴褛，穿着草鞋，饿得又瘦又黑。到家后，妻子不迎接他，嫂子也不肯做饭给他吃，父母也嫌他丢人不理他。苏秦心里很不是滋味，下定决心要干出一番事业来。从此，他每天刻苦学习到深夜。为了防止自己瞌睡，他用绳子把头发系在房梁上，手里拿着锥。每当夜里昏昏欲睡头往下垂时，头皮就会揪得疼；实在困得不行，他就拿锥刺一下大腿，就能清醒了。这样苦读一年后，他终于研究出“合纵连横”策略。

当时，诸侯国中有齐、秦、楚、燕、赵、韩、魏七个比较强大的国家，其中实力最为强大的是秦国，它经常侵犯其他国家。苏秦正要推行他的合纵策略时，秦国与赵国发生了一场战争。燕国是赵国的邻国，于是，苏秦就去燕国拜见燕王。他说：“秦国攻打燕国，以前要走上几千里才能到。如果秦国打败了赵国，那么攻打燕国只需要走几十里。燕赵两国就好比唇齿，唇亡则齿寒。所以，大王您和赵王结盟联合抵抗秦国，实际上也是在保护您自己。”于是，燕国同意出兵帮助赵国共同对付秦国。

随后，苏秦又前去拜见赵王。他对赵王说：“我听说一些边陲小国的土地是秦国的五倍，我猜想六国的土地将是秦国的十倍。假如六国联合起来一同攻打秦国的话，秦国一定会灭亡。”接着苏秦建议说：“六国将军在洹水之上，结成联盟，让楚国、齐国和魏国各派出精兵抵抗强秦，韩国为这三国提供粮草，燕国在常山以北抵抗秦军。那时候，秦国如果攻打韩、魏，楚国就断秦军的后方，齐国出兵响应楚国，赵国和燕国各守一方抵抗秦军。这样就可以战胜秦军。”接着苏秦又一一分析了秦国攻打其他五国，而六国该如何抵抗。他说得有理有据，赵王听后拍手称赞。随后，赵王赐给他黄金万两，白璧百双，还有许多的绫罗绸缎，命他游说其他国家。

当时，苏秦劝说齐王采取合纵抗秦的策略时，齐王对燕怀有顾虑。苏秦就对齐王说：“燕国国力弱小，一向依附于齐国，而齐国能够号令天下，燕国也出了不少力。燕国人怎么会对齐国怀有异心呢？”听苏秦这样说，齐王才放下心来，加入抗秦联盟。

从公元前334年起，苏秦开始到六国去游说，宣传“合纵”的主张。仅仅过了一年，他就大功告成了。在苏秦的一手策划下，六国决定在赵国的洹水“歃血为盟”，共同对抗秦国。这时，苏秦被六国诸侯任命为相国。一时间名声显赫。

当苏秦衣锦还乡时，他的父母听到这个消息，立即打扫屋子，还派人去几十里外的郊外迎接他；他的妻子都不敢抬头看他；他的嫂子跪在地上向他赔礼道歉。苏秦看到这情景，想到之前他们的做法，顿时百感交集。

苏秦游说六国结成联盟，其实六国各有各的打算，互相牵制，因此没有根本的进展。后来，张仪击破苏秦的合纵策略，六国联盟瓦解。

张仪拆散联盟

战国时，战争接连不断，几个诸侯国为壮大或保存自己的势力而纷纷采取“合纵连横”的策略。在此情况下，一批优秀的纵横家诞生了，张仪就是其中的一位。

张仪是魏国人，他的祖辈是魏国贵族，与苏秦一同跟着鬼谷子学习纵横之术。他饱读诗书，满腹谋略，就连能言善辩的苏秦也自叹不如。两人学成后，苏秦宣扬合纵策略，很快名扬诸侯各国，而张仪却在楚国相国门下做一个不起眼的门客。不过，半年后他的名声丝毫不亚于苏秦，并且得到秦王的赏识，出任高职。他迅速成名与发生在他身上的一件事有很大的关系。

有一次，楚相打了胜仗回来，楚王赏给他玉璧。楚相和他的门客一同游玩宴饮时，他高兴地拿出玉璧给众门客看。结果，宴饮还没有结束，发现玉璧不见了。这时，有人对楚相说张仪贫困，肯定是他偷走了。楚相觉得有道理，就抓住张仪审问。张仪没有偷玉璧，所以不论楚相怎样严刑拷打，他就是不承认。最后，张仪被打得遍体鳞伤，楚相怕出人命，只好放他走。回到家，张仪问妻子：“我的舌头还在吗？”妻子回答说：“在。”张仪说：“只要有舌头在，我就有出头之日。”

公元前329年，张仪来到秦国，被秦惠文王拜为客卿。这年，秦国攻打魏国，并取得了蒲阳。张仪推出自己的连横政策，并建议秦王拉拢魏国。接着，他建议秦王归还蒲阳，并把公子繇送去魏国当人质。到了魏国后，张仪对魏王说：“大王，您看秦王是真心与魏国交好，不但还给您城池，还把儿子送来做人质。礼尚往来，魏国如何报答秦王呢？”魏王问他该如何报答。张仪说：“我们大王只喜欢土地，如果您送给秦国一些土地，那么秦王就一定会把你当兄弟看。到那时候，秦、魏两国攻打其他的诸侯国，战胜后您得到的土地肯定要比您送给秦国的多得多。”这话说得魏王心花怒放，立即就把15个县划给了秦国，还把一个军事重镇也给了秦国。

张仪回到秦国，立即被提拔为相。不久，秦王命张仪率兵进攻魏国，魏王非常惊慌。第二年，魏王准备连齐抗秦。很快，魏国与韩、赵、燕、中山等五国结成联盟，只是没过多久，在张仪的挑拨下，楚国又出兵攻打魏国，五国联盟就此破坏。魏国求助于齐国，张仪又从中挑拨，结果齐国不但没有帮助魏国，而且还联络楚国一同攻打魏国。公元前323年，张仪再次拉拢魏王，魏王竟然再次同意与秦国交好。第二年，张仪为了使魏国进一步臣服于秦国，他辞去秦国相国之位，来到魏国。魏王认为张仪有能力，立即任命他为魏国相国。张仪用了4年的时间，最终说服魏王归顺秦国。张仪达到目的后，回到秦国，秦王仍旧任他为相国。

此时，齐国打败了赵国和魏国，成为东方的强国，不久，又和楚国结成了联盟。齐楚联盟成了秦王的心腹之患。于是，张仪再次成为拆散齐楚联盟的不二人选。公元前313年，张仪辞掉秦国相位，前去楚国。他先是与楚怀王的宠臣交好，利用其取得楚怀王的信任，最后接近楚怀王。张仪对楚怀王说："秦王愿意和大王您交好，但是秦王最憎恨的人是齐王。现在楚国和齐国结成联盟，因此秦王就不能和您交好了。如果大王您与齐国断绝关系，那么我就去请求秦王，划出方圆六百里的地献给楚国，然后楚国与秦国联合共同攻打齐国，到时候楚国还可以夺取齐国的一些土地。再说大王您这样还有恩于秦国，如此一箭三雕，何乐而不为呢？"楚王听了张仪的话，立刻高兴地答应了他。虽然也有大臣劝说楚怀王不要被张仪的花言巧语所迷惑，但是楚王根本听不进去，他执意任命张仪为相国。随后，楚王便宣布与齐国断绝关系，并派人与张仪一同前去秦国接受土地。

回到秦国已经三个月，但张仪一直称病不上朝。楚怀王以为张仪嫌他与齐国没有彻底断绝关系，于是专门派人前去齐国辱骂齐王。齐王大怒，宣布永远不与楚国交好。接着，齐王也派人前去秦国，要求联秦伐楚。这时，楚怀王又派使者向张仪要那六百里土地，张仪见目的已达到，于是抵赖说："我说的是六里，不是六百里，楚王听错了。"使者回来告诉楚怀王，楚怀王大怒，立刻准备出兵攻打秦国。只是齐楚联盟已遭破坏，楚国再也得不到齐国的响应了。公元前312年，秦楚大战，楚军大败。盛怒下的楚怀王调集全军攻打秦国，再次战败。这时，韩魏两国趁机攻打楚国，楚军四面受敌，最终割地向秦求和。

此时，六国之中已有魏、齐、楚三国归顺了秦国，只剩下韩、赵、燕三国。接着，张仪又分别来到这些国家，很快这三国的势力也被削弱。虽然之后六国也短暂结盟，不过是貌合神离。于是，在强秦的攻打下，六国最终惨败。

后来，秦惠文王去世，太子登基，是为秦武王。秦武王做太子时就不喜欢张仪，他登基后，张仪逃到魏国，被魏王任命为相国，第二年张仪病逝。张仪凭借着出众的口才和智慧，破解了苏秦的合纵策略，为秦统一天下立下了不朽之功。

赵武灵王胡服骑射

战国中后期，赵国的实力越来越衰落，在与齐、秦、魏等国的战事中屡次战败，损兵折将，不得不忍辱割地，就连周边的小国都不断向赵国发兵，进行掠夺，但赵国却无力还击。公元前326年，赵肃候去世，赵武灵王即位，即位之初，魏、楚、秦、燕、齐以吊唁为名，组织了万人联军想趁机占领赵国。15岁的赵武灵王在大臣肥义的帮助下，从容应对，终使五国退兵，使赵国免于灭国。年轻的赵武灵王胸怀大志，痛定思痛，决定奋发图强，改变被动挨打的状况。

赵国地处北方，东接东胡，北邻匈奴，西边和林胡、楼烦相接。这些部落都是以游牧为生，擅长骑马射箭，经常以骑兵进犯赵国边境。在与这些游牧民族频繁的接触过程中，赵武灵王深刻意识到骑兵的优越性。他对部下说："这些游牧民族的骑兵来去如飞，反应快速灵敏，这样的军队驰骋疆场，怎会不打胜仗？"

经过长期观察总结，赵武灵王发现，胡人士卒穿窄袖短袄和长裤，不管是在平时的生活起居中，还是作战时骑在战马上，都比较灵活方便，而赵国军队的军服类似于平民的短衣，显得不太适合作战，因此在与胡人骑兵的交战中往往处于劣势。而且赵军以步兵和车兵为主，而胡人作战时用骑兵、弓箭，具有更大的机动性。

赵武灵王认识到：赵国在战事中败绩连连，并不是赵国军队的士兵衰弱，而是因为军队的军装不适于骑兵，同时车战的作战方式落后。中原传统的步兵和战车配合作战的方式不适合现在的作战需要，因为战车笨重，只有在较为平坦的地方作战时才能发挥效力，而遇到复杂的地形，运用起来就会非常不便，并且赵国以步兵为主，怎能是迅猛如飞、灵活机动的骑兵的对手？为了增强赵国的军事力量，赵武灵王决定学习这些游牧民族的长处，组建骑兵，同时改中原地区宽袖长袍的服装为短衣紧袖的胡服，以适应骑战的需要。

赵武灵王坚信以骑射改装军队必然能增强赵军军队的战斗力，从而彻底改变赵国总是被动挨打的局面。但他也知道中原国家向来鄙视夷族，因此这番改革一定会遇到非常强大的阻力。于是为了提高国民对在全国实行胡服骑射政策的信心，他在颁布改革法令前，为胡服骑射的好处做了现实而有说服力的宣传。赵武灵王事先对少数人进行了骑射的训练，组成了一支人数不多但很精锐的骑兵，然后就带领着有限的骑兵向北进攻中山国，取得了一系列的胜利，使赵国国民的信心受到极大鼓舞。接着，他率领骑兵渡过黄河，在黄河西侧进入林胡人长期活动的地带。这个过程中，赵武灵王多次与游牧民族骑兵作战，从未战败。

这一系列的胜利有力地证实了骑兵的优越性，赵武灵王改革的信心也更加坚定。他先找大臣肥义和将军楼缓商议，说："我国处于强敌包围之中，如今我想改革军装，穿胡服，胡服便于骑射。"肥义、楼缓等人有戎狄背景，都十分赞同，而且他们分析了赵国的国情、地形、人文等现实情况，认为施行胡服骑射对结束国家分裂，增强军事力量和竞争力都有好处。

赵武灵王的叔叔公子成及赵文、赵造、赵俊等，认为胡服的改革会损害自己的利益，以新法违背古法、不得人心为由，反对变法。赵武灵王反驳了他们的观点，说："圣人做事是以实际情况为基础，因地制宜，采取相应的对策，只要是有利于国家昌盛的，何必拘泥于古人的旧法？"

赵武灵王立志将西北少数民族纳入赵国版图，决定采用以胡制胡的策略，冲破守旧势力的阻拦，力排众议，毅然颁布了"胡服骑射"法令。法令的中心内容是穿胡人的服装，即窄袖短衣，脚登皮靴，腰系皮带，束金钩，戴有貂尾蝉蚊装饰的武冠。

赵武灵王带头穿起胡服，将赵国军队的军装全改成胡服，装备齐全后，就开始训练将士，骑马射箭，并在围猎活动中进行实战演习。

赵国的贵族没想到赵武灵王改革的决心如此坚决，便散布谣言说："平时，赵武灵王就看不惯我们，这次是借机给我们难堪。"赵武灵王听后非常生气，把满朝大臣召集起来，当众弯弓搭箭，射穿了门楼上的枕木，声色俱厉地说："再有胆敢散布谣言阻挠变法者，枕木就是他的下场。"贵族们知道事情已经无法阻止，都不敢再说反对的话了。

赵武灵王改穿胡服的变革很彻底，他下令除了军队的将士，全国上下，不论大臣百姓都要改穿胡服。赵武灵王带头穿着胡服去会见群臣，并派专人去见他的叔父公子成，请他改穿胡服。使臣回报说，公子成不愿意穿胡服。武灵王便亲自去见公子成，耐心地劝解，公子成被说服，也穿着胡服上朝。赵国的宗室贵族见公子成都接受了胡服，就都跟着同意了。就这样，胡服就在赵国上下推行开来。

实行胡服后，赵国建立起一支以骑兵为主体的军队，胡服的便利在战斗中立刻显现出了威力。赵国打败了宿敌中山国，夺取了林胡、楼烦之地，国土向北方拓展了上千里，军事力量日益强大，在云中、雁门、代郡设置行政区，管辖范围达到今河套地区。

焚书坑儒

政事

指鹿为马

焚书坑儒

焚书坑儒指的是秦始皇时期焚毁书籍、坑杀儒士的事件。

春秋战国时期产生了繁荣的百家争鸣现象，诸子百家纷纷创立自己的学说，宣传自己的观点，同时批驳其他派别的学说，学术氛围浓郁，争鸣不已。秦朝建立以后，这种状况对刚刚成立的专制王朝来说，十分不利，于是，焚书坑儒事件不可避免地发生了。

公元前213年的一天，秦始皇在咸阳宫中置办了丰盛的酒席宴饮群臣。始皇帝与群臣喝着琼浆，吃着美餐，有一个叫周青臣的仆射，鹤立鸡群，高举酒樽，高声颂扬始皇帝的统一业绩，并祝愿始皇帝万寿无疆。说得秦始皇心花怒放，高兴无比。突然，博士淳于越却起身反对，引经据典，以古讽今，说："古者天下散乱，莫之能一，是以诸侯并作，语皆道古以害今，饰虚言以乱实……事不师古而能长久者，非所闻也。"他还提出应该恢复周朝以来的分封制。丞相李斯一听这些话，立即站起身，严词批评淳于越的"师古"主张，认为"今诸生不事今而学古""道古以害今"，是对秦王朝的轻视，说他是以古非今，诽谤朝廷，惑乱人心，必须严厉制裁。否则，就会造成"主势降乎上，党与成乎下"的局面。于是，向秦始皇进谏，曰："史官非秦记皆烧之，非博士官所职，天下敢有藏诗、书、百家语者，悉诣守、尉杂烧之。有敢偶语诗、书者弃市，以古非今者族。吏见知不举者与同罪。令下三十日不烧，黥为城旦，所不去者，医药、卜筮、种树之书，若欲有学法令，以吏为师。"秦始皇当场接受了李斯的建议，并下令全国，立即执行。就这样，全国各地掀起了焚毁史书的运动，除医药、卜筮、农业书籍以及秦国的史书外，所有六国史书以及民间百姓私藏的《诗》《书》等古籍全部焚毁，此即"焚书"。

焚书之后，诸生对此强烈不满，纷纷指责、攻击秦始皇，结果引起了坑杀儒生的事件。

秦始皇虽然气吞山河，灭掉六国，但是他也很迷信，希望自己能够长生不老。他豢养了大批方士，为其寻求长生不死之药，还多次去海外寻找，但是都没有弄到。《史记》记载，秦始皇曾派大型船队，费金巨万，载着珍宝、粮食、工具和数千名童男童女，由徐市（即徐福）率领，去东海仙岛求药，结果船队一去不返。秦始皇在咸阳宫中焦急地等待着，就是没有徐市的半点消息，焦虑之中，他又听信了另外两个方士侯生、卢生的求药计划，谁知这两个人根本没有为他寻到药，只是糊弄秦始皇。秦始皇得知侯生、卢生在其背后还骂他“天性刚愎自用”“专任狱吏”“乐以刑杀为威”，私下发誓绝不为他寻求仙药。这下惹恼了秦始皇，遂下令追捕已逃走的侯生、卢生，并严查咸阳的诸儒生，以“妖言以乱黔首”的罪名，逮捕了460余人，“皆坑之咸阳”，以警告天下诸生。即为“坑儒”。据说，当时秦始皇的长子扶苏曾劝谏，为儒生开脱，认为天下初定，远方人心尚未安宁，诸生不过是诵法孔子之学，今以严酷之法处置，担心天下将会发生动荡。谁知秦始皇闻言后大怒，将扶苏贬离咸阳，去了北疆蒙恬的军队里担任监军以示惩罚。在今天的陕西临潼西南10公里处的洪庆村仍然保留有“坑儒谷”，相传这就是秦始皇当年坑儒的地方。

“焚书”与“坑儒”并称为“焚书坑儒”。毋庸置疑，焚书坑儒对整个国家、民族来说，钳制了人们的思想，是对中国古代文化的一次极严重的摧残。利用这种极其粗暴、残忍的手段是很难达到锢思想、禁人言的目的，也不利于长治久安的需要。实践证明，此事件发生后，引起更多诸生的反抗，反而削弱了秦王朝的统治基础，也成了秦王朝短命而亡的原因之一。

沙丘之变

秦始皇一生功业巍巍，但也失误颇多。其中，未向全国臣民公开宣布皇位继承人，此为其一；信任并重用赵高，此为其二。

公元前210年（秦始皇三十七年），秦始皇出巡。像往常一样，李斯、胡亥、赵高等一同前往，不料车队行至平原津（今山东平原县西南）时，秦始皇突发重病。由于秦始皇素来忌讳谈论死，群臣皆不敢张罗国丧，只能眼睁睁看其病情急剧恶化。不久，秦始皇自感不妙，遂亲自写下加盖玉玺的诏书，召长子扶苏回咸阳主持丧葬。但诏书写完后还没来得及交给使者发走，秦始皇就已辞世。整个巡游车队此时已行至沙丘（今河北广宗县），而这封诏书和秦始皇的玉玺就被身兼“中车府令”与“行符玺事”的赵高暂时压下。而始皇病卒的事，只有胡亥、丞相李斯、赵高和几名贴身宦官知道，随行的文武百官皆被蒙在鼓里。就在这时，赵高开始了他蓄谋已久的篡政计划。

秦始皇有二十多个孩子，长子为扶苏，胡亥为第十八子。虽然秦朝是新建立起来的政权，但“嫡长子世袭制”的传统早已在人们心中根深蒂固，即使秦始皇生前并没有就继任一事昭告天下，但长子扶苏凭借其刚毅、勇敢的性格，加之师从大将军蒙恬，武艺超群，所以扶苏继位已是不争的事实。但是赵高一点也不希望扶苏继位，因为扶苏的老师是蒙恬，赵高曾因犯了一点小错差点被蒙恬治死，要不是秦始皇出面，赵高怕是早已命丧黄泉，于是赵高对蒙恬怀恨在心。此外，胡亥自幼师从赵高，如果胡亥能继位，赵高岂不是也能跟着享受荣华富贵吗？所以，当秦始皇病逝中途后，赵高立刻找到丞相李斯，逼迫李斯秘不发丧。李斯权衡其中的利害关系后，加入了赵高的篡权行列以求自保。

拉李斯下水后，赵高马上找到胡亥，以历史上那些杀君弑父的事例加以开导，击垮了胡亥心中本不怎么牢固的道德防线，他再以权力和享乐进行引诱，使之完全堕入自己预设的政变阴谋中。接着，一切按照计划进行，由李斯出面，伪造了一份秦始皇立胡亥为太子的诏书，从而使胡亥窃夺太子之位有了“合法”的依据。接着，他们又以秦始皇的名义，发出了一份置扶苏于死地的诏书。身在咸阳的扶苏不知秦始皇已死，读过诏书后，以为是始皇之意，遂悲泣难抑，立即拔剑自杀。以上就是赵高、李斯、胡亥篡政的主要经过，史称“沙丘之变”。

准备工作都已完毕，李斯、赵高、胡亥一行，才簇拥着秦始皇的尸体向咸阳折返。秦始皇的遗体开始腐烂，车中不时发出恶臭之气。赵高命令装载很多臭鱼“以乱其臭”，从而达到掩人耳目的目的。于是，尸臭和鱼臭相互混合，弥漫在整个车队之中。回到咸阳，万事皆已具备，于是赵高、李斯按计划将秦始皇病卒之事公之于众，随后立即趁热打铁举行胡亥的登基典礼。当一切安排妥当后，他们才于当年9月将秦始皇葬于骊山陵墓。

后来赵高和胡亥为巩固政权，又合谋诛杀了为秦朝立下不世之功的蒙恬、蒙毅兄弟，同时将胡亥的十二个亲兄弟和十个亲姐妹都处死。胡亥与赵高就这样建立起了他们的恐怖统治。

指鹿为马

秦二世胡亥登基之后，奢靡残暴的性格比他的父亲秦始皇还要厉害，他一方面让大批工匠去修筑始皇陵，一方面又在全国各地抓人去修阿房宫，还有大批壮丁被派去修长城、守边关。前前后后被抓来服劳役的百姓多达几百万人，百姓叫苦连天，国家更是花费了不少金钱。每个人都恨透了这个暴君，秦二世胡亥却认为自己这么做没有错，在他看来，当皇帝就是为了享乐，天下都是自己的，想玩什么就玩什么，任何东西都能得到，这才是一国之主的意义所在。

公元前209年，秦二世继位后便迫不及待组织了一次巡游，他想效仿秦始皇，让普天下的百姓都看看他的威严。他先朝东边行进，一直走到大海附近，然后往南到达会稽郡，接着来到辽东半岛，游玩了好一阵子才回到咸阳。他觉得意犹未尽，又征集了五万名壮丁驻守咸阳，还下令全国寻找奇珍异兽，统统进献到宫里来。秦二世做出这些事情，除了自身残暴和喜好享乐之外，还有一个人在他身边推波助澜，那就是赵高。

自从赵高做了丞相，朝堂之上都是他说了算，秦二世胡亥对他十分信任，恨不得把所有事情都交给他处理，自己好天天在后宫玩乐。赵高巴不得胡亥这么做，他用花言巧语把胡亥骗得团团转，逐步掌握了皇帝的实权，他还把自己的亲戚和信赖的人都安插进重要的部门。赵高觉得皇帝的位置离自己越来越近，唾手可得了，他每天都在思考怎么把皇位抢过来。可是他不知道大臣们会不会拥戴自己，他想知道有多少人会站在自己这边，有多少人会极力反对，于是他想出一个荒唐至极的办法。

赵高从外面找来一只鹿，上早朝的时候，他牵着这只鹿走到大殿上，秦二世一看，觉得很奇怪，就问他："丞相今天为什么带一只鹿来上朝呢？"赵高胸有成竹地说："陛下，您看错了，这是一匹马，不是鹿。"秦二世大吃一惊，随即又笑着说："丞相看错了，这是鹿，不是马。"赵高一看时机成熟了，就笑着对秦二世说："陛下要是不相信我，不妨问问大臣们，让他们说说这到底是鹿还是马。"说着便面对着大臣，脸上露着笑意。大臣们明白了赵高的诡计，一些胆小怕事、阿谀奉承的人立刻说这是一匹马，一些正义的大臣却坚持说这是鹿。秦二世胡亥看看这个，又看看那个，心里很是疑惑，但是他对赵高的依赖已经非常深了，因此他犹犹豫豫地说："看来是寡人看错了，这的确是匹马。"赵高心里窃笑不已，他很清楚胡亥只听自己的话，所以他变得更为嚣张。这之后，赵高便想尽一切办法把那些在朝堂上反对自己的大臣杀光，甚至连他们的家人都没放过。

赵高仗着秦二世对自己的宠信，在朝廷之中翻云覆雨，他在无形之中助长了秦朝的暴政，因此也加速了秦王朝的灭亡，而他自己也没有落得一个好结局。

白马盟约

刘邦亲自率军讨伐英布胜利后，从沛县回到长安，胸口的箭伤又复发了，大夫们忙活了好一阵子都没能让病情好转。刘邦在病床上知道自己的伤势难以复原，自己的生命也即将走到尽头，大夫们在这儿只能是瞎忙活，于是他给了些赏赐，把大夫全部轰走了。东征西打了这么些年，总算让天下都握在刘家的手里，想到这儿，刘邦心里就宽慰不少。国家的基础稳定了，律法也修订了，子孙们只需靠着大树乘凉即可，可是刘邦想到还有一些位高权重的大臣和诸侯王，他们都是开国功臣，若是想起兵造反的话，没有征战沙场经验的子孙们根本不是他们的对手，那个时候，汉朝很可能就会落入旁人手中，刘邦不禁开始担忧起来。

在楚汉相争之时，刘邦为了笼络更多有能力的人，曾封了很多异姓诸侯王，这些诸侯王同刘邦一起征战天下，辅佐刘邦建立了汉朝。可以说，如果没有他们，刘邦绝不会有如今的伟业，但是他们的功绩也正是刘邦最担心的。如果哪一天他们不满足只做一个诸侯王，依靠他们强大的势力和广阔的封地，随时都能让汉朝覆灭，若是联起手来的话，后果更加严重。韩信、彭越和英布不正是活生生的例子吗？他们位高权重，仍然想着造反。其实在杀死他们三人之后，刘邦就开始封同姓子弟为诸侯王，一步步取代异姓诸侯王的位置，以此来巩固刘家的政权。虽然做了不少防御措施，刘邦还是不放心，他决定和大臣们白马盟誓。

白马在古人看来是很神圣的动物，用白马来立誓结盟，代表双方非常重视誓言，绝不敢有违背之心。刘邦把大臣们召集到一块儿，吩咐下人杀了一匹白马，把马血分给诸位大臣。刘邦端着马血，要大臣们承诺永远辅助刘家子孙，不得有异心，并且强调除了刘家人之外，不能封其他人为王；没有功绩的人也不能封侯，要是谁违背了誓言，天下人人得而诛之。大臣们发誓永远效忠汉朝，永远辅佐刘家子孙。听到他们这么说，刘邦这才放了心。

汉高祖的病情一天不如一天，吕后（名叫吕雉，是刘邦的结发妻子）看着很是难过，她期望丈夫康复起来，但也知道这几乎是不可能的事情了，丈夫死了，刘家的事业又该如何操持呢？吕后几次想问，都硬生生压了下去，眼看汉高祖的病越来越严重，吕后终于鼓足勇气开了口："皇上可曾想过，若是萧何去世了，谁可以接替他继续担任丞相？"汉高祖说："曹参取而代之。"吕后又问："要是曹参也不在了呢？"汉高祖说："可以让王陵担任。王陵虽然智谋比不上曹参，好在他性格耿直，不妨让他和陈平一起管理朝政。陈平各方面都很优秀，就是在关键时候不会灵活处理问题，时时需要别人的提点。周勃应该重用，让他做太尉，别看他不如别人聪明，但他的忠厚老实是别人比不上的，他凡事都能以大局为重，患得患失之间把握得最好，有了他，汉朝不愁稳定不了。"说完这些，刘邦气喘吁吁，吕后还想再问些别的问题，看见刘邦几次喘气都没能说上话，只好闭上嘴。刘邦知道吕后还想问什么，他拼了全身力气，断断续续地说："再以后的事情谁也不知道了。"吕后听完禁不住泪流满面。

公元前195年，也就是高祖十二年4月25日，汉高祖刘邦驾崩，谥号高皇帝，庙号太祖，葬于长陵。同年，太子刘盈即位，史称汉惠帝，继续任命萧何为丞相。

刘邦是中国历史上第一位由平民登上皇位的皇帝，也是第一位御驾亲征并且一统江山的皇帝。他登基之后，北击匈奴、镇压叛乱，让百姓休养生息，使得社会生产力迅速恢复和发展。他对中国的统一和文化的发展有着不可估量的贡献。

吕后临朝称制

汉高祖驾崩后，吕后就活动起来。她4天没有发讣告，却偷偷地和自己的亲信审食其密谋杀害功臣。她对审食其说："朝廷中的几个大将，当初和皇帝一样都是老百姓，后来对皇帝称臣，心里总不愉快。现在又要他们来辅助年轻的皇帝，他们能心甘情愿吗？我看不把他们斩尽杀绝，天下是太平不了的。"

有人听到了吕后和审食其的密谋，赶快去告诉大将郦商。郦商找到审食其说："我听说皇帝去世已经4天了，不发讣告，却在打算杀害功臣，真是这样的话，天下就危险了。陈平、灌婴带着10万兵马驻守荥阳，樊哙、周勃率领20万兵马平定燕、代，如果他们听说皇帝已经去世，朝廷想要杀戮功臣，一定会联合起来造反。这样，天下不就又要大乱了吗？"审食其把郦商的话告诉给了吕后。吕后听了，才不敢轻举妄动，只好向外发讣告，并且把太子刘盈立为皇帝，就是汉惠帝。

汉惠帝17岁即位，懂得的事情还不多，性格优柔寡断，加上身体不好，大权就全由他母亲吕后掌握。吕后用残酷的手段先后杀死了赵隐王刘如意、赵幽王刘发，逼死赵共王刘恢、燕灵王刘建。几年中，杀了汉高祖4个儿子。齐悼惠王刘肥，差一点也被吕后害死，后来他向吕后的亲生女儿鲁元公主献了一个城阳郡，才换得了一条命。吕后杀害赵隐王刘如意和他母亲戚夫人的手段，可以说是残酷到了极点。如意的性格作风很像汉高祖，是汉高祖最喜欢的一个儿子。汉高祖生前多次想废掉优柔寡断的太子刘盈，立如意为太子，只是由于大臣们的反对，才没有办成。汉高祖死了以后，吕后先把如意的母亲戚夫人打入冷宫，给她脖子上套个囚犯的铁箍，穿上囚犯的衣服，罚她一天到晚舂米，舂不到一定数量的米，就不给饭吃。

接着，吕后把赵隐王如意从封地上召到京城里来，准备杀害他。汉惠帝刘盈从小和如意在一起玩耍，虽说是异母兄弟，感情却很融洽。汉惠帝听说母亲吕后把如意召来，知道他凶多吉少，就赶快把如意接到皇宫里，吃饭睡觉都跟他在一起，尽一切可能保护他。由于有惠帝的保护，吕后好几个月都没有能够对如意下毒手。

有一天，汉惠帝清早起来去打猎，如意因为睡懒觉，没有起来跟着去。吕后找到了可乘之机，就派人送去毒酒，把如意害死了。如意死后，吕后叫人砍断戚夫人的手脚，挖掉眼珠，熏聋耳朵，灌了哑药，把她叫作“人彘”（古时候叫猪作彘），关进了厕所。过了几天，吕后叫汉惠帝来看“人彘”，汉惠帝一看，才知道这个没有了手脚、又瞎又聋又哑的“人彘”，原来是他父亲生前最宠爱的妃子戚夫人，吓得他号啕大哭，病了一年多。他在病中派人送信给吕后说：“把人害得这个样子，简直不是人的行为。我作为您的儿子，实在不配治理天下。”从此，他就一天到晚饮酒作乐，不再管理国家大事，他即位后第7年的8月，就郁郁寡欢而死。

汉惠帝死后，吕后假惺惺地哭了一场。汉惠帝的张皇后一直没有生儿子，吕后叫她在衣服里塞些东西，让衣服鼓起来，假装怀孕，到时候，抱来一个宫中美人生的婴儿，假称是皇后所生，并且把那个美人杀了灭口。汉惠帝死后，这个抱来的婴儿即位做了皇帝，历史上称为少帝。其实，这个少帝只不过是一个小小的傀儡，当时的一切号令都由吕后发出，她实际上在行使皇帝的权力。

吕后篡权以后，想封吕家的子侄为王，巩固她的地位。她先征求右丞相王陵的意见，王陵是个直心肠，他不懂得吕后的用意，当面表示反对说：“不行，高祖在世的时候，曾经杀白马订盟约，规定‘不是刘家的人不得封王，没有功劳的人不得封侯，谁不遵守这个盟约，天下人共同讨伐他’。如今您要封吕家的人为王，这是违背盟约的事，我不能同意。”吕后听了很不高兴。过了几天，她就免掉了王陵右丞相的职务，叫他去做少帝的老师。王陵很生气，推说有病，告假回故乡去了。吕后赶走了王陵，把左丞相陈平升任右丞相，把自己的亲信审食其提拔为左丞相。

接着，吕后大封吕姓家人。她的侄子吕台被封为吕王，把济南郡作为他的封国。后来又封吕产为梁王（后又改封吕王），吕禄为赵王，吕台的儿子吕通为燕王，还封了6个吕家的人为列侯。大臣们敢怒不敢言，只好顺着她。而傀儡少帝长大以后，吕后怕他威胁自己，就杀了他，又找了个名叫刘弘的小孩子来做皇帝，照旧由她自己执掌朝政大权。到这时候，吕后和她的侄子侄孙们，已经把刘姓的天下篡夺去了。

吕后死后，许多屈服于吕氏的大臣，如陈平、周勃等人，才敢协助刘氏子弟翦灭诸吕。

文景之治

公元前180年8月，吕后病逝，终年62岁。吕后死后，刘氏、吕氏集团的矛盾骤然爆发。齐王刘襄发难于外，陈平、周勃响应于内。陈平用计夺得兵权。周勃令朱虚侯刘章率兵杀入皇宫，诛杀吕产，夺取南军。随后，他派人分头逮捕吕氏宗族，不论老少，一律处死。

消灭了吕氏集团之后，大臣们认为少帝是吕后所立，担心将来报复，认为不如改立新君。于是，大家迎立刘邦第4子代王刘恒为帝，是为汉文帝。

文帝即位后，首先封赏政变有功的将相大臣，其后颁布了救济贫困、年老百姓的《振贷诏》《养老诏》等法令。文帝在位期间，继续奉行“与民休息”的政策。公元前178年，文帝举行亲耕仪式，并向天下昭示了“以农立国”的思想。此后，文帝多次下发“申劝务农”的诏书，诏令各地官吏设置“常员”，督促百姓务农力田。此外，文帝还下诏要求“务省徭费以便民”，并裁减侍卫人马，以减轻赋税。文帝“劝民力农、减徭薄赋”的政策，对汉初生产力的恢复和发展以及社会的稳定发挥了重要的作用。

另外，文帝慎于用法。他反对“连坐法”，强调法只有使用得当，才能使子民诚实；罪定得当，才能使子民服从。公元前177年，济北王刘兴居叛乱，文帝下诏规定：首恶者定重罪，主动归顺者可官复原职，随从谋反而不坚决者不问。文帝区别对待当事人的平乱政策得到了举国子民的拥护。文帝还十分重视人才，乐于听取不同的建议。贾谊提出农业生产是立国之本，只有多积粮，才能攻守兼备；晁错主张重农抑商，使农民附着于土地，文帝都予以了采纳。

公元前157年农历六月，文帝去世，享年45岁。后人遵循文帝遗诏，将其薄葬。同年，太子刘启继位，是为汉景帝。

景帝即位后继续奉行“与民休息”政策。公元前156年春，景帝下诏准许百姓从贫瘠地区迁往土地肥沃地区，以利发展农业。公元前155年，景帝再次下诏，将汉高祖时期推行的“十五税一”的田租，减轻一半。此外，景帝还多次下诏，申明“以农立国”的思想，强调“重农抑商”，要求郡县官吏认真执行，对失职者加以严惩。景帝“重农抑商，减轻赋税”的政策使汉朝的农业得到了空前发展。

在刑法上，景帝也很慎重，强调“欲令治狱者务先宽”。他下诏减免了一些刑法，制定了惩处官吏犯罪的办法。这些措施在一定程度上缓和了社会矛盾，安定了社会秩序。

在文帝、景帝两代约40年的时间里，大汉王朝政治稳定，经济也有显著的发展，被后人视为封建社会的“治世”，史称“文景之治”。

晁错削藩

公元前157年，汉文帝驾崩，太子刘启即位，史称汉景帝。

在文帝时期，晁错的治世才能就深得众人称赞，他是太子刘启的老师，被人们尊称为“智囊”。景帝即位后，封他为内史，经常和他讨论国家政治。晁错对匈奴社会和他们的作战策略十分了解，提出了很多军事方面的建议；他从秦国灭亡的教训中总结出很多利国利民的政策；还大力主张发展农业，提高社会生产力。

景帝经常和晁错单独待在一起商讨事情，晁错的很多建议都被景帝采纳。虽然当时的晁错只是一个内史，但皇帝对他的宠信却比九卿还要多。汉朝的很多律法都是由他建议而实施的。看到晁错这么得宠，丞相申屠嘉不乐意了，可他又没有办法让晁错离开皇帝身边，只好静静地等待时机。不久，申屠嘉就得到消息，说内史晁错准备在官府南面的墙上开一扇门。这可不得了，原来晁错的官府正好位于太上庙（刘邦父亲的庙）的前面，正门朝东开，进出之间很是麻烦，要绕房子半圈才能走到街道上，于是晁错打算在南面另开一扇门，这样一来进出就方便很多。不过要开这扇门，必须得把太上庙外围的墙打通，申屠嘉觉得这是个难得的好机会，他准备向皇上告状，好判晁错死罪。晁错知道后连忙跑到皇帝面前，把事情的原因说了出来，皇帝一听，认为晁错并没有错，只是把外围的墙打通，并没有损坏太上庙的庙墙。申屠嘉满以为这次能治晁错于死地，没想到皇帝还是帮着他。申屠嘉又气愤又难堪，回到家不久就生了病，郁郁寡欢，没多久就病死了。

公元前155年，景帝任命御史大夫陶青为丞相，任命晁错为御史大夫。晁错上任后第一件事就是向景帝提出削减诸侯势力。文帝在位时，晁错就多次向他提出削藩的建议。文帝很看重晁错的才能，唯独在诸侯王这个问题上没有采纳他的建议，不过当时还是太子的景帝很赞成晁错的观点，大臣们则和文帝持相同意见。除了晁错，贾谊也曾提出过削藩的想法，不过他主张的是让每位诸侯王的儿子各立为王，诸侯王从各自的封国里划分土地赐给他们，这样的话，诸侯王的数量多了，但每个人拥有的土地面积减少了，诸侯的势力自然也强大不起来。汉文帝虽然采纳了贾谊的建议，诸侯王却怨声载道，很多大臣也不同意这种做法，所以诸侯和皇帝之间的矛盾并没有消除。

晁错详细地向景帝说明了削藩的重要性。汉高祖立下重誓，只赐封同姓贵族为诸侯王，使得同姓诸侯王的势力异常膨大，光是齐、楚、吴三个诸侯国的领土就占了汉朝的一半江山，如果叛变的话，后果不堪设想。有些诸侯王犯了罪，应该用削去领地的方式来惩罚他们，尽量缩小他们的封地，那些削掉的地方由朝廷接管。吴王刘濞是诸侯王中威胁最大的，还是在文帝时期，刘濞的儿子因为和太子刘启下棋时，不慎顶撞了太子，被太子拿棋盘砸死，自此之后刘濞就心存怨念，干脆称病不来长安朝见。这可是死罪一条，但文帝怜惜他失去了儿子，只是象征性地判他杖责，完全没有怪罪他的意思。不过刘濞可不领情，他仗着自己封地里有铜矿，而且东临大海，竟公开采铜铸钱，煮海水卖盐，还广招江湖人士，造反的意图人人皆知。

晁错进一步分析，刘濞迟早会造反，早一点削掉他的部分封地，远远好过不削或者晚一点削。当他的实力被削弱后，即使他要造反，给汉朝带来的影响也不会太大。不得不说，晁错的预感没有错，推论也很正确，然而这一次，大臣们还是不赞成削藩。他们认为晁错削藩的办法比贾谊还要性急，可能会引起恶劣的负面影响。

景帝下令文武百官、宗室贵族一起讨论削藩，大家知道景帝肯定是赞同晁错的意见，因此谁也没有反对，除了窦婴。窦婴和晁错在朝堂上争论了很久，两人因此结下仇恨。景帝在讨论结束后颁布了诏令，削掉赵王的常山郡、胶西王的六个郡县，还有楚王和吴王各两个郡县。晁错还对汉律三十条做了些调整，引来诸侯王更加激烈的反对。

晁错的父亲听到这些事情后，千里迢迢从老家来到长安，希望晁错能停止削藩。晁错宽慰父亲，说自己一心为国，早就把生死置之度外。父亲痛心地说："你忍心让晁家因为你而发生灾难吗？"晁错心里也很痛苦，为了国家的安危，他毅然选择坚持下去。父亲眼看说服不了晁错，只好带着遗憾和担忧回到家，没多久就自杀了。晁错听到消息后痛哭流涕。

吴王刘濞看到景帝削了好几个诸侯王的封地，知道自己的封地很快也会受到威胁，他索性联络其他诸侯王，以杀死晁错为名，向朝廷宣战，其实刘濞是想着夺权篡位，杀死晁错只不过是一个借口。

参加叛乱的诸侯国一共有七个，史称"七国之乱"。汉景帝被七国军队的气势吓坏了，慌忙和大臣们商讨对策。窦婴趁机联合袁盎一起谋害晁错，把所有矛头都指向晁错。袁盎和晁错也有过节，两人水火不容。袁盎向景帝密告，说晁错削藩并不是为了国家，而是私人恩怨，并信誓旦旦保证吴王刘濞根本就没有造反的意图。汉景帝思来想去，既然诸侯王认为晁错损害了他们的利益，不得不把晁错杀了，以平息诸侯们的怒气。

汉景帝于是封袁盎为太常，命他出使吴国，劝吴王退兵，朝中几位重臣又适时地递上一份谴责晁错的奏折，请求皇帝判他腰斩。汉景帝无奈，下令抓捕晁错，中尉来到晁错家中，谎称景帝宣他进宫，待马车走到长安东市的时候，中尉才把皇帝的诏书念给晁错听。这位一心为国的功臣被腰斩于市，他的族人也全部被杀。

汉武帝独尊儒术

七国之乱仅用了几个月便被周亚夫率军平定下来，汉景帝削弱了诸侯的势力，加强了中央集权统治。天下恢复了太平，汉景帝依旧推行减轻赋税徭役的政策，大力发展农业，国家呈现出一派欣欣向荣的景象，历史上把这一时期称为“文景之治”。

公元前141年，汉景帝病逝，年仅16岁的皇太子刘彻继承王位，他就是我国历史上与秦始皇并称为“秦皇汉武”的一代帝王——汉武帝。

汉武帝在位54年，在他统治时期，汉朝出现了最繁荣昌盛的景象。史书上记载：汉武帝时期，政府里存钱和储粮的仓库都装得满满的。钱库里的钱多得数不过来，串钱的绳子都烂了，粮库里的粮食，一年一年往上堆，都露到外面来了，有的都已经霉烂了。足见当时的昌盛。

汉武帝继承文景之治的盛况，对内加强皇权，巩固统一，对外开疆扩土宣扬国威。汉朝出现了民富国强、安定团结的大好局面。

武帝年纪虽小，但是很有抱负，他一心想治理好天下，但是苦于无人辅佐。于是他下诏各郡县，征求“贤良方正”和“直言进谏”的人才，并亲自主持考试。这些被选拔的人才中董仲舒最著名，深得武帝赏识。

西汉初年，汉高祖仍然奉行秦代的“挟书律”，禁止私人收藏《诗》《书》及百家语等，汉高祖想从思想上控制百姓，但是这种方法并没有起到什么良好的作用。汉惠帝继位后，发现“挟书律”有百害而无一利，便宣布废除它。诸子百家学说开始复苏。民间比较流行的有阴阳、儒、墨、法、名、道等各家学说，而以儒、道最为盛行。

道家宣扬一种无为的思想。当时汉朝的统治者为了缓和与农民的阶级矛盾，主张“无为而治”，提倡统治者少有作为，借此来治理好国家，从而恢复生产，稳定社会。

到了汉武帝时，汉朝得到了很大的发展，经济繁荣，地主阶级积累了巨大财富，与农民阶级的矛盾开始上升。地方诸侯也在等待时机，以求夺权。边境上，匈奴经常侵扰汉朝。这一切都要求加强中央集权，不仅要从政治和经济上，还要从思想上加强中央的统治。

董仲舒就是在这时候被汉武帝提拔重用的。董仲舒是广川（今河北省景县西南）人，精通儒学。他分析汉朝建立以来，几次诸侯王国谋反之事，认为应当宣扬大一统的思想。他认为汉武帝时期，社会安定，百姓安居乐业，不能再宣扬一种无为的思想了。他看到了社会祥和的背后有许多不安定因素，需要从思想上加强统治。

董仲舒非常聪明，他不单单宣传孔孟所创的儒家思想，而是把许多家思想综合在一起，以儒学为主体，再补充适合封建统治的思想。他提出了“天人三策”，意思是：天是有意志的，皇帝是代表上天统治人们的，人服从皇帝，就是服从天道。君臣、父子、夫妻、兄弟之间，也必须严格地遵守上下尊卑的礼节。这一思想明显有封建迷信色彩，但是它也容易为统治者接受，因为它有利于封建统治。

汉武帝非常赞同推行儒家思想，他认为清静无为的黄老道家思想已不能更好地治理国家了，而这种大一统、神化皇权的儒家思想非常适应社会的发展。但是，当时汉武帝的祖母窦太后崇信“黄老学说”，所以汉武帝不敢得罪祖母，也就没敢重用董仲舒。但他又觉得董仲舒是一个难得的人才，便派他去做江都相，等待时机，再重用他。

汉武帝虽然不敢明目张胆地起用董仲舒，但他却大胆地任用了三个儒家支持者：窦婴、田蚡、赵绾，分别任命他们为丞相、太尉和御史大夫。由于三个人都支持儒家学说，所以董仲舒大一统的儒家思想开始在朝中有了一席之地。但这种思想深为窦太后反感，她便找借口拘查赵绾和王臧导致二人自杀，又罢免了丞相窦婴和太尉田蚡，还斥责了汉武帝一通。

汉武帝没有办法，只能眼看着自己提拔的爱将纷纷遭殃，他默默地忍受着这一切，等待时机的到来。汉武帝想：儒家思想虽然暂时不能推广，一旦时机成熟，这种思想将如滔滔江水，一发不可收拾。

公元前135年，窦太后逝世，汉武帝没有了绊脚石，自己也独立处理政事了，他首先罢免了窦太后设置的丞相、御史大夫，再次任田蚡为丞相。

汉武帝下令在政府设置专门传授儒家学说的五经博士。在五经博士下面设置了50个弟子，将官府里不治儒学五经的太常博士一律罢免，黄老、刑名等诸子百家之言都被排斥在官学之外。

那些学儒学的弟子，每年考试一次，五经是指《诗》《书》《礼》《易》《春秋》，每次考试中只要能通过一经的就可以做官，成绩优良者可做大官。渐渐地，官吏主要出于儒生，这样一来，其他诸子百家的学说逐渐被排斥了，儒家学说得到了发展。这就是“罢黜百家，独尊儒术”。

儒家思想成为两千年来封建地主阶级统治人民的正统思想。这种思想之所以能如此长久地占据统治地位，与汉武帝的“独尊儒术”是分不开的。

刘秀建立东汉

昆阳之战后，王莽在长安南郊举行哭天大典，没过多久，绿林军就开始进攻长安城，王莽和一千多随从仓皇逃跑，来到了渐台。曾和绿林军对峙昆阳的王邑没有和王莽一起逃跑，他率领大军防守在城墙上，抵抗着绿林军一次次的进攻。然而王邑的军士在绿林军的猛烈攻势下渐渐败下阵来，几乎全部战死了，看到如此情景，王邑只好带着残兵逃到渐台和王莽等人会合。王莽一行人在渐台担惊受怕，又想不出什么好办法缓解危机，为了自保，有些人便有了独自寻找生路的想法。王邑的儿子和侍中王睦偷偷商量着逃跑，两个人刚把身上的官服脱下来，就被王邑看到了。王邑把他们二人痛骂一顿，接着命令儿子穿好衣服，并带着他来到王莽身边，寸步不离地守着王莽。

绿林军占领长安后，得知王莽和一些王公大臣躲在渐台，便马不停蹄朝渐台奔去。到了渐台后，绿林军四处追杀王莽的随从，最后的一千多人也全部被杀死，王莽和保护他的王邑父子也被杀死。至此，王莽建立的新朝灭亡。

虽然新朝不复存在，但是河北的各个郡县并没有归顺更始帝刘玄。当时全国还有很多自立的政权，山东赤眉军的规模发展得越来越大，河北当地还有铜马、尤来、高湖、上江等割据势力，更始帝的地位并不是不可动摇的。因此，刘玄打算派人去河北招安，让各种势力归顺自己。然而该派谁去呢？刘玄想来想去，想到了刘秀。虽然刘秀的哥哥刘缜企图造反，但刘秀并没有和哥哥联合，也没有在哥哥死后表现出怨恨。刘秀的实力有目共睹，招安河北也只有刘秀能够办到，然而大司马朱鲔和李轶强烈反对这件事情，他们认为刘秀的能力已经超过了绿林军里的其他将领，如果再让他立下功绩的话，总有一天会和他的哥哥刘缜一样造反。刘玄听了这话犹豫了，朱鲔和李轶的话不无道理，可是除了刘秀，还能有谁能办好招安河北各方势力这件事呢？造反固然是件严重的事，不过放任地方势力发展也是件危险的事情。刘秀知道刘玄心里在想些什么，为了能去河北，刘秀极力巴结当时的左丞相曹竟，通过曹竟在刘玄面前给自己美言，并信誓旦旦地保证永远忠心于更始帝。刘玄被刘秀的忠诚感动了，公元23年10月，刘玄封刘秀为破虏将军兼大司马，去河北笼络地方势力。

为了防止刘秀背叛自己，刘玄没有给他配备军队和粮食，只有一辆简朴的马车载着他来到了河北。然而刘玄很快就会知道，派遣刘秀去河北是一个错误的决定，就好像放虎归山，给自己带来无穷的隐患。

刘秀来到河北后，遇见了好朋友邓禹，邓禹劝他自立为王，并预言更始政权不会长久。其实刘秀早有了自立的想法，现在连朋友也劝自己离开更始政权，他越发肯定了心中的想法。可是没过多久，河北地方势力的强大就让刘秀急得不知该怎么办。更始帝没有给刘秀分配一兵一卒，他无法和强兵在手的地方势力谈判，更不要说去镇压他们。刘秀绝望得想逃回长安，不过多亏了上谷郡和渔阳郡的支持，他才得以攻占邯郸，并且招兵买马，收服降兵，最终在河北取得一席之地。

刘玄还不知道刘秀的势力已经大为扩张，依然生活在声色犬马之中。他把都城从洛阳迁回长安，然后大肆在朝中启用自己的亲信，封赏自家人，杀死绿林军的众多首领，并将那些劝谏自己或者反对自己的大臣也统统处死。刘玄整日莺歌燕舞，放任皇后的父亲赵萌掌管朝政。百姓和大臣在私底下都称呼刘玄为秦二世。很多有志之士不愿意为刘玄效命，一些人跑到深山野林中隐居起来，另一些人加入了赤眉军，还有一些人则投靠了刘秀。

公元24年，赤眉军首领在弘农（今河南灵宝）拥立15岁的刘盆子为皇帝，并且率军北上攻打长安，更始帝刘玄措手不及，慌忙下令军队应战。这个时候，刘秀也在河北公开和更始政权对立。刘玄腹背受敌，走投无路，只好在公元25年9月向赤眉军投降，没过多久就被赤眉军将领下令处死。

赤眉军占领了长安，他们烧杀抢掠，令百姓非常厌恶，地主豪强也不愿意和他们来往。赤眉军得不到人心，无奈之下只有重新回到山东去，刘秀见机在半路上设下埋伏，几次交锋之后，赤眉军全军覆没，长达10年的绿林赤眉起义就此结束。

公元25年6月，刘秀在鄗城（今河北柏乡）举行登基大典，重建汉朝政权，定都洛阳，史称“东汉”，刘秀就是汉光武帝。

东汉建立之后，刘秀调集大批军队镇压余下的割据势力，终于在公元36年完成了一统江山的大业。汉光武帝刘秀在位期间十分注重与民休息，颁布了一系列利国利民的政策。对于匈奴和其他少数民族，则采取恩威并施的政策。在汉光武帝的统治之下，社会经济得到了恢复和发展，百姓生活水平有所提高，边疆不再遭受战乱之苦，后世皇帝遵循汉光武帝的治国政策，经过几十年的发展和壮大，使东汉达到鼎盛时期，史称“光武中兴”。

梁冀连立三帝

东汉建立后，汉光武帝刘秀为了维持国家的稳定，采取柔和政策管理贵族士大夫阶层，为此刘秀极力让皇族和有功之臣的家族成为儿女亲家，希望这种政治婚姻能保证国家政局的安稳。窦融、邓禹、马援、梁统等人都是东汉的重要功臣，而东汉历代皇后都是从这几个人的家族中挑选出来的。诚然，光武帝刘秀的想法是好的，但他并不明白这么做所带来的严重后果，皇后人选过于局限，会在皇帝身边形成一股外戚势力，这股势力会给朝廷造成恶劣影响，久而久之，皇权会被外戚官员牢牢掌握，到了那个时候，皇帝的地位就岌岌可危了。自汉和帝登基后，外戚掌权越来越严重，甚至还对皇帝的废立横加干涉。因为自汉和帝起，皇帝多是幼儿，需要旁人扶持，多数情况下都由太后掌管朝政，而太后通常会把政权交给自家人，因此外戚掌权的局面变得肆无忌惮。为了自己的利益，这些外戚还会在皇帝驾崩后随意选择一个皇族孩子登基，就是为了把政权牢牢握在手里。

梁冀的高祖是功臣梁统，梁统因帮助刘秀建立东汉有功，被封为成义侯，光武帝还把自己的女儿嫁给梁统的儿子，从这之后，梁家宗族的女孩子便有了参选皇后的资格。公元125年，汉顺帝即位，梁家势力在经历几度沉浮后，终于在东汉政坛上站稳了脚跟。

汉顺帝的皇后是梁冀的妹妹，梁冀当时是大将军，手中权力之大自不必说。公元141年，顺帝已经二十多岁了，按理说他可以亲政，可惜却在公元144年病逝，这样一来，朝廷政权完全被梁冀操控，为了不让权力丢失，梁冀先是找了一个年仅两岁的刘炳登基，这就是汉冲帝。梁皇后成了太后，权力自然也更大，大将军梁冀更不用说了，他凶残奢靡的本性越来越暴露。短短半年之后，汉冲帝去世了，梁冀又找了一个8岁的小孩子当皇帝，也就是汉质帝刘缵。别看汉质帝小小年纪，其实很明白事理，非常聪明，他看到梁冀平时嚣张跋扈的样子，心里很是厌恶。有一次，汉质帝当着全朝大臣的面，指着梁冀的脸责骂他太过嚣张，梁冀当时又气又怒，下朝后便吩咐厨子做了几个有毒的饼，然后呈给汉质帝吃，可怜的质帝才吃了几口，就脸色发白，冷汗直冒，按着肚子不住地喊疼，只一会儿工夫就倒地身亡了。质帝死后，梁冀又将15岁的刘志扶上皇位，他就是汉桓帝。桓帝没有一点儿实权，梁冀依旧把持政权，开始在全国范围内大肆搜刮民脂民膏，随意侵占别人的财产。他把洛阳城外的农田占为己有，命工匠修了很多亭台楼阁供自己玩赏，还修了一片很宽阔的养殖场，里面养着各种各样的兔子，这些兔子都是梁冀的手下从全国搜集来的。梁冀让人在兔子身上烙上专属印记，要是有谁杀死了这些兔子，梁冀会毫不留情地处死他。

梁冀还下令百姓把自家的孩子都送到梁府当奴婢，还把这些奴婢称为“自卖人”，意思是说老百姓自愿把孩子卖到梁家为奴为婢。为了尽可能多搜刮一些钱财，梁冀派人把东汉的富翁都抓了起来，逼迫他们把钱交给自己，要是有谁不肯的话，就胡乱立个罪名处死他。曾有一个叫孙奋的有钱人，梁冀问他要五千万贯钱，孙奋不给，梁冀立马就火了，先是抓走了孙奋的母亲，又诬陷孙家偷了梁家很多钱财珠宝，接着把孙奋也抓起来，关在牢里严刑拷打，孙奋没坚持多久就冤死了，他的财产也全部落入了梁冀手中。

梁冀就这么横行霸道了二十多年，不但祸害了很多老百姓，还诛杀了很多朝廷忠臣，引得全国有志之士奋起反抗。汉桓帝迫于无奈，不得不听梁冀的话，还册封梁冀的小妹妹为皇后，可是没几年，年轻的梁皇后就死了，桓帝便打算立自己喜爱的邓贵人为皇后。梁冀不同意桓帝的做法，暗中派刺客去杀邓贵人的母亲，没想到刺客反被捉住了。桓帝一审问，得知是梁冀背后指使，气得火冒三丈。这一次，汉桓帝终于忍无可忍，他在宫中召集了五名宦官，这几个宦官平日都很憎恨梁冀，接着，汉桓帝调动军队，把梁府围了个水泄不通。

梁冀躲在家里不敢出去，但是军队随时都可能冲进来，梁冀终于明白大势已去，汉桓帝绝不会放过自己，于是他颤抖着双手拿出毒药，全部吃了下去。

梁冀死后，朝廷内外的反应各不相同，老百姓和有志之士欢呼雀跃，梁家的官员大臣一个个面如死灰。他们再也没有权势可以依靠。汉桓帝一不做二不休，把梁冀的家人和亲戚全部处死，把梁家在朝廷当官的人全部免职，有些犯了大罪的人直接拖出宫门斩首。大清扫行动结束后，东汉朝廷少了差不多三百名官员，他们全部都是梁冀的亲信。由此可见，梁冀的势力有多么庞大。

汉桓帝把被梁冀侵占的田地全部还给老百姓，还把那五名宦官分别册封爵位，从这时开始，宦官代替外戚掌管朝政。

党锢之祸

汉桓帝时期，社会动荡不安，朝廷腐败，宦官和外戚两股势力争斗不休，最终给东汉王朝带来了灭亡。

宦官当道，文武百官自然也不会尽心尽力为国家出力，很多人想方设法巴结宦官，希望得到一官半职。正直的太学生和各郡县学生气愤不已，他们满怀报国之志，却被腐坏的社会风气阻挡在外，学生们为了发泄心中的不满，向统治者抗议，要求改革国家政治，一些正义的官员也加入学生抗议的行列中。这些人对国家政策和皇帝执政能力提出质疑，要求朝廷罢免贪官污吏，废除宦官职权，重用清廉之士。

早在汉顺帝时期，就有一些人反对外戚和宦官专权，但这些有志之士的力量不足以影响到全国。在顺帝之前，也有不少忠良劝谏皇帝削弱外戚势力，可惜皇帝没有采纳他们的意见。到桓帝登基后，大将军梁冀肆意玩弄政权，引起诸多百姓和官员的不满，就在那个时候，很多太学生和官员开始投入到反对外戚和宦官的阵营中来。

眼看东汉王朝就要毁在宦官手里，太尉陈蕃、司空刘茂急得不得了，两个人一同写了奏折呈给汉桓帝，希望桓帝能制止宦官胡作非为，不准他们干涉朝政。可是桓帝压根就不听陈蕃和刘茂的话，把他们痛骂一顿赶了出去，刘茂吓得不敢再上书，陈蕃不畏强权，再三请求桓帝以国家大局为重，还列举了前朝申屠嘉、董宣两人的事迹，希望桓帝能够赦免被关押在监狱的正直官员。桓帝仍然对陈蕃的话不理不睬，可是陈蕃上书的事情已经传遍了宫廷，宦官得知后恨得咬牙切齿，碍着陈蕃是重要功臣，他们心里有些畏惧，便把害人之心转到其他小官员身上，一时间朝廷大臣叫苦不迭。

郡县官员和老百姓对朝廷的所作所为失望透了，大家一致为受害官员申冤，谴责宦官的恶劣行为，要求皇帝收回宦官手中的权力。令人想不到的是，宦官们气势汹汹地罢免了抗议队列中的官员，还指使军队打压老百姓。成 、刘质等人被关进牢里，绝大多数都被迫害而死，只有小部分人逃了出来。

有一个术士名叫张成，仗着自己和宦官的关系，纵容儿子在外面杀人。

河南县尹李膺把张成的儿子抓捕归案，本来应该判处死刑，可案子还没结束，朝廷大赦天下的诏令就颁布了。张成嚣张地大声喊着："这下看谁还敢杀我儿子。"李膺气得火冒三丈，称张成的儿子是故意犯罪，想借大赦逃脱惩罚，更应该处死他。之后也不管别人劝阻，亲自带着张成的儿子来到刑场，看着刽子手砍下犯人的脑袋。这一下可不得了了，张成跑到宫里大哭大闹，宦官为了给他出气，找了很多莫须有的罪名安在李膺头上，最后李膺也被抓进了监狱。愤怒的百姓和官员再也坐不住了，开始组织声势浩大的示威活动，从这之后，宦官和大臣的激烈斗争便开始了。

宦官把那些反对自己的官员称为"党人"，汉桓帝下旨全国范围内羁押党人，对他们严刑拷打。一时之间，朝廷官员躲的躲，跑的跑，可还是被宦官抓去了不少。陈蕃知道这些党人都是忠臣良士，在国家和百姓之间有一定的声望，如果他们被捕的话，民间的怒气肯定更加严重。他又一次劝谏汉桓帝不该轻易听信宦官的谗言，桓帝早就看他不顺眼，这次桓帝干脆免去了陈蕃的官职，还把司空刘茂的官职也免了，陈蕃和刘茂只好无奈地回了家。

桓帝的皇后是窦武的女儿，窦武也看不惯桓帝的做法，加上党人在狱中表现出来的正直气节，令几个审判宦官感动不已。窦武便请求恒帝对党人网开一面，那几个宦官也不再对党人动用大刑，而是尽可能地照顾他们。

李膺恨透了赵津、侯览这些宦官，为了回击他们，他在受审时故意把宦官的亲信说成是自己的亲信，赵津等人听了后都慌了神，害怕李膺的供词会牵连自己，只好向桓帝建议大赦天下，把党人放出来，桓帝依言而行。公元167年，东汉大赦天下，党人出狱，虽然得到了自由，却被桓帝下令禁止当官，只能生活在乡野之中。这就是第一次党锢之祸。

公元168年，汉灵帝登基。这一年，天文上出现了异象，这是件很重大的事情，古代人们认为天文异象预示着国家将有不好的事情发生，大家一致把矛头对准了宦官。窦武等大臣聚在一起，打算趁这个机会把宦官一网打尽。

正在他们秘密策划的时候，不知道是谁走路了风声，宦官提前得知了窦武等人的计划，先一步发起攻势。他们逼迫窦太后和汉灵帝把玺印都交出来，然后用皇帝的名义抓捕窦武、陈蕃众位大臣。官员们奋死抵抗，混战中，陈蕃不幸被杀，窦武被俘，最后也被杀害。党人全部被囚禁在狱中，陈蕃的儿子被朱震送往甘陵藏了起来，窦武的孙子则被胡腾和张敞藏在零陵。

公元176年，永昌太守曹鸾为党人请命，被汉灵帝处以死刑，随后灵帝把党人的亲友和门生都抓进了监狱，同时还关押了很多无辜的族人。

公元184年，东汉爆发了黄巾起义，一时间内忧外患，汉灵帝怕黄巾军打进洛阳，又怕党人余孽和黄巾军勾结，他想了很久，终于决定把党人的亲友门生释放出来。公元189年，汉灵帝去世，汉少帝即位，并州刺史董卓重兵在握，逼迫少帝退位，另立汉献帝。随后董卓给全国下诏，为屈死的陈蕃、窦武等党人平冤，党锢之乱才正式平息。

在宦官只手遮天、胡作非为的情况下，忠臣良士不顾自身安危，和宦官势力做斗争，竭力维护国家稳定。他们的行为激励着后世正直之士，在面对强权的时候，给予后人信心和力量，顽强抵抗，誓死不屈。

袁绍尽诛宦官

东汉末年，群雄争霸，英雄人物层出不穷，袁绍就是其中一位。袁家世代为官，曾有好几个人在朝廷担任重要官职，袁绍自己也位居高官，因此袁家有“四世三公”的美称。袁绍年少时就英勇威猛，长辈们都很喜欢他，凭着自身优越的才能，袁绍小小年纪就成为郎官，随后一连升任几级官职，最后当上了濮阳县的县长，那时候他还20岁不到。

当上县长没多久，袁绍的母亲就病逝了，接着父亲也过世了，袁绍辞官回家服丧6年，朝廷本想等他守孝结束后再召他为官，但袁绍拒绝了，他在洛阳找了个清静的地方，过着隐居生活。

此时的东汉王朝正处在宦官专权的时代，朝廷内外乌烟瘴气，宦官们为了保证自己的利益不受侵害，肆无忌惮地残害党人，贤良忠士人人自危。袁绍虽然隐居在山林，但对外界情况了如指掌，他暗地里和党人来往密切，尤其是党人中的代表人物，比如陈蕃和李膺。党人也乐于和袁绍保持联系，遇到重大事情时，袁绍还会给他们出谋划策。党锢之祸爆发后，陈蕃、李膺几次偷偷找到袁绍，请求他帮助党人寻找避难的地方。就是在那个时候，袁绍和曹操认识了，两人结成同盟，共同对抗宦官。

袁绍尽可能小心翼翼地隐藏自己的行动，但没多久还是被宦官们得到了消息，宦官派中常侍赵忠去警告袁绍，要他不要干预朝政，袁绍装作不知道发生了什么事，赵忠气冲冲地回去了。

黄巾起义爆发后，汉灵帝迫于无奈，释放了关押在牢中的党人，要求大家齐心协力对抗起义军。大将军何进早就听说袁绍是个人才，趁着这个机会，何进邀请袁绍重新回到朝廷，一方面可以维持朝政局面；另一方面，他打算和袁绍联手铲除宦官。何进的想法和袁绍不谋而合，两人很快就成了亲密的朋友。

黄巾军在各地声势浩大，宦官专权也愈演愈烈。郎中张钧看不惯宦官的作为，罗列了很多罪行上书给汉灵帝，结果竟被抓进监狱，最终被残害致死。宦官还掌控着东汉军事大权，连大将军何进调兵也要经过他们的允许。

公元189年，汉灵帝重病在身，而当时太子人选一直没有确定，宦官和大臣们都想趁灵帝立太子的机会把政权争取到自己手中。灵帝有两个儿子，何皇后所生的孩子名叫刘辩，王美人所生的孩子名叫刘协，灵帝不喜欢刘辩，觉得他才疏学浅，不能担当国家重任，打算把皇位传给刘协。但中国自古重视嫡出子孙，如果让侧室所生的儿子继承皇位，大臣们一定会反对。汉灵帝愁眉苦脸不知该怎么办，一旁的宦官猜到了灵帝的心思，便向灵帝提议把大将军何进调到外地去平定起义，然后就可以顺利地立刘协为太子。然而何进并不上当，他知道宦官是故意要让自己离开京城，于是何进让袁绍代替自己出征，粉碎了宦官的阴谋。灵帝死后，宦官蹇硕企图除掉何进，立刘协为皇帝，可是何进早就做了准备，蹇硕反而被何进胁迫，只好支持刘辩登上皇位，史称汉少帝。袁绍的叔父袁隗和大将军何进同为辅政大臣。

蹇硕很不甘心，他时刻寻找机会除掉何进，却被何进找了个借口关进监狱。袁绍对何进说："如今朝政掌握在大将军您手中，您的亲信也手握重兵，不如趁此机会把宦官一网打尽，留着他们终是一个祸害。"何进一想，也对，应该把宦官除掉，于是他进宫找何太后商量这件事。何太后却不同意，因为宦官经常贿赂太后的母亲和弟弟，太后害怕宦官会把自己家人牵扯进去。袁绍得到消息后又去找何进，愤慨地说："宦官迫害了许多忠良之士，没有谁愿意看到他们逍遥自在的样子，现在他们已经知道了我们的计划，如果不快点决定的话，我们恐怕会有生命危险。"但何太后的家人在中间阻挠，加上何进犹豫不决，事情一直停滞不前。看到这种情况，袁绍索性自己行动起来，他鼓动何进把地方军队都调来京城，还四处招募士兵，吓得何太后和宦官惊慌失措。何太后让宦官出宫躲避，何进本可以把宦官全部斩杀，结果手下留情，让宦官们跑掉了。宦官怀恨在心，使计把何进骗进宫，当着太后的面把他杀死。何进被杀的消息传出来后，部下们纷纷带着军队朝皇宫赶去为他报仇，很多宦官来不及逃跑，被当场斩杀。

军队冲进来前，有几个宦官挟持汉少帝刘辩和陈留王刘协逃出了宫，正好遇上并州牧董卓。董卓本来是按照何进的命令带领军队进驻京城，现在看到汉少帝就在眼前，董卓假意热情迎接汉少帝和陈留王，带着他们和军队来到了洛阳。直到后来，人们才知道董卓的真实意图，他打算挟天子令诸侯，让天下归自己所有。而此时，袁绍和叔父袁隗正在京城大肆捕杀宦官党羽，连他们的族人也没有放过，有些男子因为没有留胡须，也被当作宦官杀死了。

汉少帝落入董卓手中，朝廷所有事务都要经过董卓的批准，袁绍和董卓在处理政事时，因为意见不同经常产生冲突。为了防止董卓杀害自己，袁绍乘人不备跑到冀州躲了起来，不再和朝廷有任何联系。

王允施计除董卓

董卓挟持汉少帝和陈留王来到洛阳，先是向全国宣布废除汉少帝，然后拥立陈留王刘协即位，是为汉献帝，董卓则自封相国，朝中大小事情都要经过他的批准。董卓大权在握，做了很多坏事，还不准别人劝谏，如果有谁说了一句他的坏话，立刻就会被其杀死。

大臣们也不敢得罪董卓，害怕自己掉了脑袋，但尚书令王允决定为民除害，消灭董卓。王允出身官宦人家，家族地位很高，19岁的时候就担任朝廷要职，后来做了豫州刺史，随后出任河南尹，董卓挟天子后，任命王允为尚书令。

董卓生性残暴，又重权在握，如果贸然反对他肯定会给自己带来伤害，王允深知其中的利害关系。为了稳住董卓，王允表面上装作十分忠诚，对董卓的任何决定都顺从附和，久而久之，董卓便真的以为王允对自己忠心不二，他也把王允当作了自己的亲信。不管大小事情，董卓都放手让王允去主持。自己得到了这么大的信任，王允求之不得，他借着职位便利，推行了很多对国家和社会有力的措施。

别看王允对董卓事事依顺，其实他也有自己的坚持。朝廷有很多官员反对董卓，令董卓大为恼火，其中有个叫杨勋的，反抗特别强烈，后来他看到自己势单力薄，也知道对抗不了董卓，只好放弃。但王允认为杨勋是个人才，当董卓询问王允有谁能胜任司隶校尉这个职务时，王允首先就推荐了杨勋。董卓虽然讨厌杨勋，但他相信王允的话，便让杨勋担任司隶校尉。

王允表面上迎合董卓，暗地里则联络社会各界人士商讨讨伐董卓。司隶校尉黄琬、尚书郑公业等人都参与其中。王允请示汉献帝，让护羌校尉杨瓒担任左将军，让执金吾士孙瑞担任南阳太守，一点一点把反对董卓的人安排在朝廷要职和重要地方官职上。随后王允对外下令讨伐袁术，准备让士孙瑞带着军队驻扎在道武关，其实都是为诛杀董卓做准备，以防董卓外逃。狡猾的董卓似乎知道了王允的打算，他没有让士孙瑞出城，王允为了不暴露计划，顺着董卓的意思，提任士孙瑞为仆射，又把杨瓒提升为尚书，进一步控制朝廷。

公元191年，董卓封王允为温侯，作为给自己亲信的嘉奖，王允有点犹豫，想拒绝加封，这个时候，士孙瑞提醒了他。士孙瑞说，董卓多疑暴戾，如果拒绝加封，可能会引起董卓的猜疑，对计划不利。王允听了觉得有道理，便高兴地接受了董卓的加封。

公元192年，春耕时分，天气始终不见晴朗，大雨连下了两个多月，农民无法播种，个个摇头叹气。朝廷见此便准备了祭天大礼，王允和一干人等前去参加。大家看着眼前连绵不绝的阴雨，想到国家在董卓管制下变得污秽不堪，心里很不是滋味。几个人在祭台上商量，干脆借天灾这个机会开始执行消灭董卓的计划，每拖一天，事情就变得更加糟糕，情况也会无法预料。

得到大家的同意后，王允把自己的计划说了出来。董卓有一个义子，名叫吕布，两人虽然在别人面前表现得很和睦，其实心里都对对方有着很强的戒备，王允准备利用两人之间的猜忌心，唆使吕布除掉董卓。一开始，吕布并不反对王允的计划，但他觉得不应该由自己去刺杀董卓，而要换成别人，王允劝导吕布："天下人都知道董卓是个奸臣贼子，况且你和他并不同姓，更不应该把他当作父亲。而且他也没有尽到做父亲的职责，现在他被世人唾弃，你可不要认贼作父，尽早抽身出来才是正确的。"王允的话简直说到吕布的心坎里去了，吕布想了想，一咬牙，决定亲自上阵。

恰好在这之后没多久，久病的汉献帝痊愈了，满朝文武都聚在未央宫庆祝献帝康复，王允就在这一次聚会时做好了准备。聚会前，吕布让都尉李肃从军中挑选出10名身手敏捷的士兵，大家穿着宫人的衣服，站在未央宫门外见机行事。没过多久，董卓进宫了，等他一走进未央宫，埋伏好的士兵冲出来把他围了起来，每个人都双眼怒瞪，手里的刀剑指着董卓，董卓吓得高声大叫救命。这个时候，吕布从后面冲出来，董卓以为自己有救了，谁料到吕布挥起武器朝董卓砍下去，董卓还没反应过来是怎么回事，就一命呜呼了。

董卓死后，他的尸体被丢弃在大街上任人践踏，他的家人也被全部诛杀，百姓得知董卓被杀的消息，个个拍手称快。王允运用智谋为东汉王朝赢得了喘息的机会，也赢得了百姓的称赞。在这之后，他上任录尚书事，掌管朝廷事务。

经 济

秦始皇修长城

秦朝建立之后，秦始皇首先要做的事情就是改革国家制度。因为在战国时期，每个国家的政策都不一样，百姓们的衣食住行都有很大的差别。就拿车辆来说，之前各诸侯国马车的车轮距离都不一样，车道也有宽有窄，秦始皇规定每辆车的车轮间距都是六尺，每条道路的宽度为五十步（秦朝的一步等于六尺）；秦始皇还统一了文字，全国一律使用小篆字体，这便是“车同轨、书同文”。此外，秦朝还统一了度量衡，规定全国统一使用圆形方孔铜钱为流通货币。经过这次改革，百姓的日常生活都参照统一的规范，买卖也不再困难。

正当秦始皇忙于国家事务的时候，一个不好的消息传来，北边的领土遭到了匈奴的侵略。匈奴是活跃在我国北方的一支少数民族，他们骁勇善战，尤其擅长骑术。早在战国时期，赵、燕、秦三国就相继在国境内修筑长城抵御匈奴的侵略，那时的长城是断断续续的，没有连在一起，长度很短。等到赵、燕两国的国力日渐衰退的时候，匈奴便蠢蠢欲动，有计划地把两国北边的领土逐步据为己有，黄河边上的河套地区被他们抢去了一大半。可他们并不满足，连连南下发起进攻。

国家方定，就有外敌入侵，秦始皇很恼火，他委派大将军蒙恬去平定匈奴。蒙恬不负众望，带着30万军士成功收复了河套地区。为了避免匈奴再次南侵，也为了让秦朝的国土有所保障，秦始皇决定把各诸侯国修建在国内的城墙拆毁，然后利用天然的山势走向设立屏障要塞，把赵、燕、秦三国北边的长城连接起来，再把连接后的长城加长，形成一条连绵不断、抵御侵略的坚固壁垒。

修筑长城是一件非常浩大的工程，劳民伤财，先不说国家拿了多少钱出来，单单被派遣去修长城的士兵、劳工就有好几十万人。攻打楚国时派出的60万大军几乎是当时秦国的全部兵力，可能里面还有一些被临时抓去充数的青年劳动力。而被派去修长城的士兵就有几十万，如果再算上老百姓的话，这会是一个多么庞大的数字。可以这么说，当时秦国差不多把所有能劳作的男丁都抓去修长城了。而社会劳动力的缺失也让百姓怨声载道，原本就衣不遮体，食不果腹，现在的生活变得更加艰难。

在那个交通、生产力和科技都极其不发达的时代，如此一项浩大又艰巨的工程，其中的苦难是我们现代人无法想象的。数不清的百姓倒在了长城脚下，这引发了后世诗人对筑城百姓的哀悼和同情，涌现出了众多名篇。

秦长城的修筑耗时5年，到公元前210年才宣告完工。长城西起临洮（今甘肃省南部洮河边），东至辽东，绵延万余里。秦始皇修建的长城采用的建筑方法很古老，先铺一层生土，然后在生土上压一层黄土，黄土要压得十分紧密、结实，才能支撑起城墙的重量。然后用黄黏土夹小颗碎石修筑城墙。在科技不发达的古代，能有如此伟大的建筑工程问世，不得不说是人类建筑史上的一个奇迹。

秦始皇陵兵马俑

古代人下葬的时候都会在墓中摆上很多陪葬品，在奴隶社会，奴隶主的陪葬品除了生活用品外，更多的是奴隶，也就是所谓的人殉。中国人把生和死看得同等重要，他们认为人死后会到达另一个世界，那个世界和生前的世界一样，如果把死人生前的用品和奴仆都带到死后的世界，两个世界的生活没有两样。因此有权有势的人特别喜欢在自己的墓中放上很多陪葬品，更别提一国之君了，他们即位后首先要做的事情，就是给自己建造一个坚固、庞大的陵墓。

秦始皇陵，也称“丽山”或“郦山”。秦始皇在他13岁登基之后就开始为自己修建陵墓，李斯负责规划和设计，章邯负责工程监督。这座陵墓在秦始皇时期修了37年，秦二世胡亥登基后又修了两年。

秦始皇陵位于陕西西安临潼的骊山，陵园依骊山而建，北边就是渭河，里面的结构和布置与秦朝都城咸阳十分相似，分内外两城，内城周长有2.5公里，外城周长有6.3公里。

史料记载，当时修建秦始皇陵的劳工约有70万人。陵园凿穿了三层地下水，工人们把无数铜器融成铜水，用来灌满四周墙壁的缝隙，还在地上铺了厚厚的一层。接着便修建宫殿，开凿墓道。工人们还在墓中挖出山川河流的模样，用水银填充，周围有机械动力来引导水银流动，墓室的天花板上装有天文图像，地面上还有与秦朝版图对应的地理图形。陵园内还有数不尽的机关。残忍的秦二世为了不泄露机密，把所有的劳工全部封死在内城和外城之间。

秦始皇陵里的陪葬品价值连城，最为人们熟悉、也是最有名的还是兵马俑。兵马俑就是做成士兵、战车、战马形状的殉葬品。秦始皇陵兵马俑位于陵园东边约1500米的地方，这里是秦始皇陵的陪葬坑。

兵马俑多是陶制的，每个人俑都和真人一般大，战车和战马也和现实中的车辆和马匹大小相等。兵马俑经人手烧制而成，没有固定的模具，全靠匠人们一点一点塑出形状。人俑形态多变，容貌各不相同，战马有的嘶鸣，有的安静地站立着。所有的兵马俑都是按照当时秦朝军队的编制来制作的，人俑分为军官和各种兵种，按照规定的顺序排列站立着，战车和战马也是如此。当兵马俑烧制完成后，匠人们还要给它们上色，再按照不同的职能佩戴不同的作战工具。可以说，兵马俑是秦朝军队最精准的复制品。不少学者专家一心研究兵马俑，希望能得到有关秦朝的更多情况。人俑的容貌都是按照真实的秦军士兵的模样来塑造的，因此我们能通过它们了解秦人的风貌。

1987年，秦始皇陵和兵马俑坑被联合国教科文组织批准列入《世界遗产名录》，并被称为“世界第八大奇迹”。通过秦始皇陵和兵马俑，我们可以看到中国古代劳动人民的智慧和力量。

盐铁会议

匈奴问题一直是中原国家非常头疼的难题，汉朝自开国以来就和匈奴作战无数，汉武帝时期，两方对抗更是激烈。连年出征已经让汉朝的国库日渐空虚，国家经济入不敷出。汉武帝迫切想增加国家收入，可是又不能向老百姓施压，愁得不知该怎么办才好。这个时候，桑弘羊向武帝请命，说他有办法帮国家渡过难关，还能支付军队开支。汉武帝非常高兴，急忙问桑弘羊有什么好办法。

桑弘羊十分有经济头脑，他家世代经商，是洛阳城里最富有的人家，因此他小小年纪就耳濡目染，学到了很多生财之道。虽然家中富裕，桑弘羊却没有继承家业，而是选择了当官，13岁的时候，他被选为侍中进宫，随侍在汉武帝身边。他告诉汉武帝，民间有很多赚钱的生意，比如盐和铁。

汉朝开国以来，煮盐和冶铁都掌握在地方富商手里。盐和铁是百姓的日常生活必需品，所以这些商人的生意越做越大，渐渐地垄断了全国的盐铁买卖，也积累了数不清的财富。桑弘羊建议汉武帝把盐铁买卖改为国家专营，这样一来不但能够控制地方富豪的势力，还能让国家的财政收入飞速上涨。汉武帝批准了这一改革，还把桑弘羊提拔了好几级官职，最后，桑弘羊以御史大夫的身份掌握全国经济的发展。

汉武帝去世后，汉昭帝即位。武帝临终前嘱托霍光和桑弘羊协助幼主管理朝政。霍光和桑弘羊的思想观念有很大的差异，霍光推崇儒家思想，主张仁政；桑弘羊则推崇法家思想，因此两人在武帝时期就各自立派，水火不容。此时，桑弘羊的经济改革已经实行了许久，这期间霍光几次提出停止盐铁专卖，推行与民休息、轻徭薄赋的政策，让他和桑弘羊原本就紧张的关系变得更加严峻。

两个人争执了很长时间也没能达成共识，霍光干脆请来很多贤良文士，和桑弘羊那一派人召开了一次会议，专门讨论盐铁问题。这就是盐铁会议。在召开会议之前，霍光派出几位大臣走访民间，一方面寻找贤良之士，一方面调查百姓的生活水平，希望掌握更多有利的证据来证明盐铁专卖的弊端。

公元前81年，从全国挑选出来的贤良文士来到长安，盐铁会议正式开始。

贤良文士认为盐铁专卖会导致百姓生活困难，而桑弘羊和丞相田千秋坚决反对废除盐铁专卖，双方由此展开了一场激烈的争论。

贤良文士提出，在盐铁专卖的过程中，有些官吏为了中饱私囊，故意抬高价格，或者降低质量，借此敛财，受害最深的一方还是百姓。有些官商的盐吃起来有苦味，百姓不愿购买，只好顿顿清汤寡水；铁器的价格贵，做成的刀具却连野草都很难割断，农民不得已只好用手把野草扯掉。种种情况表明，盐铁专卖实际上是纵容官府从百姓身上搜刮钱财，应该停止盐铁等其他由国家管制的生产事业，让百姓来接管，才是真正的利国利民。

桑弘羊却认为，国家要想提高收入，必须牢牢抓住经济，否则王朝会逐渐衰退，外敌入侵时也没有反击的能力。

除了讨论盐铁，双方还针对当时的国家形势进行了辩论。首先是匈奴问题，对待匈奴究竟是该求和还是用武力镇压。贤良文士的意见是，求和比打仗要好，战争劳民伤财，不如采取和匈奴和亲的方式来缓解两国之间的关系，用仁义情礼来感化他们。同时还要解除边塞城镇重兵把守的局面，真正做到与民休息。桑弘羊一派不同意这个观点，他们认为匈奴生性蛮横不讲理，和亲只能保证一时，不能完全让匈奴归顺，严厉打击是保证汉朝安危最好的办法。

在选择治理国家方式上，两方的意见也不统一。贤良文士提出，汉武帝末期的社会矛盾已经非常突出，必须采取缓和安抚的政策来平息百姓的怨气，以德治国，以仁治国，先礼后兵，这才是英明的做法。桑弘羊一派则坚持主张以法治国，实行严格的刑罚手段，绝不给奸邪之人任何可乘之机。

霍光并没有参加盐铁会议，但他无疑是支持贤良文士一派。虽然双方争论激烈，出发点都是为了更好地管理国家，可以这么说，双方在思想上存在差异，但目的都是一样的。

盐铁会议结束后，汉昭帝没有全部废除盐铁官营，而是禁止了一部分盐铁专卖，改革的幅度虽然小，对减弱地主和富商势力的影响依然存在，并且对社会矛盾有一定的缓和作用。盐铁会议之后，汉朝的经济慢慢地开始恢复，霍光推崇的儒家思想进一步得到了统治者的信任。

粗略看来，盐铁专卖确实会给国家带来很多好处，不但能增加国库收入，还可以打击地方强权势力，加强中央集权；用武力镇压匈奴也不失为一个保证国家安定的好办法。但在汉朝社会矛盾突出的时候，过分坚持这些政策只能让矛盾恶化，甚至有可能引发社会混乱，使得百姓对朝廷失去信心。而贤良文士深知百姓疾苦，了解民间艰辛，所以他们推行的政策大多以缓和社会矛盾为主，对国家的管理有一定的帮助。但是要清楚一点，任何事情都有利有弊，盲目地施行一种政策同样会对国家造成不利的影响。

军 事

嬴政灭六国

公元前230年，秦国吞并了六国中最小的韩国。韩国地处中原，国土面积是六国中最小的，人口也不多，一直处在魏国、齐国、楚国和秦国的包围之中，没有发展的空间，国力根本无法和秦国抗衡，因此秦国首先把目光瞄向了韩国。秦王嬴政派内史腾突袭韩国，很轻松地攻破了韩国都城郑城（今河南新郑），韩王安知道自己无力抵抗，只好选择投降，于是韩国灭亡。秦王嬴政在韩国设立颍川郡，建郡治于阳翟（今河南禹州）。

第二年，旱灾席卷了整个赵国，秦王觉得这是一个好机会，马上派部队兵分两路去攻打赵国，一南一北两支队伍气势汹汹朝赵国都城邯郸冲去。公元前228年，邯郸被秦军占领，赵国灭亡。赵王被抓到秦国，公子嘉则侥幸逃了出来，躲到了代城（今河北蔚州东北），他在那儿整合残余军队，自立为代王，等待时机复仇。

公元前226年，秦王嬴政又把目光瞄准了燕国，之前因为荆轲的行刺，秦王早已对燕国怀恨在心。他派大将军王翦出征燕国，燕太子丹亲自率军交战，不过燕军不堪一击，很快败下阵来，死的死逃的逃。燕王喜和太子丹也逃到辽东躲了起来。为了平息秦王的怒气，燕王喜还把太子丹杀了。

现在韩国已经纳入秦国的领域，赵国只剩下代城，燕国也只剩下辽东那一小块地方。他们再想重建国家也是不可能的了。秦王嬴政决定先不着急攻打北方的赵国和燕国，而是把南方的魏国和楚国打下来。

公元前225年，秦王嬴政派王翦之子王贲出兵关中，王贲没费多少力气就占领了楚国北部的十几座城，作为攻打魏国的坚固后盾。随即王贲带领军队从北边进攻魏国都城大梁（今河南开封），可是大梁的城防建设十分出色，不管怎么打都破坏不了城墙，王贲苦思冥想，终于想了个好办法。他命人从黄河边挖一条沟渠，一直挖到大梁城，黄河水顺着沟渠流到城墙边上。城墙在河水的浸泡下逐渐变得松软起来，过了三个月，城墙的底部被河水侵蚀得承受不住上面的重量，终于倒塌了，大梁瞬间被秦军攻破，魏王假不得已向秦军投降，成为俘虏被带到秦国。

在攻打魏国的同时，秦王嬴政又派李信带领20万大军去攻打楚国，李信很快就把平舆（今河南平舆县）打了下来，可是他过分轻敌，后来反而被楚将项燕打得落花流水，李信节节败退，只好匆匆逃回秦国。秦王嬴政很是生气，委派老将王翦出马，让他率领60万大军去征服楚国，这差不多是秦国全国的兵力了。走到天中山（今河南商水西北）的时候，王翦命令军队原地停留，也没有下令打仗，就一直住在这儿。楚将项燕很纳闷，他试探性地发起几次进攻，王翦都不出面迎战，该做什么还是做什么。就这样过了一年，楚国军队放松了警惕，认为秦军不过是驻扎在这儿，并不是来打仗的，于是项燕带着军队准备返回都城。王翦看到楚军准备撤退，立刻吩咐秦军以迅雷不及掩耳之势发动攻击，楚军上下都慌了神，他们没料到秦军会来这一招，原来之前都是假象。项燕匆忙之间奋力抵抗，但是秦军个个士气高涨，厮杀着把楚军逼得不停地后退，最后两军在蕲城大战一场，楚军损失惨重。随后王翦又一鼓作气渡过淮河，一直打到寿春。

公元前223年，寿春被秦军占领，楚王被俘，项燕带着逃出来的昌平君（楚王的兄弟）跑到长江以南的地区，拥护昌平君为新的楚王，打算和秦国顽强抵抗。楚国沦陷后，秦国便在楚国内设立了九江郡。王翦决定把楚国剩余的势力一网打尽。他先命人造船，然后训练了一支水军，等船造好后，他就带领水军渡过长江，继续发动进攻，成功地杀死了项燕和昌平君。公元前222年，王翦占领了位于楚国南部的会稽城，秦王嬴政随后在这个地方设立了会稽郡。同年，王贲率军把辽东打了下来，随后又进攻代城，燕王喜和代王嘉都成为俘虏被带回秦国。

在决定吞并六国之前，秦王嬴政便使计把齐国丞相后胜拉拢到自己身边，他要齐国归附自己，而且不能接受其他国家的援助请求，后胜于是在齐王耳边一阵嘀咕，齐王想了想，还是按照秦王说的去做了，他认为要保住齐国的唯一途径就是依附秦国。原以为只要事事都对秦王言听计从，就能避免灭国的厄运，哪知道他想错了。等到其他五国都被秦国吞并之后，齐王才恍然大悟，这时的秦国也显露出要吞并齐国的意图。齐王慌忙派军去镇守西边的领域，幻想着也许能抵御住秦国的进攻，突然间他又想到其他国家都被灭了，找不到一个可以帮助自己的人，这时他才明白秦王的阴狠，不由得后悔万分。

公元前221年，秦王嬴政准备攻打齐国。他决定想个好一点的理由作为出师的借口，毕竟之前齐国一直对自己言听计从。很快，王贲就带着浩浩荡荡的军队朝齐国开进，指责齐王怠慢秦国派去的使臣，随后便开始发动攻击。可怜齐国的军队已经多年没有打过仗，又被眼前秦军的气势一吓，哪还有力气抵抗呢？不出几天，都城临淄就被秦军攻破了，齐王只好投降。

齐国灭亡了。秦国经历200余年的努力，到了秦王嬴政这一代，终于实现了中华大地的统一，这是社会发展的必然趋势，历史将揭开崭新的一页。

大泽乡起义

公元前209年，秦朝正四处征役劳动力。这天，一支队伍正急匆匆地从阳城（今河南登封）赶往渔阳（今北京密云），队伍里的九百多人都是刚召集来的百姓，他们要去驻守边关。天公不作美，正当他们走到蕲县大泽乡（今安徽宿州刘村附近）的时候，暴雨倾盆，只好在附近找地方暂时歇息。

队伍中有个阳城人叫陈胜，很早以前他就认为自己将会干一番大事业，并且和伙伴们相互约定，等到了富贵的那一天，大家可不要忘记以前共患难的朋友。大家都嘲笑他不自量力，陈胜满不在乎地说："燕雀安知鸿鹄之志哉。"这次他被抓去守边关，还当了领队人，眼看无法按时到达渔阳，他又急又怕。当时的秦朝法律规定，不能按期去边关报到是要杀头的。于是他去找另一位领队人，一个来自阳夏（今河南太康）、名叫吴广的人商量对策。

陈胜的意思是与其超过时间去边关报到，落得个杀头的罪名，还不如趁机发动反秦运动，说不定还有一线生机。吴广觉得这话有理，便答应和他一同起义。接着两人做了一些准备，好让别人觉得起义是老天爷认可的，古时候的百姓对神明很是敬畏，如果打着上天的旗帜，相信很多人都会加入进来。果然，在两人的一手策划之下，深受秦朝压迫的穷苦老百姓纷纷把陈胜看作是从天上下来拯救他们的天子，拥立陈胜为王，大家还自发地做了很多木制武器，砍下很多竹竿，插着树枝当旗帜，每个人都热情高涨，对于秦王朝，百姓们已经忍了很久了。越来越多的人加入了起义队伍，陈胜、吴广率领着一众百姓首先把蕲县占领了，接着又在一个月的时间里攻占了铚县（今安徽宿州西）、酂县（今河南永城西）、苦县（今河南柘城县北）、柘县（今河南柘城北）、谯县（今安徽亳州）等5个地方，在大泽乡迸发出的小火苗已经燃起熊熊烈火，蔓延在中原大地上。

陈胜并不是一介莽夫，他很清楚要想起义成功，必须有良好的作战策略。眼下起义军已经占领了安徽、河南之间的很多地方，人数也在进一步扩增，他们已经有了六七百辆战车，一千多名骑兵，还有上万名步兵。陈胜打算下一步去攻打陈县（今河南淮阳）。陈县的地理位置十分重要，在历朝历代中都起着重要的作用。两周和春秋时期，陈县是陈国的都城，战国末期，楚国也把都城定在这儿，秦朝统一天下后，又把陈县定为郡治。如果起义军能占领陈县，对秦朝必定是个沉重的打击，因此陈胜毫不犹豫地带领部队直奔陈县。得知起义军的动向后，陈县的郡守和县令慌得不知怎么办才好，他们根本不是打仗的料，起义军还没围到城门口，两个人就已经跑得远远的了，只留下郡丞（郡守副职）守在城内。郡丞准备和起义军大打一场，可是驻扎在陈县的秦军早就被起义军的气势吓破了胆，哪还有力气抵抗？没多久，陈县的防守被攻破，郡丞被愤怒的百姓杀死了，起义军牢牢地掌握了这个军事要地。

陈胜很快便宣布自立为王，国号“张楚”，都城就设在陈县，中国历史上第一个农民政权建立了。百姓们纷纷表示拥戴陈胜，推翻残暴的秦王朝，把所有受苦受难的人民都解救出来。至此，陈胜实现了他在年轻时立下的志愿——干一番大事业。

政权建立后，全国都沸腾了，每天都传来不同地方的百姓起义的消息，他们都打着“张楚”的旗帜。农民起义愈演愈烈，一些战国贵族的残余势力也趁此机会大张旗鼓开始反对秦朝统治者，其中著名的领袖人物有刘邦、项羽、项梁、英布、彭越等。

看着中原大地飘扬着的“张楚”旗帜，陈胜的斗志更加高涨，他和吴广还有其他领导人商量了一下，决定下一步把进攻的主力转向西边，逐步朝咸阳逼近。吴广被任命为假王（副王），带领大部分起义军直扑荥阳（今河南郑州西），然后从函谷关朝咸阳进攻。宋留攻打南阳，然后用包抄战术进攻关中。武臣、邓宗、周市、召平等人则被陈胜任命为将军，一部分人带兵北上，横渡黄河，把以前原属于赵国的地区（今山西北部、河北西南部）占领下来，然后南下攻打九江郡，占领淮南地区；另一部分人去攻打广陵（今江苏扬州北部）和以前原属魏国的地区（今河南东北部连接山西西南部），进而把长江下游、黄河以南的大梁全部占领。至此，农民起义运动进入高潮，起义军奋勇作战，攻下一个又一个地方。

可是吴广在荥阳的进攻遭到了抵抗，很久都没有起色。荥阳是通往关中的重要门户，拿下它就等于拿下了关中，而且荥阳不远处正是秦军粮仓所在的位置，要是控制了粮草，不但能满足起义军的食物空缺，还能让秦军丧失一半战斗力。因此荥阳必须攻下来。陈胜在得知吴广进攻不顺利之后，立刻委任周文为将军，趁着秦军被吴广绊住的时候，让他带兵从函谷关绕开荥阳，务必攻进咸阳城。

周文率领的大军一路过关斩将，最后攻到咸阳城外百余里的地方，不少沿途百姓在大军过境时纷纷加入其中，队伍的人数多达10万，战车也有一千多辆。

直到此时，秦二世胡亥总算从奢靡的生活中惊醒过来，起义军的气势如日中天，这位只顾贪图享乐的皇帝急得团团转，可是又想不出什么方法来应对。咸阳城里所有的军队都派到外地去了，现在去哪儿找人来打仗呢？章邯便对秦二世提议，不如把正在骊山服劳役的几十万劳工派出去，秦二世想了想，现在也只有这个办法了。于是他封章邯为大将军，率领临时军队去抵御起义军。这时周文正在停军整顿，突然冒出一大批秦军，起义军毫无准备，被赶出咸阳境内。两军在曹阳亭（今河南灵宝东北）对阵，起义军终于敌不过秦军，又退回渑池（今河南西部）。偏偏这时起义军的粮草供应不上，战事又节节败退，在抵抗了十几天之后，眼看就要被秦军消灭，周文只好拔剑自刎。

章邯趁势进攻荥阳，因为吴广和一位部下闹了点小矛盾，这位部下竟然杀死了吴广，正好让秦军钻了空子，于是守卫荥阳的起义军全部战死。自此，起义军开始内讧，加上陈胜没有制定一个好的管理政策，导致起义行动变得松散起来，不少地方被旧诸侯国势力夺走。陈胜本人的思想也发生了转变，逐渐脱离了群众，因此被众人孤立，最后死在自己车夫的手里。

张楚政权成立后没几个月，陈胜就被害了，虽然失去了领袖人物，但中华大地上的反秦运动如雨后春笋一般纷纷出现，陈胜的功绩不可忽视。大泽乡起义拉开了秦末农民运动的序幕，给秦朝政权当头痛击，秦朝很快就要灭亡了。

沛县起义

当陈胜、吴广在大泽乡发动群众起义之后，楚国名将后裔项梁也带着侄子项羽起兵响应，他们杀死了吴中（今江苏苏州）太守，24岁的项羽表现尤为出众，竟然一个人斩杀太守府的一百多名卫兵，勇猛无敌。随后他们领着几千名吴中热血男儿加入反秦起义的大军之中。

陈胜被害后，起义军将领吕臣怨愤难平。吕臣很快就重新打出张楚政权的旗帜，把被秦军占领的陈县夺了回来，接着便和部将召平一起投奔项梁，并拜项梁为上柱国大将军，反秦斗争再次复苏。没多久，项梁便立楚怀王的孙子为王，仍称楚怀王。项梁、项羽一路奋力杀敌，相继攻破东阿、定陶等地，秦军被打得四下逃散。

另一边，位于沛郡（今江苏沛县）的中阳里也传来了百姓起义的消息。带头人名叫刘邦，原本是个平民，他从小就不务正业，游手好闲，好在他善于察言观色、能言巧辩，和县里的官吏们的关系很好，混了个亭长（管理十里以内的小官）的职位。有一次，刘邦看到秦始皇巡游时的宏伟场面，顿时羡慕不已，认为男子汉大丈夫就应该如此。

因为秦二世征集全国劳力去修建骊山陵墓和阿房宫，刘邦作为亭长，必须要把当地能劳动的百姓都送去服役。这一天，刘邦带着许多劳工朝骊山行进，可队伍中不断有人逃跑，到最后人越来越少，他愁得唉声叹气。照这样的情况，就算到了骊山，自己也会因为人数不够而被杀头，想到这儿，他干脆趁天黑之后把捆着劳工的绳子都解开了，嘱咐他们跑得远远的，是死是活听天由命。正当大伙儿准备离开的时候，突然有人发现路中间横着一条又粗又长的白色蟒蛇，刘邦几步跨过去，挥起佩剑就把蟒蛇从中间砍断。一些人谢过他之后就离开了，还有一些人则表示会无怨无悔地跟着刘邦，以报答刘邦的救命之恩。刘邦考虑再三，决定带着这些人躲进芒砀山避避风头。

眼看全国各地都在起义，沛县的县令也想响应反秦运动，一方面赢得起义军的信任，另一方面自己也可以继续掌握沛县。当时县衙里还有两个次一级的官吏，一个叫萧何，一个叫曹参。他们觉得要想稳固势力，首先要壮大自己的队伍，于是县令按照他们的意思把逃亡在外的沛县人都找了回来，然后请樊哙去找刘邦。樊哙是刘邦的好朋友，没过多久他就把躲在芒砀山里的刘邦带回了沛县，同时跟随他们的还有当初留下来的一些劳工，以及陆陆续续跑来投奔刘邦的百姓，加起来有一百多人。

县令刚把樊哙派出去，又觉得这么做不妥，他害怕刘邦不愿听从自己的安排，要是让他回城的话，指不定会做出什么事情，不但沛县不保，自己都有可能被他杀死。于是县令抢先一步把城门关闭了，下令谁敢开门就处死谁，接着他吩咐士兵把萧何和曹参抓起来，没想到两人预先得到了消息，早就跑出了沛县。他们躲在半途中等着刘邦的到来，把城里的情况一五一十地告诉了刘邦，刘邦决定号召百姓起来造反，然后里应外合攻破城门。他写了一封信，搭在箭上射进城里。百姓们本来就对县令的做法很不赞同，气愤的百姓蜂拥冲进县衙，杀死了县令，然后打开城门迎接刘邦。在百姓的拥立之下，刘邦借用斩杀白蛇为象征，投入到起义当中，因为他是在沛县发动起义的，所以人们也称他为“沛公”。

之后，刘邦便带着几千人开始攻打周边的县城，起义小有成果。但刘邦兵力始终不够强大。正好这时项梁打着“楚怀王”的旗帜四处征战，于是他带着自己的手下投奔了楚怀王。

巨鹿之战

陈胜、吴广领导的农民起义虽被章邯指挥的秦军打败，但在其影响下，起义的许多农民军仍然坚持着反秦事业。其中以项羽、刘邦为首的起义队伍，更是在挫折中奋起，经过近三年的连续战斗，终于将秦朝送进了坟墓。

项羽的祖先世代都是楚国的将军，项羽的叔父项梁乃楚国名将项燕之子。楚亡后，项燕被秦将王翦杀死，遂项梁一家对秦朝一直怀有刻骨仇恨。项羽是项梁的侄子，自幼父母双亡，是项梁一手将其抚养长大的。项羽自小熟读兵书，对兵法很感兴趣。当年秦始皇出巡会稽渡江之时，项羽看到他八面威风的气派，情不自禁地脱口而出：“彼可取而代也。”项梁赶忙掩其口，但内心却十分高兴，知道项羽是胸怀大志之人。青年时代的项羽“力能扛鼎，才气过人”，吴地青年对他十分敬畏。

秦朝末年，各地举起了反对暴秦的义旗，身居吴地的项梁、项羽也乘机杀了会稽郡守殷通，率领吴中的八千子弟起兵响应。项氏叔侄起兵不久，秦将章邯就率军攻打陈胜的义军。项梁连忙带兵前去营救，结果在定陶的一场大战中，项梁兵败被杀。于是，项羽、刘邦、吕臣等只好退守到彭城一带。

章邯杀死项梁后率军渡过黄河，对自称赵王的农民领袖赵歇发动进攻。结果，赵歇不敌，被逼退守到巨鹿（今河北省邢台市）。章邯派部将王离等人紧跟其后，将巨鹿团团围住。情急之下，赵歇派人向楚怀王和其他反秦势力求救。于是，楚怀王封宋义为主将，项羽为副将，北上救赵。然而，当宋义带兵进入安阳后，看到秦军声势浩大，就作壁上观，屯兵不前。怯懦的宋义惹怒了报仇心切的项羽。结果项羽二话不说将宋义一刀砍死，然后向全体将士宣布：“宋义欲降秦，遂数日不战，我奉怀王之令，将其斩杀。”

宋义一死，项羽就成了军中主将。他亲自率领两万起义军渡过黄河，并让全军破釜沉舟，只带三日干粮，表明不胜则死的决心。此举极大地提升了将士们的士气。在与20万秦军交战中，他们以一当十，奋勇死战，九战九捷。而原本畏缩不前的其他起义军，待项羽大破秦军时，也纷纷冲出营垒助战，联合绞杀秦军。最终，20万秦军惨败于巨鹿，秦军大将王离被活捉，20万秦军不战而降。

经此一战，项羽名震天下，各方的反秦势力相继前来归附。在后续一系列战争中，秦军主力陆续受到致命打击，再无力镇压一波又一波的农民起义，秦王朝名存实亡。

楚汉战争

早在入关之前，刘邦就想占据关中，取代秦朝。后来，项羽凭借实力改封刘邦为“汉王”。刘邦实力不敌，遂被迫委曲求全，退至巴蜀之地屯兵招贤。

刘邦击败章邯后，信心大增，接着又乘胜向陇西、北地、上郡等地起兵进攻，公元前205年农历四月，刘邦统领各路诸侯兵56万人，横渡汴河，攻占守备空虚的楚都彭城，尽收项羽的财宝美人。项羽闻讯暴跳如雷，亲率3万精兵回救彭城。结果汉军不敌，兵败如山倒，几十万人被楚军斩杀，尸体塞满河道。还好刘邦在数十位精兵的庇护下，侥幸逃窜，才免于一死。刘邦一路狂奔，直逃至荥阳时才得以喘息。

项羽随后追到荥阳，屡出奇兵，截断汉军粮道。汉军给养匮乏，军心随之动摇。情势所迫，刘邦请求以荥阳为界，双方停战言和。项羽想要答应，但范增却反对，认为应该趁机消灭刘邦。项羽对“鸿门宴”还心有忌惮，遂采纳范增的建议，急围荥阳。刘邦被困，处境艰难，情急之下决定重金贿赂项羽身边的人，让其散布范增通敌的谣言。项羽听闻后果然怀疑范增，并夺其权。范增气愤绝望，告老还乡而死。随后，刘邦又施计谋，他令纪信扮作自己，率二千多名妇女趁夜从荥阳东门出城向项羽投降。楚军听闻刘邦率众投降，欢呼雀跃，纷纷跑到城东观看。没想到刘邦却乘机率领数十队骑兵从西门出城，逃至成皋（今河南荥阳汜水镇）。项羽发现受骗后，烧死了纪信。

刘邦逃回关中后，谋士袁生进献调虎离山之计，制订出新的战略计划：一方面主力南渡筑垒避战，缠住项羽；另一方面派韩信北攻赵、燕、齐，迂回包抄项羽，使之顾此失彼。刘邦按照袁生的建议，先出武关，南走宛（今河南南阳）、叶（今河南叶县）。项羽果然引兵追来，刘邦以逸待劳，坚守不战，吸引楚军兵力。与此同时，彭越渡过睢水，进攻下邳，大败楚军。项羽大怒，分兵东击彭越。刘邦乘机北进，再次占领成皋。结果项羽又急忙回兵夺取荥阳，围攻成皋。两个月时间的奔波，令楚军将士疲于应战，作战能力下降，最后陷入了势孤力穷的境地。

公元前202年农历八月，项羽被迫与刘邦签订停战协议，以鸿沟为界，中分天下。鸿沟以东为楚，鸿沟以西为汉。双方暂时握手言和，交换俘虏，释放刘太公和吕后。随后，项羽依约东归，而项羽此时的军力已大不如前。

刘邦亦欲西返，但张良、陈平认为此时是追击楚军的最好时机。刘邦遂背约，调集韩信、彭越、英布等各路大军40万人，将10万楚军包围于垓下。楚军兵少食尽，屡战不胜。夜闻楚歌四起，军心瓦解。项羽率800骑突围至乌江，兵败自刎。

刘邦全歼楚军，获得最后胜利，建立了西汉王朝。

白登之围

汉朝建立后，刘邦开始着手管理国家各类事务，发现了一件让他很头疼的事情。北方草原和荒漠中居住着大批少数民族，汉人称之为匈奴，秦始皇在一统江山后曾派大将军蒙恬和匈奴作战，收复了河套地区，在秦朝逐渐败落的时候，匈奴的头领头曼单于被自己的儿子冒顿单于杀死，冒顿继位后吞并了别的小部落政权，势力日益壮大，并趁楚汉之争的机会把河套地区重新夺了回去，还占领了朝那（今宁夏回族自治区固原市东南）、肤施（今陕西省榆林市南）几个地方，虎视眈眈地注视着中原大地。

汉朝建立后，韩王信因为战绩显著而被刘邦封王，赏赐颍川地区，都城定在阳翟（今河南禹州）。公元前201年，刘邦担心韩王信所在的封国离北方游牧民族较近，日后会和匈奴勾结，便借口抵御匈奴入侵，要求韩王信从阳翟搬迁到晋阳（今山西太原），韩王信却请求刘邦把自己派到马邑（今山西朔州）去，刘邦答应了。不料韩王信迁去马邑不久，匈奴就开始攻打马邑，这一下，刘邦对韩王信的怀疑更加深了，他写了一封措辞严厉的书信，韩王信一看就立刻知道刘邦对自己已经有了误会，干脆一不做二不休，真的和冒顿单于勾结起来共同攻打汉朝，并主动把马邑献给冒顿单于。接着韩王信带领匈奴部队闯破雁门关，一路南下攻占了太原郡。

公元前200年，汉高祖刘邦决定亲自出征平定匈奴、镇压韩王信。一开始汉军接连获胜，在铜鞮（今陕西沁县附近）交战时，韩王信的军队受到重创，一名将领被汉军杀死，韩王信连连溃逃，跑到匈奴的地方躲了起来，他的几名部下找到了战国时期赵国王室后裔赵利，立他为王，然后把韩王信的残余部队规整起来继续和汉军作战。

匈奴布置了一条很长的阵线，从广武（今山西代州阳明堡镇）到晋阳，以此来阻止汉军北上。汉军攻破了阵线，晋阳一战令韩王信和匈奴的部队又损失了很大一部分，后来汉军在离石（今山西吕梁离石区）第三次打败韩王信和匈奴的部队。匈奴重新调集人马部署在楼烦西北，又被刘邦的骑兵队伍打败。一连几次胜仗让刘邦沾沾自喜，不觉产生骄傲轻敌的思想。当时匈奴的军队退居在代谷（今山西繁峙和原平中间），刘邦的军队驻扎在晋阳，经过前几次激烈交战后，刘邦认为匈奴势力已经大减，打算一鼓作气把他们全部消灭。在发动进攻之前，他想知道匈奴的现状如何，于是派了好些人去前线打探消息，谁知被冒顿单于知道了，就把匈奴军队中的精锐士兵都藏在后方，尽安排些没有作战能力的士兵排在队伍的前面。前来打探消息的使者一看，乐得马上回去向刘邦汇报情况，每个人都赞成立即发动进攻，刘邦决定派刘敬再去查探一下，看看情况是否属实。刘敬回来后和刘邦说："匈奴军队看起来确实不胜作战，但冒顿单于肯定把精锐部队都藏了起来，故意迷惑我们，臣以为汉军不可轻举妄动。"刘邦一听就不乐意了，开口就责骂刘敬贪生怕死，灭自己威风助他人气焰，他下令把刘敬囚于广武城的监狱里，等到打败匈奴之后再来处置。

刘邦先带领骑兵赶去平城（今山西陵川北）部署作战前的准备，等步兵队到达之后就可以开战。当骑兵队伍走到白登山的时候，埋伏在此的匈奴军队立刻现身，前堵后截，令汉军动弹不得，骑兵队伍只带了少量粮食，步兵部队一时半会儿无法赶来支援，刘邦指挥了几次突袭，都没有冲出包围。冒顿单于把士兵分成四队，从四个方向围住汉军，轮流发动进攻。几次下来，两方军队重伤不断，谁也没有制服对方。北方的冬天特别冷，汉军士兵都是南方人，经受不住严寒，很多人身上都有了不同程度的冻伤，严重的被冻掉了手指头。匈奴军队虽然粮草充足，装备齐全，但汉军誓死抵抗，一点可乘之机也没有。

两军在白登山对峙了7天，刘邦愁得向身边将领征求解围的办法，陈平告诉刘邦，冒顿单于特别宠爱阏氏，不妨派使臣带着金银珠宝去贿赂她，说不定能让单于退兵。刘邦答应了，陈平和另一位将领带着珠宝首饰和一幅美人画卷偷偷潜入匈奴营中，找到了阏氏，把珠宝和美人图献给她，并承诺如果匈奴退兵，还会奉上更多的珠宝，并把画中的美人献给单于。阏氏欣喜地接过珠宝首饰，等看到美人图的时候，想到如果美人真的被献给单于，自己一定会失宠，于是她答应劝冒顿单于放过汉朝皇帝，并请陈平把美人图收回去。晚上，阏氏对冒顿单于说："两军交战始终没有分出胜负，双方都损失不少。即使单于得到了中原，我们也不可能习惯那里的生活环境和饮食，何必非要和汉朝争夺呢？况且汉朝皇帝被困许久，始终没有大碍，无疑有神明相助，还是放他们离开吧。"冒顿单于听了，半信半疑，第二天去观察汉军，始终不见慌乱的情况，就相信了阏氏的话，下令撤走一部分军队，让刘邦突出重围。刘邦率骑兵匆忙从匈奴队伍的缺口中逃出去，回到都城后的第一件事就是把之前赞成攻打匈奴的人都杀了，然后把刘敬从监狱里放出来，封他为关内侯，赏赐了不少财产。

冒顿单于虽然放走了刘邦，却一直骚扰北方边界上的城镇，刘敬建议汉高祖把公主嫁给单于，以和亲的政策维持边界安稳。吕雉不肯让女儿去和亲，刘邦找了个女孩代替公主嫁给冒顿单于，带着大批金银布匹，由刘敬护送前往北方，同时还承诺每年送给匈奴一定量的粮食和生活用品。这一举措缓解了汉朝和匈奴的关系，让汉朝的百姓免去了战争之苦。

周勃夺军

公元前180年，吕后临终前把南北两军的军权交给了吕禄和吕产，还嘱咐他们两人在自己死后派重兵把守宫殿，不得给自己送葬，以免被刘氏子孙和大臣们挟持。吕后去世后，吕氏集团打算趁刘家没有推举出新皇帝的时候起兵造反，可是朝中不少重量级的大臣都拥护刘氏家族，尤其是灌婴和周勃、陈平等人，都是开国元老，吕家人不敢轻举妄动。

朱虚侯刘章的妻子是吕禄的女儿，有一天，妻子把吕家人谋划造反的事情告诉了刘章，刘章一听就知道事情非常严重，他连忙把这件事告诉哥哥刘襄。齐王刘襄得知吕家人准备叛乱后，先一步起兵镇压他们，他一方面联络其他刘姓诸侯王，让大家联合起来；一方面去朝中请求陈平、周勃等大臣的帮助。陈平和周勃一听刘襄有意推翻吕氏集团，纷纷表示支持。

当时南北两军的军权都握在吕禄、吕产手中，周勃想调兵，却不知去哪里找军队。吕禄有一个好朋友，名叫郦寄，两人感情十分深厚，周勃想从吕禄手中得到军权，硬抢是抢不过来的，干脆使点小计谋。周勃趁郦寄不在家的时候，把他的父亲带到自己府上，等郦寄回家找不到父亲时，周勃派人告诉他，只要他能劝吕禄把军权交出来，他的父亲自然就会平安地回家。郦寄没办法，只好去找吕禄，他对吕禄说：“眼下吕后刚去世没多久，朝中人心惶惶，齐王刘襄虎视眈眈，赵王您此时又率领军队驻守在都城，难免会让人以为您想造反，引起不必要的误会，还是把军权交给周勃比较好。刘襄一看您撤兵了，他的军队也会撤退，大臣们自然也不会对您表示怀疑，这不是挺好的吗？”

吕禄听了，觉得郦寄说得有理，就把北军的军印交给周勃。周勃拿着军印一路跑到北军军营，士兵们看到周勃接管了军队，纷纷表示愿意帮助刘氏家族，就这样，周勃带领着北军和齐王刘襄一起对抗吕氏集团。

在谋划叛变之前，吕禄和吕产就约定一个日期打算攻占宫殿，当吕禄把军印交给周勃的时候，吕产并不知情，那时他正命令灌婴出兵去镇压齐王的军队。灌婴根本不愿意和吕氏苟同，他暗地里和齐王取得联系，约定双方先按兵不动，等吕氏集团按捺不住有所行动后，迅速把他们消灭。吕产见灌婴迟迟不肯行动，干脆亲自率军攻入皇宫，他原以为吕禄会在宫中和自己里应外合，其实吕禄早就回到自己的封地去了。等吕产带着军队进入皇宫后，朱虚侯刘章的军队从四面围住了吕产，吕产还笑着说刘章不自量力，直到等了很久也没见吕禄出现，吕产才明白大势已去。刘章在交战中杀死了吕产，接管了南军，然后刘襄、周勃和灌婴联合起来打败了吕氏集团，历史上把这件事情称为“荡涤诸吕”。

吕后执政时逼死了很多刘氏家族的子孙，汉高祖活下来的儿子只有两个，淮南王刘长和代王刘恒。铲除吕氏集团后，大臣们开始讨论立谁为皇帝。经历了外戚吕氏集团的腥风血雨之后，大臣们无意再扶持一个外戚强大的皇帝，按理说齐王刘襄在镇压叛乱中功劳很大，可是他是孙辈，要是汉高祖没有儿子的话，倒还可以考虑他，最让大臣们不放心的是，刘襄舅舅的势力很强大，因此陈平和周勃不可能立刘襄为帝。淮南王刘长虽然不错，奈何他母亲一族的势力不比刘襄的舅舅弱，现在只剩下代王刘恒，刘恒的母亲薄姬行事作风一向严谨，而且家中也没有能够炫耀的势力，大臣们一致决定立刘恒为帝，史称汉文帝。

周亚夫治军

周亚夫是西汉时期著名的军事家，带兵打仗自有一套办法。他的父亲是绛侯周勃，父亲死后，爵位本来是由他的哥哥继承，但是哥哥后来犯了杀人罪被斩首，文帝很敬重周勃，不想看到周勃的后人流离失所，就让大家从周勃的儿子中推举一个德才兼备的人来继承爵位，就这样，周亚夫成了众人一致推举的对象。

公元前158年，汉朝北方的领土遭到匈奴的疯狂攻占，文帝命宗正刘礼、祝兹侯徐厉和河内守周亚夫三人为将军，分别率领军队驻扎在不同的地方，形成一道坚固的防线，抵御匈奴入侵。刘礼驻守霸上，祝兹侯驻守棘门，周亚夫驻守细柳（今陕西咸阳西北）。然后另抽调一部分大军去前线和匈奴战斗。

前方频频传来捷报，汉文帝很高兴，他吩咐军队只要把匈奴赶出边境就可以班师回朝。部署好一切事务后，文帝决定去三队守军的阵营巡视一番。文帝首先来到刘礼驻扎在霸上的军营，还没到营门，就听到士兵们大声吆喝的声音，走近一看，才发现每个士兵穿着简单的布衣在军营里乱哄哄地跑来跑去。等文帝的马车走到营门口时，守门的士兵一看皇帝来了，才慌忙把大门打开，弯腰鞠躬把皇家车队迎接进去，早有士兵把皇帝来了的消息告诉了将军，将军率领一众将士们齐刷刷地站在营门不远处等候着。文帝坐在马车上，命令车队绕军营一圈，然后在众将领的拥护下离开霸上的军营。接着文帝来到驻守在棘门的军营，情况和霸上的军营差不多，士兵们看上去没有一点纪律性和组织性，一个个闲散地分布在营中，好像根本就没发生战争一样。

而后文帝来到周亚夫的军营，首先就听到士兵在操练时发出的呐喊声，整齐又响亮。原来周亚夫自从驻守在细柳后，每天都督促士兵演练，从早到晚不间断。他把士兵分成几部分，相互进行战斗演习，赢了的一方有奖励，输了的一方要接受更严格的训练。周亚夫还立下军令，凡在军营里，每个人都要全副武装，盔甲必须穿在身上，刀剑更要不离手；不管有谁想进军营，一律要得到将军的认可，以防奸细混进来；任何车马在营中都要慢慢地行走，不能飞奔疾驰，以免伤到人，造成混乱。军营在周亚夫的管理下显得井井有条，每个人都有事情可做，而且分工明细。

负责驾驭车队的人向周亚夫军营的守门士兵通报，说皇帝要来这儿巡视，士兵严肃地告诉车夫，没有周将军的命令，谁也不能进入军营。车夫很气恼，把事情和文帝说了之后，文帝觉得周亚夫的做法是对的，于是他亲自写了一封信函，让守门士兵带进去。过了一会儿，士兵回来说将军同意了，接着就把营门打开，并叮嘱车夫不能把马车驾得太快，因为将军下过命令，营中的车马只能慢慢地行进。文帝吩咐车夫照做，车夫紧紧地拉着缰绳，让马车慢腾腾地走在军营中。

文帝的车队来到将军的营帐前，周亚夫披盔戴甲站在文帝的车前，说："军中有令，穿铠甲的将士可以不行跪拜礼，请允许我用军中的礼节向您致意。"文帝听了很是感动，索性从车内走出来，扶着车身上的木栏杆，对着周亚夫说了一番激情慷慨的话，还向全军士兵表示感谢。说完，文帝走进车内，车队朝营门走去，仍旧是慢慢地走着。

在回皇宫的路上，文帝禁不住内心的喜悦和随行的大臣们说："你们一定以为周亚夫的行为会惹恼我，其实这才是真正的将军该有的气势。如果每位将军都像周亚夫一样，汉朝的军队必定更加坚不可摧。霸上和棘门的军营看着真令人心寒，如果匈奴真的打过来了，怎么能指望他们替国家征战呢？也许连将军都会被俘虏。周亚夫的军营我一点也不担心。"大臣们听到文帝不但不责怪周亚夫，还说了很多称赞他的话，心里也松了一口气，对周亚夫的敬佩之情又加深了些。

一个月后，匈奴被汉军全部赶回了荒漠，三支驻守军队也撤回长安，周亚夫一回来，文帝就任命他为中尉，主要负责京城的安全。文帝很器重他，临终前对太子刘启，也就是后来的汉景帝说道："周亚夫是个难得的军事人才，应该多重用他，如果发生了危急的情况，务必要让周亚夫来掌管军权。"

景帝登基后没有忘记父亲的嘱咐，封周亚夫为车骑将军，后来发生的七国之乱，进一步证明了周亚夫优秀的带军能力。

七国之乱

晁错死后，汉景帝命令七国诸侯军队停止叛变，没想到吴王刘濞公开表示自己要做皇帝，根本不把汉景帝放在眼里。袁盎带着诏书去见刘濞，劝他退兵，刘濞自称为皇帝，对景帝的诏书嗤之以鼻，还派一队士兵把袁盎软禁在军营中，准备把他杀掉。袁盎一看情况不对，就趁天黑偷偷溜了出去，马不停蹄地赶回长安，把吴王的话原原本本告诉了汉景帝。景帝这才知道自己被吴王骗了，错杀了晁错，大错铸成，眼下最要紧的就是把叛军镇压下去。

正在这时，和诸侯军队交锋的校尉邓公回到长安来汇报军情，景帝连忙问他战况如何，邓公说："吴王铁了心要造反，他已经准备几十年了，就算皇上不削他的封地，他也会造反，况且晁错已被腰斩，我想天下谋士怕是再也不敢开口了。"景帝不解，邓公接着说："晁错本来担心诸侯王的势力日益膨胀，最终成为朝廷的威胁，这才建议削藩，实则加强了朝廷的皇权，然而他却被皇上处死，这样一来，谁还敢直言不讳呢？"景帝羞愧万分，一时又想不出什么办法来应对，突然间，他想起汉文帝临终前的嘱托，于是把周亚夫找来，封他为太尉，镇压诸侯叛军。

公元前154年，太尉周亚夫带领大军和吴、楚两军交战，郦寄率军攻打赵军；栾布率军攻打齐军；大将军窦婴则带军驻扎在荥阳，密切注意齐军和赵军的行踪，如发现异常，就立刻赶去增援。窦婴本来还想推辞，景帝以国家安危为由，强令他接受大将军一职，窦婴无可奈何，只好答应。

周亚夫出兵后，了解到吴楚的军队正在攻打梁国，心里顿时有了对策。他和景帝说："现在吴楚两军正围攻梁国，如果正面和他们交锋，难免会有大的损失。楚军向来勇猛善战，个个凶狠异常，不如我们用梁国作为诱饵，趁他们全力战斗的时候，先把吴楚军队的粮草截下来，然后再和诸侯军交战。"景帝觉得这个办法可行，就批准了。

周亚夫带着军队来到霸上，路上遇到一个谋士，谋士建议周亚夫不要直接赶去梁国，而是从右边包抄过去，并说诸侯军一定会在半路上设下埋伏。于是周亚夫取道蓝田，经过武关来到雒阳，果然发现了埋伏在这儿的敌军。

梁国此刻被诸侯军围了个水泄不通，正急着等待援军的到来，听到周亚夫率军出征之后，梁王立刻给他写信求助。周亚夫嘴上说着很快就来，其实他只是远远观望着，并不行动。梁王急得团团转，又写了封信给周亚夫，还是没盼到援军，梁王无奈，写信向景帝求助，景帝吩咐周亚夫去攻打围困两国的诸侯军，周亚夫依然没有动静，只命令将士把诸侯军的粮草抢了回来，还把他们的运粮队给俘虏了。手下的士兵看到周亚夫迟迟不发兵打仗，有些捉摸不透，还以为周亚夫是在帮助诸侯军，军心难免有些动摇。周亚夫也不解释，任凭士兵们胡乱猜测。

吴王刘濞看到粮草被周亚夫截住后，心里也慌了神，士兵们没有粮食，怎么会有力气打仗呢？刘濞咬咬牙，决定先把周亚夫除掉。刘濞趁着晚上天黑，派遣一队士兵偷偷潜入周亚夫的军营制造混乱。当时周亚夫正躺在营帐里休息，忽然听到外面传来叫喊声和奔跑声，周亚夫知道这是敌军来刺探军情。他没有出去控制局面，任凭士兵们在营中东奔西跑，大呼小叫。这是他使的一个小计谋，故意让诸侯军以为自己的军队纪律散漫，不堪一击，这样他们就会骄傲自大，盲目地发起进攻，那时，也就是他们露出破绽的时候，打败他们就轻而易举了。果然没过多久，外面的声音渐渐小了，士兵们也各自回营帐休息。刘濞从回来的士兵口中得知周亚夫军营的情况后，哈哈大笑几声，得意扬扬地宣布第二天发动进攻。

第二天，诸侯军打算从东边袭击周亚夫的军营，大批士兵朝军营涌来，周亚夫细细思考了一会儿，认为刘濞是想把注意力全部引到东边，真正的进攻方向应该是西边，于是周亚夫命令一小部分士兵假装在东边奋力抵抗，自己则带着大部分士兵埋伏在西边。过了一会儿，隐隐约约看到前面走来大队人马，领头人正是吴王刘濞和楚王刘戊。等吴楚两军走近后，周亚夫率领士兵突然冲到他们面前，诸侯军措手不及，匆忙迎战。由于粮草都被周亚夫截住了，吴楚士兵好几天没有吃上一顿饱饭，现在又受了惊吓，根本没有力气打仗，一个个丢下兵器跑了。吴王见此情景，知道这回必定要败在周亚夫手里了，他也不管楚王和其他士兵的安危，带着自己的亲信一溜烟逃跑了。楚王这才知道刘濞是个贪生怕死的胆小鬼，他恨自己轻信了吴王的话，没脸向景帝认罪，只好拔剑自刎。再说吴王和随从逃回吴国后，一些忠义大臣和百姓恨死了他，就偷偷商量着把吴王杀死。吴王不知道危险正在逼近自己，还以为可以东山再起，没等他反应过来，几个大臣就把他捆住了，直接摁在地上，一刀结果了性命。随后，大臣们把吴王刘濞的脑袋献给了汉景帝。

吴王和楚王一死，其他诸侯王纷纷缴械投降，汉景帝把他们统统判处死刑。至此，周亚夫在三个月的时间里平定了七国之乱，汉朝的江山保住了。周亚夫得到重赏，成为景帝最宠信的臣子，5年之后，又被任命为丞相。

景帝没有废除诸侯王后代的爵位，但制定了许多约束他们的律令。诸侯王以后只能在自己封地之内征收田地租税，对封地内的官吏升迁和政府事务没有权力干涉。这样一来，诸侯王的权力大大削弱，再也没有能力和中央政府抗衡。

马邑诱敌

匈奴是我国古代聚居在阴山南北草原上的一个游牧民族。秦朝时，他们不断入侵中原，秦始皇派大将蒙恬击败匈奴，从此匈奴退到漠北。可是到了楚汉相争时，匈奴又乘机南下侵扰中原，而且占领了许多土地。

汉高祖建立汉朝以后，决定对匈奴派兵，结果汉高祖被匈奴人马在白登山包围了七天七夜，这就是历史上的“白登之围”。刘邦一看匈奴如此强大，便采用了和亲政策，来缓解边境的侵扰。但是匈奴首领单于贪得无厌，不仅娶了汉朝皇室的女儿，还要索取许多财物。尽管如此，他仍不罢休，还经常背信弃义，来骚扰中原人们的生活。

文帝和景帝采取休养生息的政策，恢复生产，减少战争，尽可能与匈奴保持和好的政策，还采取“和亲”这种方法来缓解边境的压力。文景盛世使社会经济得到了恢复和发展，汉朝逐渐强盛起来。到了汉武帝时，他治国有方，年轻有为，国家昌盛达到了汉朝的最高点。而且汉武帝不主张“无为”思想，他认为身为一代帝王就应干出一番事业来。

武帝看到强大的汉朝常常受到匈奴的威胁，虽然采取“和亲”政策，但匈奴贵族还是经常侵犯中原，骚扰人们的生活，使北方地区的人们不得安宁。他非常气愤，一方面仍旧采取“和亲”政策，另一方面却暗中积蓄力量，计划等到时机成熟，出兵消灭匈奴。

那时候，朝中分为两大派。一派主张出兵攻打匈奴，他们认为：汉朝如此强盛，岂能受匈奴的气呢，而且匈奴贪得无厌，总是不守盟约，经常侵犯中原，杀害百姓，掠夺粮食和牛羊，严重影响了北方地区人们的生活。如果匈奴再强大了，他们很可能举兵攻打都城。主张抵抗派的代表是王恢。而以御史大夫韩安国为代表的“和亲派”则认为：匈奴能征善战，汉朝建立以来，从没有打败过匈奴，一直采取“和亲”政策。匈奴虽然经常侵扰北方人民，但还不会威胁都城，而且攻打匈奴十分困难，匈奴没有固定的居住地，过着游牧生活，随意迁徙。即使我们取胜了，也得不到他们的领土和人力，但如果我们失利，单于必会反扑，到时候恐怕会危及朝廷的统治。汉武帝是主战派，但作为一国之主，他觉得应该沉住气，等待时机。

公元前133年，马邑（今山西朔州市）有个大商人聂壹来找王恢。聂壹是边境上的商人，他恨透了匈奴人。本来边境上做买卖能赚钱，可那帮可恶的匈奴人，见到东西就抢，不用说是赚钱了，有时候连本都得搭上。他这次找王恢，就是想为王恢献一计。聂壹对王恢说道："将军，匈奴在边境肆意骚扰我大汉朝人民，而且还经常入侵中原，不铲除它，总是一个祸根。如今我们国家兵强马壮，还怕它一个小小的匈奴吗？如果我们想铲除它，我倒有个好主意。"

王恢一听很高兴，忙问道："什么好主意？"

聂壹说："我经常在边境上做买卖，他们有时买我的东西，但更多的是抢我的东西。所以他们很多人都认识我。我仍以做买卖为幌子，对他们说把马邑献给单于。单于非常贪财，而且他知道马邑这个地方很富有，所以他一定会带兵而来。一旦他带领军队入关，我们就把他包围起来，打他个落花流水。"

王恢听后大喜，忙说道："果然是妙计。"

王恢立刻面见汉武帝，把聂壹的计策说了一遍。汉武帝一听也认为是一条妙计，便决定依聂壹的计策行事。于是，汉武帝任命韩安国为护军将军，王恢为将屯将军，公孙驾为轻车将军，李广为骁骑将军，李息为材官将军，率领30万人马去做好埋伏。这些人依计行事，韩安国埋伏在马邑周围，王恢从后路包抄，而公孙驾和李广则安排在马邑左右，李息安排在中间。他们准备匈奴兵一到，李息率兵马先和匈奴拼杀，之后装成败兵，把匈奴引到韩安国、公孙驾、李广的三面包围中，一旦匈奴逃跑，后路而上的王恢再截杀。

聂壹仍以商人身份潜入匈奴，他对匈奴兵说："我有要事报告单于将军，请通禀一声。"因为很多匈奴人都认识他，所以不一会儿，匈奴兵就让聂壹进去回话。见到单于，聂壹就说道："将军，我可以杀死马邑的官吏，把城献给您。不过我有个条件，您得答应我。"

单于一听，很高兴，便问道："什么条件，快快讲来。"

聂壹说："将军，如果我献城有功，你必须答应我不允许你手下的人骚扰我做买卖，而且不允许别人在边境做买卖。"

单于心想："够狠毒的，只允许你一人做买卖，钱都让你挣了，但是马邑县城更重要，我不如先答应他，得到了县城，然后再慢慢收拾他。"想到此，单于便笑着说道："好吧，我答应你。"但是单于还是怕上当，便派了几个心腹跟聂壹一起到马邑去，看聂壹是否真的杀死了官吏。

这几个人来到马邑后，聂壹先进城，让那几个人在城外等着。过了一会儿，聂壹便将几个人头挂在了城头上，对底下的人喊："快告诉你家将军，我已经杀了官吏，让他速来。”实际上，聂壹杀的是几个犯了死罪的犯人。

单于的几个心腹信以为真，迅速调转马头去报告单于。单于诡计多端而且狡猾多疑。他亲自率领10万骑兵进入汉朝边境，直奔马邑。走到半路上，他发现空旷的大草原上只有马匹、牛羊，却没有放牧之人，便起了疑心。他越走越觉得不对，每次到汉朝时，都有很多人，而这次一个人也没有看见，难道他们事先知道我们要来？

他边走边想，一抬头，看见前边有座亭堡（瞭望敌人，传递军情用），立即派人把守在那里的亭尉抓来，对他说道：“你给我说老实话，如有半句假话，我立即砍掉你的头，如果你说了实话，我不仅会放了你，还会给你奖赏。”那个亭尉胆小，把汉军如何布置的埋伏全讲了一遍。单于一听，也吓了一跳，立即停止进军，一刀把那个亭尉杀死，然后下令：火速撤回。

汉军正在马邑等待匈奴上当，得知匈奴到了半路又撤回去了。而这时，王恢的人马已经从小路包抄过来，但他生性胆小，怕自己保不住性命，白白地放过了单于。汉武帝大怒，将王恢斩首。

马邑诱敌，结果功败垂成。从此，汉朝和匈奴表面上的和亲关系破裂了，双方发生了几次大的战争，强盛的汉朝终于在战争中征服了匈奴，但是也为此耗费了大量兵力。

昆阳大战

更始帝刘玄即位后，派王凤、王常、刘秀进攻昆阳。王莽听到起义军立刘玄为皇帝，顿时感到坐立不安。后来又听说起义军打下了昆阳（今河南叶县），更是急得像热锅上的蚂蚁，他立即派大将王寻、王邑率领43万兵马，从洛阳出发，直奔昆阳。而驻守在昆阳的汉军只有八九千人。有些汉军看见王莽的军队人马众多，担心抵抗不住，主张放弃昆阳，退到原来的据点去。

刘秀对大家说："现在我们兵马和粮草都很缺乏，在这种情况下，全靠大家同心协力，才能战胜敌人；如果放弃昆阳，汉军各部也会被敌军各个击破，那就什么都完了。"大家认为刘秀说得有道理，可是王莽军的兵力实在太强大，死守在昆阳终究不是个办法。于是派刘秀带一支人马突围出去，到定陵和郾城去调救兵。当天晚上，刘秀带着12个勇士，骑着快马，趁黑夜偷偷出了昆阳城。王莽军没有防备，刘秀等人就冲出了重围。

莽军不久将昆阳围得水泄不通。大将严尤向王邑进言："昆阳虽小，但易守难攻。敌人主力在宛城，我们不如绕过昆阳赶往宛城寻歼其主力，到那时昆阳敌人受震动，城可不战而下。"但王邑拒绝说："非也，我军百万之师，所过当灭，今屠此城，喋血而进，前歌后舞，岂不快哉？"于是陈营百余座，挖地道，造云车，猛攻昆阳。王凤、王常率全城军民顽强抵挡，多次挫败敌人的进攻，敌军消耗很大。

严尤见昆阳久攻不下，再次向王邑进言："围城应该网开一面，使城中一部分守军逃出至宛城，散布兵危消息，以使敌人情绪消沉，军心动摇，其士气低落下来后，城必可破。"但又被刚愎自用的王邑拒绝了，他认为不久昆阳就会告破。

刘秀到了定陵，把定陵和郾城的人马全部带到昆阳去解围。但是有些汉军将领，舍不得丢掉得到的财产，不愿去昆阳。后来，刘秀说服了众人，带着全部人马赶赴昆阳。到了昆阳，刘秀见昆阳仍未失守，而莽军队形不整，显得士气低落，疲惫不堪，心下大喜。他立即投入战斗，亲率一千轻骑为前锋，冲到王邑军阵前挑战；王邑以其人少不足畏惧，就只派了三千人迎战。刘秀急忙挥军疾冲猛杀，转眼间莽军百余人被砍死，剩下的败退而回。初战告捷，城内城外更始军队士气为之一振，斗志立时高涨了许多。

刘秀为了更进一步振奋士气，同时动摇敌人军心，便假造宛城已为更始军攻克的战报，用箭射入昆阳城中；又故意遗失战报，让莽军拾去传播。这一消息顿时一传十，十传百。城内军民守城意志更加昂扬，而城外莽军情绪却更加沮丧。胜利的天平已开始向起义军这边倾斜了。刘秀见效果已经达到，便精选勇士三千人迂回到敌军侧后偷渡昆水，而后猛攻王邑大本营。

此时，王邑仍不把刘秀放在眼里，他担心州郡兵主动出击会失去控制，就令他们守营勿动，自己和王寻率万人迎战刘秀的三千义勇。然而王邑的轻敌应战怎奈得住刘秀部署严密的进攻？万余兵马很快被冲得阵势大乱，而州郡兵诸将却因王邑有令不得擅自出兵，谁也不敢去救援。于是王邑所部大溃，王寻也被杀死。莽军余部见主帅都溃退了，也都纷纷逃命。刘秀乘势掩杀，城中王凤、王常见莽军崩溃，即从城内杀出，与刘秀部内外夹攻王邑。王邑军互相践踏，死伤无数，极为狼狈地向洛阳方向逃去。

昆阳大战消灭了王莽主力的消息传到各地，百姓纷纷起来响应汉军。

更始帝派大将申屠建、李松率领汉军乘胜向长安进攻。王莽集团内部一片混乱。王莽的心腹刘歆、王涉和董忠等准备发动政变，清除王莽。事情败露后，刘歆自杀，董忠被诛。大臣内叛，军事外破，王莽开始陷入完全被动的局面。绿林军则趁机大举进攻：王匡率兵直捣洛阳；李松、申屠健等进逼武关。各地也都纷纷响应，杀掉他们的牧守，自称将军，用汉年号，以待诏命。王莽仍在负隅顽抗，召集囚徒为兵，企图阻挡绿林军。但囚徒兵很快背叛王莽，掘王莽祖坟，烧王莽祖庙。析县人邓晔、于匡也支持义军，迫使析县宰和武关都尉投降，攻杀莽军右队大夫。王莽走投无路，便带领群臣到南郊哭天，祈求苍天保佑。但王莽越哭，义军越近，长安很快便被起义军包围得严严实实。九月，绿林军占据长安，长安人张鱼、朱弟率众起义响应，冲入宫廷，将宫室焚毁。王莽抱头鼠窜，逃到未央宫中的渐台，妄图借台周围的池水将农民军阻挡，但农民军已经把宫室团团围住，一时乱箭四射，不久就攻占了渐台。王莽已毫无退路，被商人杜吴所杀。起义军将王莽的头传到南阳，挂在南阳市示众，“百姓共提击之，或切食其舌”。

王莽新朝共历经15年，在礼义、职官、货币、土地、税贷等方面进行了多次改制，导致了经济混乱，社会矛盾激化，最后终于葬送在农民起义的熊熊烈火中。

关东之战

东汉有一位大将名叫盖延，是“云台二十八将”之一。他身材威猛，力大无穷，可以拿起300斤重量的物品。早年他曾追随太守彭宠，担任其护军，后来便投奔了刘秀。

刘秀和更始帝争夺天下，经历了不少战争，盖延跟随刘秀也参加了这些战争。当时有不少自封为皇帝的人出现，盖延在镇压他们的战斗中表现出色，战功卓越，因而被拜为偏将军，并册封建功侯的爵位。等到光武帝刘秀登基后，盖延又被封为虎牙将军。

公元24年，刘永在睢阳起兵，先是攻占了济阴（今山东定陶西北）、山阳（今山东金乡西北）、沛县（今安徽淮北西北）、楚（今江苏徐州）、汝南（今河南上蔡西南）等28座城池，接着又联合了张步和董宪的军队，朝着洛阳奔去。刘秀听到消息后，命令盖延率领5万大军迎战，从刘永手中抢回了敖仓（今河南荥阳东北）、酸枣（今河南延津西南）和封丘（今河南封丘西南）三地。刘永抵不过盖延大军，匆匆逃往睢阳。盖延带领大军乘胜追击，在离睢阳不远处兵分两路夹击睢阳，没过多久就攻破了睢阳城。刘永再次出逃到虞县（今河南虞县北），可是盖延大军在后面穷追不舍，刘永迫不得已又逃到谯县（今安徽亳州）。盖延在一路追赶当中，趁机占领了沛、楚、临淮三地。正当盖延准备攻打刘永的时候，另一支起义军开始对洛阳发动战争，盖延只好按照刘秀的吩咐返回洛阳，刘永趁机把睢阳重新夺了回来。刘秀命令大司马吴汉和盖延一起镇压造反的起义军，没多久就把起义军消灭干净了。这之后，盖延再次接受了镇压刘永的命令，他和吴汉领着大军把睢阳城团团围住，刘永怎么也不肯投降，就这样，两方人马对峙了一百多天。

公元26年，刘秀封盖延为安平侯，继续奉命镇压刘永。随后，驸马都尉马武、骑都尉刘隆、护军都尉马成和偏将军王霸一路南下，攻占了敖仓、封丘、襄邑和麻乡，到达睢阳和盖延会合。刘永仍然不肯投降，过了几个月，城外田地里的麦子到了收获的时节，盖延命令大军白天去地里收割麦子，晚上则偷偷找来很多梯子。汉军趁着刘永不注意的时候搭着梯子攀上城墙，大声叫喊，吓得城内士兵慌不择路，刘永在慌乱中带着亲信从东门逃脱，盖延紧追不舍，一路上攻下了好几座城市。苏茂和周建是刘永的部下，他们两人带着3万人马急匆匆赶来支援刘永，并在沛西和盖延大战一场，可是被盖延打败了，大军死伤过半。刘永逼不得已只好逃到湖陵，苏茂则逃到了广乐。沛、楚、临淮等地被东汉收复，盖延在这三个地方修建了高祖庙，还安排了官员管理当地秩序。

公元27年，经过一段时间的休整后，刘永重新回到了睢阳城，盖延再次率军前来镇压。这一次两军对峙了一百多天，睢阳城里的粮食储备明显不足，士兵们都填不饱肚子。盖延从探子那里得知这个消息后，故意拖延时间不发动进攻，几天后，盖延估计刘永的军队已经弹尽粮绝，便命令部下猛烈进攻。城里的士兵因为吃不上饭，一个个身体都软绵绵，哪里还有力气去打仗，没几个回合就丢下兵器投降了。刘永眼看大势已去，准备逃跑，最后还是被盖延的大军杀死了。刘永的部下苏茂和周建带着刘永的儿子侥幸逃了出去，他们来到垂惠（今安徽蒙城西北），宣布立刘永的儿子刘纡为梁王，重新举兵。

公元27年，东汉大军在垂惠消灭了苏茂和周建的军队，周建在战乱中被杀死，苏茂和刘纡仓皇逃跑，投奔了董宪。盖延大军一路追到董宪所在的地方，经过一番激烈的战斗，终于消灭了董宪和刘永残余的部队，至此，关东最大的地方割据势力被东汉剿灭了，刘秀的政权得到了巩固。

官渡之战

汉献帝时期，东汉几乎名存实亡。董卓掌控政权，汉献帝实为傀儡。董卓被杀后，汉献帝几经颠沛流离，又回到了满目疮痍的洛阳。皇宫早已倾塌，到处是蓬蒿荆棘。汉献帝沦落为无处安身之人，到了走投无路的地步。就在这时，据守在河南中部的曹操派来一队人马，把他接到了许昌。曹操把汉献帝接到许昌，是有打算的，他一方面扩大在中原的势力，收编了青州黄巾军30万人，势力大振；另一方面，把汉献帝握在自己手中“挟天子以令诸侯”取得政治上的优势。这样，曹操很快就在各方面占得优势。

此时的袁绍，虽不再是盟主，可在黄河中、下游一带的军阀势力中，袁绍仍然是最强大的。袁绍看到曹操“挟天子以令诸侯”，势力增长很快，他认为不能坐视不管。于是在199年，消灭了幽州的公孙瓒后，立即组织了10万人马，前去征讨曹操。

曹操以皇帝的名义封江东的孙策为吴侯，稳住江东地区，解除了自己的后顾之忧。于是，便带兵北上迎击袁绍。双方军队相峙于官渡（今河南中牟），一场决战不可避免。可是，曹操的兵马只有区区几万人，而且粮草严重不足，不像袁绍兵多粮足，双方孰赢孰败很难断定。

双方交战开始后，袁绍初战就失利了，大将颜良被斩；再战又中计，名将文丑阵亡；两战皆败，士气低落。虽然袁绍的粮草充足、兵多将广，能够坚持长期对抗，但是他固执己见，不听从属下的正确意见，丧失多个有利时机。结果，袁绍和曹操在官渡对峙了半年的时间，曹营的粮草已经严重匮乏。众所周知，古代双方交战，粮草先行，如果没有粮草后备，就是有再勇猛的士兵也是无法坚持持久作战的。所以，曹操为粮草的事情十分担心，很想退兵。这时，曹操的谋士荀彧写信给曹操，说：“两军相持已久，先退兵者势必败。如果坚持下去，会找到战胜袁绍的机会的。”

曹操看了信，半信半疑。他分析，假如袁绍长期对峙下去，就是袁军不进攻曹军，曹军也没有粮草了，也无法再继续作战了，何况袁绍也在等这样的机会呢？怎么办呢？退兵吧，袁军乘势进攻，曹军也必败无疑，如何是好呢？

曹操焦头烂额，愁眉苦脸，左右为难。恰在这时，袁绍的谋士许攸因遭袁绍的排斥投靠曹操来了，曹操一听，高兴极了，连鞋都没来得及穿，就跑出军帐迎接许攸。许攸给曹操献计，劝曹操偷袭袁绍的粮草大营——乌巢（今河南延津），许攸断言，如果偷袭成功，不出三天，袁绍就会大败。

公元200年10月，曹操按着许攸的计策，亲率精锐步骑突袭了袁绍的乌巢粮囤，火烧粮谷。袁绍听到这个消息，极为震惊。然而，袁绍还想靠侥幸取得胜利，没有派主力前去营救，只派去了少数兵马，命令其主力去偷袭曹操的官渡大营。由于他事先没有准备，是仓促间做出的决定，部下的意见也不一致。而曹营早有防备，坚守壁垒，袁军无法攻破。结果，乌巢的援军粮草被曹操的大火一烧，袁军军心动摇，攻打曹营的张郃也向曹军投降了，曹军乘势全线出击。袁军无力再战，全军崩溃，10万大军被杀死者达7万之多，袁绍只带着不足千人的骑兵逃回河北。

这样，官渡之战以势弱的曹军战胜了势强的袁绍军而告结束。两年后，袁绍病死。曹操趁机攻占袁绍的统治中心邺（今河北临漳），占据青、冀、并、幽四州之地，后又北出卢龙赛（今河北喜峰口），大败乌桓，降服辽东。经过几年的经营，最终使分裂的北方重新统一起来。

赤壁之战

公元208年，曹操在朝廷宣布，废三公制度，恢复丞相制度，并自任为丞相。随后他便率军南下攻打占据荆州的刘表，战争开始还没一个月，刘表就病死了，他的儿子刘琮接替他上任荆州牧。又过了一个月，贪生怕死的刘琮在曹操部将的威逼利诱之下，投降了曹操。

刘备当时是荆州的左将军，曹操攻打荆州后，他一直带兵驻扎在樊城。刘琮没有和刘备商量，就投降了曹操，也没把自己投降的消息告诉刘备。刘备被蒙在鼓里，完全不知道危险在朝自己逼近。曹操得到荆州后，便带着大军朝樊城开进，等到曹军到达宛城后，刘备才恍然大悟。愤怒的刘备派人质问刘琮，刘琮只好把自己投降的事情说出来。刘备思来想去，一个人的力量根本打不过曹操，于是他弃城逃跑，来到了江陵。

江陵是荆州重镇，存有很多军用装备和粮食，曹操害怕刘备占据江陵，实力大增，便亲自领着500精锐骑兵去追赶刘备，最后在当阳长坂（今湖北当阳东北）截住了刘备。刘备当时带着大批军资，还有很多跟随他的老百姓，因此行军速度非常缓慢。曹操赶上后，刘备顾不上妻儿和百姓，带着张飞、赵云、诸葛亮等人骑马逃走了，结果可想而知，曹操顺利得到了刘备的军资，还俘虏了他的两个妻子，以及刘备幼子刘禅。

眼看自己主公的家人被俘，赵云不顾危险，重新冲回曹军包围圈，经过一番苦战，终于把刘备的妻儿救了回来。而张飞则带领着二十多人守在桥上，曹军追到桥边时，张飞高声大喊："张翼德在此，谁敢上来一决生死。"曹军被张飞的怒喝吓破了胆，竟没有一个人敢上前挑战，大家眼睁睁看着刘备一行人越走越远。

江陵被曹操占领后，东吴的孙权开始担心了。要是曹操趁机对江东发起进攻，东吴就有灭亡的危险。东吴的大臣一部分主张投降曹操，一部分建议和曹操对战，孙权想来想去，也不知道该同意哪一方的观点。这个时候，曹操给孙权写了一封信，威胁孙权放弃抵抗。主张投降的那部分人一看，更加坚定了投降的想法。部将鲁肃对孙权说，投降只适用于孙权手下的那些小官，要是孙权投降的话，曹操肯定会起杀心，还不如拼死一搏，也许有取胜的可能。孙权仔细一想，鲁肃的话句句真切，便对外宣布和曹操作战，命令鲁肃把周瑜召回，接着封黄盖、韩当、吕蒙、甘宁、周泰等人为将军，带着3万士兵出征。

周瑜建议孙权和刘备联手，于是孙权找到刘备，一同商量对付曹操的策略。随后刘备命令两万水军在樊口和周瑜的军队汇合，驻守在赤壁。恰好当时曹营里爆发了瘟疫，士兵死伤惨重，大家没有精力打仗，只求能保得自己一条命。曹操和周瑜小战一场，被周瑜打败，只好把水军带到北岸乌林一侧，休养生息，等到合适机会再发动进攻。周瑜把军队全部集结在南岸赤壁一带，和曹操遥遥相望。

曹操的水军是从陆军改造过来的，大多不熟悉水性，很多士兵晕船，总是呕吐。曹操想了个办法，他命人用很多粗铁链把船只首尾连接起来，这样就能保证船不会左摇右摆，人走在上面也就不会头晕。解决了晕船难题后，曹操一心一意操练水军，准备把周瑜、刘备一网打尽。

吴军探子得知曹军把水船用铁链捆起来，连忙报告给周瑜。周瑜正在思考对策，部下黄盖向他献上一条计策。黄盖认为曹军船只首尾相连，行动力和敏捷力都大幅度下降，如果采取火攻的话，成片的船只不消半刻就会烧得干干净净。周瑜听了大加赞赏，可是没多久又发起愁来，计策是有了，可该如何把曹军的船只点燃呢？

正在这时，黄盖突然对外宣布自己要去投靠曹操，周瑜气得不得了，他把黄盖抓起来，当着全军士兵的面，用鞭子狠狠地打他，黄盖也不求饶，没多久就被打得遍体鳞伤。黄盖归顺曹操的心意坚决，周瑜再怎么打骂也无济于事，干脆随他而去。就这样，黄盖先给曹操写了一封归降信，然后带着手下士兵，分开乘坐几只船朝北岸驶去。

曹操和部下早就等候在岸边，远远望见黄盖的船只朝这边驶来，大家都很兴奋。眼看黄盖的船队就要到达岸边，突然间，每艘船上都冒出了浓烟，随即燃起熊熊烈火。原来这是周瑜的反间计，黄盖故意归降曹操，此时江上又刮着东风，风向正好朝着曹军位置。黄盖和士兵把船上堆满柴草，上面浇满油脂，然后用布掩盖住，在外面插上许多旗帜。趁着曹军戒备松懈的时候，黄盖一声令下，士兵们点燃了船上的柴草，船只在风力的作用下朝北岸飞驶过去。曹操的船只很快就被黄盖的船火点燃，由于船体之间有铁链锁着，仓促之间无法分开所有铁链，曹军士兵有的被烧死，有的溺水而亡。

赤壁一战，曹操军力损失过半，无力再对南方进行军事行动，趁着这个机会，孙权、刘备加紧扩充自己的势力。刘备攻占了长江以南的零陵、武陵、桂阳和长沙，孙权攻占了江陵，曹操除了北方大部分地区，还在南方占领着南阳郡和南郡，奠定了三国鼎立的基础。

三国两晋南北朝
SANGUOLIANGJINNANBEICHAO
第五章

漢
吴
联吴抗曹

政事

联吴抗曹

曹操为了除去心头之患，灭掉刘备，率领大军直奔荆州。刘备军队的实力与曹操相比，相差悬殊。刘备被包围在曹军之中，幸亏有大将赵云相救，才绝处逢生。赵云怀里揣着幼主阿斗，大枪似银蛇，来回舞动，在百万曹军中保着刘备杀出重围。

赵云、刘备杀到了长坂桥，曹军紧追不舍，幸好张飞在此接应。张飞粗中有细，他截住追兵，又派人在马尾拴上树枝，来回乱跑，弄得尘土飞扬，好像有几万兵马在此似的。只见张飞单枪匹马，虎目圆睁，在长坂桥上大喝一声："张翼德在此，谁敢前来与我决一死战？"这一吼，如晴天惊雷，敌军都知道猛张飞，谁也没敢拍马过去。曹操发现前边的人马停住，忙问道："为何停下队伍？"

张辽道："丞相，前边尘土飞扬，定有伏兵，而且张飞独立长坂桥。"曹操也知道张飞的厉害，在百万大军中能够杀进杀出，无人能挡。所以曹操下令：撤兵。这一下可惨了，前边的人马想远离张飞，因为他们看到张飞的样子，都心惊胆战，丞相一下令撤兵，立即往回逃跑，后边的军队没防备，曹军互相拥挤，互相践踏，损伤无数。张飞单枪匹马喝退曹军百万，后人赞道："长坂桥头杀气生，横枪立马眼圆睁，一声好似轰雷震，独退曹家百万兵。"张飞见曹军已逃，立即命人拆桥，他怕曹军再追过来。

但是曹操生性多疑，他想：张飞虽勇，我有万马千军，我之所以没有攻打他，是怕中埋伏，他把桥拆了，证明没有伏兵。想到此，他让军队停下，重新组织人马，又反扑回来。

刘备、关羽、张飞、赵云等人一看曹军来势凶猛，知道硬拼肯定敌不过曹军。军师诸葛亮道："主公，我们只有去江夏，与孙权联手，才能共破曹军。"

关羽和从夏口前来的刘琦联手共战曹军，刘备等人才有了空隙，直奔江夏。曹操一看刘备向江夏方向逃去，骂道："大耳贼，你别以为逃到江夏那儿，就平安无事了，我要让孙权和你一起投降于我。"

谋士荀彧说："丞相，刘备向江夏逃去，我们不得不防。那诸葛亮虽然出山不久，但此人神机妙算，对天下形势研究得非常透彻，他们想联合孙权共同对付我们。我们不能让他们得逞，趁他们尚未联合，派大军直逼江夏，水陆两军齐头并进，威逼孙权投降。只要孙权一投降，刘备就没有立足之地了，我们便可以乘胜追击，消灭刘备。即使孙权不投降，我们有百万雄师也可以击败孙权，杀杀他们的锐气。"曹操觉得此话有理，立即率领80万大军向东吴地区行进。

孙权得知曹操正率大军前来攻打自己，十分惊慌，他知道自己的兵力很难和曹操对抗，便召集群臣，商议对策。正在这时，诸葛亮求见。诸葛亮知道他们正在商议如何抗敌，就说道："如今曹操带领150万大军（诸葛亮故意夸大其词）开往东吴，手下大将、谋士不计其数，曹操想灭掉东吴，孙将军赶快投降献城，还可以保住家人的性命，否则，将死于曹操刀下。"

孙权大怒，说道："那左将军刘备为何不投降呢？"诸葛亮一见孙权被激怒，说道："孙将军，您知道古时候齐国有位壮士名叫田横，坚持守义而不受控于别人，何况皇叔刘备，英才盖世，众人仰慕，百水归川，宁可战死，也绝不会屈服于曹操。"

孙权也不想投降，但手下的谋士众说纷纭，所以才迟疑未决。如今他见诸葛亮如此说，一下被激怒，便问道："我孙权继承父业、兄业，虽无多少功绩，但也绝不会屈居人下。不过，曹军百万，我自知不是对手，不知先生有何高见？"

诸葛亮立即答道："孙将军，曹操虽对外号称百万，其实不过几十万，他远道而来，正所谓'强弩之末，势不能穿鲁缟也'。我家主公虽然战败，但关羽仍率领一万精兵抵抗曹操，刘琦的士兵也不下万人。如果孙将军愿意抵抗曹操，我们两家联手，曹操必大败而归。还请孙将军三思！"

这时，鲁肃单独求见孙权，孙权抚着鲁肃的背问道："我们能否抗曹？"鲁肃十分感慨，说道："主公，我们东吴自创业以来，从不屈服于别人，这次亦然，至于兵力的问题，我们可以请水军都督周瑜来共同商议。"一句话点醒梦中人，孙权立即召见周瑜。周瑜此时正在鄱阳湖训练水师，听说主公召见，连夜赶了回来。

周瑜刚一到，鲁肃便把情况和周瑜讲了一遍，之后便邀诸葛亮相见。诸葛亮想试探一下周瑜，便问道："周都督，曹军来攻城，不知可有对策？"

周瑜道："此次曹操率大军，来者不善，他是想灭掉东吴，如果我们和他硬拼，一定会大败，到时候一定会成为曹操的刀下鬼。不如派人和曹操讲和，这样才能保住性命。明天我就去见主公，说明此意。"鲁肃则提出相反意见，二人争论起来。

诸葛亮听着二人争论完后，说道："鲁肃你也太不识时务了，曹操统率大军，无人能敌，昔日有吕布、袁绍、袁术、刘表等人与他抗衡，如今这些人都被他灭掉。只有我家主公不愿屈居人下，顽强地与曹操抗衡，不过，人单力孤，必然会成为刀下鬼的，而周都督投降之后，便可以保全妻儿性命，享尽荣华富贵。"

鲁肃大怒："坚决不能投降，怎能让我家主公屈居人下呢？而且曹操老贼一定会杀了我家主公。"

诸葛亮道："我倒有一计，可以破曹，不过需要两个人。"

周瑜忙问道："哪两个人呢？"

诸葛亮道："曹操广选天下美女，他听说江东乔公有二女：大乔、小乔，长得貌似天仙，都有沉鱼落雁之容、闭月羞花之貌，曹操一直想得此二女，为此他在漳河新造了一个铜雀台，并做了《铜雀台赋》，表达了他一定要娶二女的志愿。我们不如请乔公将二女献出，那样曹操就会撤军，东吴也就安全了。"

周瑜早已气得满脸通红，大怒道："难道先生不知这二女一个是我妻子，一个是我家主公的嫂子吗？他曹操老贼欺人太甚。"

诸葛亮道："我实在不知道，还请周都督原谅。"

周瑜被激怒，说道："我意已决。明日见主公，愿与左将军共同破曹。"

诸葛亮巧计激孙权、周瑜，最终实现了孙刘联合，共同抗曹。

刘备汉中称王

公元215年，曹操举兵攻打占据汉中的张鲁，由于曹军来势凶猛，张鲁势力难以抵抗。没多久就被曹军消灭，张鲁的几个部将战死了，他自己则投降了曹操。与此同时，孙权正在向刘备要回之前借出去的荆州，刘备不肯把荆州退给孙权，两个人因为这件事闹了很大的矛盾，只差没有上战场拼个你死我活了。然而张鲁投降的消息传来后，刘备和孙权不由得都对曹操产生了畏惧心理，与其现在和对方为了一块地盘争来争去，还不如先联合起来共同对抗曹操。两人达成共识后，刘备便带着手下人回到了蜀地。

谋士司马懿和刘晔劝谏曹操趁着刘备的势力还不算强大的时候，把蜀地攻占下来，曹操拒绝了，他说："人活一世应该知足，只有知足才能常乐，我既然已经得到了汉中，就不该再去侵占蜀地。"之后，曹操让徐晃、张郃和夏侯渊驻守汉中，任命丞相长史杜袭为驸马都尉，负责汉中地方事务。

曹操虽然对外宣称不想攻占蜀地，但刘备不相信他的话，回去后便开始加强警戒，命令军队刻苦操练。果然，汉中的曹军发动了几次小规模的进攻，多亏刘备有所防范，才没有让蜀地陷入危险之中。

时间到了公元217年，刘备等人眼看着曹军就在自己身边晃荡，保不准哪一天就朝自己冲过来了，虽说前几次都把他们打回去了，可谁知道曹操会不会再派大部队过来呢？蜀地每个人都很不安，法正看到刘备焦虑的样子，便建议刘备进攻汉中，法正认为曹操集团内部肯定发生了些事情，导致曹操没有在夺得汉中后立刻对蜀地发起攻势。而且夏侯渊和张郃算不上一等一的猛将，只要多带些人马，肯定能把汉中攻克下来。法正又对刘备说，汉中的地理位置十分重要，得到它，我们就对曹操造成了威胁，自己的实力也得以增强，还可以把周围的雍州和凉州攻占下来，扩充势力范围。这番话说得刘备动了心，稍微思考了下，刘备便下达了攻占汉中的命令。

在谋士黄权的建议下，法正、黄忠、魏延、赵云、高翔等几位将领带着蜀军从成都出发，先是攻占了巴东郡，然后攻占巴西郡，接着大军朝汉中的阳平关前进。张飞、马超、吴兰、雷铜等人则带着另一批大军攻打武都郡，顺利攻城后把军队驻扎在下辩。刘备进攻汉中的消息传出去后，很多人带着自己的部队前来投靠，使得刘备的军力在短时间内得到了巨大的增加。

曹操听闻刘备即将进攻汉中，连忙命令夏侯渊带着主力部队赶去阳平关迎战刘备，张郃则驻守广石，徐晃驻守马鸣阁，负责马鸣阁和阳平关中间这段路的情况，曹洪、曹真则率领着剩下的兵力围截张飞，给大部队争取作战时间。

两军交战一年，没有分出胜负。张飞和马超的军队联合起来驻守在固山，并对外宣言要从曹军后部包围上来，切断曹军退路。曹洪和一部分人得到蜀军的动向后，打算趁张飞和马超合兵之前，先去攻打下辩的吴兰，但曹休对蜀军的意图表示怀疑，他认为，蜀军如果真想切断曹军后路，肯定会悄无声息地包围过来，绝不可能让自己的计划被外人知晓。曹休建议放弃攻打下辩，直接攻打蜀军，才是最正确的选择。曹洪不听，仍然坚持自己的主张，吴兰军队差不多全军覆没，吴兰在混乱中也被杀死。张飞、马超听到下辨失守的消息后，带着军队离开了固山，转投其他地方。

另一边，刘备对战夏侯渊。最开始，部将陈式授命进攻马鸣阁，不幸被徐晃打败，大军损失惨重。刘备慌了神，集结最强的兵力去攻打驻守在广石的张郃部队，费了九牛二虎之力也没能消灭张郃，眼看胜利无望，刘备不甘心，写了一封救援信给诸葛亮。诸葛亮急忙带兵赶来增援，蜀军得以继续和曹军对峙。

蜀地久攻不下，曹操也急了，亲自到长安督战，但战事一直没有明朗的进展。公元219年，刘备孤注一掷，把大部队驻扎在定军山。定军山山势险要，地理条件不利于作战，虽然会给蜀军带来一些麻烦，但也让曹军难以进攻。刘备驻军后，夏侯渊和张郃随即带领大军来到走马谷，和蜀军相持不下。谋士黄权向刘备提议趁夜偷袭曹军，先用大火引燃曹军军营，然后趁他们混乱的时候猛然出击，刘备依计行事，火烧曹营。曹军士兵果然慌乱不已，夏侯渊和张郃好不容易才把混乱的场面平复下去，两人各带一队兵力，夏侯渊看守南边，张郃看守北边。刘备命人从北面攻击，张郃抵挡不住，夏侯渊又把自己的兵力拨了一半给他。这么折腾一番后，曹军的精力也消耗了不少，刘备、法正等人在远处观战，看到此时情景，法正示意可以全力进攻，刘备一挥手，鼓手们便轰隆隆开始擂鼓。蜀军士气在鼓声中大振，呐喊着冲进曹营，曹军措手不及，被蜀军砍死砍伤无数。夏侯渊和几名部将被斩，张郃则带着残兵逃了出来，连夜跑到位于汉水的曹军北下营。

夏侯渊死后，张郃担任统领，处于混乱中的曹军总算安稳下来。刘备虽然打了一场胜仗，但仍然不敢掉以轻心，虽然和曹军只有一水相隔，碍于实力悬殊，刘备决定在汉水边设立防线。张郃几次想引诱刘备过河，可是刘备心有疑惑，都没有成功。曹军只好回到阳平关等待援军。没几日，曹真带着曹操的命令前来增援，和徐晃一起作战，击败了前来进攻的蜀军，总算挽回了一部分损失。

曹军几次失利，曹操坐不住了，直接从长安来到汉中前线。刘备对曹操的到来一点儿也不担心，在他看来，拿下汉中不过是时间问题，而且也不会等很久。手下人见刘备如此镇定，也都把自己的担忧放了下去，刘备吩咐大家加强戒备，派兵把守重要的关口，其他的什么也不用做。

曹操原以为刘备会按捺不住先发动进攻，谁知等了很久也没见蜀军有什么动静，想不通刘备究竟是何打算。有一天，一队曹军外出运粮，蜀军部将黄忠乘机把粮草夺了过来。可是刘备左等右等，一直不见黄忠回来，赵云便主动请命去寻找。赵云带着几十名骑兵，才一出军营，就被曹操的大部队包围了，原来黄忠已经被曹军俘虏，曹操就等着刘备派人出营搜寻黄忠，好把蜀军部将一个个消灭。赵云带的人手不多，只好一边打一边朝军营退去。到了蜀军军营门口，赵云命令全部士兵出来应战，四周鼓声雷雷，曹军吓得不敢动弹，蜀军乘机放箭，曹军躲闪不及，中箭落水者无数。眼看情况已经对自己不利，曹军只能狼狈地跑了回去。

时间一晃又是几个月过去了，刘备和曹操虽时有交战，但都无法完全取得胜利，曹操想来想去，觉得汉中并不是非要得到不可，于是决定撤离汉中。他用“鸡肋”作为撤军的口令，大家都不明白这是什么意思，只有杨修懂得其中的含义。鸡肋可有可无，丢掉了虽然可惜，但吃起来没滋没味，比不上鸡身上其他部位。经过杨修的解释，众人才算明白过来，经过一段时间的整理后，曹操便带着大军离开了汉中。

刘备终于得到了汉中，为了彻底清除残余敌对势力，刘备派人杀死了驻守房陵的太守蒯祺和驻守在上庸的太守申耽，随后，刘备在汉中称王，正式宣布和曹操对抗。

司马懿夺权

诸葛亮死后的一段时期内，蜀国再也没有足够的力量进攻魏国。魏国虽然外部的压力减弱了，但内部却乱了起来。

公元239年，司马懿奉命去关中镇守，在前往关中的路上，魏明帝曹叡给司马懿连续下了5道诏书，催他火速赶到洛阳。司马懿赶回洛阳宫中的时候，曹叡已经病势沉重，他握着司马懿的手，看着8岁的太子曹芳，说："我等你来，是要把后事托付给你。你要和曹爽辅佐好太子曹芳。"司马懿说："陛下放心吧，先帝（曹丕）不也是把陛下托付给我的吗？"

曹叡死后，太子曹芳即位，这就是魏少帝。司马懿和大将军曹爽奉曹叡遗诏，共同执掌朝政。司马懿本人才智出众，文武双全。他在曹操执政时期，曾经帮助曹操推行屯田制。曹操儿子曹丕废掉汉献帝，自立为帝，司马懿也为其出过许多主意，立了大功。因此，他得到曹丕的信任，掌握了军政大权。曹爽这个人没有什么才能，却依仗自己皇帝宗室的身份，排挤司马懿，总想独揽大权。

曹爽因司马懿德高望重，起初还不敢独断专行，有事总听听司马懿的意见。不久，他任用心腹何晏、邓飏等人掌管枢要，并奏请魏少帝提升司马懿为太傅。司马懿表面上升了官，实际上却被削了权。曹爽又安排自己的弟弟曹羲担任中领军，率领禁兵；曹训任武卫将军，掌管了一些军权。司马懿对曹爽专擅朝政，很是不满。他索性称风痹病复发，不参与政事，但是暗中却自有打算。

曹爽担心司马懿不是真的有病，正巧自己的心腹李胜调任荆州刺史，于是就命李胜到司马懿那里进行探察。李胜到了太傅府，求见司马懿。司马懿装出重病的样子。李胜回去后，把这次相见的情况告诉了曹爽，并说："司马懿已经形神离散，只剩下一口气，活不了多久了。"曹爽满心高兴，从此就不再防备司马懿了。

一转眼就是新年。少帝曹芳按规矩要到高平陵去祭祀。曹爽和他的兄弟曹羲等人也一道前往。曹爽一行出了南门，浩浩荡荡地直奔高平陵。等他们走远了，司马懿立刻带着他的两个儿子司马师和司马昭，率领自己的兵马，借着皇太后的命令，关上城门，占据武库，接收了曹爽、曹羲的军营。同时假传皇太后的诏令，把曹爽兄弟的职务给撤了。

曹爽接到了司马懿的奏章，不敢交给曹芳，又想不出主意。司马懿又派侍中许允、尚书陈泰来传达命令，让曹爽早些回去，承认自己的过错，交出兵权，那样就不会为难他们。

曹爽乖乖地交出兵权，回到洛阳侯府家中。司马懿把少帝曹芳接到宫里去，当天晚上就派兵包围了曹爽府第，在四角搭上高楼，叫人在楼上察看曹爽兄弟的举动。没过几天，又让人诬告曹爽谋反，派人把曹爽一伙人全部处死了。

曹爽死后，司马懿担任丞相，掌握了魏国的军政大权。

王濬楼船破吴

公元263年，司马昭灭了蜀汉，不久就病死了。他的儿子司马炎把挂名的魏元帝曹奂废了，自己做了皇帝，建立了晋朝，这就是晋武帝。从公元265年到316年，晋朝的国都在洛阳，历史上把这个时期称为西晋。

西晋建立的时候，三国中唯一留下来的东吴早已衰落了。东吴最后一个皇帝孙皓是出了名的残暴。他大修宫殿，尽情享乐不算，还用剥脸皮、挖眼睛等惨无人道的刑罚镇压百姓，上上下下都把他恨透了。

公元279年，晋朝一些大臣认为时机成熟，劝说晋武帝消灭东吴。晋武帝就决定发兵20多万，分几路进攻东吴国都建业。镇南大将军杜预打中路，向江陵进兵；安东将军王浑打东路，向横江（在今安徽省和县）进军；还有一路水军，由益州刺史王濬率领，沿着大江，顺流向东进攻。

王濬是个有谋略的将军，他早就作了伐吴的准备，在益州督造大批战船。这种战船很大，能容纳两千多人。船上还造了城墙城楼，人站在上面可以四面瞭望，所以也称作楼船。

为了不让东吴发觉，造船是秘密进行的。但是日子一久，难免有许多削下的碎木片掉在江里。木片顺水漂流，一直漂到东吴的地界。东吴有个太守吾彦发现了这件事，连忙向吴主孙皓报告，说："这些木片一定是晋军造船时劈下来的。晋军在上游造船，看来是要进攻东吴，我们要早做防守的准备。"

可是孙皓满不在乎地说："怕什么？我不去打他，他们还敢来侵犯我。"吾彦没有办法，但是觉得不防备总不放心，他想出一个办法，在江面险要的地方打了不少大木桩，钉上大铁链，把大江拦腰截住，又把一丈多高的铁锥安在水面下，好像无数的暗礁，使晋国水军没法通过。

过了年，打中路的杜预和打东路的王浑两路人马都节节胜利。只有王濬的水军，到了秭归，因为楼船被铁链和铁锥阻拦，不能前进。王濬也真有办法，他吩咐晋兵造了几十只很大的木筏，每个木筏上面放着一些草人，披上盔甲，手拿刀枪。他又派几个水性好的兵士带领这一队木筏随流而下。这些木筏碰到铁锥，那些铁锥的尖头就扎在木筏子底下，被木筏扫掉了。

还有那一条条拦在江面的铁链怎么办呢？王濬又在木筏上架起一个个很大的火炬。这些火炬都灌足了麻油，一点就着。他让这些装着大火炬的木筏驶在战船前面，遇到铁链，就烧起熊熊大火，时间一长，那些铁链铁锁都被烧断了。

王濬的水军扫除了水底下的铁锥和江面上的铁链，大队战船就顺利地打进东吴地界，很快就和杜预中路的大军会师。

由陆路进攻的杜预大军也取得大胜，攻下了江陵。有人主张暂时休整一下再打。杜预说："现在我军军威大振，乘胜前进，势如破竹。"他竭力支持王濬带领水军直扑东吴国都建业。

这时候，东路王浑率领的晋军也逼近了建业。孙皓派丞相张悌率领3万吴兵渡江去迎战，被晋军全部消灭。王濬的楼船顺流东下，声势浩大。吴主孙皓这才着了慌，派将军张象带领水军一万人去抵抗。张象的将士一看，满江都是王濬的战船，无数面的旌旗迎风飘扬，连天空也给遮住了。东吴水军长期没有训练，看到晋军这个来势，吓得还没有开打就投降了。

有一个东吴将军陶濬，正在这时候去找孙皓。孙皓问他水军的消息，这个陶濬是个糊涂虫，他说："益州下来的水军情况我知道，他们的船都小得很。陛下只要给我两万水兵，把大号的战船用上，准能够把晋军打败。"

孙皓马上封他为大将，把节杖交给他，叫他指挥水军。陶濬向将士下了命令，第二天一早就出发跟晋军作战。但是将士可不像陶濬那样糊涂，不愿送死，当天晚上，就逃得一干二净。

王濬的水军几乎没有遇到抵抗，一帆风顺地到了建业。建业附近一百里江面，全是晋军的战船，王濬率领水军将士八万人上岸，在雷鸣般的鼓噪声中进了建业城。

孙皓到了山穷水尽的田地，只得自己脱下上衣，让人反绑了双手，带领一批东吴大臣，到王濬的军营前投降。这样，从曹丕称帝（公元220年）开始的三国分立时期宣告结束，晋朝统一了全国。

石崇与王恺斗富

石崇是晋朝的大富豪，王恺是晋武帝的舅舅，两个人都家财万贯，互相看对方不顺眼，因此两人经常对外炫耀自家的财富。不只是他们两个，整个晋朝都盛行攀比之风，司马炎认为自己统一了全国，功劳重大，生活上也变得奢靡起来，整日花天酒地，沉湎于美色之中。皇帝带头腐败，官员更不用说了，全都纷纷效仿。

石崇的财富大多是在他担任地方官的时候积累起来的。荆州是客商来往的必经之地，交通发达，石崇经常派人打劫过路客商，搜刮他们的财物，还搜刮百姓的血汗钱。石崇就是用这种方式来充实自己的财产，成了全国有名的富豪。

谁也不知道石崇家究竟有多少钱，石崇命人修建了很多气势恢宏、装修华丽的房屋，里面住着很多绝色美女，都是石崇用上好品质的珍珠买来的；美女们穿的衣服都是用华美的锦缎制成的，上面绣着鲜艳的图案，身上佩戴的首饰更是难得一见的宝石美玉；石崇专门设置了一间乐室，里面摆满了名贵乐器，乐师们每天轮流演奏动听的乐曲；厨房里的美食数也数不尽，珍禽异兽都是盘中餐。

有一回，外国进贡给晋朝一批珍贵的布料，晋武帝自己留了些，其他的就赏给了下臣们，石崇也分得一部分。石崇嫌这些布料没有自己家的好，便把布料赏给下人们做了衣服，自己则穿着更加珍贵的衣服。晋武帝来石崇家做客，看到石崇的下人穿着珍贵布料做的衣服，惊得说不出话来，再看看石崇身上的衣服，比皇宫的还要好，不禁感叹石崇的富有。

石崇的炫富让王恺很不服气，他决心和石崇一较高低。王恺吩咐下人用糖水洗碗洗锅，石崇听到了，就命令自家厨房煮饭时不准用木柴，改用蜡烛，这得消耗多少蜡烛才能做出一顿饭啊。消息传开后，大家都觉得石崇要比王恺富有一些，王恺听了不服气，接着想出了别的炫富花招。王恺命人用珍贵的紫色丝线编织出40里长的丝布，把布做成屏障，放置在家门前的大路两旁，石崇也不落后，立刻用彩色锦缎做出50里长的屏障放在家门口，看上去比王恺家还要壮观，还要华丽，把王恺气得半死。

豆粥需要熬煮很长时间才能做出来，可是在石崇家，只需要一会儿工夫就能吃上热腾腾的豆粥，很多人都不明白是怎么回事，王恺也很纳闷。除了这个，王恺还发现石崇家到了冬天也有新鲜的韭蓱齑吃，要知道寒冬腊月使节，没有菜农会种植韭菜。不但如此，石崇家的牛也比王恺家的牛要跑得快，虽然看上去石家的牛没有王家的牛体型大，可每次驾车出游的时候，总是石崇的牛车领先。王恺发誓要揭开其中的秘密，他用重金贿赂了石崇的一个手下，终于得到了答案。

原来豆粥里的豆子是事先煮好熬碎了的，白粥也是早早就备在厨房，只要吩咐一声，厨子把熟豆末放进白粥里熬一会儿就行了；韭蓱齑则是把韭菜根切碎，拌在麦苗里；牛车之所以跑得快，是因为驾车人的高超技术，懂得什么时候该收缰绳，什么时候该放任牛儿随意奔跑。王恺得到秘密后，连忙在家里实施起来，石崇没想到王恺居然贿赂自己的手下，于是找了个机会把泄密的人杀死了。

王恺又想到用赤石脂香料涂抹墙壁，以显示房屋的华美，石崇则用花椒抹墙，把王恺比了下去。王恺拿不出和石崇较量的东西，便进宫找外甥晋武帝帮忙。晋武帝听了舅舅的请求，觉得他们两人炫富很有意思，而且也想知道最后究竟是谁更胜一筹，于是晋武帝把皇宫里一株非常珍贵、非常稀罕的珊瑚树送给了舅舅。这棵珊瑚树有二尺多高，枝条茂盛，枝干粗大，通体散发出迷人的红色光芒。王恺心想，有了这株珊瑚树，石崇肯定甘拜下风。

王恺兴奋地把珊瑚树搬回家中，第二天就大宴宾客，石崇也在被邀请的行列中。宴席中途，王恺命人把珊瑚树抬到大厅供大家观赏，大家啧啧称赞，围着珊瑚树不停地欣赏，只有石崇一人在座位上纹丝不动。王恺以为他被震慑住了，得意扬扬地在他面前吹嘘，石崇也不反驳，只是站起来走到珊瑚树旁边，举起随身携带的铁制如意，猛地一下砸碎了珊瑚树。宾客们一时没有反应过来，都惊得愣在那里，王恺看到珊瑚树被砸烂，十分气愤地对石崇大吼大叫，要石崇把珊瑚树赔给他。石崇无所谓地说："一株珊瑚树有什么好大惊小怪的，我赔给你就是了。"说完，石崇就吩咐几个下人回家。没过多久，石崇的下人就抬着几株珊瑚树出现在王恺家的大厅中，众人一看石崇家的珊瑚树，半晌说不出话来。只见眼前这几株珊瑚树个个都比王恺的那株高大，颜色也更鲜艳夺目，枝条就和真的树木没有两样。不但是宾客看傻了眼，王恺自己也惊得说不出话，这时候他才明白石崇要比自己富有得多，想到这儿，王恺不由得懊丧起来，再也不提炫富的事了。

晋国上下弥漫着腐败风气，正直的大臣们都说晋国离灭亡不远了。

白痴皇帝

公元290年，晋武帝司马炎去世，他的儿子司马衷即位，史称晋惠帝。这个晋惠帝是个呆呆傻傻的人，连书都看不明白，根本谈不上治理国家。当初晋武帝立他为太子的时候，就有不少大臣上书反对，晋武帝当然知道自己的儿子是个什么样的人，也明白大臣劝谏是为了国家的将来，但他并没有因此而改变决定，不过他也想知道司马衷到底有多少才能，便出了几道题，命人送给司马衷让他解答，还规定在三天之内答出来。

司马衷从小就只知道吃喝玩乐，由于智力低下，就算有老师教他读书，他也记不住多少知识，老师们都一个个向晋武帝请罪离开了。晋武帝的试卷送到太子宫，司马衷一点儿也不着急，他根本不知道发生了什么事，照旧嘻嘻哈哈和宫人打闹，这可愁坏了太子妃贾南风。贾南风害怕司马衷答不上问题，被晋武帝废掉太子位，因此她把宫中几位有学识的下人召进来，让他们替太子答题，就这样有惊无险地过了这一关。

司马炎拿到答卷后仔细看了起来，看完后不由得心情愉悦，他从答卷中感觉到太子思维缜密、逻辑清晰，根本不像别人说的那么愚钝，同时心里觉得自己对儿子不够了解，应该多栽培他。想到这儿，司马炎又把自己案桌上的几本奏折差人送给太子，要他批阅完后给自己过目。第二天，批好的奏折整整齐齐摆在司马炎的案桌上，司马炎打开一看，不禁拍手称赞。更加坚定了让司马衷继承皇位的想法。其实他哪里知道，这一次又是太子妃贾南风请人前来帮忙，不然早就露馅了。就这样，司马炎不顾大臣反对，执意让司马衷做继承人。司马炎死后，司马衷做了皇帝。

有一年夏天，晋惠帝带着众多随从在皇宫外的华林园游玩。园中有一个池塘，里面有不少青蛙，晋惠帝走到池塘边，听到池塘里青蛙的叫声，就停下脚步问："这些青蛙是官家的还是私家的？"旁边的侍从面面相觑，猜不透晋惠帝在想什么，因此也不知道该如何回答。晋惠帝不高兴了，问道："你们都答不上来吗？"随从们吓得扑通一声跪在地上，嘴里喊着皇上息怒。晋惠帝正要发怒，一个小官战战兢兢地说："青蛙在官家的地里就是官家的，在私家的地里就是私家的。”晋惠帝一听，觉得很有道理，怒气也没有了，还赏了很多钱财给那位小官。

又有一年，全国都在闹饥荒，粮食颗粒无收，很多百姓都被饿死了。地方官员每天几道奏折朝洛阳送，可是朝廷迟迟没有行动，那段时间，出门随处可见饿死的人倒在路边，情形惨不忍睹。晋惠帝得知灾情后感到很吃惊，他不明白怎么有人会被活活饿死，他对大臣们说：“百姓饿了为什么不吃饭？”大臣回答说田里庄稼都死了，一点儿稻谷也收获不了。晋惠帝又问：“既然没饭吃，粥总是有的吧，他们不知道熬点肉粥喝吗？”大臣们哭笑不得，面对这个愚钝的皇帝，任何解释都是白费。想到晋国的命运掌握在这样一位皇帝手上，不灭亡才怪呢。

八王之乱

晋惠帝司马衷执政时期，国家已经出现了混乱，为了皇位，司马氏的几位诸侯王你争我夺，晋惠帝也成了王侯们手中的筹码，最后还被诸侯王毒死。参与争夺中央政权的诸侯王其实不止八位，但其他人在这场混战中没有这八位诸侯王影响大，因此才把这场混战称为“八王之乱”。这八位诸侯王分别是汝南王司马亮、楚王司马玮、赵王司马伦、齐王司马冏、河间王司马颙、成都王司马颖、长沙王司马乂、东海王司马越。

晋武帝在登基后，为了防止国家以后被外姓人抢走，在司马家族里封了很多诸侯王，不但给他们管理地方的权力，还准许他们拥有地方兵权，能各自调动军队。这样一来，国家全部掌握在司马氏手中，可是晋武帝没有想到，这么做虽然避免了外姓人掌控朝政，却让自己的后代生活在危险之中，增加了同族人篡权的机会。

晋武帝临终前下诏书委托汝南王司马亮和皇后的父亲杨骏共同辅佐晋惠帝，可是杨骏想一个人掌权，于是请求晋武帝修改诏书，把司马亮的名字从辅政大臣里划掉。晋武帝当时已经奄奄一息，只好顺从了杨骏的意思，找来官员重新写一份诏书。

没多久，晋武帝驾崩了，杨骏开始辅政。司马亮知道杨骏不会放过自己，索性逃到许昌躲了起来。杨骏以为这下再也没有人能威胁到自己的地位，心里不禁十分得意，然而没过几天，他就发现事情并没有那么简单。

晋惠帝的皇后贾南风矮小黑丑，性格暴虐野蛮，她看到朝廷大权全部被杨骏握在手里，心里很不满。自从司马衷成了皇帝，贾南风每天都想着如何利用惠帝操控朝政，既然有这种想法，当然不愿看到杨骏的嚣张模样了。贾南风知道不能明着和杨骏对抗，想来想去，她决定拉拢汝南王司马亮和楚王司马玮。贾南风让司马玮把荆州的兵力全部调集到洛阳，暗中把守住重要的出城路口。杨骏听到司马玮调兵的消息，心里虽然害怕，但不敢出面阻止。

公元291年，贾皇后借惠帝之名下诏废了杨骏的官职，声称他密谋造反，然后楚王司马玮带着大军驻守皇宫，并围住杨府。杨骏及其家人全部被杀，还诛灭了杨家三族。杨骏死后，汝南王司马亮和大臣卫瓘成了新一任的辅政大臣，贾皇后对这个结果并不满意，因为权力没有全部掌握在她手中。楚王司马玮掌握了一部分京城禁军的兵权，司马亮和卫瓘担心司马玮也有篡权的想法，便计划着夺走他的兵权，并把司马玮遣返回了封国。

司马玮怀恨在心，他想报复司马亮和卫瓘，于是投靠了贾皇后。贾南风正愁找不到人来扩充自己的势力，她马上封司马玮为太子太傅，这样就可以继续留在洛阳，随后，贾皇后假借惠帝之名，下诏书宣布司马亮和卫瓘企图谋反，命令司马玮带兵包围了两人的家，司马亮和卫瓘都被士兵杀死。

贾皇后害怕司马玮知道太多内幕，总有一天会要挟自己，于是她在司马玮杀掉司马亮和卫瓘之后，又以惠帝的名义下了一道诏书，指责司马玮伪造汝南王和卫瓘的谋反事件，并伪造惠帝诏书，命人把他抓了起来。司马玮没料到贾皇后会陷害自己，他知道难逃一死，所以没有逃跑，任由贾后的人把自己绑起来送进了监狱。没过几天，司马玮被问斩了，他的朋友歧盛曾在司马亮和卫瓘被杀后劝他扩大自己的势力，后来贾皇后知道了，歧盛也被处死了。

从这之后，贾皇后的势力达到鼎盛，她的亲信遍布朝中各个官位。为了彻底控制朝政，贾皇后又开始陷害太子司马遹。因为司马遹不是贾皇后的亲生儿子，而是谢才人所生，贾南风害怕司马遹即位后会废掉自己的太后之位，便打算先一步废了司马遹的太子之位。当时的太子太傅是赵王司马伦，他和大臣孙秀得知了贾皇后的计谋，本想着制止太子被杀，可是孙秀想到太子即使得救了，继位之后也不一定会重用自己和司马伦，于是他劝司马伦放任贾皇后陷害太子司马遹。不但如此，司马伦和孙秀还怂恿贾南风尽快处决太子，以绝后患。没多久，太子司马遹在被软禁的金墉城中被杀害，消息传到洛阳后，司马伦和孙秀联合其他大臣，伪造了惠帝的诏书，下令抓捕贾皇后和她的亲信，随后，司马伦又假造诏书，任命自己为相国，孙秀等人也得到了不少封赏。

公元301年，司马伦废黜晋惠帝，自立为皇帝，然而他不善于管理国家，加上自身道德败坏，导致朝政动荡，官员尔虞我诈。河间王司马颙、成都王司马颖和齐王司马冏不服气被同是诸侯王出身的司马伦统治，决定联合起来发动叛乱。

三王带领各自的军队在洛阳城会合，与司马伦的军队交战两个多月，虽然死伤不少，但总算杀死了司马伦，还消灭了不少司马伦的党羽。随后，司马冏重新扶持晋惠帝司马衷登基，自己则担任大司马。但好景不长，司马冏掌控政权后变得花天酒地，朝廷再次陷入混乱之中，给了其他诸侯王可乘之机。

河间王司马颙在禁军首领李含的怂恿下起兵攻打司马冏，企图篡权，还罗列了很多司马冏的罪证，以表现自己是替天行道。不仅如此，司马颙还谎称长沙王司马乂也是自己阵营中的一员，企图借司马冏之手除掉司马乂，然后自己专心对付司马冏。没想到司马乂把司马冏打得落花流水，出乎意料取得了胜利。司马颙傻了眼，眼看政权落入司马乂手中，司马颙气得火冒三丈，又不好发泄出来。

公元303年，司马颙联合成都王司马颖举兵27万进攻洛阳。晋惠帝任命司马乂为大都督，带兵迎战。双方交战好几个月，司马乂最终取得了胜利。可是东海王司马越趁司马乂带军在外的时候，偷偷地贿赂了几个禁军将领，把司马乂抓住送到金墉城软禁起来，晋惠帝便封司马越为尚书令。之后，司马越联合司马颙的部下张方，用火烧死了司马乂，同时还斩杀了很多司马乂的部下。

在几位诸侯王的争权过程中，晋惠帝始终只是个政治工具，皇帝身份有名无实，司马颖逼迫他封自己为丞相，封司马颙为太宰，还下旨废黜了太子司马覃。司马颖认为自己大权在握，渐渐地也不把晋惠帝放在眼里，只顾自己吃喝玩乐。然而没过多久，东海王司马越就集结了十多万人马讨伐司马颖，经过一番混战，司马越被打败，逃到了下邳。司马颙得到消息后派兵前去增援司马颖，乘机攻入皇宫，控制了晋惠帝。

公元305年，司马越的弟弟司马腾为了给哥哥报仇，集结了军队，司马颖立刻派兵镇压，可是被司马腾打败，逃到了长安。司马颙则逼迫晋惠帝下令请司马越回朝一同辅政，被司马越拒绝了。其实司马越想一个人掌握政权，在他拒绝司马颙的邀请后没多久，就出兵攻打洛阳。一路上，司马越收服了很多地方官员，东平王司马楙也归附于他。司马颙在朝中得知司马越出兵的消息，慌忙逼迫晋惠帝下令罢免司马越的爵位，司马越干脆撕破脸皮，举起讨伐旗帜，大张旗鼓地朝洛阳进军。

经过一年的混战，司马越打败了司马颙，取得了争夺政权的胜利。随后，司马越毒死了晋惠帝，拥立司马炽为晋怀帝，完全掌控了朝政。

八王之乱给晋国政权带来了恶劣影响，中原势力一落千丈，外族频繁入侵，百姓生活在水深火热之中，安稳的日子被战乱打破。

永嘉之乱

汉朝以来，汉族统治者为了强化对各少数民族的控制，补充内地劳动力和加强军事实力等，经常招引和强制原居住在西北、东北边疆的少数民族入居内地。当时内迁的民族主要有匈奴、鲜卑、羯、氐这4个少数民族，人们通常将其称为“胡人”。至西晋时期，这些胡人已入居关中以及泾水、渭水流域，对晋国首都洛阳形成了包围之势。

八王之乱后，西晋王室分裂，国力空虚，民生凋敝，军力迅速衰退。而就在各地流民不断起义时，内迁的胡人也趁机起兵反晋，其中尤以匈奴首领刘渊起兵最早。

公元304年，刘渊在匈奴贵族的支持下，于离石（今山西西部）建“汉”，自称汉王，举兵反晋。胡、汉各族很多人都愿意归附他，遂刘渊兵力激增迅速，很快就攻占了太原、平阳等地。随着刘渊势力的扩大，鲜卑酋长陆逐延、氐族酋长单征以及羯族石勒等人都纷纷归附刘渊。为了进一步提高自己的威望，公元308年，刘渊在蒲子正式称帝，立长子刘和为太子，任命四子刘聪为车骑大将军，侄子刘曜为龙骧大将军。

刘渊称帝后，加快了对西晋的进攻步伐。公元309年夏天，刘渊派刘聪率军进攻洛阳。刘聪长驱直入，击败了西晋平北将军曹武率领的大军，进抵离洛阳只有100里的弘农郡宜阳城（今属河南）。获胜的刘聪有点骄傲轻敌，被弘农太守垣延夜袭得手。匈奴人伤亡惨重，刘聪不得不撤军回都。同年11月，刘聪再次率领大军进攻洛阳，又遭到了晋军的拼死反击，被迫再次撤退。

公元310年7月，刘渊病死，太子刘和继承帝位。刘和生性猜忌，继位没多久就打算对手握兵权的刘聪等人下手。刘聪自不会坐以待毙，他携十万大军挥师反叛，一举攻入平阳，杀死了刘和，自立为帝。

当时西晋在位的皇帝是晋怀帝，而真正掌握大权的是司马越。司马越不但没有抓住匈奴内乱的时机整顿军务，夺取失地，反而带着洛阳城中仅有的四万精兵奔逃而出，把晋怀帝丢在了洛阳。刘聪得知司马越出逃的消息后，立即派大将石勒千里追击，彻底消灭了这支西晋最后的武装力量。

公元311年，刘聪派刘曜率军向洛阳发起了最后攻击。当时洛阳城中守军不过千人，且城中缺粮，百官逃亡者十之八九。刘曜率领的匈奴大军很快就将其攻陷，晋怀帝被俘。当时的洛阳简直成了人间地狱，刘曜带着凶暴的匈奴士兵焚烧宫庙，奸污嫔妃，大肆屠杀官吏。西晋至此灭亡。

因为这次惨绝人寰的变乱发生在永嘉年间，所以历史上将其称为“永嘉之乱”。

东晋建立

自从晋愍帝即位以来，西晋的局势每况愈下。长安城几乎每年都要遭到汉将刘曜军队的进犯。虽然刘曜每次都被击退，但是长安的形势却在慢慢变坏。石勒已经占领关东大部分地区，位于汉中一带的李雄的成国盘踞在长安以南地区，距离长安较远的洛阳附近地区和山西南部地区已经被汉国控制，远在江南的琅邪王司马睿也有一定的实力。

在西晋王朝危机四伏的局面下，琅邪王司马睿打起了自己的小算盘。他很清楚，长安已经危如累卵，难逃被攻克的命运，而长安城一旦被攻克，那么他就非常有机会坐上皇帝的宝座。因此，他根本不想出兵救长安。尽管有一些像祖逖这样身处江南的晋朝人主张北伐，但是司马睿只给他们开一些空头支票，让这些人徒呼奈何。

公元316年，晋愍帝成为俘虏，西晋王朝灭亡。晋愍帝在被俘之前，曾写下一份由司马睿来继承皇位的密诏。弘农太守宋哲把这份密诏藏在身上，悄悄地逃出了长安，经过长途跋涉，赶到建康（今江苏南京），与琅琊王司马睿相见。

司马睿的祖父司马伷是司马懿的庶出之子，在曹芳统治时期被封为南安亭侯。后来，司马懿发动高平陵政变，成功地控制了曹魏政府的实权。为了消灭魏国，为登基称帝做好充分的准备，司马懿让自己几个儿子分别担任境内几个重要地区的都督。司马懿对司马伷颇为重视，将曹魏时期屯兵囤粮的重镇邺城交给他镇守。西晋建国后，司马伷先担任尚书右仆射、抚军将军、镇东大将军等职，后来被封为东莞郡王，后又被封琅邪王。司马伷死后，他的长子司马觐继承了琅邪王的爵位。司马觐是司马睿的父亲，司马觐死后，司马睿便继承了琅邪王的爵位。

司马睿看到密诏后非常高兴，立即准备登基。他戴上皇冠，穿上龙袍，坐到龙椅上。文武百官跪到地上，山呼万岁。司马睿宣布，他登基之后国号仍然为晋，定都建康，年号为大兴。这一年是公元318年，也就是大兴元年，司马睿被称为晋元帝。历史上将这个政权称为东晋，以便与已经灭亡的西晋区分开。

东晋政权在建立和巩固的过程中，得到了多方面的支持。首先得到了江南本地的地主豪强的支持。这些地主豪强的势力虽然弱于南迁的北方士族，但是在地方上依然有着非常重要的影响。在这些地主豪强中，社会声望最大的是周氏。周札一门五侯，周玘三次平定江南，他们兄弟二人是江南士族的首领。此外，陆晔、纪瞻、顾荣、贺循、华谭等人也都是江南重要的士族。他们大多担任文职官员，在东晋政权建立初期发挥了非常重要的作用。

刘琨、段匹磾、张轨、慕容廆、邵续、陈安等边将，对东晋政权的建立也有着非常重要的作用。尽管他们中的大部分在战争中牺牲，但是他们表现出了忠肝义胆，非常令人钦佩。如果没有他们在北方艰苦作战，阻挡北方少数民族势力向江南发动攻势，那么东晋根本不可能顺利地建立政权。

移民在巩固东晋政权过程中，也发挥出了非常重要的作用。由于受到中原战乱的影响，很多无家可归的北方百姓逃到南方。东晋政府接纳了这些流亡的百姓，在江淮地区建立了很多的侨置郡县来安置他们。这些移民是保护东晋政权的屏障，后来，这些侨民与江南当地的百姓进一步融合，对南北方的经济、文化、社会交往起到了加强作用。

王马共掌天下

在司马睿的登基大典上，当文武百官向新皇帝行礼时，晋元帝竟然做出了令所有人都感到吃惊的举动。他从御座上站起来，对王导说：“王将军，朕要让你与我一起分享天下，请上前来，与我同坐。”王导是晋元帝刚刚册封的丞相兼骠骑大将军，他为什么受到晋元帝如此厚待呢？

王导出身于中原有名的士族大家。公元307年，王导跟随司马睿一起来到建康，担任安东将军司马一职。司马睿才不出众，声望又不高，在晋室中又没有地位，因此初到江南时受到了江南士族的冷落。当地的士族豪门根本不把他放在眼里。他们不但不去参拜司马睿，甚至连司马睿的政令都拒不执行。司马睿不知道该怎么办好，就找来王导，请王导为他出谋划策。王导分析当时的形势后，建议司马睿带着那些从北方与他一起前来的达官贵人去拜访那些有名的江南士族。不久后，王导又精心安排了一场好戏。王导的堂兄王敦是扬州刺史，势力很大。王导把王敦请到建康，与他一起想出来一个好主意。按照当地的风俗，每年的三月初三被称为修禊。在这一天，无论官员还是百姓，都会到江边去祈求上天赐福。在这一年的上巳那天，王导让司马睿坐在华丽的轿子里，仪仗队走在前面，王导、王敦以及其他从北方来的官员骑马恭敬地跟在后面，一起向江边走去。那一天，很多建康的百姓都去了江边。如此宏大壮观的场面，他们以前从未见过。因此，这件事很快就传遍了建康城。

顾荣等江南的士族很快就听说了这件事。他们认为，连王敦、王导这样的人都对司马睿如此恭敬，那么司马睿绝不是等闲之辈。于是，他们纷纷跑去琅琊王府拜见司马睿。

如此一来，江南士族再也不敢小瞧司马睿了。此时，王导又对司马睿说：“顾荣和贺循都是江南非常有声望的名士。如果他们两个人能够追随您，那么其他人就一定会对您唯命是从。”司马睿觉得王导的话很有道理，就请王导亲自出马，去顾荣和贺循家里请他们出来做官。顾荣和贺循都非常高兴，还特地跑到司马睿的府中拜谢。王导的这些计谋，终于使得司马睿在建康站稳了脚跟。后来，他又帮助司马睿把建康建成江南的政治中心和军事重镇。

正是由于这些原因，司马睿才会如此重视王导，让他与自己一同坐到御座上。朝堂上的文武官员听到他的话后，都特别诧异。王导则非常谦逊地说："陛下如同高高在上的太阳，我们这些大臣和百姓如同万物。万物和太阳无论什么时候都要保持一定的距离。"司马睿听到王导的话后，心里特别高兴。

东晋王朝虽然建立起来了，但是根基并不稳固。北方各地都处于战乱之中，为了躲避战乱，保住性命，中原很多士族纷纷逃往江南。这个时候，王导劝说司马睿网罗那些德才兼备的士族，为以后发展做好准备。司马睿接受了王导的建议，从流亡的北方士族中招募了一百多人，让他们入朝为官。在这些人之中，有些人认为晋元帝根本不会有什么作为，大部分名士甚至对东晋持悲观失望的态度。有一次，这些名士在长江边的一个亭子上举行宴会，其中一位名士非常悲伤地说，这里的风景和黄河边一样美，只是这里不是黄河边，而是长江边。其他名士听到他的话后，都哭了起来。王导非常严厉地对他们说，大家应该以恢复中原为己任，一起辅佐王室，不应该在这里抱头痛哭。众人听到王导的话后，便停止了哭泣。

王导为巩固东晋王朝在江南的地位，为晋元帝出谋划策，比如建议元帝推行一系列富农强军的政策。王导发现，随着晋朝权贵们的南迁，西晋时期石崇、王恺等豪门贵族互相斗富的恶习被带到了南方。为了遏制这种恶习，王导请元帝出面禁止官员互相攀比。他对元帝说："这种恶习具有很多危害，既使国家的财力受到损失，还会促使官员腐败，长此以往，会使百姓对朝廷的统治产生不满情绪，最终使国家的基业受到影响。"元帝听后深以为然，便让王导带头改变这种恶习。当年的清明节，东晋的大臣们都赶到新亭（今江苏南京）去踏青。这些大臣们为了显示自己的富有，全都穿着华丽的衣服，坐着豪华的马车，带着琼浆玉液，在新亭附近树立起一座座彩亭。当他们一个个兴高采烈的时候，却发现王导穿着粗布衣服，身处一个非常简陋的芦席棚内。他们向王导敬酒时，王导从酒壶里倒出浊酒回敬他们。吏部尚书感慨道："王丞相是在告诉我们，不要忘记处于战乱之中的江北父老啊。"大家听到他的话后，受到很大的触动，有些大臣竟然哭了起来。从此之后，东晋的官员再也不盲目攀比了。

看到王导时刻为国着想，晋元帝非常高兴，把王导比作辅佐刘邦的萧何。此后，晋元帝更加器重王导，无论什么事都与他商量。因此，百姓纷纷传说："王与马，共天下。"

暴君石虎

石虎（公元295~349年），字季龙，羯族，东晋十六国时代后赵的第三位皇帝，是后赵开国皇帝石勒的养子。庙号太祖，谥号武帝，是历史上有名的暴君。

公元333年，石勒死，太子石弘继位。次年，石虎废掉石弘，自称大赵天王。公元335年，石虎称皇帝，改元建武，并将都城由襄国（今河北省邢台市）迁到邺（今河北省邯郸市临漳县邺镇）。

石虎生性残忍，少年时最喜欢用弹弓打人取乐。成年后，由于他武艺高强，受到了石勒的重用，被封为征虏将军。在军中，凡是比石虎武艺高的，石虎都会设法陷害，死于他手下的人不可计数。石虎每攻下一座城后，不论男女老少一律杀死。一次，石虎攻下青州，下令屠城，全城仅有700多人存活下来。

石虎称帝后，不顾人民的负担，四处征伐，强迫人民服兵役。为了攻打东晋，他令人民每五人出车一乘、牛两头、米五十斛、绢十份，不交者格杀勿论。人民为了缴税，不得不把自己的子女卖掉，仍凑不够数的都在路旁上吊了，从洛阳到长安的道路两旁的大树上挂满了百姓的尸体。石虎为聚敛金银，还大肆挖掘前代皇帝的陵墓。

后赵建武二年（公元336年），石虎为了装饰邺城，令大将张弥把洛阳宫中的钟虡、九龙、翁仲、铜驼、飞廉等物运到邺城。在运送途中，一只钟虡沉入了黄河，张弥令300多人潜到河底，把钟虡系上绳子，再用100多头牛把钟虡拉上来，之后造了很多大船，把这些东西运过黄河，又制造了特大的车子运送到邺城。

石虎在邺城内增修了曹魏时期的铜雀台，又增修了东城门和北城门。在东城门上又建了东明观，上有金制的博山炉，称为“锵天”。在北城门上修建了齐斗楼，高出群楼，巍峨耸立。在皇宫内，各个殿门上也都修建了楼观，上有飞檐，涂上丹青。石虎还在铜雀台东北修建了9座豪华宫殿，称为九华宫，里面有美女一万多人。石虎又修建观雀台，不料竟然坍塌，石虎大怒，下令重修，并且增高数倍。他还在城内修建了东西两宫，宫内建太武殿，殿基高达二丈八尺，东西长七十五步，由彩色的碎石头做成，全殿用漆瓦、金铛、银楹、金柱、珠帘、玉璧装饰而成，极尽奢华，下面有地下室，可藏兵500人。

公元342年，石虎征发民工40余万，在邺城建台观40多座。5年后又征发民工16万，车10万辆，在城外建长墙和华林苑。在城外，石虎还命人修建了阅兵的宣武观和阅马台，还在城南建造飞桥。据说当时的邺城远在六七十里以外就能看见，亭台楼阁，好像仙人居生的地方一样在城西三里，石虎建了桑梓苑，苑内修建了很多座豪华的宫殿，以美女充之。苑内还养了很多奇禽异兽，石虎经常在此设宴游玩。从襄国到邺城约有200里，每隔40里修建一座行宫，每座宫里都有一位妃子和数十位侍婢居住。

石虎还别出心裁地发明了“凤诏”。石虎处理政事时和皇后一起坐在高高在上的楼观上，将诏书写在五彩的纸上，然后把诏书放在一只由木头雕刻成的凤凰口中。凤凰系在轱辘牵引的绳上，当下诏时，宫人摇动轱辘，凤凰就像从天空飞下来一样，大臣们都要跪下接旨。

每隔不久，石虎便会大宴群臣，狂吃滥饮，大殿上有数千名戴金银佩饰的宫女进行歌舞表演，鼓乐喧天，场面极为震撼。石虎喜欢射猎，但因太胖而无法骑马，只好乘车。他的猎车由20人推行，座下有转轴，可以随猎物转动。石虎为了方便打猎，把黄河以北的大片良田辟为猎区，还把犯人装进大车内与猛兽搏斗，观赏取乐。

石虎的儿子石邃不满父亲宠爱弟弟石宣和石韬，决定弑父篡位。石虎得知后，下令把石邃和他的家人及其党羽200多人杀死。石虎的另一个儿子石宣因不满其父宠爱弟弟石韬而将其杀死，并计划在石韬的丧礼上弑父夺位。石虎得知后将石宣烧成了灰烬，并将灰烬撒到道路上，任车马辗踏，又将石宣的妻子儿女杀死，并把石宣的卫士、宦官300多人车裂，将尸体投进漳河。

后赵太宁元年（公元349年），石虎病死，结束了他罪恶的一生。

迁都洛阳

北魏献文帝拓跋弘信仰佛教，一心想着修身养性，根本无暇顾及朝中事务。大臣乙浑趁机将朝政控制在自己手中。公元471年，文成帝的皇后冯氏将乙浑诛灭，并逼迫拓跋弘将皇位让给太子拓跋元宏。

拓跋元宏即位时年仅4岁。他的母亲在他很小的时就被杀死，祖母冯氏将他养大。拓跋元宏登基，后世称其为孝文帝。冯氏此时成为太皇太后，她临朝听政20年，历史上把她称为“文明太后”。冯氏去世后，拓跋元宏重新掌握朝政。由于从小就受到汉族文化的熏陶，所以他对汉族的文化非常了解。他觉得要使北魏长治久安，一定要对汉族文化加以吸收利用，对北魏落后的风俗进行改革。北魏建立政权时，将都城定在了平城（今山西大同东北）。到孝文帝执政时，平城作为北魏的都城已经有近百年的历史。拓跋元宏发现，平城处在偏僻的地方，这对北魏政府控制中原地区制造了相当大的困难，而且北方的少数民族柔然逐渐强大起来，对平城造成了相当大的威胁。此外，平城土地贫瘠，气候干燥，不适合农作物的生长，粮食生产已经无法满足需求，只能依赖中原地区提供。洛阳是当时的政治和经济中心，如果把都城迁到那里，朝廷一定会更加安全。正是由于上述原因，孝文帝才决定把都城迁到洛阳。

孝文帝十分清楚，朝廷里守旧的大臣一定会反对他迁都。可是，为了北魏政权的巩固，迁都又势在必行。为了解决这个矛盾，他想出一个非常好的办法。一天早朝时，孝文帝对大臣们说：“我想要领兵攻打南齐。”大臣们纷纷表示，南齐颇具实力，如果贸然进攻，恐怕难以取胜。在这些大臣中，任城王拓跋澄反对得最为激烈。

孝文帝被气得火冒三丈，他不耐烦地说：“我是一国之君，我想出兵便出兵，用得着你说三道四吗？”

拓跋澄说：“陛下是一国之君，陛下的话便是圣旨。但是，我是国家的大臣，劝阻陛下冒险出兵是我的本分。”

孝文帝宣布退朝，之后派人把拓跋澄召入宫中。他对拓跋澄说：“其实，刚才我向你发火是在演戏，我只不过想吓唬一下文武官员。老实说，我想发动一场政治改革，但平城这个地方不合适。现在只有迁都才能够改革我们落后的风俗。我提出攻打齐国，只是想借这个机会迁都到洛阳。”拓跋澄听完后立即表示赞同孝文帝迁都。他是大臣中反对攻打南齐最为激烈的一个，他不反对后，其他大臣也就不说话了。

于是，公元493年，魏孝文帝亲自率领30万大军，从平城向南进发。赶到洛阳后，天下起雨来，整整下了一个月。南齐在洛阳之南，孝文帝不顾道路泥泞难行，继续下令向南进发。大臣们来到孝文帝面前，纷纷劝说他不要再继续向南行军了。

孝文帝说：“这次我们出动30万大军劳师远征，如果现在不继续前进，那岂不是徒劳无功吗？这又如何向国人交代呢？要不这样，我们把都城迁到这里，也算此次行动的成果，你们觉得怎么样？”

大臣们听后都不知该如何回答。孝文帝又说：“你们赶紧做决定。现在不同意迁都的站在右边，同意的站在左边。”一个大臣说：“只要陛下不下令向南进军，我们就同意把都城迁到洛阳。”虽然很多大臣并不赞成迁都，但是现在他们只有两条路可选，对他们来说，迁都总比继续向南进军要好很多。于是，他们都表示支持迁都。此后，孝文帝派拓跋澄返回平城，将迁都的好处讲给那里的王公贵族听。有些人被说动了，但大部分贵族仍然反对迁都。后来，孝文帝亲自返回平城，与反对迁都的贵族大臣们一起商量这件事。那些人提出很多理由，但都被孝文帝驳倒了。

公元495年，北魏正式将都城迁至洛阳。此后，孝文帝又出台了很多改革措施，促进了北魏的发展，为我国南北方的民族融合做出了巨大贡献。

南齐、南梁

南朝包括宋、齐、梁、陈4个连续的政权，它们都建都于建康（今江苏南京）。而在这4个朝代中，齐朝是存在时间最短的，仅有23年，共历7帝。

萧道成称帝不足4年即死去。临终前，他嘱咐太子萧赜继位后不要像刘宋那样骨肉相残。萧赜遵照了父亲的遗命。但他死后，他的堂弟萧鸾却用阴谋夺得帝位，之后又大开杀戒。而他最不该杀的，就是帮他登上帝位的雍州刺史萧懿。

公元501年，萧懿之弟萧衍以“为兄报仇”之名，在襄阳举兵，攻进建康。次年萧衍篡位，建国梁，史称“南梁”。

南梁从建国到亡国共55年，但梁武帝一人就做了47年的皇帝。梁武帝在位期间，北魏已经衰落，无力大举南下，所以南梁得到了短暂的发展。

梁武帝为人节俭，勤政爱民，使得梁朝前期的国力大有赶超北魏之势。鉴于宋、齐宗室的屠杀，梁武帝对其宗室十分宽容，即使犯罪也不追究。然而在梁武帝后期，开始笃信佛教。他不仅下诏免征僧侣赋税，还大兴土木，广建寺院，而宗室及官员又借此贪污腐败，致使国室亏空，民怨四起。

公元547年，东魏大将侯景因与权臣发生矛盾，表示愿意将所据河南十三州之地献给南梁，以归附。梁武帝因其反复无常，桀骜难制，并不赞成，但梁武帝又寄希望于侯景，希望侯景能帮助他实现统一的梦想，遂接受侯景的投降，并封以河南王、大将军等要职。岂料侯景第一次兴兵伐魏就惨败而归。而东魏亦抓住时机，南下攻梁。梁武帝意图送还侯景以求和，结果走投无路的侯景于公元548年8月举兵叛变。他率兵南攻建康，俘获梁武帝，并将其饿死狱中。

建康沦陷后，侯景即篡位建汉，继而又屠杀江南世族及萧梁子孙。南梁政权至此土崩瓦解。

公元552年，广州太守陈霸先与湘东王萧绎派遣的王僧辩联合攻下建康，侯景企图逃跑，却被自己的部下砍死在船中。之后，梁武帝子孙为争夺皇位，纷纷自立。湘东王萧绎于江陵称帝，是为梁元帝。武陵王萧纪称帝于蜀，后派兵攻打江陵。梁元帝向西魏求救，萧纪被西魏攻灭，益州亦被夺走。次年，萧察引西魏军趁机攻陷江陵，梁元帝被杀。西魏立萧察为傀儡，史称“西梁”。

梁元帝被杀后，陈霸先拥立晋安王萧方智为帝，即梁敬帝。公元557年，陈霸先又废敬帝而自立，建立南陈，史称陈武帝。自此南梁彻底灭亡。

梁武帝

南齐萧宝卷即位后干出了很多荒唐的事情，不但大肆搜刮民脂民膏，大兴土木，搞得民不聊生，还非常残忍地杀害了很多忠臣。萧懿就是被萧宝卷所杀的忠臣之一。

萧懿临死前对萧宝卷说："皇上杀了我没关系，但是我为朝廷很是担忧，我的弟弟萧衍现在就在襄阳，他一定不会善罢甘休的。"

萧宝卷的残暴统治早已惹得天怒人怨，萧懿死后，萧衍果然起兵向都城建康杀来，将建康外城团团围住。宦官黄泰平杀死萧宝卷，并把他的脑袋砍下来送到了萧衍手里。萧衍入城后，废掉了萧宝卷的帝号，封为东昏侯。此后，萧衍又派兵四处征讨，各地的官员纷纷投降。萧衍拥立萧宝融为帝，自己则当上了掌管朝政大权的大司马。

公元502年，大权在握的萧衍逼迫萧宝融禅位，自己当上了皇帝，改国号为梁。萧衍便是梁武帝。

萧衍当上皇帝之后，每天五更就起床批改公文奏折，非常重视听取别人的意见，选拔官员务求清正廉明。此外，他一直过着非常俭朴的生活，从不讲究吃穿，每天只吃一顿饭，饭食多以蔬菜和豆类为主，他穿的衣服也都洗过了很多次。萧衍是一个非常虔诚的佛教徒，他信佛之后，既不吃荤腥，也不近女色。他还要求以后祭祀时用蔬菜代替猪牛羊等动物。此外，他还在建康建造了一座同泰寺。这座寺庙规模宏大，耗费了大量的人力和物力。他每天早晚都要去同泰寺里烧香拜佛，还去寺院里受菩萨戒。在他的影响下，他的儿子萧统、萧纲、萧绎及朝廷里的很多官员也开始信奉佛教。南朝的佛教因此进入鼎盛时期。

有一次，南海（今广东广州）刺史萧昂向萧衍报告，说有一个名叫达摩的高僧从印度来到了南海。萧衍非常高兴，立即派人赶到南海，把达摩高僧接到了建康。萧衍看到达摩后问道："我为佛门做了很多事，度僧、写经、建塔、造寺这些事情一件不落，依高僧之见，我做了这么多事情，应该获得多少功德呢？"

达摩悠然地回答说："一点儿功德也没有。"

萧衍疑惑不解，问道："为什么呢？"

达摩回答说："虽然你为佛门做了很多事，但那些全是表面文章，与实在的功德相差甚远。"

萧衍听后失望之情溢于言表。过了一会儿，他又问达摩："佛学的真谛是什么？"

达摩回答说："所谓绝对的真谛，根本就不存在。心里装着佛，那你的心就是佛。"

萧衍觉得这句话有些莫名其妙，便有些不高兴，就没有继续向达摩提问。达摩觉得萧衍根本不懂佛法，所以也就不想继续和他交谈，便转身离开了。几天后，萧衍看到了师父志公禅师，便把他与达摩的谈话内容讲了出来。志公禅师听说达摩的名字后，立即眼前一亮，并迫不及待地追问达摩的下落。萧衍非常轻蔑地说，达摩已经离开了。志公听后懊悔不已，埋怨萧衍不该让达摩离开。他对萧衍说："达摩能够说出常人不敢说、不能说的话，还能把佛教的真谛讲给我们听，皇上真不该这样怠慢他啊。"萧衍后悔莫及，立即派人去追达摩。但是，达摩已经去了北方，萧衍只能徒呼奈何。

公元527年，年迈的萧衍为了显示自己对佛教的虔诚，竟然亲自跑到同泰寺"舍身"出家当和尚。这下可把朝廷里的官员们吓坏了，朝廷里还有很多事等着萧衍这个皇帝处理呢。于是，萧衍只在同泰寺当了三天和尚，就被大臣们接了回来。回到皇宫后，萧衍宣布大赦天下，将年号改为大通。不久之后，萧衍想到，普通的百姓出家之后，需要向寺院交一笔赎身费后才能够还俗，而他这个当皇帝的还俗，竟然没有向寺院交钱，实在说不过去，于是便再次到同泰寺"舍身"出家。大臣们知道这件事后，立即跑到同泰寺，请求他回宫处理朝政。可是不管那些人怎么说，萧衍就是不走。有一个大臣说："皇上'舍身'出家，我们要把他请回宫，必须要先为他'赎身'才行。"大臣们觉得他的话有道理，就用巨资为萧衍赎身，这才把萧衍接了回去。

几年之后，萧衍再次"舍身"出家。为了表示对佛教的虔诚，这次他不止将自己的身体"舍"了出去，还把宫里人和全国的土地也都"舍"了出去。大臣们又花费成倍的赎身费将萧衍赎出。这种事情一共出现了4次。晚年的萧衍，一直想要出家为僧，导致侯景之乱暴发，最终落得一个被活活饿死的下场。

北魏分裂

北魏后期，政治腐化，其内部权力斗争不断，国家中央集权渐渐散失，加之繁重的兵役和徭役使大批农民家破人亡，导致“六镇起义”爆发。矛盾重重的统治集团无力控制混乱局势，给边镇豪强迅速发展势力提供了机会。这其中，尤以肆州秀容人尔朱荣发展最为迅猛。他在动乱期间，聚结北方各路豪强，大力镇压起义军。最后他不但平定了叛乱，还掌握了北魏大权，坐镇晋阳遥控朝廷。

公元528年，胡太后毒杀孝明帝，拥立三岁的元钊为傀儡皇帝，自己独揽朝权。尔朱荣以给孝明帝报仇为借口，进军洛阳，将太后身边的大臣相继斩杀，并把胡太后和元钊皇帝扔进了黄河。其后，尔朱荣效仿胡太后，拥立孝庄帝，然后将朝权独揽于自己手中。然而，孝庄帝不甘受其摆布，暗中联合其他势力，在尔朱荣朝见自己时，亲手将其杀死。

动乱年代的杀戮好比连轴转的车轮，你杀了甲，就会有乙来杀了你；乙杀了你，又会出现个丙，假借“替你报仇为名”来杀掉乙……历史如此反复，所以杀戮也会如此反复，直到车轮停止转动。比如，孝庄帝刚把尔朱荣杀死没几天，就被尔朱荣的弟弟尔朱兆杀害。尔朱兆杀死孝庄帝后，自然也效仿“先辈”，拥立傀儡为帝，然后独自擅权。可尔朱兆是有勇无谋之辈，根本没有能力控制日益混乱的局势，于是各地势力又纷纷趁机割据，发展兵力。这其中，尤以东方的高欢和关中的宇文泰的权势最为强大。

高欢曾是尔朱荣手下的大将，一直被尔朱荣视为隐患。尔朱荣死后，有人曾劝掌权的尔朱兆不要让高欢出外带兵，但他并没有采纳。之后，高欢迅速发展壮大，很快诛灭尔朱兆，拥立元脩为傀儡皇帝（孝武帝）。然后他以晋阳为根基，派兵征讨四方，逐步平定了战乱。正如前文所述，高欢能杀了尔朱兆，那么他亦会面临被杀的危险。给他制造麻烦的正是被他捧为天子的孝武帝。孝武帝由于不甘做傀儡，于是密诏关西大都督宇文泰入都，准备谋杀高欢。而高欢并非等闲之辈，他引前史为鉴，早就做好了准备。当他得知宇文泰等入都的消息后，即刻兴兵进攻洛阳。孝武帝抵挡不住，出城西逃，后巧遇宇文泰派来增援的李贤，躲过一劫。

后来孝武帝在李贤的护送下，平安进入长安。但孝武帝最终还是没有逃脱命运的“车轮”，惨死于宇文泰之手。公元534年，宇文泰拥立元宝炬为帝，都长安，重开大业。史称“西魏”。而高欢因惧于宇文泰之兵力，放弃兴兵讨伐，拥立清河王世子元善见为帝，后迁都邺城，亦重开大业。史称“东魏”。

自此，北魏王朝彻底败亡，东魏、西魏开启了各自为政的历史，而北方的统一局面亦随着北魏的灭亡被彻底打破。

北周灭北齐

东魏、西魏建国后，都没有维持多久。公元550年，高欢的儿子高洋灭掉东魏，建立北齐。公元557年，宇文泰的儿子宇文觉也废掉西魏，建立北周。自此，中国北方形成了周、齐对立的局面。

高洋统治初期，通过“削减州郡，整顿吏治，训练军队，加强兵防”等政策，使北齐在很短的时间内就强盛了起来。当时高洋不仅统揽军政大权，而且行事谨慎，政治清明，与北周的关系也比较平稳，因而得以集中人力、财力使本国经济得到发展。但几年后，高洋性情骤变，也像很多朝代的亡国之主一样，整日沉湎于酒色，不理朝政，统治亦变得日益腐败。

他动用10万民夫在都城邺，修筑三座豪华宫殿。这对于一个新兴政权来说，简直是奢侈至极。此外，高洋在位后期横征暴敛不说，还强迫中老年农民弃田从军，远赴边疆作战，致使军队作战能力大降，国力日渐衰微。

公元559年，高洋病逝，终年31岁。随着高洋的病逝，北齐王朝的统治也接近了尾声。后续几位皇帝统治的腐朽程度更甚于高洋，统治阶级内部愈来愈混乱。

与北齐的迅速衰败相反，北方另一政权——北周，正日渐强盛。公元560年，宇文邕继位，是为周武帝。宇文邕是一位颇有才能的帝王。他在位期间，厉行改革，释放奴婢、杂户，清理户口，禁毁佛道二教；并通过不断兴兵征伐，逐渐并吞北方各少数民族势力，使国力不断强大，大有统一北方之势。

公元575年，周武帝率军攻打北齐，后因途中生病，撤军回朝。次年10月，周武帝命越王宇文盛、杞公宇文亮、隋公杨坚为右三军；谯王宇文俭、大将军窦泰、广化公丘崇为左三军；齐王宇文宪、陈王宇文纯为前军，复攻北齐。这是北周最强的兵力，由此可见，周武帝是铁了心要攻灭北齐。

北周军队，上下一心，所向披靡，连下北齐多座城池。而北齐军队则人心涣散，节节败退。公元577年，齐军大败，周军不久破北齐京师邺。当时的北齐皇帝高纬，于慌乱之中将皇位传于自己8岁的儿子高恒，然后带着幼主高恒等十余人骑马奔赴南方的陈朝。结果行至青州时，被周军俘获，最后高纬与幼主高恒一起被“口塞辣椒”活活辣死。北齐自此灭亡，而北周统一了北方。

南北朝并立

从公元420年至589年，中国历史进入了南北朝时期。南北朝是南朝与北朝的合称，南朝包括宋、齐、梁、陈，北朝包括北魏、东魏、西魏、北齐和北周。

公元420年，刘裕逼迫东晋恭帝让位，登上了皇帝的宝座，建立宋朝，史称“刘宋”。刘裕称帝后，在政治、经济等方面进行改革，使得百姓生活有所好转，国力不断提升。但是，刘裕称帝两年后便一命呜呼，皇位由太子刘义符继承。刘义符在位仅一年时间，大臣徐羡之等人便将他废掉，立其弟刘义隆为帝。刘义隆登基之初，政治局面比较稳定，社会生产有了很大发展，百姓的生活水平也有所提高。公元439年，北魏将北方统一起来，并不断地向刘宋进攻，与刘宋进行了长时间的战争。这场战争结束不久，宋文帝就被长子刘劭杀害。文帝的三儿子刘骏起兵杀死了刘劭，登上了皇位。从此之后，统治集团内部开始了争权夺利的斗争，直到禁军统领萧道成篡权夺位，改国号为齐，史称“南齐”，萧道成便是齐高帝。

萧道成出身于平民阶层，因此当上皇帝后，便开始推行一些改革社会弊病的措施，整顿户籍就是他在位时推行的重大措施之一。尽管他的出发点是好的，但由于官员的腐败，这项措施非但没有取得预期的效果，反而加剧了社会矛盾。萧道成死后，齐武帝继承了皇位。齐武帝死后，皇位传到了萧道成的侄子萧鸾手中。萧鸾统治时期，为防范齐武帝的后代夺权，他进行了疯狂地屠杀。萧道成的族弟萧衍趁乱起兵，夺得了皇位，建立梁朝。

萧衍称帝后，推行了一系列照顾统治阶级内部各阶层利益的措施。萧衍一方面纵容统治阶级胡作非为，一方面用严酷的刑罚对待百姓，百姓无法生存下去，便发动了多次起义。萧衍故意推崇佛教，以欺骗百姓，转移他们的注意力。公元547年，“侯景之乱”爆发，侯景攻入萧衍所在的台城，将萧衍软禁起来。不久之后，萧衍被活活饿死。萧衍死后，侯景掌握了朝政大权，并把太子萧纲立为皇帝。萧衍的七儿子萧绎派大将讨伐侯景，连战连捷，将侯景打得毫无还手之力。陈霸先从广州领兵北上，给侯景造成了极大的威胁。侯景看到局势对自己不利，便废掉了萧纲，自己称帝，改国号为汉。公元552年，建康被陈霸先等人攻下，侯景被手下杀死。侯景之乱后，南方的社会经济受到了非常大的影响，与北方相比，南方的力量变得更为薄弱。此后，陈霸先掌控了梁朝的政权，并立萧方智为帝。公元557年，陈霸先称帝，建立陈朝，梁朝灭亡。

陈霸先建立陈朝后，利用征伐和笼络的方法，先后消灭许多割据势力。在陈霸先及他的弟弟陈顼统治时期，陈朝的经济有所好转。此后，陈朝发动了北伐，因失败导致南朝的力量更为衰弱。陈后主陈叔宝登基后，荒淫无道，大兴土木，使得国力日益衰落。与此同时，北方的隋朝已经强大起来，并于公元589年向陈大举进攻，陈朝灭亡。

南朝各国的国主大都出身寒门，并获得士族的拥护。但是士族并不会全力支持王室，他们只是为了保存自身的政治地位罢了。此外，皇室经常为了争夺皇位而互相斗争。这些原因使得各朝只存在很短的时间便走向了灭亡。但是，它们对文化的保存和发展做出了很大的贡献。

中国北方进入北朝时期是由北魏的建立开始的。鲜卑族拓跋部在十六国后期逐渐强盛起来，随着实力的不断壮大，它将北方割据的各个政权逐一消灭，成功地统一了北方地区。北魏孝文帝拓跋元宏推行汉化，使得鲜卑与汉族逐渐融合起来。孝文帝死后，北魏统治者在部分守旧贵族和鲜卑将领的影响下，逐渐将以前的民族和解政策废除，导致北魏走向衰落。北魏孝武帝末年，宇文泰和高欢这两个权臣将北魏辖区切割成东、西两块，历史上将它们称作东魏和西魏。此后，北齐取代东魏，北周取代西魏。公元581年，北周外戚杨坚称帝，建立隋朝，宣告北朝结束。公元589年，隋文帝杨坚攻灭南陈，完成统一大业。

亡国之音后庭花

公元557年，梁朝的军阀陈霸先代梁自立，改国号为陈。陈朝的第5个皇帝陈叔宝，是个流连于舞榭歌台、终日醉生梦死的亡国之君，后人称他为陈后主。

陈后主作为一个艺术家，颇有才能，可是作为皇帝，则是荒唐至极。他完全不懂国事，只知道喝酒享乐。他大兴土木，造起了三座豪华的楼阁，让他的宠妃们住在里面。手下的宰相江总、尚书孔范等，都是一伙腐朽的文人。陈后主和宠妃经常在宫里举行酒宴，宴会的时候，让他们一起参加。大家通宵达旦地喝酒赋诗，你唱他和，还把他们的诗配上曲子，挑选了一千多个宫女，为他们演唱。

陈后主精通音律，他时常自己编舞配曲，命宫女操练，乐工排演。他自己对乐器掌握得也很好，时常沉浸在演奏的乐趣之中。他创作的名曲，有《玉树后庭花》《临春乐》《黄鹂留》《春江花月夜》等。其中《玉树后庭花》是吴声歌曲，歌词绮丽，男女唱和，非常优美。

陈后主穷奢极侈，他对百姓的搜刮非常残酷。百姓被逼得过不了日子，流离失所，到处可见倒毙的尸体。有个大臣傅縡上奏章说："现在已经到了天怒人怨、众叛亲离的田地了。这样下去，恐怕东南的王朝就要完了。"

陈后主一看奏章就火了，派人对傅縡说："你能改过认错吗？如果愿意改过，我就宽恕你。"傅縡说："我的心同我的面貌一样。如果我的面貌可以改，我的心才可以改。"陈后主就把傅縡杀了。

陈后主过了5年的荒唐生活。这时候，北方的隋朝渐渐强大起来，决心灭掉南方的陈朝。隋文帝听从谋士的计策，每逢江南将要收割庄稼的季节，就在两国边界上集结人马，扬言要进攻陈朝，使得南陈的百姓没法收割。等南陈把人马集中起来，准备抵抗隋兵，隋兵又不进攻了。这样一连几年，南陈的农业生产受到了很大的影响，守军的士气也松懈下来了。隋兵还经常派出小股人马袭击陈军粮仓，放火烧粮食，使陈朝遭到很大损失。

公元588年，隋文帝造了大批大小战船，派他的儿子晋王杨广、丞相杨素担任元帅，贺若弼、韩擒虎为大将，率领50万大军，分兵八路，渡江进攻陈朝。杨素率领的水军从永安出发，乘几千艘黄龙大船沿着长江东下，满江都是旌旗，战士的盔甲在阳光下闪闪发光。南陈的江防守兵看了，都吓呆了，哪里还有抵抗的勇气？

其他几路隋军也都顺利地来到江边。北路贺若弼的人马到了京口，韩擒虎的人马到了姑孰。江边陈军守将告急的警报接连不断地送到建康。

陈后主正跟宠妃、文人们醉得七颠八倒，他收到警报，连拆都没有拆，就往床下一丢了事。后来，警报越来越紧了。有的大臣一再请求商议抵抗隋兵的事，陈后主才召集大臣商议。陈后主说："东南是个福地，从前北齐来攻过三次，北周也来了两次，都失败了。这次隋兵来，还不是一样来送死，没有什么可怕的。"

他的宠臣孔范也附和着说："陛下说得对。我们有长江天险，隋兵又不长翅膀，难道能飞得过来？这一定是守江的官员想贪功，故意造出这个假情报来。"大家你一言，我一语，根本不把隋兵的进攻当作一回事，笑话了一阵，又照样叫歌女奏乐，喝起酒来。

公元589年正月，贺若弼的人马从广陵渡江，攻克京口。韩擒虎的人马从横江渡江到采石矶，两路隋军逼近建康。

到了这个火烧眉毛的时候，陈后主才有些惊醒过来。城里的陈军还有十几万人，但是陈后主手下的宠臣江总、孔范一伙都不懂得指挥军队。陈后主急得哭哭啼啼，手足无措。隋军顺利地攻进建康城，陈军将士被俘的被俘，投降的投降。

隋军打进皇宫，到处找不到陈后主。后来，捉住了几个太监，才知道陈后主藏到后殿的井中。隋军兵士找到后殿，果然有一口井。往下一望，是个枯井，隐约看到井里有人，就高声呼喊。井里没人答应。兵士们恐吓道："再不回答，我们就要扔石头了。"说着，真的拿起一块大石头放在井口，装出要扔的样子。井里的陈后主吓得尖叫了起来。兵士把绳索丢到井里，才把陈后主和两个宠妃拉了上来。在场的隋军看到这情景，无不发出鄙夷的笑声。这样荒唐的君主怎能不亡国呢。

陈后主成了亡国之君，他创作的《玉树后庭花》则成了亡国之音。

军 事

诸葛亮七擒孟获

关羽水淹七军

公元219年，刘备立为汉中王。之后，刘备和诸葛亮便开始计划讨伐曹操，挥师北上。经过一番讨论，诸葛亮决定从荆州出兵，趁着曹军还没有休整过来，打他们一个措手不及。荆州一直由关羽镇守，这次也是由他带兵出征。说到上战场杀敌，关羽能以一敌十，别看他是一名武将，其实他也有很多智谋，唯一不足的是，关羽容易骄傲轻敌。

这一次，关羽亲自带领主力部队进攻樊城，江陵和公安只留了两个小将驻守，可见关羽对这次战斗的重视。关羽大军渐渐逼近樊城，樊城守将曹仁急忙向曹操请求支援，曹操知道关羽的实力，于是命令于禁、庞德两位将军带领七队精锐士兵赶去支援。于禁等人到达樊城后，曹仁让他们在城北平地上驻扎下来，打算和城中军队来个里应外合，把关羽大军包围起来一网打尽。

令于禁没有想到的是，他和曹仁都忽略了一个重要情况，而这个情况也让他们的军队遭到了巨大的损失。曹仁让于禁在城北平地扎营，于禁由于一直待在北方，对南方的地理环境和气候都不熟悉，因此也没觉得曹仁的决定有什么不妥，很快他的军队就在城北平地上搭起了营帐。

关羽率领大军终于来到樊城外，他看到于禁把军队驻扎在城北，心里不禁一喜。两方人马很快就开始对战，但两军势均力敌，谁也没能占取上风，只好各自养精蓄锐，等待下一场战斗。当时正是八月，一天晚上突然下了一场暴雨，河流水势凶猛，漫溢开来，淹没了很多地方，于禁大军的营帐差不多全部被洪水冲毁。原来城北是平地，地势比周围要低一些，特别容易积水，加上天气闷热多暴雨，随时都有被洪水冲走的危险。关羽正是看到于禁把大军驻扎在那儿后，才放下心来应战。营地被洪水淹没了，七军士兵很多都被洪流冲走，部分会游泳的人拖着伙伴，在于禁的带领下找到一块高地，总算保下一条命。然而没多久，于禁等人就发现自己被关羽的军队包围了。原来，关羽指挥军士利用准备好的船只从水路趁曹军慌乱时慢慢靠近。于禁等人被团团包围，手中也没有武器，只好投降。

另一边，庞德在涨水后，带着士兵避到一条河堤上，很快，他们也被关羽的小船包围了。关羽在船上安置了弓箭手，利箭像急雨一般飞向河堤，很多曹军中箭倒下，栽进河水里。很多士兵害怕自己被箭射中，纷纷央求庞德向关羽投降。气得庞德抓起一个求饶的人，拔出佩剑砍下了他的头，这一下，大家都闭上嘴巴，谁也不敢说话了。庞德拿起弓箭开始反击，他的箭百发百中，蜀军不少士兵落水。

这场对战从早上一直打到中午，庞德的弓箭消耗完了，他便带着士兵用短刀和蜀军搏斗，还说了很多慷慨激昂的话来鼓舞士气。在双方激烈交战的同时，洪水也越来越凶猛，河堤渐渐被水淹没，蜀军活动范围大大增加，曹军只能被困在狭小的地方，曹军不得不选择投降。庞德不甘心被俘虏，在混乱中，他和几名部下抢到了一艘小船，打算坐船逃跑。没料到一个浪头突然打来，小船发生侧翻，庞德和部下全部落水，很快就被关羽抓住杀掉了。

洪水还没完全退去，樊城的城墙被洪水冲坏了几个地方，城内守军十分惶恐，都劝曹仁弃城逃跑，曹仁心里也很害怕，寻思着找个机会逃跑。部将满宠表示要坚守樊城，他认为关羽现在已经把重心转移到其他地方去了，其实他心里也害怕关羽会从后面攻击他，但如果现在放弃，黄河南岸就全归刘备了，到时候连立足之地都没有。曹仁想了想，毅然决定继续留在樊城，鼓励士兵留守城池。

虽然关羽没有占领樊城，但他打败了于禁、庞德的七军联盟，名声大振。

诸葛亮七擒孟获

诸葛亮（181—234年）是三国时期蜀汉的大臣，也是三国时期著名的政治家、军事家。

刘备在猇亭败给东吴后，不久就在白帝城病逝了。诸葛亮回到成都，扶助刘禅继了帝位，朝廷上的事无论大小，暂时都由诸葛亮来决定。正当诸葛亮兢兢业业地治理蜀汉时，南中地区突然发生了由少数民族首领孟获发动的叛乱。

南中地区聚居了众多少数民族，孟获的叛乱使他们失去了安定的生活，被迫离开自己的家乡，逃难四方；同时，叛乱严重影响了蜀汉的统治。可是，遭遇猇亭大败和刘备去世的蜀汉，一时还顾不上出兵平定叛乱。经过两年的准备工作，国家局势稳定，兵马粮草丰足，诸葛亮决定发兵南征。

公元225年，诸葛亮率领三路大军，浩浩荡荡地向南中进发。临行前，留守的参军马谡建议说："南中依仗地势险要、偏远，不服从朝廷管制由来已久。今天凭武力把他们打败了，明天他们又会反叛。兵法上讲，攻城为下，攻心为上，我认为这次出征不应该以杀尽他们为目的，而应该征服他们的心。丞相，不知您意下如何？"

诸葛亮赞许地说道："好主意，我也这样想。孟获在少数民族中很有威信，我们应该化敌为友，让他心悦诚服地服从蜀汉的统治。"

诸葛亮派人全面了解了孟获的情况，知道他虽然英勇，但不懂兵法。于是，诸葛亮制定了周密的作战计划。

一天，两军对垒，蜀汉大将王平突然冲进孟获的营地，孟获慌忙迎战。开战不久，王平突然掉转马头，朝孟获猛喊："今天暂且饶过你，改日再与你决一胜负。"孟获看到王平战败逃去，心中大喜，带领兵士穷追不舍。王平带着人马沿着一条山路逃跑，路的两旁是陡峭的高山，地形十分险峻。忽然，王平一班人马停住了，孟获正感到奇怪，这时喊声大起，蜀汉士兵举着兵器从两旁山上冲下来，当孟获意识到自己中了埋伏准备掉转马头逃跑时，蜀兵已经将其层层围住。

士兵们擒住孟获，诸葛亮一看，他身材高大，肩宽臂粗，目光炯炯，果然是一条响当当的硬汉子。孟获心中正懊悔不已，以为被汉人俘虏，必死无疑。这时，诸葛亮慢慢走来，孟获把眼一闭，心想横竖一条命。没想到身上的绳索居然被解开了，而且是诸葛亮亲自为他松绑，孟获正惊叹不已，听见诸葛亮说："孟将军，你没有受伤吧，我们出去走一走。"

走出军营，孟获以为会看见一支支精锐的部队，没想到竟都是一些老弱病残，刀枪钝得一点儿光泽都没有，旗帜破烂，在旗杆上耷拉着。孟获本来还有些敬畏之情，现在见到诸葛亮军容如此，不免心中生了轻蔑之心。

这时，诸葛亮开口问道："你看我的军队如何？"

孟获冷笑着说："以前我不了解你们，所以吃了败仗，现在看了你的部队，打败你肯定不成问题。"

诸葛亮一直观察着孟获的表情，这时微微地笑了："那好吧，孟将军，我这就放你走，你赶紧回去重整人马，咱们再打上一仗。"

孟获回去后，发誓一定要报仇雪耻，他当即挑选了一支精锐部队。当天晚上，他亲自带了这支队伍来劫营。一直走到蜀营跟前也没被发现，孟获心里暗暗高兴，心想这一次可以大获全胜了。孟获把刀一挥，顿时，兵士们举起火把，一窝蜂地冲了进去。这下，孟获才发现又上当了，原来营房里一个人也没有，还没等他发令撤退，营寨四周已是火把连天，蜀兵铺天盖地一般围了上来。孟获和他的部下毫无抵抗的能力，全都当了俘虏。

天亮以后，士兵把孟获押了上来。诸葛亮说："这次你又被我活捉了，心里应该服气了吧？"孟获一扭脖子，生气地说："这根本不是打败仗，而是上了你的当。如果真刀真枪地打上一仗，我还被捉住，那才心服呢。"

其实，孟获以为自己这次必死无疑了，才说出这样的话，却听见诸葛亮爽朗的笑声："来人，给他松绑。"接着，诸葛亮又好酒好肉地款待了孟获，让他把俘虏都带走，连兵器也一一奉还，诸葛亮说："那好，咱们再较量一次吧。"

孟获通过这两次的交锋领教了诸葛亮的厉害，不敢再鲁莽行事。他回去后赶紧造土城、土垒，又退到泸水（今天雅砻江下游）南岸，凭着河流作阻挡。这样充分准备后，孟获得意扬扬，以为可以高枕无忧了。他对周围的人说："诸葛亮带兵从北边跑到这儿，水土不服，现在又是夏季最热的时候，瘟疫流行，他们肯定待不了多久就得回去，而我们有泸水作为天然屏障，又修了土城、土垒，诸葛亮飞也飞不进来了。"

但是，诸葛亮早已想好了从两边包抄的妙计。他只留下一部分士兵在岸边，装着准备渡河的样子，把孟获的军队吸引到岸边来准备作战。然后。诸葛亮派出两支精锐部队，分别从上游和下游水流缓慢的地方，偷偷渡过河去，再像一把铁钳一样，从两边包围上来。孟获的军队毫无准备，见到汉军就如见到天兵天将，还没来得及抵抗，内部已乱成一团，又全部成了俘虏。

这回孟获还是不服，说："这次失败是因为没防后路，丞相倘若肯放我走，我一定召集各路人马和您大战一场。那时再被擒住，我就投降。"

诸葛亮又把孟获放了回去。这样捉了放，放了又捉，一连捉了孟获七次。孟获最后心服口服，南中恢复了安定。

足智多谋的诸葛亮七擒孟获，反映了他作为高瞻远瞩的政治家，深刻地意识到以和平方式处理民族问题才是最佳选择。此后，南中一带的少数民族和汉族大体相安无事，民族之间十分团结。

败走华容道

诸葛亮神机妙算，知道周瑜心胸狭窄，嫉妒自己的才能，所以借来东风之后，火速离开了东吴。周瑜派人去捉拿诸葛亮，诸葛亮早已被赵云接到夏口去了。诸葛亮安全来到夏口，他立即调兵遣将准备截杀曹操的残兵败将。诸葛亮确实很有军事才能，他对曹操的性格早已了如指掌，因此准确地判断出曹军的撤兵路线。

诸葛亮拿出第一支令箭，对赵云说："子龙（赵云的字），你带3000人马，渡过大江，埋伏在乌林，曹操大败，只能走此路，当他的军队路过此地时，你不用追杀他，只要在中间放火即可，乌林一带树林和芦苇很多，而且现在十分易燃。曹操人马必然会烧死大半。待他们慌乱之际，你们可以突袭，但不要穷追不舍。"

赵云领命而去，诸葛亮又拿出第二支令箭，看了看张飞，说道："翼德听令。我命你率3000人马渡过大江，埋伏在葫芦谷口。曹操被赵云火攻，他不敢走南彝陵，一定走北彝陵这条路。曹军到葫芦谷口，一定人困马乏，必然会埋锅造饭。你一看见烟起，就在山边放火，曹军一乱，立即出击，不得有误。"

张飞也领命而去，到下边去清点人马。诸葛亮又拿出第三支令箭，说道："糜竺、糜芳、刘封三人听令。你们各带1000人马，驾船过江，围剿曹军，曹军一路奔波，到了这里，已无心恋战，你们三人只需夺取曹军的器械，将这些败兵活捉。"

这三人也下去了，诸葛亮又拿起第四支令箭，说道："刘琦听令。武昌这一关非常重要，曹军到了这里，已经精疲力竭，你埋伏在此，曹军一旦到达，立即出兵，生擒败兵。"

刘琦知道任务很重要，立即下去做准备。诸葛亮又拿起了第五支令箭，在大将中察看，但目光根本不停留在关羽身上。关羽有些按捺不住了，许多大将都领令而去，军师却不用自己。关羽道："军师，为何弃我关羽不用呢？我自从随我兄长征战以来，从来没有被弃用过，我不敢说战无不胜，但也身经百战，有些作战经验，不知军师不用我，是何意？"

诸葛亮心想：这一关非常重要，只有派关羽去，才可以截杀曹操，但关羽讲义气，我得先激怒他。于是诸葛亮道："云长啊，我本来有一个重要的关口想让你把守，但我有些顾虑，所以不敢用你。"

关羽道："军师，什么顾虑，快快讲来。"

诸葛亮道："想当年，你被围困城中，曹操待你恩重如山，对你如上宾，而你又很看重情义，曹操兵败，会走华容道，我想让你去把守，但又怕你心慈手软，放过曹操老贼，所以我没让你去。"

关羽道："军师多虑了，曹操当年确实对我有恩，但我已事先声明，我会给他立下战功再走，后来我连斩颜良、文丑两员袁绍大将，又帮他解了白马之围，我已经报答过他。今日我怎么还会放过他呢？"

诸葛亮道："如果你放过他呢？"

关羽道："愿立军令状，按军法处置。"

诸葛亮道："好。笔墨纸砚侍候。"军令状的内容就是：如果关羽放走曹操，定斩不饶。

诸葛亮又说道："曹操生性多疑，你可以在华容道的小道和高山峡谷的地方，堆积一些柴草，然后点燃，曹操一见烟火必然会走华容道，到时候，你提着他的人头来见我。"

关羽有些不明白，忙问道："军师，曹操也懂得兵法，他见有烟火，一定会知道有埋伏，那他就该走大道了。"

诸葛亮道："别人可能不走华容道，但曹操熟读兵书，善于用兵，他懂得虚虚实实的道理，一看见烟火，他会认为这是虚张声势，他必然会走华容道。"

事情的发展果然如同诸葛亮预料一般。

曹营被黄盖的火船烧毁，军营大乱，幸亏张辽用小船将曹操救出，带领着几百人马杀出重围。曹操仰天长叹："天不助我也，为什么刮东风啊？"但曹操不愧为杰出的军事家，他马上镇定下来，对众将士说道："南彝陵不能走，那里有东吴的人马，我们只能走北彝陵。"一声令下，大家向北彝陵走去。

曹操带领人马，来到了乌林。一看这里地势险要，杂草丛生，曹操一阵大笑，众位将领不知怎么回事，心想：丞相是不是被打糊涂了，打了败仗，反而还大笑。众将问道："丞相，您为什么大笑呢？"曹操道："诸葛亮、周瑜二人合起来，还不如老夫我。如果换成我，我一定在此埋伏一队人马。"话音未落，只见杂草和树干全都着起大火，火光冲天，曹军被烧死无数。正在这时，从路边杀出一队人马，为首的一员大将不是别人，正是赵云，他大喝一声："我乃赵子龙，奉我家军师命令，在此等候多时了，尔等拿命来。"曹操深知赵云的厉害，派了两员大将徐晃、张郃应战赵云，自己带着人马匆匆逃走。赵云带领人马追杀了一阵，随后撤军。

天亮后，突然下起了雨。天气寒冷，士兵们又困又累又冷，实在走不动了，便在葫芦谷口安营扎寨，埋锅做饭，又从附近村民那里抢来了粮食。士兵们脱去了湿衣服用火烤，并卸下马鞍，让浑身雨水的战马吃草休息。曹操问将领：“此地叫什么名？”有认识这地方的士兵道：“丞相，这里叫葫芦谷。”曹操大笑道：“诸葛亮、周瑜也不过如此，要是我，一定在此埋伏一支人马，这里的地势太险要了，真像个葫芦口，有一夫当关万夫莫开之势。”曹操正和士兵说着，只见山边起火，一支人马拦住了去路，为首一员大将，手中一杆长枪，大喝一声：“我乃张飞是也，曹操留下你的人头再走。”说着，张飞带领人马杀了上来。

曹操的人马没有准备，只好仓促应战，两军打在了一起。曹操一看，大势不好，赶紧带着人马逃跑。张飞在后面又是一通追杀。

曹操从张飞手下逃了出来，一看人马损失惨重。正走着，前面忽然出现了两条路。曹操一看小路上起了烟火，而大路静悄悄的，便大笑道：“诸葛亮又来迷惑我，兵书上说‘虚则实，实则虚’，他是故意在小路上放烟火，使我们不敢走这条路，我们就走这条华容道。”

正走着，一员大将手持大刀拦住了去路，正是关羽。曹操一见关羽，催马上前道：“关将军，我大败而归，你看在往日的情面上，放我一条生路吧。”关羽不答应。但曹操一再苦求，关羽便动了恻隐之心，想起往日曹操的恩情，一声令下：“让开道路。”曹操这才得以生还。

关羽空手而归，军师大怒，命人将其斩首。刘备立即求情，说道：“当初我们三兄弟结拜之时，曾说过‘不求同年同月同日生，但求同年同月同日死’，如果军师非要治罪，请将我一并斩首。”诸葛亮只好作罢。

曹操赤壁之战大败而逃，又败走华容道，从此以后，再也不敢轻易南下了。

陆逊火烧连营

刘备对关羽被杀这件事，十分痛心。公元221年，他即位称帝之后，不顾诸葛亮的反对，带领蜀汉的大部分人马，准备进攻东吴，报仇雪耻。

刘备一面准备出兵，一面通知张飞到江州（今四川重庆）会师。还没有等刘备出兵，张飞的部将叛变，杀了张飞投奔东吴。刘备一连丧失两员猛将，力量大大削弱，但他急于报仇，已经没有冷静考虑的余地了。

警报到了东吴，孙权听说刘备这次出兵声势很大，也有些害怕，派人向刘备求和，但是遭到刘备的拒绝。没过几天，蜀汉人马已经攻下巫县（今四川巫中县北），一直打到秭归（在湖北省西部）。孙权知道讲和已经没有希望，就派陆逊为大都督，带领5万人马去抵抗。

刘备出兵没几个月，就攻占了东吴的土地五六百里地。他从秭归出发，急于向东进军。随军官员黄权拦住他说："东吴人打仗向来很勇猛，千万别小看他们。我们水军顺流而下，前进容易，但若要退兵可就难了。还是让我当先锋，在前面开路，陛下在后面接应，这样比较稳妥。"刘备心急火燎，哪儿肯听黄权的话。他要黄权守住江北，防备魏兵；自己率主力沿着长江南岸，翻山越岭一直进军到了猇亭（今湖北宜都西北）。

东吴将士看到蜀军步步紧逼，都摩拳擦掌，想和蜀军大战一场，可是大都督陆逊却不同意。陆逊说："这次刘备带领大军东征，士气旺盛，战斗力强。再说他们在上游，占领险要地方，我们不容易攻破他。要是跟他们硬拼，万一失利，丢了人马，这是非同小可的事。我们还是积蓄力量，考虑战略。等日子一久，他们疲劳了，我们再找机会出击。"

陆逊部下的将军，有的还是孙策手下的老将，有的是孙氏的贵族，对孙权派年轻的书生陆逊当都督，本来已经不大服气。现在听到陆逊不同意他们出战，认为陆逊胆小怕打仗，更不满意，在背地里愤愤不平。

蜀军从巫县到彝陵（今湖北宜昌东）沿路扎下了几十个大营，又用树木编成栅栏，把大营连成一片，前前后后长达七百里地。刘备以为这样好比布下天罗地网，只等东吴人来攻，就能把他们消灭。但是陆逊一直按兵不动。从这年

（公元222年）一月到六月，双方相持了半年。

刘备等得急了，派将军吴班带了几千人从山上下来，在平地上扎营，向吴兵挑战。东吴的将军，耐不住性子，要求马上出击。陆逊笑笑说："我观察过地形。蜀兵在平地里扎营的兵士虽然少，可是周围山谷一定有伏兵。他们大声嚷嚷引我们打，我们可不能上他们的当。"将士们还是不相信。过了几天，刘备看见东吴兵不肯交战，知道陆逊识破他的计策，就把原来埋伏的八千蜀军陆续从山谷中撤出来。东吴将士这才知道陆逊说得十分准确。

一天，陆逊突然召集将士，宣布要向蜀军进攻。将士们说："要打刘备，早该动手了。现在让他进来了五六百里地，主要的关口要道，都让他占了。我们打过去，不会有好处。"陆逊向他们解释说："刘备刚来的时候，士气旺盛，我们是不能轻易取胜的。现在，他们在这儿待了这么多日子，一直占不到便宜，兵士们已经很疲劳了。我们要打胜仗，是时候了。"

他派了一小部分兵力先去攻击蜀军的一个营，刚刚靠近蜀营的木栅栏，蜀兵从左右两旁冲出来厮杀；接着，附近的几个连营里的兵士也出来增援。东吴兵抵挡不住，赶快后退，已经损失不少人马。

将军们抱怨陆逊，陆逊说："这是我试探一下他们的虚实。现在我已经有了破蜀营的办法了。"当天晚上，陆逊命令将士每人各带一束茅草和火种，预先埋伏在南岸的密林里，只等三更时候，就直奔江边，火烧连营。

到了三更，东吴四员大将率领几万兵士，冲近蜀营，用茅草点起火把，在蜀营的木栅栏边放起火来。那天晚上，风刮得很大，蜀军的营寨都是连在一起的，点着了一个营，附近的营也就一起烧了起来，一下子就攻破了刘备的四十多个大营。

等到刘备发现火起，已经无法抵抗。在蜀兵将士的保护下，刘备总算冲出了火网，逃到了马鞍山。陆逊命令各路吴军，围住马鞍山发起猛攻，留在马鞍山上的数万名蜀军一下子全部溃散，死伤不计其数。一直战斗到夜里，刘备才带着残兵败将，突围逃走。吴军发现了，紧紧在后面追赶。亏得沿途的驿站把丢下的辎重、盔甲堵塞在山口要道上，阻挡住了东吴的追兵，刘备才逃到了白帝城。

这一场大战，蜀军几乎全军覆没，船只、器械和军用物资，全部被吴军缴获。历史上把这场战争称作"猇亭之战"，也叫"彝陵之战"。

刘备失败之后，又悔又恨，说："我竟被陆逊打败，这岂不是天意吗？"过了一年，就在白帝城病逝了。

祖逖中流击楫

匈奴攻占长安，结束了西晋统治，引起了中国历史上一次空前的民族大迁徙。那时，祖逖也夹在汹涌如潮的南逃人群中。在经过淮、泗的路上，他让老人和病人坐在自己家的马车上，将自己的粮食、衣物与大家一起享用。遇到劫匪，他总是亲率家丁打退他们。南逃路上的祖逖获得了极好的口碑。

公元317年，琅琊王司马睿在士族王导等人支持下建立了东晋。司马睿早就听说祖逖的声名，又得知他已经到达泗口，便下诏任命他为徐州刺史。后又调任军谘祭酒，驻防京口要隘。祖逖向司马睿进言说："中原大乱，胡人乘机攻进中原，百姓陷入水深火热之中，人人都想起来反抗。只要陛下下令出兵，派一个大将去讨伐乱贼，一定会收复失地。"

司马睿只想偏安东南半壁江山，对于北伐并不抱太大希望，但是听祖逖说得很有道理，就任命祖逖为奋威将军、豫州刺史，发给他千人的口粮、三千匹布，所有甲胄、武器、兵勇，都由祖逖自己解决。

祖逖带着招募的队伍，横渡长江。船到江心的时候，他拿起船桨敲打船舷（即"中流击楫"），向大家发誓说："我祖逖如果不能把中原的敌人扫平，就决不返回江南。"

祖逖渡江以后，将队伍驻扎在淮阴，又命人打造兵器，招兵买马，很快聚集了数千人。祖逖见士气旺盛，亲自率领人马进攻谯城，又连续攻破石勒的各地割据武装。至此，祖逖名噪大江南北，北方戎狄贵族闻风丧胆。祖逖乘胜出击，派部下韩潜分兵进驻河南封丘，自己则进驻雍丘，成为犄角之势，黄河以南的土地都回归东晋了。

就在祖逖积谷屯粮、厉兵秣马准备继续北伐、收复黄河以北的土地时，司马睿却任命戴若思为豫州都督，叫祖逖听他指挥。

祖逖受到了主张偏安、不思进取的朝人牵制，很难施展北伐的抱负了。他心里又是忧虑，又是气愤，终因身染重病，郁郁而亡。

祖逖的北伐事业虽然没有完成，但他中流击楫的气概被后人称颂。

刘裕智摆却月阵

公元403年桓玄篡位之后，北府兵将领刘裕率领兵将向建康发动进攻。桓玄抵挡不住，只得带着晋安帝逃跑。后来，桓玄被杀，刘裕迎接安帝复位。其实，晋安帝只是刘裕的傀儡，东晋的实权完全掌握在刘裕手里。

刘裕出身低微，小时候家里十分贫穷，这使得刘裕从小就肩负起家庭的重担，从事繁重的体力劳动。刘裕长大之后，投身行伍，并多次立下战功，迎接晋安帝复位更是让他名利双收，不仅掌握了东晋王朝的实权，还被奉为东晋的英雄。可是，这对打算篡夺东晋政权的他来说还远远不够。这是因为他出身低微，得不到士族大家的支持。为了扩大自己的势力，提高自己的威望，为篡夺帝位赢得政治资本，他决定出师北伐。

公元409年，刘裕率领大军，从建康出发，正式开始北伐。他北伐的第一个目标是南燕。南燕的国君慕容超是一个昏君。他虽然很聪明，但完全没有把心思放在治理国家上，脑子里想的只是如何向百姓征收赋税，去哪里打猎一类的事情。当刘裕率领大军向南燕逼近的时候，慕容超顿时方寸大乱，不知道该如何应对。他手下的大臣向他提出三个计策：一是不做防范，当刘裕率领大军来攻城的时候，派兵出城与刘裕大军决一死战，这是下策；二是坚壁清野，让刘裕大军得不到补给，在对峙一段时间后，刘裕一定会退兵，这是中策；三是躲避刘裕大军的锋芒，尽量拖延时间，再派精锐部队将刘裕的粮道截断，然后前后夹击，这是上策。慕容超对打仗一窍不通，最后选择了下策，很快就被刘裕打得一败涂地。

慕容超眼看亡国在即，立即派人向邻国后秦求救。后秦国主姚兴担心刘裕消灭南燕后会向后秦用兵，便答应援助南燕。他派使者到晋军大营对刘裕说，后秦已经在洛阳布置了10万大军，如果刘裕要攻打南燕，后秦一定会援助南燕。

刘裕听后轻蔑地对后秦的使者说："你回去对姚兴说，我这次本来只打算消灭南燕，并没想消灭你们，但是如果你们自寻死路，那我也就把你们一并收拾了，免得以后再劳师远征。"

后秦的使者离开后，有人担心刘裕的话会激怒姚兴，导致后秦发兵。刘裕却非常镇定地说："正所谓'兵贵神速'，如果后秦真的出兵，那么他们就一定会悄悄地出兵，根本没有必要提前通知我们。现在他们这样做，无非是虚张声势。如今他们正在和夏国交战，哪里顾得上别人呢？"

刘裕说得没错，当时后秦正在与夏国打仗，根本就无暇顾及南燕。此后不久，刘裕就将孤立无援的南燕给灭了。

几年之后，刘裕再次领兵北伐，这次他的目标是后秦。他把朝政交给尚书左仆射刘穆之管理，自己率领水军沿着黄河北上，前锋檀道济和王镇恶率领步兵向洛阳方向进攻。晋军前锋檀道济和王镇恶非常顺利地就将洛阳攻下。刘裕原本打算命令前锋军在攻下洛阳后先不要冒进，等到后面的主力部队到达后再深入到后秦境内。可是，檀道济和王镇恶看到后秦不断爆发内乱、潼关守军薄弱后，便兵分两路攻打潼关。由于受到后秦部队顽强阻击，檀道济和王镇恶与后秦部队形成了相持之势。

公元417年，刘裕亲率大军北上，后秦国主姚泓知道抵挡不住刘裕大军，便向北魏皇帝拓跋嗣求援。当时北魏的势力很强大，拓跋嗣决定帮助后秦一起对付刘裕，他在黄河北岸集结了10万大军，威胁刘裕的部队。

刘裕命令水军乘船沿着黄河前进。没想到，北魏派出几千名骑兵在岸上跟随，并不停地骚扰晋军。当时的风浪很大，很多晋军的战船被冲到黄河北岸，士兵落入水中。北魏的骑兵便乘机杀死晋军。当晋军上岸去追时，北魏的骑兵就不战而逃。就这样，晋军将士们被搞得晕头转向，不知如何是好。

刘裕非常气愤，想要狠狠地打击一下北魏骑兵的嚣张气焰。他思索良久，终于想出了一个好主意。刘裕把一名将军叫到身边，对他耳语了几句。过了不久，那名将军就带领100辆兵车和700名士兵登上黄河北岸，沿着河岸摆出一个怪阵。这个阵是半圆形的，中间鼓出来，两头紧靠河岸，有两名士兵埋伏在阵中，一根白色的羽毛高高地插在当中的一辆兵车上。刘裕根据这个阵势与一轮新月相似的特点，把它称作"却月阵"。

北魏的骑兵从来也没有看到过这种怪阵，所以都不敢轻举妄动。就在这时，有人将位于阵中间的兵车上的白色羽毛举了起来，随后2000名士兵带着100张大弓登上了兵车。北魏骑兵觉得这种阵势是在故弄玄虚，所以就一齐向晋军阵地冲了过来。晋军100辆兵车上的士兵拉弓射箭，将冲在最前面的北魏骑兵射死。但是，北魏的骑兵实在太多，这100张弓根本就射不过来。就在北魏骑兵如同潮水一般涌向晋军阵地的时候，晋军早就在却月阵后面布置好了长约三四尺、极其锋利的长矛，装在大弓上。北魏军只顾着向前冲，晋军士兵拿起大铁锤，奋力向大弓敲去，大弓上的长矛便如流星一般向北魏的骑兵飞去，一下子就将好几千北魏骑兵射死。冲在后面的北魏骑兵看到这个阵如此厉害，全都被吓破了胆，奔向四处逃命。晋军穷追猛打，击毙很多北魏骑兵。

刘裕利用却月阵给北魏骑兵沉重打击，黄河西进的通道被打通，刘裕的水军可以非常顺利地向西前进了。此后，檀道济和王镇恶带领步兵与刘裕在潼关会合，晋军声势大阵，很快攻下了长安，将后秦消灭。

公元419年，晋安帝去世，晋恭帝即位。刘裕认为称帝的时机已经成熟，便逼迫晋恭帝把皇位让给自己。公元420年，刘裕称帝，改国号为宋，东晋王朝正式宣告灭亡。

元嘉之战

自东晋覆亡，南北分裂后，中国历史进入了南北朝时期。这是中国历史上最黑暗的时代，也是优秀人物前仆后继出现的时代。

刘裕代晋后，在南方建立了刘宋政权。而北方的拓跋氏也通过一系列征战，统一了北方，建立了北魏。因此，这两个新兴政权在国家初立的几十年里，皆致力于“扫清周边敌族，巩固中央集权”的大业中，无暇顾及彼此。两国关系的转折点，至各自第三代帝王统治时期才出现。

公元423年11月，未满16岁的拓跋焘即位，是为北魏太武帝。而次年，宋国少帝刘义符被废，其弟刘义隆继位，是为宋文帝。这两位皇帝皆是中国历史上的豪杰，南北大地在两位皇帝的治理下，均出现国富兵强、百姓安乐的盛景。俗话说得好，一山不容二虎，当“定国安邦”的大业完成之后，“统一战争”就不可避免地要爆发了。这场一决雌雄的战争就是历史上著名的“永嘉之战”。

公元450年2月，魏先派10万大军攻宋之悬瓠（今河南汝南），同时魏太武帝给宋文帝写了一封侮辱性的信，此事成为元嘉之战的序幕。7月，宋文帝派两路大军北伐。西路军主帅是当时名将柳元景，他经湖北北部的熊耳山，打到了弘农、潼关，进展顺利；东路军由王玄谟率领，也渡过了黄河，围攻滑台（今河南滑县）。

双方战至此时，宋军完全可以乘势北上，大举进攻北魏，但是由于王玄谟骄傲自满，军纪败坏，又虐待部下，大失人心，遂使得宋军内部出现了矛盾，北伐不能顺利进行。而此时北魏大军抓住机会，大举反扑，致使宋军节节失利，被迫南撤。由于东路主力受挫后撤，西路军兵力有限，不能单独北伐，也只好南撤。

魏军见状，士气大振，大举南下，一直打到长江北岸之瓜步（今江苏六合）。宋朝大惊，急调各地军民沿江六百里布防。此时已至深冬，天寒地冻，魏军粮草不济，加之宋军布防严密，无隙可乘，于是魏军决定休战退军。但退军时魏兵屠杀掳掠，使宋损失不计其数。刘宋由此大受打击，军队士气低落，国力走向衰微。次年春天，魏军再次南下，而宋军已不复当年之勇，防线渐次由河北退至淮北，最后退守淮南。从此，中华大地上的“南北对峙”局面转向了“北强南弱”。

宋文帝的年号为元嘉，故这场大规模的战争被称为“元嘉之战”。虽然刘宋政权在战争中得以保存，但国家元气大伤，根本不用北魏劳师动众地兴兵南下，它自会走向败亡。

檀道济以沙代粮

南朝宋武帝刘裕死后，他的大儿子刘义符继承了皇位，是为宋少帝。刘义符只当了一年皇帝就被废掉，皇位落入刘裕的三儿子刘义隆手里，即宋文帝。南朝动荡不安的政治局面，给北魏留下了可乘之机。北魏派大军渡过黄河，向宋朝发动进攻，很快便将黄河以南的大部分土地占领。宋文帝看到北魏大军来势汹汹，便派朝中大将檀道济领兵抵挡北魏的进攻。

檀道济是南朝宋时一位赫赫有名的将领。他从小就失去了父母，过着流亡的生活。这段艰苦的生活经历，磨炼了他的意志，使他成为一个意志坚强、吃苦耐劳的人。晋安帝末年，他投身行伍，跟随刘裕加入了北府大将刘牢之的部队。他凭借着机智勇猛的表现，不断建功立业，特别是追随刘裕一起镇压江南农民起义、平定桓玄叛乱，更是让他不断地加官晋爵，被封为征南大将军。

公元416年，刘裕出兵讨伐北方的后秦，檀道济被委以重任，与王镇恶一起担任前锋，率领步兵向后秦的洛阳进军。檀道济率领晋军连战连捷，很快就攻到洛阳城下。洛阳守将姚洸孤立无援，无法坚守下去，便打开城门，率领兵将向晋军投降。

洛阳城里有4000名士兵，姚洸投降后，这些士兵便成了晋军的俘虏。晋军中有人看到他们人数众多，便提议将他们全部杀掉，以防他们闹事，同时又可壮大晋军军威。檀道济坚决不同意这样做。他说：“我们晋军这次出征就是为了讨伐逆贼，安抚百姓，今天正是我们这样做的好机会。”于是，他下令释放了这些俘虏，同时告诫晋军，进入洛阳城后，要严格遵守军纪，不得骚扰百姓。这些俘虏本来以为必定会被晋军所杀，此时听说被释放，都非常高兴，很多人当即投靠了晋军，其余人回去之后，到处宣扬晋军的宽宏大量，为晋军顺利攻入关中奠定了良好的基础。

此后，檀道济率领兵马与刘裕会合，帮助刘裕顺利地攻下了长安，灭亡了后秦。刘裕在长安逗留两个月后，便留下一个12岁的儿子和很多大将，自己返回了建康。刘裕走后，他留在长安的大军因为自相残杀而损失惨重，后来又遭到后秦将领赫连勃勃袭击，基本上全军覆没。刘裕手下很多有名的将领因此而死，檀道济便成了为数不多的几员猛将之一。

公元420年，大权独揽的刘裕逼迫晋恭帝将皇位让给自己，当上了皇帝，建立起刘宋政权。但是，仅仅过了两年，他就因病身亡。临死之前，他把皇位传给了长子刘义符，还特地指派他非常信任的檀道济、徐羡之、谢晦、傅亮4人为顾命大臣，辅佐自己的儿子。这4人中，只有檀道济一人是武将。刘裕在临死前对刘义符说，檀道济是一个很有才干的人，但是没有长远的谋略。正是因为这一点，刘裕才放心地让檀道济担任辅政大臣。

刘裕死后，檀道济被任命为镇北将军、南兖州刺史，到京口驻防。不久之后，徐羡之等人以少帝居丧无礼、游戏无度为由，将少帝废掉，立刘裕的三儿子刘义隆为帝。徐羡之等人担心刘义隆登基之后，会将他们几人除去，以巩固自己的帝位。为此，他们派谢晦去荆州担任刺史，这样的话，檀道济在京口，谢晦在荆州，都手握重兵，徐羡之和傅亮在建康，如果一旦发生什么事，可以同时发兵，必定能取得胜利。

徐羡之等人的这个办法果然不错，但是刘义隆想出了更好的办法来对付他们。刘义隆在羽翼丰满之后，便产生除掉徐羡之、檀道济等人的想法。按理说，刘义隆本来应该感谢他们，若不是他们，刘义隆又怎么能够登基为帝呢？话虽如此，但刘义隆想道："这几个人既然能将刘义符废掉，那么也能将自己废掉，如果不将他们除掉，我这个皇帝当着始终不安心。"于是，他下定决心，一定要将他们除掉。他觉得对付徐羡之和傅亮非常容易，但是要杀死檀道济和谢晦就不容易了。为此，刘义隆决定招檀道济讨伐谢晦。檀道济与谢晦都曾参与了废少帝、立新帝之事，本来有着共同的利益，但此时他却不顾个人利益，听从宋文帝刘义隆的命令，领兵与谢晦交战。谢晦擅长出谋划策，并不精通领兵打仗，因此很快就被在战场上拼杀了数十年的檀道济打败。平定谢晦之乱后，刘义隆将檀道济调离京口，调到江州任刺史。

公元430年，檀道济按照宋文帝的旨意，领兵北伐，抗击北魏军。宋军先锋到彦之率领宋军先部向河南进军，很快就将虎牢、洛阳等地收复。此后不久，北魏皇帝亲自率领大军将到彦之的部队击败，宋军攻下来的很多地方，又被北魏重新夺了回去。到彦之率领宋军前线部队退回到滑台。此后，檀道济率领大军赶往滑台救援，在半路上与魏军相遇，将魏军击溃。在之后的20多天里，檀道济率领宋军一路向北追击，与魏军交战30多次，取得了多次大胜，并顺利抵达历城。宋军连日奔波，将士们已经非常疲惫了，再加上取得了多次胜利，因此防备有些松懈。魏军大将叔孙建抓住这个机会，一面派兵与宋军进行正面交锋，一面派兵绕到宋军背后，将宋军的粮草全部烧毁，并对宋军形成夹击之势。

粮草的重要性对于外出打仗的部队来说不言而喻。宋军虽然英勇善战，但是粮草全部被烧掉，就再也无法坚持下去了。因此，檀道济打算从历城退兵。北魏的将领很快就知道了宋军已无粮草这件事，准备将宋军包围起来，一网打尽。檀道济意识到了宋军处境的危险。他非常清楚，危险是由宋军没有粮草引起的，如果让魏军相信宋军还有足够的粮草，那么危险便可解除，宋军才能够从容撤退。他思忖良久，想出来一个好办法。

当天晚上，宋军军营里点起来很多火把，整个军营都被照亮了。檀道济带领很多士兵，在一个军营里清点粮食。士兵们有的拿着斗量米，有的拿着竹筹计数，全都忙得不亦乐乎，还大声地数着数。军营摆着很多米袋子，全都装满了大米。宋军士兵看到这些米后，以为后方送来了军粮，所以非常开心。魏军的探子很快就把这一情况报告给了魏军将领，还说宋军军营中的粮食非常多，如果贸然与宋军交战，一定会吃败仗。魏军将领听说之后，便不敢轻举妄动了。

其实，魏军上了檀道济的当。宋军军营里的粮食的确被全部烧光了，袋子里装的并不是白米，而是沙子。檀道济派人在沙子上面盖了一层白米，所以看起来袋子里装的全是白米。第二天早上，檀道济命令士兵们穿上盔甲，自己坐在一辆马车上，从容不迫地向南撤退。魏军的很多将领都被檀道济打败过，知道他的厉害，看到宋军这样撤退，便心存忌惮，不敢追击。

北伐归来之后，檀道济受到了朝廷的嘉奖，名声也更加响亮。此后，宋文帝生了一场大病，刘义康和刘湛等权臣担心檀道济不受朝廷的控制，便劝说宋文帝尽早将檀道济除掉。不久后，文帝病危，把檀道济召入朝中。檀道济的妻子担心朝廷会对他不利，劝说他不要前去。檀道济不听，最终被辅政的彭城王刘义康假造圣旨逮捕，之后被杀死。在被杀害之前，檀道济非常愤怒地说："你们这是在自毁长城啊。"

檀道济就这样含冤被杀，宋朝的百姓们听到这个消息，无不痛心疾首。

隋唐五代十国
SUITANGWUDAISHIGUO
第六章

女皇帝武则天

政 事

开皇之治

北周勋戚重臣杨坚，因为他的女儿杨丽华是北周宣帝皇后，所以杨坚被封为隋国公。宣帝死后，杨坚成了小皇帝的辅政大臣，不到两年的时间，杨坚就把朝政紧紧地控制在自己手中。于是，在581年2月，杨坚便受禅称帝，建国号隋，改元开皇，是为隋文帝。

隋文帝开国，一改先朝弊政，励精图治。他首先改革选吏制度，废除了三百多年以来为世家豪族把持的九品中正制，设科举士，使中小地主也有参政的机会，扩大了统治基础。开皇元年（581年），隋文帝下令废除了北周的官僚制度，在中央确立了三省六部制。三省即内史省、门下省、尚书省，同为最高政务机构，分掌决策、审议和执行的职能。尚书省下辖吏部、祠部、度之（后改为民部）、左户、都官（后改为刑部）、五兵等六尚书，处理日常有关人事、选举、军政、财政、司法和土木工程等事务。内史省长官为内史令，门下省长官为纳言，尚书省长官为尚书令，他们同为宰相，分权独立，互相牵制，但他们都同为皇帝负责。开皇七年（587年），隋文帝命诸州每年贡士三人，以备中央选拔官吏。另外，隋文帝对官吏贪污，总是严惩不贷，甚或失之苛酷。而且还简化了地方行政层次，隋文帝接受了兵部尚书杨尚希的建议，本着“存要去闲，并小为大”的原则，把州、郡、县三级政权改为州、县两级，且合并了一些州、县，裁汰一批冗员，解决了南北朝以来“民少官多，十羊九牧”的弊政。还有经济上，采取轻徭薄赋、鼓励农桑的政策。他在即位当年就颁布施行了均田令，规定丁男一人受露田80亩，永业20亩；奴婢授田与平民相同，唯人数有所限制。同时，他还将丁男岁役一个月减少为20天，把成丁年龄由18岁改为21岁。户调绢由一匹减为二丈；后来又规定，丁年50可免役收庸。这样，农民的负担减轻了，生产蒸蒸日上，国势日渐强盛。

隋朝开国后，隋文帝表示：“我为百姓父母，岂可限一衣带水不拯之乎。”这表明隋文帝准备灭陈的决心。开皇八年（588年）10月，隋文帝命其子晋王杨广领兵51万，水陆并进，大举伐陈。开皇九年（589年）正月，隋将贺若弼、韩擒虎分别在京口（今江苏镇江）和采石（今安徽当涂北）渡江，两路并进，直指建康。沿江陈军，非降即溃，隋军迅即破城而入，俘后主陈叔宝。随后，隋文帝又派杨素率兵至江南各地，相继讨平地方豪强势力武装叛乱，摧毁了陈朝的残余势力，实现了全国的统一，结束了近百年的分裂割据混乱局面。

隋文帝勤于政事，自奉甚俭，这在封建帝王中是不多见的。他平日每顿饭不过一肉，宫廷用物，坏了的经过修补再用。皇后不尚丽服艳饰。宫人的服饰也是穿了再穿，少有新制。在他的影响下，整个王朝均以节俭朴素为荣，朝臣的便服多用布帛，不以金玉为饰。久而久之，形成了隋初崇尚节俭的社会风气。

隋文帝如此治国，二十多年后，国家安定，经济繁荣，百姓乐业，一片兴旺景象。据开皇十二年（592年）的呈报记载，当时的府藏皆满，粮食布帛无处容纳，都堆积在走廊和房下。隋文帝诏令再造新库。随后奏呈曰："新库落成，亦堆积无余。"文帝只好下令："告知州、县，寓富于民，不藏于府，免除今岁租赋，赏赐百姓。"这种富庶的境况在历史上也是罕见的。随着经济的繁荣，户口也出现了迅猛的增长。从开皇九年（589年）至大业五年（609年），短短21年间，全国人口从400余万户，增加到890余万户。

隋文帝顺应了历史发展趋势，重建并巩固了统一的多民族国家，结束了近300年的分裂割据局面，创设多种新制，对中国社会的发展产生了深远影响。他统治的开皇年间，天下安定，垂及升平，史称"开皇之治"。

科举制度的创立

隋文帝小时候在寺庙中长大，过惯了节俭的生活，他当皇帝之后仍然保持着这种良好的品质。他深知节俭的重要性，当他发现太子杨勇生活奢侈后，就对杨勇说："古今的帝王，凡是生活奢侈的，必定不能在皇位上坐得长久。你是太子，以后就会成为一国之君，你怎么能够不注意节俭呢？"

杨广是隋文帝的第二个儿子，他知道父亲喜欢节俭，所以就投其所好，故意过着非常俭朴的生活，博得了隋文帝的好感。隋文帝将杨勇的太子名分废掉，把杨广立为太子。杨广登上太子之位后，便不再伪装，恶劣的品性完全暴露出来。杨坚深感后悔，打算重新立杨勇为太子。杨广为夺得皇位，终将隋文帝谋害。

公元604年，杨广登上了皇位，第二年改元为大业史称隋炀帝。杨广即位之后，对教育非常重视，特别注意选拔人才。他在诏书中写道："君民建国，教学为先，移风易俗，必自兹始。"为了能够更好地发现人才，杨广命令那些负责视察各州的官员，主动寻找文才出众，或者有特殊才能的人，经过考察之后将他们送到京城。这使得很多读书人来到京城之中。杨广安排专人组织这些读书人进行学术辩论，之后给他们排列名次。如此一来，很多出身寒门的读书人获得了走上仕途的机会。

杨广还有意网罗学者来整理典籍。他在位期间，一共完成了130部典籍，共计17000多卷。此外，他还组织学者编写了《区宇图志》1200卷，《长洲玉镜》400卷，成功地保护了大量古代典籍。

在重视教育、选拔人才这方面，杨广最大的成就莫过于建立科举制度。在隋朝之前，每个朝代都有选拔人才的制度。在汉朝之前，多为"世卿世禄"的制度。"世卿"是指世世代代、父死子继，连任卿这样的高官。"世禄"是指官吏们世世代代、父死子继，享有所封的土地及其赋税收入。到了汉朝，皇帝为了加强中央集权，便取消了"世卿世禄"的制度，开始采用察举制和征辟制。所谓"察举制"，是指地方政府把德才兼备的人才推荐给朝廷，"征辟制"是指由朝廷或地方政府向社会招揽人才。由郡推举的人才称作孝廉，由州推举的人才称作秀才。这两种制度虽然能够挖掘民间的人才，为统治阶级所用，但也存在着诸多弊端。比如察举制没有一个公正客观的评判标准，导致很多地方官员徇私舞弊，把本来没有才能的人推荐给朝廷。

魏文帝曹丕时期，陈群改良察举制，创立了九品中正制。这种制度是由指派官员，对民间的人才，按照品德和出身进行考核，然后把选拔出来的人才分为九品，按照品级安排合适的职位。这种制度废除了地方官员推荐人才的权力，改由中央任命的官员负责。到了魏晋时期，士族的势力非常强大，很多考核的官员都会受此影响，在考核人才时过于看重出身。后来，选拔人才甚至只看出身，只有那些士族大家的人才有做官的机会，出身于寒门的有才之士根本没有出人头地的机会。这不仅闭塞了朝廷的选才范围，还导致士族大家势力过大，对皇权构成了严重的威胁。

到隋朝时，庶族地主不断兴起，士族门阀已经衰落下去。九品中正制这种选拔官员的方式已经无法适应社会的发展。于是，隋文帝即位之后，便将九品中正制废除，开始采用考试的方式来选拔官员。

到了公元606年，隋炀帝开始设置进士科，这标志着科举制度正式诞生。政论文章是进士科考试的主要内容，朝廷选出那些才华出众、文笔优美的人才，对他们委以重任。第二年，科举考试的科目已经增加到十科。

科举制度确立之后，便一直被后世封建统治者沿用，产生了深远的影响。从积极的方面看，科举制度推动了社会的发展。

首先，科举制度为历朝历代培养了大批优秀的人才。从隋炀帝时期科举制被创立，到清末被废除，通过科举考试成为进士者成千上万，这些人大多成了国家的栋梁之材。

其次，相对于世袭、举荐这些选拔人才的制度，科举制度无疑更为公平、公正。正是因为这一点，它才会被周边的朝鲜、日本、越南等国家效仿。在欧洲十八世纪的启蒙运动中，很多法国和英国的思想家都对这种公平、公正的制度推崇备至。英国在十九世纪创立的公务员叙用方法，也受到了科举制度的影响。因此，有人把科举制度称为中国古代的第五大发明。

第三，科举制度促进了读书风气的形成。由于科举考试不看出身，所以很多下层百姓便鼓励自己的孩子读书，希望以此来改变自身的地位。如此一来，读书的人越来越多，社会上形成了一种读书的风气。

隋炀帝创立科举制度，具有长远的政治眼光。

杨广弑父

公元604年，隋文帝杨坚于仁寿宫驾崩，其次子杨广即位，是为隋炀帝。据史书中记载的片段推测，隋文帝并非寿终正寝，而是死于一场政治阴谋。而杨广，正是这场政变的主谋。

杨广天资聪颖，相貌英俊，加之巧于辞令，颇受父皇母后的喜爱。可是他对此并不满足，他深知自己乃皇帝次子，没有继承皇位的可能，遂费尽心思，在父皇、母后面前营造出一个勤政爱民、朴素专一的形象。比如说，文帝提倡节俭，他便衣着朴素，用度有分寸；母亲生性嫉妒，最见不得男人好色，他便和妻子萧氏举案齐眉，恩爱有加。此外，杨广还在“南征陈朝、北退突厥”的战役中屡建军功，在文武百官中，获得了很高的声望。而文帝其他诸子相较杨广而言，就逊色得多了。

首先，太子杨勇生性好色，喜纳内宠，处事轻率，根本不具备“明君”的素质。而杨广也利用大哥的这一点，用锦衣玉食、美女珍玩，加以诱惑，致使文帝对太子的所作所为非常失望，决定重立太子。那么谁能接替杨勇？性格软弱的三子杨俊肯定不行，而老四杨秀又性情暴烈，干过“生剖死囚，取胆为乐”等残暴之事。所以，能够继任太子一位的人只有次子杨广。

公元600年11月，隋文帝废杨勇，改立杨广为太子。处心积虑多年的杨广，终于如愿以偿。然而事起波澜，公元604年，文帝病重入住仁寿宫，命内臣前往长安宣召太子。杨广星夜赶到，看到文帝病情十分严重，料定文帝即将驾崩，遂心急火燎密信杨素，向他询问朝廷百官的情况，并命杨素做出相应部署。杨素遵照太子意思回复了一封密函，岂料送信的宫人误把信送到了文帝手上。文帝见信大怒，想自己还没死，太子竟敢联合宰相暗中左右国家政局，这简直是逆谋，他命人急召杨勇。

尚书柳述、黄门侍郎元岩顿时明白了怎么回事，立即入阁撰写复召杨勇的文书。消息不胫而走，杨素、杨广心急如焚之余将柳述、元岩逮捕下狱；并以东宫卫士将文帝卫士全部替下；命大将宇文述、郭衍封锁了仁寿宫的全部通道，未经允许，任何人不得出入；然后又命右庶子张衡进入文帝寝殿，将所有宫女、宦官全部逐出，关在别殿。之后张衡进入文帝寝殿，用刀刺死了文帝。过了一会儿，张衡从文帝寝殿走了出来，大声嚷道："皇上已死多时，你们为何不报？"众人听后吓得浑身哆嗦，不敢吱声。

杨广弑父后，又假颁文帝遗诏，绞死了杨勇及其他胞弟，最终完成了"弑父杀兄，篡权谋位"的政治阴谋。

隋炀帝三下江都

隋炀帝当上了皇帝后，就开始追求享乐奢靡的生活。他游玩的地方经常更换，频繁出巡。

公元605年，就是隋炀帝即位的头一年，他就下诏命令黄门侍郎王弘等人到江南造龙舟和各种船只上万艘。几十万人因此被征调去造船，许多民工劳累过度，死在工地上，运载尸体的车子，东至成皋，北至河阳，络绎不绝。同年8月，隋炀帝从洛阳出发游江都，随行的嫔妃、文武百官、公主王侯、僧道尼姑等共计几十万人。炀帝乘坐的龙舟高达45尺，宽50尺，长200尺。沿途一些州县的官僚，为了巴结皇帝，不顾百姓死活，狠命敲诈，让百姓为隋炀帝一行准备吃的喝的，叫作“献食”。一些州县甚至强迫农民预交几年的租税，弄得许多百姓倾家荡产。

公元611年，隋炀帝第二次巡游江都。这次巡游，又是大肆挥霍。不仅如此，隋炀帝一行到了江都，还大摆酒席，宴请江淮以南的名士，炫耀豪华，向百姓摆威风。

公元617年，隋炀帝第三次出游江都时，农民起义的烽火已燃遍大河上下、长江南北，隋王朝的统治已是岌岌可危了。可是隋炀帝只顾个人享乐，根本不顾百姓死活。在游江都之前，停泊在江都的几千艘龙舟全被起义军烧毁了。隋炀帝马上下令重新建造，规格比原来的还要豪华富丽，耗费了大量的钱财，百姓也已穷困到了极点。

隋炀帝的船队从宁陵向睢阳开进时，常常搁浅，拉纤的民夫用尽力气，一天也走不了几里路。炀帝十分恼火，下令追查这一段河道是哪个官员负责开凿的。经查问，原来这个河段的负责人是麻叔谋。这时，督造副使令狐达乘机上书告发麻叔谋蒸食婴儿、收受贿金等事。于是，炀帝下令查办麻叔谋，并将当时挖这一段河道的五万名民工统统活埋在河岸两旁。

隋炀帝到达江都后，更加荒淫无度，每天都与嫔妃美女一起饮酒作乐。此时，他见天下大乱，心中也常常烦躁不安。一天，他照镜子时对萧后说：“我这颗头颅将会葬送谁手呢？”他还准备了毒药带在身边，准备在危急时吃。隋炀帝一人出游，几乎是全天下的人民都在为他准备行装、供奉食物。他的游幸，给人民带来了深重的灾难，以致百姓没有饭吃，只能剥树皮、挖草根，或者煮土而食，有的地方还出现了人吃人的现象。此时，隋朝江山已处于风雨飘摇之中。

李渊建立唐朝

李渊，字叔德，陇西成纪（今甘肃秦安叶堡乡）人。他的父亲在北周时期做过高官，母亲是隋文帝独孤皇后的姐姐。隋炀帝登基后，李渊在楼烦（今山西静乐）和荥阳（今河南郑州）两个郡做太守。

公元613年，隋炀帝派大军攻打辽东。李渊被派到怀远镇，负责督运粮草。杨玄感趁着此时民怨沸腾，发动了起义。隋炀帝命令李渊镇守弘化郡（今甘肃庆阳），防御杨玄感向那里进攻。杨玄感兵败之后，李渊仍然留在弘化当太守。在此期间，李渊做出很多有益于百姓的事情，也结交了很多英雄豪杰。

公元617年，李渊又被封为太原留守，负责镇压农民起义军。太原是军事重地，那里兵源充足，储存着可以使用10年的军粮。因此，李渊特别高兴，打算在太原发展自己的势力。初到太原，李渊就领兵击败了位于太原南部的农民起义军，使得自己在太原的地位得以巩固。之后，李渊又派长子李建成在河东结交英雄豪杰，派次子李世民在晋阳一带招揽人才。

当时李渊所镇守的太原，多次遭到北方少数民族突厥的骚扰。李渊出兵抵抗，却连续几次被打败。如果这件事被朝廷知道，那么李渊的处境将非常危险。

国家的安危，自身的处境，使得李渊心烦意乱。李渊的次子李世民是一个非常有胆识的人。他看到父亲整天愁眉不展，便对父亲说："隋炀帝荒淫无道，惹得天怒人怨，如今全国各地都爆发了起义，想要推翻他的残暴统治。父亲虽然是隋朝的大臣，但是皇帝昏庸无道，父亲又何必非要为他卖命呢？依我之见，不如起兵反隋，与天下英雄一起推翻隋朝。"

李世民的话把李渊吓得颤抖不已。李渊说："你怎能说出这种话来？你这叫犯上作乱、大逆不道。如果这些话被别人听到，你的性命就难保了。以后再也不许说这种话了，知道吗？"

李世民看到父亲的态度非常坚硬，便只能离开。可是，他并没有因此而放弃劝说父亲起兵反隋。第二天，他又对李渊说："您被皇上封为太原留守，负责镇守太原。可是，现在突厥不断地来骚扰，起义军又人多势众，您根本就无法保证太原的安全。如果朝廷追究下来，您的处境就会非常危险。而且，就算您保证了太原的安全，立下大功，但是皇上的猜忌心非常重，您的处境可能会更加危险。所以说，如果您仍然保持现状的话，那么危险就时刻伴随着您。要想彻底摆脱这种危险，我觉得您只有起兵反隋一条路可走。”

李渊觉得李世民的话很有道理，但他又无法下定起兵反隋的决心。他担心一旦失败，会被满门抄斩。

李世民又说：“现在各地都闹起义，官军的力量分散，很容易对付。”李世民的话彻底打消了李渊的疑虑。他终于决定要起兵反隋，李世民又把他的朋友刘文静推荐给李渊。此后，李渊派刘文静去招兵买马，又把在河东打仗的长子李建成、四儿子李元吉召回。

王威和高君雅是太守的副留守，他们对隋炀帝忠心耿耿，看到李渊的行动后，便开始怀疑李渊密谋造反。李渊知道这两个人不能久留，因为他们一定会把自己造反的事情报告给隋炀帝。于是，他便下定决心，除掉王、高二人。

一天早上，李渊和王威、高君雅一起商议公事。刘文静把开阳府司马刘会政领到他们面前。刘会政说，他有一张密状要交给李渊，李渊让他将密状呈上。刘会政说副留守是他要告的人，因此不能够让两个副留守看，只给李渊一个人看。李渊故意装出一副惊愕的样子，说：“怎么会有这样的事情？”之后，他接过密状，看了起来。看过之后，他对其他人说：“王威和高君雅是叛徒，他们打算与突厥人里应外合，攻入太原城中。”于是，李渊命令士兵将他们抓了起来。第二天，太原被几万突厥人围攻，人们便对王、高二人勾结突厥一事深信不疑，李渊就名正言顺地杀死了他们。

除掉内患之后，如何对付突厥兵就成了摆在李渊面前的难题。他命令刘文静等人在城墙坚守，而城墙上却不树立旗帜，而且城门也打开着，禁止士兵大声喧哗、四处张望。突厥军队不明所以，不敢贸然闯入城中。李渊又派手下将领带着一队人马夜里出城，早晨从另外一条路入城，制造有援兵到达的假象，来蒙蔽突厥。这个计策效果显著，突厥军队真的以为那是援军，因而退兵。虽然解了突厥之围，但是谁也无法保证突厥不会再来。为了彻底解决问题，解决起兵反隋的后顾之忧，李渊用臣下的口气，给突厥可汗写了一封信。他在信中说：“如果能够不来侵扰太原的百姓，我愿意把征伐来的财富，全部送给可汗。”

此后，李渊正式起兵，向长安进军。西河郡是西进的第一个障碍，李世民和李建成率领大军，仅用了9天就攻下了西河郡。之后，李渊设置了大将军府，自称为大将军，封李建成为陇西公、左领军大都督，封李世民为敦煌公、右领军大都督，又封刘文静和裴济为长史和司马。

李渊大军一路势如破竹，很快就攻入长安城中。占领长安城后，李渊宣布了十二条约法，受到城中百姓的热烈欢迎。李渊看到称帝的时机尚未成熟，就拥立隋炀帝的孙子杨侑为帝，改元义宁，并把处于江都的隋炀帝尊为太上皇。李渊自封为大丞相、唐王，掌握着所有军政大权。

公元618年夏，躲在江都享乐的隋炀帝被大将宇文化及和禁军将士们包围起来。隋炀帝非常生气地问道："你们实在胆大包天，难道不知道这是死罪吗？是谁让你们这样做的。"

禁军将士们回答说："你这个暴君，天下人皆对你恨之入骨，希望把你千刀万剐，我们要杀你，还需要别人带头吗？"宇文化及命人将隋炀帝勒死，立杨浩为帝，自封为大丞相。李渊听说这件事后非常高兴，因为隋炀帝一死，他就可以名正言顺地做皇帝了。

公元618年，李渊称帝，定国号为唐，定都长安。

玄武门之变

李渊建立唐朝后，把长子李建成封为太子，次子李世民封为秦王。按照封建宗法制，李建成是李渊的长子，被封为太子是理所当然的。可是，李世民智勇双全，先是劝说李渊起兵反隋，后来又多次征战，为大唐立下汗马功劳，威望远在太子李建成之上。除此之外，李世民还被李渊任命为“天策上将”、陕东道大行台、尚书令、司徒。李世民才能出众，战功显赫，在秦王府中开设了文学馆，招揽天下有才学的人士。太子李建成看到李世民的势力越来越大，便开始担心自己的太子之位可能会被李世民取代，所以心里总是惴惴不安。为了保住自己的地位，以便将来能够继承皇位，成为一国之君，李建成便拉拢齐王李元吉一起对付李世民。

李建成经常到李渊宠爱的一些贵妃那里献殷勤，拉近与她们的关系。李世民则不然，并且经常不在京师。一次，李世民平定洛阳，有贵妃去找李世民，希望李世民能够让她的亲戚做官，或者赏赐给她一些隋宫里的宝物。李世民拒绝了她的请求。于是，后宫妃嫔经常在李渊面前说李世民的坏话，说李建成的好话。

李建成集团把李世民视为眼中钉，总想除掉他。一天夜里，李建成准备了一桌子好的宴席，邀请李世民一起享用。但酒里下了毒，李世民毫无防备，举起酒杯一饮而尽。不一会儿，李世民感到腹痛难忍，吐了很多血。幸亏淮安王李神通把他带回西宫，及时请大夫治疗，李世民才没有被毒死。

李渊知道李世民被李建成以毒酒算计，对李世民说：“我从晋阳起兵，能够平定天下，成为一国之君，全是你的功劳。我本来打算将你立为太子，但是你坚决不肯接受，我这才把建成立为太子。建成被立为太子很久了，他没有犯下严重的过错，我也无法把他废掉。我看你们虽然是亲兄弟，却始终无法相容，如果都留在长安，那么你们的矛盾必定会日益加深。我可不想看到你们兄弟自相残杀的事情发生。不如你到洛阳去，我把自陕西以东的土地全部划给你。”李世民听后泪流满面，他说：“这不是我的愿望，我希望能够留在您身边侍奉您。”李渊说：“天下尽归我所有，你去洛阳，我想你时随时去那里看你，这与你留在我身边有什么不同呢？”李世民无言以对，只得听从李渊的命令。李建成知道这件事后，与手下人商量说：“如果李世民得到土地和兵将，一定会对我造成更大的威胁。如果他留在京城，就是废人一个。”于是，他派人对李渊说：“李世民身边的将领全是东部的人，他们听说要回到洛阳后，全都非常高兴。看他们的样子，好像以后再也不会回来了。”李渊听后，便取消了让李世民去洛阳的命令。

李建成和李元吉看到无法除掉李世民，就改变策略，打算把李世民身边的猛将拉拢到自己这边来。李建成暗地里派人给尉迟恭送去一车金银财宝和一封信，希望能与尉迟恭交个朋友。尉迟恭对李世民忠心耿耿，他对李建成派来的使者说：“我是秦王府的人，如果暗地里和太子来往，我又怎么对得起秦王呢？我想太子也不需要这种忘恩负义的小人吧？”说完之后，他就让使者把那车财宝全部拉走了。李建成非常生气，当天夜里就派一名刺客去尉迟恭家里行刺。尉迟恭早就做好了防备，这才没有让刺客得手。

李建成和李元吉并没有因此罢手。当时突厥向中原袭来。太子李建成提议，由李元吉担任大元帅，统领大军北上抵抗突厥，李渊同意了李建成的主张。李元吉请求李渊把李世民手下的尉迟恭、秦叔宝、程知节三员大将和秦王府的精兵全都由他调遣。李元吉这样做，并不是要利用这些兵将对付突厥，而是把他们从李世民身边带走，进而除掉李世民。

李世民识破了李建成和李元吉的阴谋，赶忙找来长孙无忌、尉迟恭等人商议对策。长孙无忌和尉迟恭都认为李世民应该先发制人。而李世民却说：“兄弟之间互相残杀，终究是一件不光彩的事情。如果他们不动手，我也不能先动手。”

尉迟恭十分愤怒地对李世民说：“如果您再不动手，那我就请求您准许我离开秦王府。我才不愿意留在这里白白等死呢。”

长孙无忌说：“秦王殿下，您已经对他们一再忍让了，他们不仁，又怎么能怪你不义呢？依我之见，还是尽早下手，把他们除掉，免得他们再加害你。”

李世民看到手下将士们的态度都非常坚决，便下定了除掉李建成和李元吉的决心。李世民去见李渊，说李建成和李元吉秽乱后宫，李渊听后非常吃惊，决定第二天把李建成和李元吉召入宫中，一问究竟。

李世民和尉迟恭等人率领人马，提前在宫城北门的玄武门内埋伏好，那是李建成兄弟进宫的必经之路。李建成和李元吉骑着马，向玄武门走来。负责守卫玄武门的禁军总领常何是李建成的人，他已经在事前被李世民收买。李建成没有看到常何，觉得守卫的士兵也不是平时所见的人，就意识到可能有危险，急忙调转马头往回跑。李元吉看到李建成的举动后，也跟着逃跑。李世民率领伏兵从暗地里冲了出来，李元吉看到形势危急，便拉弓搭箭，向李世民连射三箭。由于心神慌乱，这三箭一箭也没有命中。李世民看到李建成即将逃脱，便射了一箭，将李建成射死。尉迟恭率领数十名骑兵赶到，李元吉中箭，跌下马来。尉迟恭眼疾手快，挥刀将李元吉砍死。

太子府的将领得到消息后，立即赶来为李建成报仇，与李世民的兵马在玄武门外展开了激烈的战斗。尉迟恭将李建成和李元吉的首级割下来，对李建成的手下说："太子已经死了，你们再不投降，后果也和他们一样。"李建成手下的将士们这才散去。

这件事平息后，李世民派尉迟恭去见李渊，把事情的经过讲了出来。李渊非常吃惊，也非常伤心，但是李建成和李元吉已死，他也只能把李世民立为太子了。两个月后，李渊把皇位传给了李世民，自己去当太上皇了。李世民就是唐太宗。

李世民登基后，推行了去奢省费、轻徭薄赋的政策，开垦荒地，大力兴修水力，百姓的生活得到了明显的提高，社会生产得以恢复。此外，李世民还对府兵制进行改革，加强了边防力量，派遣将领将突厥打败，彻底解决了边防之患。经过李世民一系列卓有成效的改革，唐朝社会展现出一派欣欣向荣的景象。

魏徵直言敢谏

魏徵，字玄成，巨鹿（今河北邢台巨鹿）人，自幼家境贫寒，父母早亡。他从小就喜欢读书，积累起了渊博的知识。隋朝大业年间，他担任武阳郡的书记，后又在瓦岗军首领李密的元帅府担任负责掌管文书卷宗的文学参事。瓦岗军失败后，魏徵与李密一起投降唐朝，被太子李建成录用为东宫僚属。魏徵看到李世民的势力越来越强，对李建成构成的威胁越来越大后，曾多次劝说李建成尽快动手，杀掉李世民。

李世民在玄武门之变中杀死了太子李建成。有人对李世民说，李建成手下有一个叫魏徵的人，曾多次劝说李建成先发制人，将您杀死。李世民派人将魏徵找来，问道："你为什么要劝说太子杀我？"

魏徵非常镇定地回答说："当时我为太子效劳，自然应该为他出谋划策。要是他能够早些按照我的话去做，又怎么会落得今天这个结果呢？"

李世民早就听说魏徵才华出众，胆识过人，不但没有怪罪他，反而推荐他当上了谏议大夫。李世民登基后，经常把魏徵召入宫里，让他指出自己的不足，提出一些意见。魏徵是一个正直、忠诚的人，他会把自己的想法毫无保留地说出来。朝廷里出现不合理的事情，他也会直言不讳。

一天，李世民问魏徵："什么是开明的君主，什么是昏庸的君主？"魏徵非常坦率地回答说："那些开明的君主，都会听取不同的意见，而那些昏庸的君主，只会听取一部分人的意见。从前秦二世胡亥在深宫里居住，从来也不与大臣们相见，只是听信赵高的一面之词，后来天下大乱，自己也不明白为什么会这样；隋炀帝只相信虞世基一个人，很多郡县失守后，自己仍不知道。"李世民觉得魏徵的话非常有道理，就对大臣们说："治理国家与治病如出一辙。治好了病，还应该注意休养。现在国家太平，百姓安居乐业，但是我觉得要永保太平，必须要多听取你们的意见。"

大臣郑仁基有一个女儿，美若天仙，知书达理，善解人意。长孙皇后听说后，便请求李世民将她纳为嫔妃。李世民同意了长孙皇后的请求，派人写诏书召郑仁基的女儿入宫为妃。魏徵听说郑仁基的女儿已经与一户姓陆的人家订婚，便进宫对李世民说："陛下乃是一国之君，也就是天下百姓的父母，应该对百姓倍加爱护，以他们的忧愁为忧愁，以他们的快乐为快乐。陛下吃着美味佳肴，要希望百姓都能够吃上饭；陛下住在豪华的宫殿里，要希望天下的百姓都有房子安身立命；陛下看到后宫的嫔妃，要希望天下的百姓都有美满的家庭。现在郑仁基的女儿，早就与一户姓陆的人家订了婚约，陛下没有仔细询问清楚，就决定把她召入宫中，这件事难道是为人父母应该做的事吗？”李世民听后非常吃惊，马上对自己的行为表示后悔，便取消了诏令。

一次，右仆射封德彝给李世民写了一封奏折，建议李世民让18岁以上，身强体壮，没有服过兵役的男人全都去当兵。李世民打算按照封德彝的建议执行，却遭到了魏徵的反对。李世民问道：“你为什么不同意这样做呢？”魏徵回答说：“我是陛下任命的谏议大夫，我必须要向陛下指出，这样做与保国安民的政策是背道而驰的。我朝律法规定，男子当兵的年龄是26岁，您这样做，不符合国家律法的规定。”李世民气急败坏地说：“你实在是太顽固了。”魏徵毫不妥协，他说：“把森林砍光后打猎，一定能够打到很多猎物，但是以后就没有野兽可打了；把河里的水抽干后捕鱼，肯定能够捕到很多鱼，但是第二年就没鱼可捕了。如果让所有18岁以上的男人去当兵，那么谁向国家缴纳赋税呢？”李世民听后恍然大悟，不再考虑此事。

在唐太宗李世民和魏徵等大臣的努力下，唐朝的国力得到了显著提升。于是，很多大臣请李世民去泰山封禅，以显示李世民的功德。这个时候，魏徵又站出来表示反对。李世民问他说：“难道你认为我的功德不高，百姓的生活还不够富足，周围的国家没有臣服于我大唐，所以才反对我封禅吗？”魏徵回答说：“陛下虽然具备美好的德行，但是隋朝末年，各地暴发动乱，天下百姓饱受战乱之苦。虽然经过高祖和陛下的治理，天下已经太平，但是国库仍然空虚，户口还没有恢复。而陛下去泰山封禅，一定会花费很大一笔钱。而且陛下封禅，其他国家的君主和使臣必然也要跟随。现在中原一带地广人稀，那些国家的君主和使臣看到中原这样空虚，就一定会对我大唐产生出轻视之心。这些人远道而来，不得到丰厚的赏赐，一定不会离开。那样的话，陛下就得向百姓征收更多的赋税了。封禅这件事，只能得到一个虚名，实际却被拖累，陛下为什么要做呢？”不久后，中原地区洪水暴发，李世民便取消了封禅计划。

公元642年，魏徵得了一场重病，卧床不起。李世民非常关心魏徵的身体，每隔一段时间就派人去魏徵家里探视。魏徵病逝后，李世民非常伤心，亲自到魏徵家里吊唁。他声泪俱下地说：“用铜当镜子，可以发现衣服和帽子是否穿戴整洁；把历史当作镜子，可以发现国家兴盛、衰亡的原因；把人当镜子，可以判断自己的行为是否正确。我经常照照这三面镜子，防止自己犯错。现在魏徵去世了，我失去了一面镜子。”

贞观之治

唐太宗李世民在位时期，经过多年的努力，唐朝出现了社会稳定，经济发展，百姓安居乐业的局面。人们根据李世民在位时的年号“贞观”，把这一时期称为“贞观之治”。

这一时期，社会秩序达到了前所未有的安定。当时政治清明，官员尽职尽责，百姓安居乐业，丰衣足食，违法犯罪的事情很少发生。一年之中，全国被处死的囚犯只有几百名甚至几十名。这对一个疆域广阔的国家来说，不能不说是一个奇迹。有一年年底，李世民批准二百九十多名囚犯回家料理后事，等到第二年的秋天再回来接受死刑。等到第二年秋天，所有的囚犯都准时回来了。

商业在这一时期也有所发展。封建王朝一般都把农业视为立国之本，推行“重农抑商”的政策，限制商业的发展。这就导致了农业在国民经济中占有很高的比重，而商业所占的比重非常低。因此，农民的地位往往也要高于商人。唐太宗统治时期，虽然也同样重视农业，但对商业并不歧视，还积极创造条件，鼓励商业的发展。这一时期的商业得到了飞速发展，很多商业城市纷纷兴起。除了首都长安和东都洛阳之外，扬州、广州、凉州（今甘肃武威）等地也成为当时享誉中外的商业城市。

国界空前开放。很多来自世界各地的使节，看到唐朝繁华的景象和先进的文化后，都对唐朝充满了景仰之情。当时唐太宗认为唐朝是世界上最强盛的国家，所以对外国人来到唐朝没有严格的限制。外国人在唐朝生活，非常随意自然，一点儿也不会感到拘束。他们可以选择从事商业活动，也可以选择从政做官。无论是唐朝统治阶级，还是普通的百姓，完全把他们当成自己的同胞看待。

“贞观之治”盛世的出现，主要有以下几方面原因：

第一，唐朝是推翻隋朝的残暴统治建立起来的政权，唐太宗李世民吸取隋朝灭亡的教训，对百姓的生活极度重视。他在继承皇位之后，就推行了减轻赋税和徭役的政策，让刚刚经历过战乱之苦的老百姓得到休养生息的机会。

第二，推行“府兵制”。这种制度规定，士兵在农忙的时候是耕种土地的农民，利用农闲时间训练。打仗时，士兵所用的马匹和武器由自己准备。这种做法保障了兵源的充足，同时还把军需品转嫁到了农民身上，使得国家的军费得以减轻。除此之外，这种制度还将士兵与将领隔离起来，使得将领无法拥兵自重，割据一方，保证了国家的安全。

第三，恢复“均田制”。这一制度使得很多农民获得了土地，在一定程度上满足了农民对于土地的要求，对地主豪强兼并土地起到了限制作用，促进了农业生产，保证了国家的税收。

第四，唐太宗对法制非常重视，实行依法治国的政策。他曾经说，法律是一个国家的根本，无论是统治阶级，还是普通百姓，所有人都要遵守法律。他能够以身作则，在他的影响下，全国百姓都安分守己，违法犯罪的事情极少发生。

第五，唐太宗能够重用人才，广开言路。唐朝继承了隋朝的科举制度，唐太宗又对科举制度进行了革新，增加了考试科目，扩大了应试的人数。这些措施使得一大批有才能的人受到了朝廷的重用。

唐太宗说：“民，水也；君，舟也。水能载舟，亦能覆舟。”这句话充分体现出了他以民为本的思想，正是有了这种思想，他才能够开创“贞观之治”的盛世。

唐室砥柱狄仁杰

狄仁杰是唐朝非常有名的政治家，在武则天统治时期做官多年，深得武则天的信任。狄仁杰出生在一个官宦之家，因为科举考试成绩优异而走入仕途。公元686年，狄仁杰出任宁州刺史。宁州位于今天的甘肃正宁、宁县一带，唐朝时是各民族杂居之地。狄仁杰采取“抚和戎夏，内外相安，人得安心”的策略，通过安抚少数民族的方式，使他们与汉族百姓和睦相处。在他的治理下，宁州的经济得到了发展，百姓过上了幸福的生活。当地的百姓都非常感谢狄仁杰，立碑歌颂他的功德。御史郭翰到宁州巡察时，歌颂狄仁杰的宁州百姓将道路围得水泄不通。郭翰回京后，把狄仁杰的功绩奏报上去。因此，狄仁杰被提拔为工部侍郎，充江南巡抚史。狄仁杰来到江南后，看到江南地区不在祀典的祠堂遍布，给当地的百姓造成了非常大的负担，便奏请朝廷将祠堂焚毁。朝廷看到狄仁杰的奏章有理有据，便同意了他的请求。于是，焚毁江南地区一千七百多所祠堂，当地百姓无不欢呼雀跃。

此后，狄仁杰的才干得到了充分发挥，名声也越来越响亮。武则天非常器重他，便把他任命为户部侍郎、同凤阁鸾台平章事。虽然做了高官，身居要职，但狄仁杰并没有因此而有丝毫懈怠，他反而更加严格要求自己。一天，武则天对他说：“你在南方做官的时候，政绩非常不错，可仍然有人诬蔑你。你想知道诬蔑你的人是谁吗？”狄仁杰回答说：“陛下认为我有做得不好的地方，我就会加以改正；陛下如果认为我没有犯错，那就是我的幸运。我并不想知道诬蔑我的人。”狄仁杰这种宽以待人的态度让武则天十分钦佩。

狄仁杰心胸宽广，从不妒贤嫉能，他还经常向武则天推荐人才。武则天对他说：“我希望得到一个能够担任宰相的人才。”狄仁杰说：“苏味道和李峤都非常有才华，但他们并不能算作非常优秀的人才。如果陛下希望寻找一个特别优秀的人才，那就非荆州长史张柬之莫属了。他才华出众，是当宰相的最合适人选。”

武则天觉得狄仁杰的话非常有道理。可是，她并没有立即把张柬之提拔为宰相，而是提拔为洛川司马。几天后，武则天再次让狄仁杰推荐宰相的人选。

狄仁杰说："上次我推荐的张柬之，并没有被陛下任命为宰相。"武则天说："他不是已经受到重用了吗？"狄仁杰说："陛下把他提拔为洛川司马，的确是重用了他。但是，我是把他当作宰相的人选推荐给陛下的。"在狄仁杰的一再坚持下，武则天把张柬之提拔为刑部侍郎，不久后提升为宰相。张柬之当上宰相之后，帮助武则天把国家治理得井井有条。

武则天的侄子武承嗣一心想要武则天册封自己为太子。武承嗣认为，狄仁杰必定会阻碍他的计划，于是就与酷吏来俊臣相勾结，以谋反罪名将狄仁杰等几位朝中大臣投入监狱。当时的法律规定，如果审问时立即承认谋反的罪名，就可以避免受刑。狄仁杰知道，来俊臣心狠手辣，自己只有先保住性命，才有机会揭穿他们的阴谋。因此，当来俊臣审问他的时候，他立即承认自己的确打算谋反。来俊臣看到狄仁杰对谋反的罪名供认不讳，非常高兴，他派人把狄仁杰收监，不再严密监视。狄仁杰拆开被子，将被面撕下一块，把自己被冤枉一事一五一十地写在上面，放到棉衣里，然后请看守监狱的人把棉衣送到家中。他的儿子狄光远找到了写有冤情的被面，之后去找武则天告状。

武则天把狄仁杰等几位被诬陷谋反的大臣召入宫中，询问道："你们既然声称自己没罪，为什么要承认谋反呢？"狄仁杰镇定自若地回答说："如果不承认，恐怕早就被活活打死了。"武则天又问："为什么要写谢死表？"狄仁杰回答说："我并没有写过谢死表。"

武则天派人取出谢死表，狄仁杰看后，对武则天说，谢死表并非他所写。武则天派人调查，这才知道谢死表是伪造的。于是，武则天便明白狄仁杰等人的确蒙受了不白之冤，就将他们全部释放。狄仁杰运用自己的聪明才智，保住了性命。

后来，武承嗣又多次派人请求武则天把他立为太子，武则天一时拿不定主意，便征询狄仁杰的意见。

狄仁杰说："如果陛下立自己的儿子为太子，那么陛下死后就可以被后代供奉在太庙里。如果立自己的侄子当太子，反正我是没有听过哪位皇帝把自己的姑姑供奉在太庙里。"武则天说："这是我的家事，你不要干涉。"狄仁杰非常严肃地回答说："四海之内全是陛下的领土，因此四海之内都是陛下的家事。我是陛下的大臣，帮助陛下更好地治理天下是我的本分。因此，这件事我又怎么能够不干涉呢？"

经过一番苦口婆心的劝导，狄仁杰终于说服了武则天，将庐陵王李显立为太子。如此一来，唐朝宗室得以重掌天下，狄仁杰为唐朝宗室立下了大功。因此，后人把他称为"唐室砥柱"。

狄仁杰年老后，武则天不再直呼他的名字，而是称他为"国老"。狄仁杰曾多次想要告老还乡，但都没有获得武则天的同意。武则天知道狄仁杰日夜操劳，便告诫朝中大臣们说："你们不要拿一些无关轻重的事情去麻烦国老了，只有军国大事才可以让他处理。"

公元700年，狄仁杰因病去世。武则天追封他为文昌右相，谥为文惠。唐中宗李显复位之后，追赠他为司空。唐睿宗复位后，又把他封为梁国公。

女皇帝武则天

中国历史上有三百多位帝王，其中有一位女性，她就是武则天（624年－705年）。武则天活到82岁，唐王朝历时不到三个世纪，她一人执政就近半个世纪，不能不说是一位重要的历史人物。

武则天，名曌，并州文水（山西文水）人，其父武士彠曾帮助唐高祖李渊起兵，成为唐朝的开国功臣，封为应国公，官至工部尚书。武则天是他的次女，14岁时被唐太宗召入宫中，立为才人，赐名媚，又称“武媚娘”。唐太宗死后，武则天被送到感业寺削发为尼。到唐高宗李治即位后，又将她召回宫中，封为昭仪，进号宸妃。再次入宫后的武则天工于心计，才思敏捷，逐渐博得唐高宗的喜爱，致使唐高宗力排众议，做出改换皇后的决定，永徽六年（655年）11月，武则天被立为皇后。由于高宗身体虚弱，经常头晕目眩，朝政不能正常处理，这样就给了武则天插手的机会，她一方面排除异己，害死王皇后、萧淑妃，打击反对她的元老派，扫清政治上的障碍；另一方面积极培植个人势力，笼络人才，组织支持自己的力量，为自己掌权做好准备。

弘道元年（683年），高宗病死，唐中宗李显即位，尊武则天为皇太后，临朝称制，由于中宗不甘心母亲的摆布，自作主张，触怒了武则天，武则天废中宗为庐陵王，另立豫王旦为帝，是为睿宗。武则天为实现改朝换代，重用武氏族人，命其武姓侄儿武承嗣为礼部尚书，很快又升为宰相。同时，武则天还镇压了唐宗室及其亲党的反武行动，于天授元年（690年）9月，武则天改唐为周，加尊号称“圣神皇帝”，把睿宗改称皇嗣，赐其姓武，定东都洛阳为神都，史称“武周”。

武则天当政期间，为巩固武氏政权，她一方面清除掌权道路上的阻碍，打击敌对势力，提倡告密，重用酷吏，迫害罢黜众多老臣，唐初的元老重臣长孙无忌、褚遂良等，由于反对武氏当政，一部分被贬逐到边远地区，大多数遭诛杀。另一方面快速培植新朝廷的势力，不拘一格，利用科举，广延人才，她亲自考问举人，举行殿试，还创武举、自举、试官等制，改革了科举制度。用人不看门第，看重才能，任人唯贤。她当政期间，朝廷上下，人才济济，凭借自己的明察善断，在大批贤才志士中遴选出许多出色的将相，如宰相李昭德、魏元忠、杜景俭、狄仁杰、姚崇、宋璟、张柬之，及将领唐休景、娄师德、郭元振等。这使得在酷吏出入朝廷的不正常情况下，整个国家仍能保持正常状态，不但免于内忧外患，而且国力还有较大提高。不得不承认，武则天的政略推动唐朝社会的发展。同时，她还创立了则天文字，造了十九个新字，其中最为有名的就是“曌”，这是个会意字，意为日月当空，寓意自己称帝，犹如日月经天。还有，武则天一直坚持采取轻徭薄赋，劝课农桑、节省民力的经济策略，因此在她当政的半个世纪中，社会经济呈现出快速发展态势，国威大振。

武周时期，也有不少消极行为存在。当时社会告密之风盛行，武则天重用酷吏迫害元老重臣，也不免伤及无辜。她还崇拜佛教、广建寺院、大筑明堂，浪费了巨大的人力、物力、财力。发展科举制度的另一个后果，导致官吏数量猛增，造成朝廷上“绯衣比青衣多，象板比木笏多”“补阙连车载，拾遗用斗量”。虽然在她统治时期社会经济得到很快地发展，但土地兼并日益严重，均田制、府兵制均遭到严重破坏。

最终在长安五年（705年）正月，宰相张柬之趁武则天年老病危，联合朝中大臣桓彦范、崔玄暐、敬晖等发动政变，逼迫武则天退位，迎立中宗复位。武则天于同年11月去世，谥号大圣则天皇后。她陵前树立的“无字碑”，与她本人一样被后世广泛的争议和猜测。

韦后乱政

唐中宗李显当太子时，纳了一个姓韦的妃子。李显登基后，韦氏被立为皇后。李显登基之后不久，武则天为了自己做皇帝，废掉了李显，并将他赶往房州（今湖北房县）。

韦氏陪伴李显来到了房州，一直过着非常艰苦的生活。李显总是担心自己的母亲会杀死自己，所以经常心烦意乱，甚至想到了自杀。韦氏经常开导他说："福与祸总是伴随在一起的，您现在遇到了灾祸，但灾祸总有结束的一天。您要想开些，千万不能有自杀的想法。"韦氏与李显在房州生活了10余年，这10余年的朝夕相处，使他们的感情更加深厚。李显非常感激韦氏的陪伴。他对韦氏说，如果将来能够重新坐上皇位，一定要报答韦氏，韦氏想做什么就做什么，他不会有任何限制。李显说出这些话的时候，一定认为重新当上皇帝是一件遥不可及的事情，但他没有想到，这件事很快便发生了。

当时武则天已经老迈年高，她经常想起远在房州的儿子，加上狄仁杰、李德昭等朝中大臣经常劝她让李显复位，因此李显被接回到了宫中，并于公元705年再次登基为帝。李显重新登基后，仍把韦氏立为皇后。韦后仗着中宗李显对她的宠幸，每次上朝时都会坐在朝堂之上，看着中宗处理朝政。

中宗重新即位后的几年里，很多地方都爆发了非常严重的灾害。河北、山东等二十多个州县闹起了旱灾，数以千计的百姓因饥饿而死；自长安到山东发生瘟疫，大量百姓死亡。韦后根本没有把这些事放在心上，她对中宗说："我们已经受了十多年的苦，现在该好好地享受生活了。"中宗便不再关心百姓疾苦，专心游乐。中宗每件事都顺从韦后，使得朝政越来越腐败。在韦后的劝说下，中宗任用武则天的侄子武三思担任宰相。当时韦后和武三思控制了朝政大权，形成了一个专政集团。

张柬之等朝中大臣多次劝说中宗将武三思除掉，加强皇室的力量，但中宗始终也没有听进去。武三思担心张柬之等人会对自己的地位构成威胁，就找到韦后，一起到中宗面前诬陷张柬之等人，说他们图谋不轨。昏庸无能的中宗听信了武三思和韦后的话，剥夺了张柬之等人的权力。此后，武三思又将张柬之等人残忍地杀害，彻底清除了异己。

中宗把李重俊立为太子，由于不是自己所生，韦后一直非常厌恶李重俊。韦后的女儿安乐公主也是一个非常有野心的人，她希望能够像武则天那样，成为女皇帝。她多次要求中宗把李重俊废掉，立自己为皇太女。武三思担心李重俊即位后，会对自己不利，所以也经常在中宗面前说李重俊的坏话。

李重俊看到武三思等人做尽了坏事，安乐公主一心想要当女皇帝，对自己构成了极大的威胁，非常气愤，打算除掉武三思、安乐公主和韦后。他联合三百名羽林军，闯入武三思府中，将武三思及其全家杀死。之后，他又带领羽林军冲入宫中，想要杀死韦后和安乐公主。右羽林将军刘景仁得到消息后，立即跑到中宗面前，对中宗说太子谋反了。中宗刚刚结束宴饮，听到这个消息后，立即带领韦后和安乐公主登上了玄武门。刘景仁调动右羽林军阻击李重俊，同时中宗又宣布对起事人员不加追究，因此李重俊的三百名羽林军很快就被打败了，李重俊在逃亡的路上被部下所杀。

此后，韦后和安乐公主的气焰更加嚣张。公元710年，安乐公主打算让韦氏上朝主持朝政，于是就联合韦后，用毒酒将中宗毒死。朝中的大臣听说中宗意外身亡，全都把矛头指向了韦后。韦后非常不安，于是把自己的亲信召进宫中，商讨对策。经过一番谋划之后，韦后把温王李重茂立为皇太子，同时派兵保卫皇宫。一切布置妥当后，韦后开始为中宗发丧。她当着文武百官的面，宣布以后由自己临朝掌政。她还将南北衙军队的指挥交给韦氏子弟，并打算像武则天那样，登基称帝。

就在韦后的计划即将实现的时候，临淄王李隆基与武则天的女儿太平公主率领禁军闯入宫中，将韦后、安乐公主等人杀死。李隆基和太平公主立李隆基的父亲相王李旦为帝。至此，韦后之乱宣告结束。

唐玄宗与开元盛世

唐玄宗，名隆基（685年－762年），是唐睿宗李旦的次子，女皇帝武则天的嫡孙。他是一位极有谋略的政治家，也是一位通晓音律的才子。

公元705年，82岁高龄的女皇帝武则天被迫退位后，在上阳宫死去，可是她的阴影一直未能散尽。她的后人及受她影响极深的人，先后都开始疯狂地效仿她，她的儿媳妇韦后、孙女安乐公主、女儿太平公主，还有她的嫡孙李隆基，都想做皇帝，致使唐朝从中期开始就风云变化，政局长期动荡不安，给社会造成了负面影响。在大约8年的时间里，竟然发生了7次宫廷政变。但是最终的胜利者是李隆基。

公元712年8月，唐睿宗退位，当起了太上皇，将帝位传给太子李隆基。李隆基即位后，立刻进行了政治改革，整顿吏治，发展生产，重视科学文化，在历史上再一次重现盛世境况，史称“开元盛世”。

唐玄宗前期任用了一批治国能人，如姚崇、宋璟、张嘉贞、张九龄、韩休等人，这些都是颇具名望和才干的治国之士，才干超群，胆识兼备，资望并崇，多有政绩。玄宗知人善任，成为佳话。关于玄宗知人善任的记载很多，比如韩休任宰相时，由于为人耿直，常直言敢谏。玄宗稍有过错，他必会进谏，弄得玄宗也很自律。有一天玄宗照着镜子闷闷不乐，身边的太监就说：“自从韩休任相，陛下比以前瘦多了。何苦戚戚，为何不罢免他的相位呢？”玄宗却说：“吾貌虽瘦，天下必肥。选相是为社稷，岂能为吾一身啊。”可见，这是玄宗能够取得政绩的一个重要原因。

玄宗即位后，立即对吏治进行整顿。玄宗把韦后为卖官而滥设的员外、同正、试、摄、检校、判、知、斜锋等正额外官员数千人一并裁撤，又停废京师闲散衙门十余所，精简了庞大的官僚机构，节省财政开支，也提高了行政效率。玄宗采纳了张九龄的任官谏言“宜遂科定其资。凡不历都督刺史，虽有高第不得任侍郎列卿。不历县令，虽有善政，不得任台郎”。开元四年（716年），玄宗曾对吏部选用的县令亲自加以面试，一次就淘汰了四五十人。

唐玄宗还很重视农业生产，兴修水利，扩大屯田。开元初年，在唐玄宗的支持下，时任京兆尹的李元纮在关中拆毁了多处贵族的碾硙，使郑白渠水流畅通，充分发挥灌溉农田的作用。在唐玄宗时期全国修建的大型水利工程多达56项。另外，在西北边线及黄河沿岸地区，也设置了规模庞大的屯田区，据载，到开元末年，全国有570万亩的军屯土地，大大减轻了朝廷对边地的军粮供应。

针对土地兼并和农民逃亡现象的日益严重，唐玄宗还采取了抑制贵族、检括户口的做法。唐玄宗即位时，对于贵族任意勒索封户，造成民怨沸腾的情况，下诏贵族封地上的租税由政府统一征收，贵族再到京城去领取，防止了他们骄横跋扈。从开元九年到十二年（721年－724年），经过查核，检出未在籍的逃户80余万户，命各地对逃户就地安置，给他们应有的一份田，免租庸调6年，因此提高了农民的生产积极性。正是由于采取了有利生产，稳定社会的诸多积极措施，唐玄宗前期也出现了盛世境况。诗圣杜甫在其《忆昔》一诗中追忆开元时的盛况：

忆昔开元全盛日，
小邑犹藏万家宝。
稻米流脂粟米白，
公私仓廪俱丰实。
九州道路无豺虎，
远行不劳吉日出。
齐纨鲁缟车班班，
男耕女织不相失。

诗人的描绘，从史册中也能得到印证。据史料记载，当时朝廷储粮多时达一万万石，一年所征收的绢布达一亿一千万丈。可见纨缟车载，仓廪丰实的话是可信的。

牛李党争

朋党之争是指官僚集团内部为争权夺利而进行的派系斗争。唐朝晚期的这种斗争，集中表现为牛僧孺、李宗闵和李德裕两派之间的斗争，又称“牛李党争”。

唐宪宗元和三年（808年），宪宗策试大加赞扬敢于说真话的举人，牛僧孺、李宗闵在策论中极力批评时政，把矛头对准当朝宰相李吉甫，主考试的吏部员外郎韦贯之对牛、李称赞不已，想推荐给宪宗，却遭到李吉甫的反对与排斥，结果牛僧孺和李宗闵没有被提拔重用，韦贯之等人官职被贬。这是朋党之争的开端。李吉甫死后，其子李德裕依靠李吉甫的地位，做了翰林学士，继续对牛、李持对立态度，朋党之争愈演愈烈。

穆宗即位后，在举行的科举考试中，李宗闵因钱徽徇私舞弊案的牵连，被贬出京，使得牛、李之间的矛盾越来越深，私下里斗得也越来越厉害。唐文宗即位后，李宗闵依靠宦官的帮助做了宰相，并极力向文宗推荐牛僧孺，这样牛僧孺也受到了重用，被提拔为宰相。大和五年（831年）9月，吐蕃维州（今四川汶川）守将副使悉怛谋向唐朝投降，时任西川节度使的李德裕接受了悉怛谋的投降，并上书唐文宗，主张趁机派大军征伐吐蕃。而时任宰相的牛僧孺不但不同意李的建议，还极力反对，认为唐朝刚刚与吐蕃结盟，招降悉怛谋，会失和于吐蕃，建议文宗把维州让还给吐蕃。文宗接受了牛僧孺的建议，命令李德裕将维州城及悉怛谋等三百多人交还吐蕃。李德裕收到诏令，痛哭流涕，被迫奉命行事。悉怛谋等人被送还后，吐蕃在边境上将这三百多人全部杀死。

李德裕把这件事作为自己人生中的一件憾事，这使牛、李两党之间的矛盾进一步激化。大和六年（832年）12月，因此事牛僧孺、李宗闵被弹劾，牛僧孺被罢相，而李德裕被提拔任兵部尚书，第二年二月又被封为宰相。入相后，李德裕主张“朝廷显官，须公卿子弟为之”，认为科举取士不能得到有真才实学的人才而公卿子弟熟悉朝廷礼仪，才有利于从政。同时他对朝廷中的其他制度也进行了改革，破除朋党，选举贤能，“用中立无私者”，并抑制江淮富贾。但是在李宗闵、郑注和宦官势力的排挤下，李德裕很快被罢免，又出任浙西观察使，后又被贬为地方刺史。

由于宦官专权，唐文宗被废，唐武宗即位，李德裕再次入朝为相，实行改革。李德裕向武宗进谏，要求分辨邪正，政归中书，限制宰相任职时间。同时注重加强边防，击溃回鹘贵族的侵扰，反对藩镇割据，削弱节度使权力，抑制宦官专权，建议在攻击回鹘势力时，不准宦官参与军事。李德裕还奏请对各处科举考试中只讲浮华辞藻，不讲实际才能的弊病，改考经义策问，不准登第后得进士。实行佛禁，拆毁大小佛寺4万多所，勒令僧尼41万余人还俗，并且没收了大量寺院土地。由于政绩显赫，李德裕被加封太尉、卫国公。由于当时唐武宗的年号是会昌，李德裕的一系列改革被称为“会昌改革”，也被后世看作是永贞改革的继续。

公元846年唐武宗病死，宦官拥立武宗的叔父李忱即位，这就是唐宣宗。朋党之争，从宪宗至宣宗，历经穆宗、敬宗、文宗、武宗六帝，长达40年之久。牛、李两派之间，既没有严格的政治观点的区别，也不是士族地主与庶族地主间的利害冲突，只是朝中政客争权夺利的斗争。双方在多次斗争中互有胜负，双方势力你上我下，成为唐朝后期朝政混乱的一个重要原因，加剧了日益严重的社会危机。

公元847年，唐宣宗即位，任用牛党成员白敏中为宰相，牛党因此又纷纷被重新启用，李党则全遭罢黜。已经年迈的李德裕又遭贬谪，这次他被赶到更加遥远的崖州（今海南三亚西北），不久便忧郁而死。纷纷扰扰互相倾轧共计26年的“牛李党争”随着李德裕的死终告结束。大唐王朝在这26年里变得更加混乱，政治更加腐败。

李靖夜袭阴山

唐太宗刚即位的时候，中原战事基本结束，但边境还经常受到外族的侵扰。特别是东突厥，当时还很强大，常常威胁唐朝的边境。当初，唐高祖一心对付隋朝，只好靠妥协的办法，维持和东突厥的友好关系，但东突厥贵族仍旧不断侵扰唐朝边境，使得北方很不安宁。

唐太宗即位不到20天，突厥的颉利可汗便率领10多万人马，一直打到离长安只有40里的渭水边。颉利以为唐太宗刚即位，内部不稳，一定无力抵抗，便先派使者进长安城见唐太宗，扬言100万突厥兵马上就到。

唐太宗亲自带了房玄龄等6名将领，骑马来到渭水边的桥上，指名要颉利出来对话。唐太宗隔着渭水对颉利说："我们两家已经订立了盟约，几年来还给你们许多金帛，为什么要背信弃义，带兵进犯？"颉利觉得理亏，表示愿意讲和。过了两天，双方在便桥上重新订立盟约。接着，颉利就退兵了。从这以后，唐太宗加紧训练将士，每天召集几百名将士在殿前练习弓箭。

第二年，一场大雪覆盖了北方。突厥死了不少牲畜，大漠以北发生饥荒。颉利可汗加紧压迫其他部族，引起各部族的反抗。颉利派他的堂兄弟突利去镇压，反被打得大败。唐太宗利用这个机会，派出李靖、徐世勣等4名大将和大军10多万，由李靖统率，分路向突厥攻击。李靖很快便攻下定襄，得胜还朝，唐太宗十分高兴。

颉利逃到阴山以北，担心唐军继续追赶，便派使者到长安求和，还说要亲自前来朝见。唐太宗一面派唐俭到突厥安抚，另一方面又命令李靖带兵前去察看颉利动静。李靖领兵来到白道（在今内蒙古自治区呼和浩特西北），与在那里的徐世勣会师。两个人商量对付颉利的办法。李靖说："颉利虽然打了败仗，但是手下还有很多人马。如果让他逃跑，以后再要追他，就很困难了。我们只要选1万精兵，带20天的粮，跟踪袭击，把颉利捉住，就可以大获全胜了。"徐世勣表示赞成，两支军队便向阴山进发了。

颉利得知唐军骑兵来到，慌忙上马逃走。李靖指挥唐军追杀，突厥兵没有主帅，全军溃败。唐军歼灭突厥兵1万多，俘获了大批俘虏和牲畜。颉利东奔西逃，最后被他的部下抓住交给了唐军，随后被押送到长安。唐太宗并没有杀死俘虏，同时，在突厥原址设立了都督府，让突厥贵族担任都督，并由他们管理各部突厥。

这次胜利，使唐太宗在西北各族中的威信得到了大大地提高。这一年，回纥等各族首领一起来到长安，朝见唐太宗，拥护唐太宗为他们的共同首领，尊称他是“天可汗”。

从那以后，西域各族人和亚洲许多国家的人，不断来到长安拜见和观光，文化交流日益繁盛。

耶律父子建立辽国

辽国，原名契丹，因为居住在辽河上游，后来便被称为“辽”。在契丹语中，“契丹”的意思就是镔铁。唐太宗曾经在契丹设立了松漠都督府，以管理当地的契丹人。唐朝末年，中原局势混乱，契丹迭剌部的首领耶律阿保机趁机统一了契丹各个部落，建立了辽国。

耶律阿保机出身显赫，从他的高祖一直到他的父亲，全都在契丹部落联盟之中执掌军事大权，地位仅次于联盟的首领，可以说是一人之下万人之上。耶律阿保机出生时，各部落的贵族为了争做契丹部落联盟的首领，无一不在明争暗斗。阿保机的祖父就死于政治斗争中。

耶律阿保机从小就很聪明，深得祖母的喜爱。成年之后的阿保机身材高大，体魄强健，又有一身好功夫，更重要的是他有远大的理想，立志要一统契丹各部。为了实现这个理想，年轻的阿保机便带领着伯父留下的一支队伍，开始了四处征战的历程。功夫不负有心人，战绩显赫的耶律阿保机终于在公元907年登上了部落联盟的首领之位。

当时的联盟首领被称为可汗，在契丹内部有这样一种规定：每位可汗的在位期限为三年，时间一到，就要马上选举新可汗。然而，阿保机却拒绝在三年之后退位，因为他想效仿中原，建立王位世袭制。耶律家族内的很多贵族原本有希望当选为可汗，这下希望破灭了，他们自然对阿保机心存怨恨，并因此接连发动了三次叛乱。由于他们都是阿保机本族的兄弟，所以这一连串叛乱就被称为“诸弟之乱”。

阿保机成功平息了来自本族的叛乱，部落内部的形势就此稳定下来，接下来迎接他的就是来自其他部落的挑战了。由于其余的7个部落联合起来，势力强大，阿保机便选择了暂时答应退位。先前的叛乱与平叛已经严重影响了部落内部的经济发展，百姓外出连马都没得骑，阿保机正好可以趁着这段时间休养生息。

阿保机的妻子述律后是一名智慧过人的奇女子，她向丈夫献计，利用酒宴之名，将其余部落的首领骗来，待众人喝醉以后，便趁机将他们一网打尽。如此一来，阿保机的内忧外患就圆满解决了。公元916年，耶律阿保机建辽称帝，史称辽太祖。为了扩张领土，耶律阿保机在登上帝位以后，不断南征北战，尽管过程并不顺利，但是由于他具有出色的军事才华，在指挥作战时又十分勇猛，使得辽国的疆域持续扩张。

耶律阿保机死后，他的次子耶律德光即位，史称辽太宗。耶律阿保机总共有三个儿子，他最喜欢的就是长子耶律倍和次子耶律德光。早在辽国建国初期，耶律倍便已被册封为皇太子。不过，耶律德光却因常年跟随父亲南征北战，立下了显赫战功。在这一点上，兄长耶律倍显然无法与之相比。再加上耶律倍一向对汉人的文化十分欣赏，惹得母亲述律后不喜欢他。综合上述几方面的因素，在继承王位的问题上，他们的母亲述律后便坚决倒向了次子耶律德光这一边。

与此同时，耶律阿保机也一直对这个从20岁起就成了天下兵马大元帅的儿子寄予厚望，耶律德光果然也没有辜负父亲的期望。即位以后，耶律德光大力发展辽的政治与经济。他在阿保机建立的官制基础上，将后晋的汉族官制引入了辽国，让辽的官制在部分汉化的同时，又没有丧失本民族的特色。由于辽国境内的居民分属于许多不同的民族，耶律德光便分别建立了南面官制和北面官制。北面官统治契丹和其他游牧民族，南面官则统领境内的汉人。

辽太宗在位期间，辽国走向了繁盛时期，领土继续扩张，幽云十六州就是在这段时期被划入了辽国的地域范围，其势力还一度扩展到了中原。当时，辽国国内的农业生产有了较大的发展，而契丹的民族文化也进步神速。在这段时间，北方的各个民族在政治、经济、文化方面往来密切，各民族取长补短，共同进步。

耶律阿保机和耶律德光两父子都死于征战归来的途中。耶律阿保机是因病而死，他的儿子耶律德光却死于纵欲过度。耶律德光死时，正值盛夏时节，为了不让他的尸身在送回辽国之前就已腐烂得面目全非，大臣们只好将他的内脏取出来，并加上大量的盐保存起来。这其实就相当于将耶律德光的尸体制成了一具木乃伊，这在中国历代的君王之中是绝无仅有的。

朱温篡唐

朱温（852年—912年），唐朝宋州砀山（今安徽砀山）人，因排行第三，乳名朱三。朱温的父亲是乡村的私塾教师，父亲死后，因母亲改嫁，朱温来到了萧县刘崇家。朱温长大后狡猾奸诈，蛮勇凶悍，经常在乡里惹是生非，乡亲们都很讨厌他。25岁时，朱温参加了黄巢起义军。朱温作战勇敢，屡立战功，被升为队长。

公元880年，黄巢起义军攻陷了唐朝都城长安（今陕西西安）。黄巢在大明宫称帝，国号大齐。朱温被任命为东南行营先锋使，驻守在东渭桥（今西安东北），后来转战河南，攻占邓州（今河南邓州），切断了唐军从襄樊地区北攻起义军的道路，稳定了大齐政权的东南面局势。朱温得胜回长安时，黄巢亲自到灞上迎接，并犒赏三军。随后朱温奉命到长安以西，抵抗反攻的唐军，再次获胜，朱温成了大齐政权的功臣。

唐僖宗逃到蜀地后，号召各地将领勤王，唐朝河中节度使王重荣有精兵数万，进攻起义军。朱温率军迎战，但由于兵少，屡战屡败，只好向黄巢求救。但求援信总是被负责军务的孟楷扣压，朱温一筹莫展。

谋士谢瞳趁机向朱温献策说："黄巢也不过是平头百姓一个，只是趁唐朝衰落才占领长安，不值得您和他长期共事。现在唐朝皇帝在蜀，各路勤王兵马又逼近长安，这说明唐朝气数未尽。将军您在外苦战，但在朝中却被小人制约，这就是为什么章邯背叛秦归楚的原因。"朱温听了觉得有理，为了自己的前途，便杀掉监军使严实，率部投降了王重荣。

唐僖宗在得知朱温投降的消息后，高兴得手舞足蹈，说："这真是天助我也。"他立即下诏封朱温为左金吾大将军、河中行营招讨副使，并赐名朱全忠。然而，就是这个朱全忠，像原来没有忠于黄巢、大齐一样，也没有忠于唐朝，反而成了唐朝最终灭亡的掘墓人。

朱温投降唐朝廷后，和各路唐军一起围攻长安。黄巢抵挡不住，只好退出长安，向河南突围，最后被唐将李克用杀死在山东泰山虎狼谷，其部将秦宗权率领余部继续进行斗争。朱温追击黄巢军，一直打到汴州（今河南开封）。此后，朱温便以汴州为根据地，不断扩大自己的势力。后来起义军进攻汴州，朱温向李克用求援，李克用击退了起义军。朱温设宴招待，李克用年轻气盛，傲气十足，又对朱温出言不逊。朱温怀恨在心，当夜派兵把驿馆团团围住，四处放火，乱箭齐发。李克用靠亲兵拼命死战，才突围逃走，但他的几百名亲兵全部被杀。从此，李克用跟朱温结下不共戴天之仇。但朱温的势力越来越大，李克用屡战屡败，只好退到河东地区（今山西一带）。

唐僖宗病死后，他的弟弟唐昭宗李晔想依靠朝臣来反对宦官，但遭失败。宦官把唐昭宗软禁了起来，另立新皇帝。朱温见有机可乘，便派亲信偷偷溜进长安，跟宰相崔胤密谋。崔胤和朱温联合发兵杀死宦官头目刘季述，使唐昭宗复位。

唐昭宗和崔胤还想杀光宦官，但宦官投靠凤翔节度使李茂贞，把唐昭宗劫持到凤翔。崔胤向朱温求救，朱温率军进攻凤翔，要李茂贞交出唐昭宗。朱军把凤翔城团团围住。最后城里的粮食吃光了，又碰到大雪天，兵士和百姓饿死、冻死的很多。李茂贞被围在孤城里，走投无路，只好投降。

朱温攻下凤翔后，把唐昭宗带回长安，被唐昭宗封为梁王。从此唐朝大权就从宦官手里，转到朱温手里。朱温掌握大权后，把宦官全部杀光，并挟持唐昭宗迁都洛阳。唐昭宗到了洛阳，想秘召各地藩镇来救他，被朱温发现，结果朱温把他杀死，另立了一个13岁的小孩子做傀儡皇帝，就是唐哀帝。

这时的唐朝只剩下一批大臣了。朱温的谋士李振，因为当初没考上进士，所以痛恨朝臣。他对朱温说："这批人平时自命清高，自称'清流'，应该把他们全都扔到浊流（指黄河）里去。"朱温听了他的话，把这些大臣全部杀死，扔到了黄河里。

公元907年，朱温废唐哀帝，改名朱晃，取如日之光的意思，自立为帝，改国号为梁，史称后梁，定都开封，而唐朝自此灭亡。

李存勖统一北方

李克用是唐朝末年的一员猛将，五代十国中的后唐政权就是由他奠定的。李克用骁勇善战，他的长子李存勖11岁就跟随他上阵杀敌，可谓“虎父无犬子”。当初，父子二人凯旋，入宫觐见唐昭宗。昭宗对小小年纪的李存勖大加赞赏，并预言他日后的成就必将超越他的父亲李克用。

唐末局势动荡，军阀混战。李克用占据河东地区，朱温占据河南地区，双方剑拔弩张，针锋相对。然而，由于地域狭小，兵力不足，情况对李克用十分不利，他时常感到灰心丧气。李存勖便劝慰他要耐下心来，积攒力量，静候良机到来。李克用觉得言之有理，随即振作起来。

公元908年，李克用因病去世，李存勖继承了晋王之位。李克用的弟弟李克宁想要夺取王位，结果却被自己的侄儿李存勖所杀。当时，晋军和梁军正在潞州对峙。李存勖初登王位，根基尚不稳固，再加上又处于服丧期间，谁也想不到他竟会带兵突袭。朱温的梁军在毫无准备的情况下，被打得溃不成军。在得知这个消息以后，朱温说道：“生子当如李亚子。”亚子就是李存勖的小名。

李克用在世时，有很多将士跟随他征战多年，李克用对他们十分厚待，甚至由得他们肆意而为。李存勖向父亲提议要严肃军纪，但这个建议并没有被父亲采纳。李克用死后，李存勖马上开始对军队进行整顿，严惩那些扰乱军纪的将士，并将其中几名将领处死，以儆效尤。李存勖制定了相当严格的军规：在见到敌人之前，严禁骑兵骑马；在战斗部署确定之后，步兵与骑兵的队形和阵式绝对不能随意改动；如果在进攻时，军队分成了几支队伍，分别赶往集合地点，那么任何一支队伍都不能迟到，否则杀无赦。此外，李存勖还亲自作词谱曲，写成军歌，每次作战之前，河东军的将士们都要高唱军歌，鼓舞士气。这一连串的军事改革措施收效甚佳，整支军队的战斗力获得了极大的提升。

没过多久，李存勖的整顿措施又从军事方面扩展到了政治、经济等方面。他下令罢黜地方上的贪官污吏，由各州县保举贤才做官。他平反冤狱，打击盗贼，同时不断减轻赋税，让百姓们都能安居乐业。这样一来，李存勖便在提升军队战斗力的同时，稳定了政治局势，推动了经济发展，并赢得了民心，为后来一统北方奠定了雄厚的基础。

经过了三年的厉兵秣马，李存勖终于在公元911年打败了朱温亲自统帅的大军。很快，李存勖又率兵攻破了幽州，生擒了刘仁恭、刘守光父子。过了9年，辽太祖耶律阿保机率领的辽军也败在李存勖手中。公元923年，朱温建立的后梁被李存勖所灭。李存勖终于统一了北方，以洛阳为都城，建立了后唐。

俗话说“守业更比创业难”，李存勖在战场上骁勇善战，称帝以后，竟变成了一个无道昏君，亲手葬送了自己历尽千辛万苦打下来的大好江山。

做了皇帝的李存勖变得疑心很重，不再信任那些曾为后唐的建立立下汗马功劳的臣子们。他的皇后非常贪婪，热衷于聚剑钱财，还跟宦官们一起陷害朝中的忠臣。李存勖从小就对戏曲很感兴趣，登上帝位以后，他将国家大事都丢在一边，终日以唱戏为乐。他给自己取了一个艺名叫“李天下”，有一回，他在台上表演，接连叫了两声“李天下”，一个伶人听见了，竟上前打了他两耳光，还对他说道：“你连叫两声‘李天下’，但是‘理天下’的只有皇上一人，另外那一个‘理天下’又是谁呢？”李存勖闻言不怒反喜，还命人赏赐了他。李存勖对伶人十分宠信，给他们特权，让他们自由出入皇宫，甚至还让伶人为官，干预朝政。朝中大臣都不被伶人们放在眼里，时常受他们的欺侮。李存勖对宦官同样宠信有加，他派宦官到各地做官，监视当地的将领和官吏。

公元926年，李存勖听信宦官的谗言，将朝中大将郭崇韬杀害，另外一名大将李嗣源也险些丧命。将士们终于忍耐不下去了，一起拥立李嗣源发动了兵变。李存勖人心尽失，毫无反抗的余地，最终被流箭射中，惨死于乱军之中。随后，李嗣源登基为帝，史称唐明宗。

“儿皇帝”石敬瑭

李存勖在建立后唐以前，曾南下攻打后梁。在与后梁的猛将刘鄩交战的过程中，李存勖尚未摆好阵势，刘鄩便率军突袭。在这危急关头，李存勖的部下石敬瑭挺身而出，掩护李存勖全身而退，立下大功。此事过后，石敬瑭不仅得到了李存勖的大加赞赏，更成了远近闻名的大将。

石敬瑭在家中排行老二，自幼寡言少语，却对兵法十分感兴趣。战国时期的大将李牧和汉朝时期的大将周亚夫是他最崇拜的两位名将。成年之后，石敬瑭投入李存勖麾下，跟随李存勖的养子李嗣源四处征战。李嗣源曾数次遭遇生命危险，都被石敬瑭所救。李嗣源因此非常器重石敬瑭，让他统领“左射军”的亲兵，甚至还把自己的女儿永宁公主嫁给他为妻。

在战场上，石敬瑭骁勇善战，屡立奇功。在政治上，他也非常有谋略，就连他的岳父李嗣源在遇到一些问题时，也会征求他的意见。石敬瑭曾在陕州、魏博、河东等地任职，他为官清廉，政绩优秀，深受百姓欢迎。

就在石敬瑭在河东任职期间，李嗣源因病去世了，其子李从厚登基。李从厚将李嗣源的义子李从珂从陕西调到河东任节度使，同时将石敬瑭调去镇州，担任成德军节度使。哪曾想就在这时，李从珂起兵造反。李从厚派兵镇压，结果他派出的军队竟向李从珂投降了。李从珂带着军队，直接攻入都城洛阳。李从厚仓皇出逃，在途中恰遇石敬瑭。原来石敬瑭是受李从珂的邀请，前去与其商议军政要事。为向李从珂邀功，石敬瑭竟杀掉了李从厚所有的随从，并生擒了李从厚。后来，李从厚便死在了李从珂手上，同时也将帝位拱手让给了李从珂。

让石敬瑭没有想到的是，自己帮助李从珂解决了心腹大患，非但没有换来对方的信任，反而成了对方的眼中钉。石敬瑭有家回不得，只能滞留在都城洛阳，愁病交加，憔悴不堪。他的妻子永宁公主见状，唯有求救于自己的母亲曹太后。李从珂只是李嗣源的义子，跟曹太后并没有血缘关系，可他从小就受到曹太后的恩宠。曹太后请求他将自己的女婿石敬瑭放回去，他便答应了她。李从珂这样做，一方面是给曹太后面子，另外一方面则是觉得石敬瑭已经病入膏肓，再难成什么气候。

在岳母和妻子的帮助下，石敬瑭终于回到了河东。身体康复以后，为了让李从珂对自己放松警惕，石敬瑭假装仍在病中，无力管理河东地区。与此同时，他又请求李从珂将大量军粮囤积到河东，以便迎接契丹随时可能发动的进攻。李从珂信以为真，因为当时契丹确实时常骚扰后唐边境。实际上，抵御契丹的进攻不过是石敬瑭的一个借口，他真正的目的是对付李从珂。

石敬瑭的野心瞒过了李从珂，却没有瞒过河东的将士。有将士想拥立石敬瑭为帝，竟在李从珂的使臣面前冲着石敬瑭高喊万岁。这个突发的变故叫石敬瑭手足无措，竟把带头叫自己万岁的36名将士全都杀了。即便如此，石敬瑭还是无法放下心来，他向李从珂上书，要求将自己调往别处担任节度使。这当然不是石敬瑭的本意，他之所以要这样做，无非是为了试探李从珂是否已对自己起了疑心。

大臣薛文通认为，石敬瑭谋反是迟早的事，不如就将他调到别处，杀他个措手不及，李从珂接纳了这个建议。石敬瑭明白自己的野心已经被李从珂洞悉，无奈之下，只得尽量拖延时间。他以自己有病为借口，继续停留在河东，并宣称李从珂不过只是先帝的义子，根本没有继承帝位的资格，叫李从珂退位，让李嗣源的亲生儿子李从益即位。这下终于将李从珂激怒了，他先是罢免了石敬瑭的一切官职，随即出兵攻打石敬瑭。

尽管先前已经做了大量的准备，但石敬瑭依然不是李从珂的对手。在这样的危急关头，石敬瑭选择了向辽国的君主耶律德光求援。耶律德光亲自带兵前来，将李从珂的后唐军队击败。石敬瑭建立了后晋，登基成为后晋高祖。

石敬瑭接受了耶律德光这么大的恩惠，自然也要付出相应的代价。其实，双方一早就谈妥了条件，只要耶律德光帮助石敬瑭登上帝位，以后石敬瑭建立的政权便会对辽国自称为儿国，每年都会向辽国进贡大量的财物，并将今天的河北以及山西北部的幽云十六州全部割让给辽国。

从这时开始，后晋每年都会将30万匹帛进贡给辽国。另外，虽然石敬瑭比耶律德光足足大了10岁，但并不妨碍他尊称耶律德光为父皇。幽云十六州面积广阔，且地理位置十分显要，在辽国占据了这片地区以后，中原与辽国之间的屏障——长城就落入了辽国的势力范围之内。此后，辽人要想入侵中原，简直易如反掌。石敬瑭在成为“儿皇帝”的同时，也成了祸害中原百姓的罪人。

石敬瑭当上皇帝以后，日子并不好过。辽国的使臣时常对他出言不逊，甚至大加指责，他非但不能生气，还要给对方赔笑脸，说好话。后晋的朝臣大多主张奋起反抗辽国的压迫，只有少数几名大臣，如桑维瀚等坚持对辽国忍气吞声。石敬瑭听从了桑维瀚的劝告，继续做这个卑微的“儿皇帝”。与此同时，后晋国内不断发生叛乱，各地将领纷纷起兵造反，争夺皇位。在平叛的过程中，石敬瑭的两个儿子都死了，石敬瑭自己也一病不起。未等将叛乱平息，这位“儿皇帝”就一命呜呼了。

官场“不倒翁”

五代十国时期，朝代更迭简直叫人目不暇接，也就只有在这样的历史环境中，才能出现一位历经4个朝代，10位君主，做了20多年宰相的官场“不倒翁”，他的名字叫冯道。

唐朝末年，冯道投入刘守光麾下，做了一名参军。后来，刘守光兵败，冯道逃亡到太原，在河东监军张承业手下任职。冯道很有学识，非常擅长写文章，并因此获得了张承业的赏识。张承业向晋王李克用举荐了他，他就成了李克用麾下的河东节度掌书记，为李存勖所器重。李存勖登上帝位以后，擢升冯道为户部侍郎。

根据欧阳修在《新五代史》中的记载，冯道是一个非常节俭自律的人。后晋与后梁在黄河作战期间，冯道跟随军队居住在茅草屋里，晚上就以柴草为被褥。他将自己的俸禄全都拿出来，跟侍从们分享。吃饭的时候，他跟侍从们吃的都是一模一样的饭菜。军中有人将美貌的女子掳来，要送给冯道。盛情难却，冯道只得将那名女子收下，并找了一间房子将她安顿下来。等找到这名女子的父母以后，就将她送回去，让他们一家团圆。

冯道的父亲死后，他返回家乡景城，为父亲守孝。当时正逢饥荒，为了救济家乡父老，他散尽家财。后来，他便搬进茅草房中居住。无论是耕作还是打柴，他都亲力亲为。有的人家因为缺少壮丁，无力耕种农田，只得放任良田变成了荒地。冯道便趁着夜间无人时，到田间帮忙耕作。农田的主人知道真相后，来向他道谢。可是在冯道看来，自己的行为根本就不值得别人这样感恩戴德。

等他的守孝期结束以后，便在后唐担任了翰林学士一职。之后，李嗣源起兵造反，登上帝位，冯道又被任命为端明殿学士。对于冯道的大名，李嗣源早有耳闻，十分赏识他。冯道不断获得晋升，仅仅过了一年，就当上了后唐的宰相。这引来了某些人的嫉妒，他们不断打击冯道，不过，李嗣源却始终将冯道视为心腹。当时，有很多世家子弟依靠关系在朝中谋得官职，但实际上，这些人根本就没有什么能力。冯道在后唐为官期间，不断打压这些世家子弟，与此同时，他又提拔了很多出身贫寒但很有才华的读书人。

李嗣源统治时期，后唐局势稳定，连年丰收。为了防止李嗣源骄傲自满，麻痹大意，冯道便举了一个切身实例来提醒他。冯道说，从前自己在河东地区为官，有一次外出，在经过一处极为险峻的地方时，便紧紧抓住马缰绳，走得如履薄冰，生怕出现什么意外。等到了平地上，以为这下终于安全了，哪曾想就在这时，自己一不小心竟从马背上摔了下来。冯道总结了自己的教训：当处在危险中时，人们往往会表现得小心谨慎，从而能够成功地避开灾祸；而当进入安全的环境中时，人们往往会粗心大意，灾祸便有可能趁机突袭。冯道还对李嗣源说："谷贵饿农，谷贱伤农。"这句话虽然通俗易懂，却包含着治国的大道理。李嗣源叫侍从将这首诗抄下来，自此之后，他时常会将这首诗拿出来吟诵。

后来，有人将一个玉杯献给了李嗣源，在玉杯上刻着"传国宝万岁杯"的字样。对此，冯道表示，君王最珍贵的宝物其实是仁义。李嗣源起初并不明白冯道的意思，后来听其讲解一番才醒悟过来，马上就接纳了冯道的意见，并给予他赏赐。

李嗣源在位期间，冯道主持了儒家九部经典的雕印，以成《九经》，这在中国古代的历史记载中还是第一回。要知道五代十国是多么混乱的年代，如果不是因为冯道的努力争取，这件事根本不可能实现。

石敬瑭建立后晋以后，冯道再度出任宰相，直至石敬瑭的儿子石重贵被辽国俘虏后病死，后晋灭亡。此后，冯道出任了辽国太傅，继而是后汉太师，后周太师。后周世宗柴荣对北汉发动进攻时，受到了冯道的阻挠。冯道说以柴荣的能力，并不能与唐太宗同日而语。柴荣闻言大怒，命令他去给后周太祖郭威的陵墓修建工程做监工，不必再跟随自己出征。工程结束后，没过多长时间，冯道就病逝了。在他死后，柴荣将他追封为瀛王，并赠谥号文懿。

冯道的一生，历经后唐、后晋、后汉、后周4朝，先后效忠于4朝之中的10位君王，这种行为在提倡忠君的中国古代，注定要饱受非议。包括欧阳修与司马光在内的许多史学家都相当鄙视他的政治道德，但是联想到冯道当时所处混乱的社会环境，只要他选择出仕，就不可避免地要跟多个朝代、多位君王打交道，某种角度而言，冯道的选择是情有可原的。

五代第一明君

郭威灭掉后汉以后，建立了后周，登基为帝，史称后周太祖。称帝之后，郭威着手对后周的政治、经济、军事进行改革。三年以后，郭威因病去世，此时他的两个亲生儿子都已过世，只有一名养子柴荣尚在人间。于是，柴荣就顺理成章地即位，他就是被史学家称为“五代第一明君”的后周世宗。

柴荣相貌堂堂，性格沉稳，寡言少语。柴荣出生时，正值乱世，他在很小的时候就成了孤儿，姑父郭威收养了他。少年时期，柴荣曾在江陵做过茶贩子，深谙民间疾苦。

登基以后，柴荣面对的第一个挑战就是北汉的进攻。当北汉勾结契丹对后周展开大规模进攻时，柴荣在皇位上还没坐满10天。在这样的危急关头，柴荣并没有乱了阵脚。他决定御驾亲征，对此朝中大臣纷纷提出异议，但这并没有让他改变主意。他亲自上阵指挥，尽管后周的军队要少于来犯的北汉和契丹军队，最终胜利的一方却是后周。战争结束以后，柴荣论功行赏，处死了在战场上临阵脱逃的70余名将领，并开始严厉整顿军队，提升战斗力。

不仅是在军事方面，柴荣在政治、经济方面也实施了一系列的改革措施。他在位的实际时间很短，只有5年，但他的目标却是在位30年：“以十年开拓天下，十年养百姓，十年致太平。”

在位期间，柴荣大力整顿吏治，选拔人才。五代时期，局势混乱，贪官污吏横行，柴荣严惩贪官，毫不徇情。柴荣建立了严格的官吏考核制度。期间，有几名官员因为借着公事的名义出去游玩而遭到贬黜。另外，柴荣对当时的科举制度也进行了改革，以便选拔出更多的人才，为国家做贡献。为了减轻百姓的负担，柴荣下令废除了大部分赋税，还鼓励百姓开垦荒地，大力发展农业生产。他废除了凌迟等酷刑，制定了全新的《大周刑统》，以仁义治天下。柴荣的改革措施成效显著，后周的经济迅速发展。他在开封周围营建军事屏障，在城内开拓道路，疏通漕运，兴修水利，把开封城变成了当时中国发达的城市。

柴荣对内不断变革，对外连年征战。即位之初便一举击败北汉，随后又出兵攻打后蜀，最终大获全胜。在位的5年时间内，他三度率军亲征南唐，战绩显赫，大大增强了后周的国力。其后，北汉再度与辽国联合，攻打后周。柴荣带兵与之激战42天，屡战屡胜。柴荣原本打算一鼓作气，将幽云十六州一并收复，然而就在这时，他忽然一病不起，很快就去世了。

如果柴荣不是英年早逝的话，以他的军事才能，要收复幽云十六州也许并非难事。如此一来，他便可以统一北方，由于当时南方的几个政权普遍没有什么实力，要想再统一南方，进而统一全国，对柴荣而言，就更加轻而易举。后来，赵匡胤建立北宋，统一全国，只用了20年时间，这与柴荣前期打下的基础密不可分。

尽管柴荣英年早逝，但这并不妨碍他成为终结五代十国混乱政局的关键人物。

“海龙王”钱镠

公元907年，朱温建立了梁朝。以后50多年的时间里，中原地区前后更替了五个王朝——梁、唐、晋、汉、周（为了跟以前相同名称的王朝区别，历史上把它们称作后梁、后唐、后晋、后汉、后周），合称为五代。五代时期，在南方和巴蜀地方，还出现了许多割据政权，有的称王，有的称帝，前后建立了几个国（前蜀、吴、闽、吴越、楚、南汉、南平、后蜀、南唐），加上建立在北方的北汉，一共是十国。所以又把五代时期称作“五代十国”时期。

朱温即位，镇海（治所在今浙江杭州）节度使钱镠第一个派人到汴京祝贺，表示愿意臣服于梁。朱温很高兴，立即把他封为吴越王。

钱镠原来家境贫寒，早年做过盐贩，后来给浙西镇将董昌当部将。黄巢起义军攻打浙东的时候，钱镠保住临安（今浙江杭州）立了功，唐王朝封他为都指挥使。不久，又提拔为节度使。钱镠当了上节度使后，开始追求奢华的生活。他在临安盖了豪华的住宅，出门时，坐车骑马，兴师动众。他的父亲对他这样的做法，很是看不过去。

钱镠的父亲说：“我家祖祖辈辈都是靠打鱼种庄稼过日子，没有出过做官的人。你处在今天的位置，周围都是敌对势力，还要跟人家争城夺地。我怕我们钱家今后要遭难了。”钱镠听了，很有感触。从那以后，他做事谨小慎微，只求保住这块割据地区。当时，吴越是个小国，人少势弱，比北方的吴国弱小得多，吴越国常常受他们的威胁。

钱镠长期在混乱动荡的环境里生活，养成了一种保持警惕的习惯。他给自己做了个“警枕”，就是用一段木头做枕头，倦了就斜靠着它休息；如果睡熟了，头从枕上滑下，人也就醒过来了。

他除了自己保持警惕外，还严格要求他的将士。每天夜里，都有兵士在他住所周围值更巡逻。有一天晚上，值更的兵士坐在墙脚边打瞌睡，飞来几颗铜弹子，正好掉在兵士身边，惊醒了兵士。兵士们后来才知道这些铜弹子是钱镠打过来的，从此以后，就再也不敢在值更的时候打盹了。

钱镠就是靠小心翼翼地做事才保持住他在吴越的统治地位。吴越国虽然不大，但是因为长期没有遭到战争的侵扰，经济渐渐繁荣起来。后来，钱镠征发民工修筑钱塘江的石堤和沿江的水闸，这样就有效地防止了海水倒灌；他又叫人把江里的大礁石凿平，方便船只来往。民间因他在兴修水利方面的贡献，给他起了个“海龙王”的名号。

经济

李春设计修建赵州桥

隋炀帝修大运河

隋炀帝杨广登基后不久，便做出了一个让人意想不到的决定，他要把洛阳定为东都。他觉得，洛阳拥有悠久的历史，地理位置优越，风水又好，是最适合帝王建都的地方。

公元604年，隋炀帝亲自赶到洛阳，视察了洛阳周围的环境。之后，他便命令有关部门在洛阳的汉魏城以西、故王城东的地方修建东都。他任命尚书杨素为修建东都的总负责人，又命令大臣宇文恺和杨达辅助杨素。他们征集了200万民工，展开了大规模的修建工作。

隋炀帝命人把长江以南、五岭以北所产的珍贵树木，与众不同的石头都运到洛阳，当时的运输条件非常差，仅一根大柱子，就需要1000个人来拉。他还派人在洛阳城的西面，修了一座大花园，名叫“西苑”，将搜罗来的奇花异草、名贵树木及世所罕见的珍禽野兽放到里面。在“西苑”的北面有一个“海”，里面修建了方丈、瀛洲、蓬莱三座“仙山”；在“西苑”的南面挖了5个湖，湖边筑了几条很长的堤岸，岸边栽满了柳树和桃树。这5个湖与“海”由一道渠连接起来。

隋炀帝是一个好大喜功的人，迁都这件事远远没有让他满足。于是，他又开始修建南北大运河，将海河、黄河、长江及钱塘江贯通起来。

公元584年，隋文帝曾命令宇文恺开凿了由大兴城西北至潼关入黄河的广通渠。但是，到隋炀帝统治时期，南北方社会经济的发展有了大幅度提升，局部的运河已经远远无法满足社会的需要了。为了方便将南方的物资运到北方，从而达到控制全国的目的，隋炀帝开始修建长达5000余里的大运河。

隋炀帝首先开通了通济渠。这条运河起点为洛阳的西苑，终点为淮河南岸的山阳（今江苏淮安）。隋炀帝又派人对邗沟进行改造。邗沟是春秋时期吴王夫差派人开凿的一条运河，隋炀帝派人将其加宽、挖深，从而将长江与淮河连通起来。此后，隋炀帝又征集数百万民工，开凿永济渠。此外，隋炀帝又命人开凿疏浚了黄河进入汴水，再由汴水进入淮河的通济渠，由涿郡（今北京）到达黄河的永济渠，及从余杭（今浙江杭州）到京口（今江苏镇江）的江南河。

将这些河渠南北贯连起来，便成了纵贯南北的大运河。

大运河分为永济渠、通济渠、邗沟、江南河四段，将海河、黄河、淮河、长江、钱塘江5大水系连通起来，形成了中国南北方水路交通的大动脉。大运河贯通之后，南方的物资便能够非常顺利地运往长安和洛阳，加强了隋朝对南方的政治和军事统治。同时，大运河还促进了南北方的文化交流，使长江流域的文明和黄河流域的文明逐渐融为一体。

可是，这是一项浩大的工程，既劳民又伤财。大运河贯通之后，隋炀帝多次到江都（今江苏扬州）巡游。为此，他命人建造了龙舟，还建造了数万艘船。每次巡游，他都会带着文武百官、王公贵族及皇妃宫女，专门负责为船队拉纤的民工就达到8万多人。

修建大运河已经让百姓的生活苦不堪言了，隋炀帝为了满足自己的私欲，又加重了百姓的负担。如此一来，隋王朝很快就衰落下去了。

李春设计修建赵州桥

在河北省赵县城南五里的地方，有一条名为洨河的大河。在这条河上，有一座空腹式的圆弧形石拱桥。这座桥拱高7米，宽9米，净跨度为37米，是世界上现存修建最早、保存最为完整的古代石拱桥。关于这座石拱桥，流传着这样一个传说。

每年春秋时节，赵县都会下大雨。雨水汇流成河，与山泉一起形成巨大的洪峰。洨河两岸的居民，以及经过此地的行人，都感到不便。著名的工匠祖师鲁班知道了这件事，从远方赶来，施展精湛的技术，很快就修好了一座桥，被称作赵州桥。附近的百姓知道了这个消息，都迫不及待地跑来参观。百姓们都称赞这座桥修得好，于是越来越多的人赶来看热闹。很快，“八仙”之一的张果老就知道了这件事。他想要与鲁班开个玩笑，就叫上柴王爷，一起来到赵州桥前。张果老把“太阳”和“月亮”放在包袱里，骑在毛驴上。柴王爷则推着装有“五岳名山”的独轮车。他们找到鲁班，问能否让他们一起从桥上走过去。鲁班对自己的技艺十分自信，他非常轻松地回答说：“这座石桥非常坚固，别说你们两个人，就是再多的人从上面走过去也没问题，你们要走，就尽管走好了。”让鲁班没有想到的是，张果老和柴王爷走到桥上之后，立刻就把石桥压得即将坍塌。鲁班不想眼睁睁地看着自己修起来的石桥就这样被毁掉，所以立刻跳到桥下去，用手托住桥身东侧。如此一来，张果老和柴王爷这两位神仙才带着太阳、月亮及五岳名山顺利地从桥上走了过去。

在这个传说中，赵州桥被说成是工匠的鼻祖鲁班所建，或许这是因为赵州桥修得实在太过精妙了吧。其实，修建赵州桥的能工巧匠是隋朝时的李春。

隋朝将中国南北方统一起来后，社会经济得到了飞速发展。当时赵县连接南北交通，向南可以抵达洛阳，向北可以抵达涿州，行人车马往来不绝。但是，城外的洨河在夏秋季节经常发生水患，将这一交通要道阻断，对人们的通行造成了相当大的影响。为了改变这种局面，当地官员决定在浚河上面修建一座石桥。石桥设计和施工的任务落到了李春身上。

李春接到这个任务之后，率领工匠们来到洨河岸边，考察了洨河两岸的地质情况，并根据自己多年积累的实践经验，把建桥的地点选在了洨河两岸较为平直的地方。那里的地层是由河水冲击而成的，地层表面是粗砂层，下面分别是细石层、粗石层、细砂层和黏土层，完全能够承受桥梁所带来的压力。

选择好建桥的位置后，李春面临着石料的问题。经过调查，他发现赵县附近州县的青灰色砂石质地坚硬，完全符合造桥的要求，所以就决定就地取材。此后，他又开始设计桥梁。在这个过程中，他实现了多项技术创新。

在李春之前，人们建造较长的桥梁，一般会采用多孔形式。采用这种形式，是因为孔与孔之间的跨度小，坡度平缓，修建起来更加容易。但是，多孔桥并不是完美的形式，它也有自身的缺点。比如桥墩长时间浸泡在水里，容易受到侵蚀，而且会一直受到水流的冲击，使用寿命缩短；多孔桥桥墩多，对排泄洪水、船只航行会造成影响。李春在设计的过程中，看到了多孔桥的缺点，所以才会设计成单孔长跨的形式，没有在河水中立桥墩，而石拱的跨度达到37米。这在中国桥梁史上，是开创先河的一大壮举。

在李春之前，人们修建石桥时采用实肩拱的形式。而李春却将实肩拱改为敞肩拱，也就是在大拱的两端各增加两个小拱。这种敞肩拱与过去的实肩拱比起来，具备很多优势：首先，节约材料。其次，减轻桥身重量，增加桥梁的稳固性。第三，当洪水到来后，四个拱也可以起到泄洪的作用，从而使石桥的泄洪能力大大提高。第四，使得石桥看起来更加美观。这四个小拱分别位于大拱两侧，对称统一，使整座石桥看起来更加飘逸轻灵，体理出了艺术之美。第五，可以减轻主拱承载的压力，大大提高桥梁的承载能力。

赵州桥修建于公元605年，距今已有一千多年的历史。在这段漫长的历史过程中，它经历过多次战乱、水灾、地震，直到今天依然屹立于洨河之上，可说是中国建筑史上的一大奇迹。

陆龟蒙与《耒耜经》

陆龟蒙，字鲁望，别号甫里先生、天随子、江湖散人，松江甫里（今江苏苏州甪直镇）人，是晚唐时期著名的农学家和文学家。

陆龟蒙自幼熟读儒家经典，并希望通过参加科举考试考取进士，实现“修身齐家治国平天下”的宏伟志向。可是，他在进士考试中并没有如愿考中，这对陆龟蒙来说无疑是一个非常沉重的打击。于是，陆龟蒙放弃了考取功名的想法，开始跟随湖州刺史张抟到处游历。后来，陆龟蒙回到故乡甫里隐居。陆龟蒙在故乡有很多房屋，数百亩田地，20多个帮工及10头牛，足以使他过上安稳的生活。可是，甫里地势低洼，洪涝灾害时常发生，庄稼收成时好时坏。因此，陆龟蒙很多时候都会陷入揭不开锅的窘境。为了使庄稼免受洪涝灾害，获得更好的收成，陆龟蒙经常带领帮工抗洪救灾。有时，陆龟蒙还会亲自去田地里劳作。有空的时候，陆龟蒙就会携带钓具、书籍、茶壶去湖边钓鱼。

在甫里参加劳作的经历让陆龟蒙对农业有了更为深刻的认识和理解。在这个基础上，陆龟蒙写出了我国最早的记载农具的专著《耒耜经》。

《耒耜经》全文共632个字，主要对唐朝江南农具曲辕犁的构造和功用进行了论述。江南地区的农业最早采用的是非常原始的耕作方式，隋唐时期，尤其是“安史之乱”结束后，中国的经济重心慢慢地向南方转移，使得南方的农业得到了飞速发展，逐渐改变原来落后的耕作方式，走上精耕细作的道路。在这个转变过程中，陆龟蒙起到了非常重要的作用。通过陆龟蒙的总结，江南农业以“耕、耙、耖”为核心的耕作技术体系开始形成。

《耒耜经》一共记载了耙、碌碡、礰礋、江东曲辕犁等4种农具，其中以江东曲辕犁的记载最为详细。江东曲辕犁为铁木结构，由金属制作的犁镵、犁壁和木制的犁盘、犁底、犁辕、犁梢、犁箭、犁评、犁建、策额、压镵等11个零部件组成。《耒耜经》对江东曲辕犁各个零部件的功用也有非常详细的记载：犁壁用来翻土，犁评和犁箭起到对犁地的深浅进行调节的作用，策额用来保护犁壁，等等。此外，《耒耜经》对江东曲辕犁各个零部件的尺寸、大小及形状也有非常详细的记载。这为人们的仿制提供了很大的便利。

陆龟蒙不仅在农业器具方面做出了卓越的贡献，在动物饲养、植物保护方面也取得了很大的成就。他看到了海鸥和野鸭对稻田造成的危害，便提出使用药杀和网捕两种方式来防治海鸥和野鸭。他还对柑橘害虫桔蠹进行细致的观察，写出一篇关于柑橘害虫生物防治的文章。此外，陆龟蒙还大力提倡保护渔业资源，反对使用药物捕杀鱼类的做法。

陆龟蒙通过《耒耜经》记录了古代农具的发展，是中国历史上伟大的农学家。

军 事

窦建德起义

隋朝末年，隋炀帝的残暴统治导致天下百姓难以生活下去，很多地方爆发了农民起义。其中，窦建德在河北、山东一带领导的农民起义，在隋末农民战争中有着非常重要的影响。

窦建德是贝州漳南（今河北故城东北）人，约出生于公元573年。他的童年时期是在北齐、北周的残暴统治下度过的。在他17岁那年，隋文帝统一全国。

窦建德年轻时颇有豪侠之气。一天夜里，一伙强盗去窦建德家里抢劫，窦建德发现了他们。他并没有被这伙强盗吓到，而是镇定自若地藏在门后。等到强盗进屋后，他将其中三人打死。其余强盗被吓破了胆，纷纷逃到屋外。他们请求窦建德允许他们将那三个人的尸体带回，窦建德让他们找来绳子，将尸体系到绳子上拉走。强盗们惧怕窦建德，只得从命。当他们把绳子扔到屋子后，窦建德把绳子系在自己身上，然后让强盗们往外拉。当被拉到屋外时，窦建德拿刀将其余强盗全都杀死。

公元611年，好大喜功的隋炀帝为出兵攻打辽东，开始四处征兵。窦建德觉得这是一个施展抱负的大好机会，就应征入伍，并因为勇敢当上了小头目。窦建德的同乡孙安祖也是一个非常英勇的人，他本不想当兵，但仍然被县令招入军中。后来，孙安祖将县令杀死，投奔到窦建德那里。窦建德认为：隋文帝执政时，天下太平，国力强盛，派大军讨伐辽东尚且没有成功；如今百姓生活困苦，隋炀帝不但不体恤百姓，反而不断发动战争，加重百姓的负担，如此下去，隋朝的江山必定难以长久。他对孙安祖说："大丈夫应当成就一番大事业，怎么能够做一个被通缉的罪犯呢？"他认为漳南县东的高鸡泊（今河北故城西南）方圆数百，非常适合逃难，于是就建议孙安祖到那里去。他还对孙安祖说："如果在那里组织一批人马，静静地等待时局的变化，必定能够做出有利于天下的大事。"孙安祖觉得窦建德的话非常有道理，于是决定按照他的话去做。此后不久，窦建德帮助孙安祖聚集了几百名拒绝东征的士兵和贫苦的农民，占领高鸡泊，与隋朝对抗。

不久，孙安祖被杀，他手下的几千人投靠了窦建德。窦建德的势力一天天壮大起来，他把高鸡泊当作大本营，继续与隋朝对抗。

公元616年底，涿郡通守郭绚率领一万多人，向高士达发动进攻。高士达很有自知之明，他知道窦建德比自己更有谋略，所以就让窦建德来指挥作战。窦建德让高士达留下看守军营，自己则率领7000精兵迎战郭绚。窦建德派人给郭绚送去书信，称与高士达不和，所以率领手下前来投奔。窦建德本来并没有取得郭绚的信任，但是高士达帮了他一个大忙。高士达散布消息，说窦建德背叛自己，向隋军投降，还故意把一个女人说成是窦建德的妻子，并将其杀掉。郭绚因此不再对窦建德有所怀疑。窦建德写下一封降书，派人送到郭绚军中。窦建德还称，自己愿意带领郭绚去攻打高士达。郭绚中计，率领军队与窦建德的部队相会。窦建德趁着郭绚的部队毫无防备，突然发动攻击。郭绚部队猝不及防，死伤无数，郭绚也在逃跑时被杀。

此后，隋朝的太仆卿杨义臣又率领重兵，前往高鸡泊，讨伐高士达和窦建德领导的起义军。高士达不听窦建德劝告，过分轻敌，以致起义军兵败，高士达也被隋军杀死。窦建德只带领百余人成功突围，之后撤到饶阳，见那里的守军毫无防备，便将饶阳占领。隋军撤退后，窦建德收编余部，得到数千人。很多隋朝郡县的官员也主动归附窦建德，因此，窦建德的部队很快就发展壮大，达到10万人。

公元617年，窦建德在河间郡乐寿（今河北献县）自立为长乐王，并设置百官，建立郡县。就在窦建德刚刚称王不久之后，薛世雄就率领隋朝大军赶往乐寿，准备将窦建德的起义军一举歼灭。当时正是收麦子的季节，窦建德手下将士们正在乐寿周边各县忙着收割，窦建德则带领人马在征粮。窦建德听说薛世雄率领大军前来，便命令手下从城中撤出，故意放出假消息麻痹敌人。这个计策十分成功，薛世雄产生出轻敌情绪，便放松了警惕。窦建德率领一支由280人组成的敢死队在先，大部队在后，借着夜色的掩护，向薛世雄的军队冲去。第二天早晨，窦建德已经率领敢死队来到薛世雄的军营前。当时下起了大雾，窦建德率领敢死队冲进敌营。薛世雄军营里的将士们乱作一团，争先恐后地逃命，很多士兵被自己人践踏致死。薛世雄看到大事不妙，只好率领数十名亲信骑兵向涿郡逃去，行至半路，他旧病复发，很快就死掉了。

公元618年，窦建德定都乐寿，改国号为夏，自称夏王。政权建立起来后，窦建德开始对河北其他起义军发动兼并战争。他先兼并了魏刀儿部，又接连攻下易州、定州（今河北定州市）、冀州，实力得到了明显提升。

宇文化及杀死隋炀帝后，便在魏县（今河北大名西南）称帝。窦建德以为隋炀帝复仇为名，率领10万大军向魏县发动进攻。宇文化及被打得狼狈不堪，退到聊城（今山东聊城东北）坚守，窦建德用抛石和撞车从四面八方向聊城发动攻击。正在双方僵持不下的时候，此前诈降宇文化及的农民军首领王薄将城门打开。窦建德的军队顺利进城，将宇文化及等人俘虏。窦建德进城拜见萧皇后，为隋炀帝哭丧，又将宇文化及和他的帮凶处死，获得了传国玉玺。

此后，窦建德又相继攻下了邢州（今河北邢台）、沧州（今河北沧州东南）、洺州（今河北赵县）、相州、赵州等地，占领了河北大部分地区。

窦建德生活简朴、待人宽厚、善于听取正确的意见，正是因为这些优点，他才能够得到手下将士们的支持，他建立起来的夏朝政权才能够不断发展壮大。可是，正所谓“金无足赤，人无完人”，窦建德身上也存在着一些缺点。他生性多疑，总是会轻信谗言，因此很难辨别是非。他手下有一名大将，名叫王伏宝。这位大将骁勇善战，随窦建德征战多年，立下了汗马功劳，窦建德手下的其余将领，没有一个能与他相比。正是因为他太过出色，所以才会遭到其他将领的嫉妒。那些人在窦建德面前诬陷王伏宝，说他打算谋反。窦建德相信了他们的谗言，不问青红皂白就将王伏宝杀死。王伏宝在临死前对窦建德说：“我没有犯罪，大王为什么听信谗言，将你的左膀右臂杀害呢？”窦建德不为所动，毅然决然地将他杀死。王伏宝死后，窦建城军队的战斗力受到很大影响，很少能够打胜仗。宋正本是窦建德手下的一名文官，直言敢谏。窦建德又听信谗言，把他也杀死了。从此之后，每个人都变得谨小慎微，再也没有人敢向他进献忠言，他的政权因此日益衰败下去。

公元621年，窦建德率领的起义军被李世民率领的唐军打败，窦建德被俘。窦建德所建立起来的夏国，也走到了尽头。此后，窦建德被押送到唐都长安，并在那里被杀，终年49岁。一代枭雄的一生就此结束。

李密与瓦岗军

隋朝末年，隋炀帝的残暴统治导致各地农民纷纷起义。在众多起义军中，实力最强大的非瓦岗军莫属。

瓦岗军的首领叫翟让。他因为犯罪被投入监狱，后来被狱卒私自释放出来。之后，他就逃到了瓦岗（今河南滑县东南），与同郡的单雄信、徐世勣等人聚众起义。他们在永济渠沿岸劫富济贫，深得附近百姓的拥护，队伍因此不断发展壮大起来，达到一万多人。

此后，瓦岗军的命运，因为一个人的到来而发生了巨大的变化。这个人帮助翟让整顿队伍，还拉拢附近的起义军与瓦岗合为一处，由翟让统一指挥。他鼓励翟让干一番大事业，带领瓦岗军占领河南大部分郡县，推动了腐朽的隋朝走向灭亡之路。他，就是李密。

李密，字玄邃，又字法主，京兆长安（今陕西西安）人。他出身贵族，曾祖和父亲都在北朝时做过大官，父亲则是隋朝的柱国、蒲山郡公。他继承了父亲的爵位，并曾在隋炀帝身边担任侍从。由于性格过分活跃，他在值班的时候，四处观看，被隋炀帝看在眼里。隋炀帝觉得他不可靠，就免除了他的差事。李密回到家后，开始发愤苦读，希望以后能够成为一个学识渊博的人。有一次，他骑着一头牛出门去看望朋友。他把《汉书》挂在牛角上，一有时间就拿到手里读起来。隋朝的宰相杨素看到了他，就与他交谈起来。在谈话的过程中，杨素发现这个年轻人胸怀远大的志向，所以回家之后，就对他的儿子杨玄感说："李密这个人非常有才华，以后你有重要的事情难以决断的时候，可以去找他。"

杨玄感把杨素的话牢牢地记在了心里。后来，杨素因为遭到隋炀帝的猜疑，抑郁而终。杨玄感看到父亲为隋炀帝立下汗马功劳，却落得如此下场，心里十分愤懑。当时隋炀帝残酷地压迫和剥削百姓，导致各地都暴发了农民起义，天下一片混乱。杨玄感打算趁此机会，将隋朝推翻，为自己的父亲报仇。

那时，隋炀帝第二次发动对辽东的战争，杨玄感受到隋炀帝的差遣，负责监督8000个民工押运粮草。他成功地说服了那些民工，率领他们发动起义。他需要找人为他出谋划策，便想起了李密。于是，李密就成了杨玄感的谋士。

杨玄感问李密："隋炀帝荒淫无度，害得天下百姓难以生存下去。我想要推翻他，却不知道该怎么做。你觉得我该怎么做才好呢？"

李密回答说："我有上中下三条计策可以帮助你推翻暴君。下策是向东都洛阳发动攻击，将其占领，以此来震慑隋炀帝。中策是向长安发动进攻，占领隋炀帝的老窝，之后把关中作为根据地，凭借地利优势坚守。如果他派大军来攻，我们拥有地利优势，也不用怕他。上策是我们举兵北上，截断攻打辽东的隋军的粮草。隋军没有粮草，失败是早晚的事。"

杨玄感选择了下策，派兵攻打洛阳。虽然打了几个胜仗，队伍也迅速壮大起来，但是当隋朝大军大举进攻时，杨玄感的这支部队很快就被消灭了。杨玄感落得一个身首异处的下场，李密趁乱逃跑了，后来投靠了瓦岗军。

瓦岗军因为李密的加入而日益壮大。翟让看到瓦岗军的变化，越来越信任李密了。李密非常有政治头脑，他建议翟让出兵攻打荥阳。李密之所以提出这个建议，是因为荥阳对瓦岗军的发展具有非常重要的作用。荥阳的西边是虎牢关，东边是宽广的平原，战略地位十分重要。隋朝最大的粮仓洛口仓就位于虎牢关西边的巩县。如果能攻下洛口仓，那么不仅可以获得粮食，而且能够为下一步攻打东都洛阳扫清障碍。

荥阳太守杨庆根本无法抵挡瓦岗军的进攻。隋炀帝也知道荥阳的战略地位，所以派"威震东夏"的张须陀率领大军镇压瓦岗军。李密知道张须陀是一个有勇无谋的人，所以就打算用计谋将他打败。他让翟让在与张须陀交战时故意落败，然后向北逃跑。翟让按照李密的话去做，把张须陀引诱到荥阳以北十里的大海寺附近。此时，早就埋伏好在此地的瓦岗军突然杀出，将张须陀的部队团团围住。张须陀拼尽全力，打算率领手下冲出重围，但最终也没有成功。隋军大败，张须陀耗尽体力，最后战死了。

打败张须陀后，翟让和李密各率领7000名精兵攻打洛口仓。洛口仓是隋朝修建的最大的粮仓，翟让和李密率领士兵向洛口仓发起猛烈的攻击。驻守在那里的隋军虽然拼尽全力，但仍然无法阻挡瓦岗军的进攻。瓦岗军很快就攻下了洛口仓。之后，他们打开粮仓，把粮食分发给贫苦的百姓，得到粮食的百姓像过节一样开心。很多百姓主动参加瓦岗军，郝孝德、孟让等起义部队也来投靠。

此后，瓦岗军又将位于洛阳东北的回洛仓攻破。回洛仓主要负责为东都供给粮食，回洛仓被攻破，东都洛阳便闹起了粮荒。几个月后，瓦岗军又将黎阳仓攻破，并开仓救济贫苦的百姓。此时，瓦岗军发展到十万人，占领了中原广大地区，声势更加浩大。

随着李密的威望越来越高，翟让决定让李密来当瓦岗军的首领。翟让知道自己的能力比不上李密，他希望瓦岗军在李密的率领下，能够推翻隋朝暴政，解救天下百姓，所以才会做出这样的决定。可是，他没有想到，他这样做反而给瓦岗军带来了深重的灾难。

翟让让出瓦岗军首领之位后，他的哥哥翟弘和王儒信等人挑拨离间，劝说翟让把领导权夺回来。翟让听信小人之言，与李密展开了夺权的斗争，造成瓦岗军内部分裂。后来，翟让被李密所杀，瓦岗军的实力受到很大的削弱。

公元618年，宇文化及率军镇压瓦岗军，瓦岗军虽然取得了最后的胜利，但也为此付出了非常沉重的代价。王世充率领隋军趁机向瓦岗军发动了猛烈的进攻，将瓦岗军消灭。

李密走投无路，只得投靠李渊建立起来的唐朝。降唐后，李密感觉自己受到了李渊的猜疑，处境十分危险，于是就密谋背叛唐朝。不久之后，李密被李渊派人杀死。

薛仁贵三箭定天山

薛礼，字仁贵，山西绛州龙门修村（今山西河津）人，南北朝时候著名将领薛安都的后代。他自幼开始练习武艺，但直到30岁的时候仍然穷困潦倒。

他的妻子对他说："一个人，光有本领是不够的，还要善于抓住机会。现在皇上正打算亲自率领大军征讨辽东高句丽，这正是你施展本领、建功立业的大好时机。"薛仁贵觉得妻子的话很有道理，于是就参军成了一名军人。

公元645年，唐太宗亲自率领大军从洛阳发兵，讨伐辽东的高句丽。

在唐军与高句丽交战时，高句丽的一员猛将相继击退唐太宗手下几员大将。那名高句丽的将领非常嚣张，第二天又来挑战。唐朝将领看到他本领高强，没有人敢应战，唐太宗看到自己手下的大将平时威风八面，而此时却全都不敢出战，便有些生气。正在这个时候，一名身穿白色战袍的士兵来请战。

唐太宗看到有人自告奋勇地请战，非常高兴。他问："你叫什么名字？"

那个士兵回答说："小人叫薛仁贵。"

唐太宗看到他只是一名普通士兵，便认定他根本不是高句丽大将的对手，于是又问道："那名高句丽大将非常厉害，你能打得过他吗？"

薛仁贵回答说："他的确十分厉害，但并不是不可击败。每个人都有破绽，他也一样。他每次与对手交战时，总是奋力拼杀，先在气势上压倒对手。正是因为这一点，他才能够取胜。"

唐太宗看到他分析得头头是道，非常高兴，又问道："虽然你能发现他的破绽，但是你凭什么打败他呢？"

薛仁贵非常干脆地回答说："先在气势上压住他。"说完之后，薛仁贵便骑马向那个高句丽大将冲去。他的速度极快，在高句丽大将还没有反应过来之前，他便刺穿了敌人的咽喉。此后，薛仁贵单枪匹马冲入敌人阵中，冲散了敌人的阵形，使得敌人阵地一片混乱。这时候，唐军冲杀过去，把敌人打得溃不成军。

战斗结束之后，唐太宗立即派人把薛仁贵叫到面前来，提拔他为游击将军，还赏赐给他很多财物。

此后，唐军攻打平壤城，攻了很久都没有攻下。冬天到来后，下起了大雪，唐军的粮草供给受到了影响。于是，唐军只得撤退。在归途中，唐太宗对薛仁贵说："我手下的大将都已经老迈年高，现在遇到战事，已经无法带兵出征了。一直以来，我都在努力寻找年轻的将领。现在看来，没有人比你更合适了。这次出兵讨伐高句丽，得到你这样一个人才让我甚感欣慰，就算得到辽东也不如得到你更让我高兴。"于是，唐太宗又把薛仁贵提拔为右领军中郎将。

回到长安后，唐太宗派薛仁贵统领禁军守卫玄武门。宫廷禁卫军负责保护皇帝的安危，官职虽然不高，作用却非常重要。从这点就可以看出，唐太宗是非常器重薛仁贵的。

公元649年，唐太宗李世民去世，太子李治继位，即唐高宗。

公元654年夏季的一天夜里，持续的暴雨导致山洪暴发，大水冲到了玄武门。禁卫军负责保护皇帝的安危，这时正需要他们尽职尽责。可是，一些禁卫军竟然自己逃命去了。薛仁贵非常愤怒地对他们说："我们负责保护皇上的安全，现在皇上遇到了危险，我们怎么能在这个时候贪生怕死呢？"说完之后，他不顾自身安危，登上门楼大声呼喊，从而使唐高宗脱离了危险。

公元661年，九姓回纥（九个部落联盟）侵犯唐朝边境。唐高宗派薛仁贵去平定叛乱。九姓回纥收到唐朝大军将至的消息后，便集结了10万大军，在天山阻击唐军。不久后，薛仁贵率领唐朝大军来到天山，与九姓回纥对峙。九姓回纥派出几十名大将前来挑战，他们每个人都非常凶悍，为首的三个更是虎背熊腰，面露凶光。

薛仁贵毫无惧色，出来迎战。只见他"嗖嗖嗖"连发三箭，敌方为首的三员大将已经落马而死。看到这一幕之后，九姓回纥的10万大军立刻乱作一团。薛仁贵率领唐军冲杀过去，很快就把敌人杀得向后逃去。而薛仁贵早就在九姓回纥后退的山谷中布下了伏兵，当敌军退到那里时，唐军弓箭手立即放箭。敌人本来就已经狼狈不堪了，此时又遭遇伏兵，所以非常被动，最后很多人被杀。不久后，薛仁贵又率领唐军北进，活捉了九姓回纥的首领。从此之后，九姓回纥便衰落下去，再也无法对唐朝制造威胁了。

薛仁贵的大军凯旋时，战士们齐声唱道："将军三箭定天山，战士长歌入汉关。"平定九姓回纥之后，薛仁贵又出兵吐蕃，消灭高句丽，为大唐的稳定做出了卓越的贡献，成为唐朝最为著名的将领之一。

安史之乱

就在唐王朝开创盛世局面的时候，社会上的腐朽力量也在逐渐膨胀。曾经励精图治的唐玄宗在其执政后期因醉心于杨贵妃，致使政事荒怠，奸臣当道。而安禄山就是这个时代的“弄潮儿”。此人貌似忠厚、憨直，实则阴险狡诈，善于逢场作戏。就连杨国忠这样的奸臣，也要与其虚与委蛇。自他登上历史舞台之后，对玄宗极尽谄媚之能事，玩弄权术于指尖，贪赃枉法，栽赃嫁祸，残害忠良。而曾经的英主却对此置若罔闻，他纵情于声色，无法自拔，终酿成了规模巨大的“安史之乱”。这致使强盛的唐王朝从此开始走上了下坡路。

一次，唐玄宗对“大肚子”的安禄山开玩笑说：“你肚里究竟装了什么，竟然如此大？”安禄山一本正经地回答说：“我肚里装的是对唐王朝的一颗忠心。”唐玄宗听后大悦，随即封给安禄山一座华丽的府第，还让杨贵妃收他作干儿子，让他在内宫随便进出，亲热得像一家人一样。其后，唐玄宗又在安禄山的种种迷惑下掉入陷阱，不仅将安禄山提拔为平卢节度使，而且还让他兼任范阳节度使和河东节度使。如此一来，安禄山就将北方边境的大部分地区牢牢控制在了自己手中。当他看到唐玄宗荒淫无度，关中防卫薄弱，“取而代之”的野心一下子就膨胀了起来。

公元755年，安禄山开始秘密招兵买马。他提拔了史思明、蔡希德等一批猛将，任用汉族士人高尚、严庄帮他出谋划策，又精选了8000名壮士组成一支精兵，磨砺武器，囤积粮草，伺机叛乱。这时，朝廷的一些大臣逐渐觉察到安禄山有不轨企图，多次提醒唐玄宗。可唐玄宗则认为，安禄山是最忠心的臣子，谁都会叛变，唯独安禄山不会。

是年，安禄山串通部将史思明，又联合同罗、契丹、突厥等民族组成15万步兵、骑兵于河北平原发动叛乱。当时全国承平日久，民不知战。河北州县官员逃的逃，降的降，安禄山几乎没有遭遇什么抵抗，就到达了关中。当唐玄宗得知安禄山反叛的消息后异常震怒，立即调兵遣将，增募军队，出兵平定。可是这时已抵挡不住叛军的攻势，安禄山率军一路势如破竹，很快就攻占了长安。唐玄宗被迫携杨贵妃奔逃四川。

不过安禄山还没高兴几天，便被儿子安庆绪残忍斩杀。而同安禄山一起发动叛乱的部将史思明则趁机掌权，导致叛军各部之间的矛盾瞬间爆发。后来史思明也被自己的儿子史朝义杀死，叛军的势力自此大大削弱。

公元756年7月9日，唐玄宗三子李亨在宦官李辅国、御史中丞裴冕和朔方节度使杜鸿渐的建议下，半推半就地在灵武城南楼（今宁夏灵武）登上了皇位，改天宝十五载为至德元年。他遥尊玄宗为上皇天帝，并大赦天下。肃宗继位后，便图谋收复京师长安。公元757年，肃宗从河西、陇右、安西、北庭等地陆续调集了十多万军队，又向回纥借到精兵4000，以其子李豫为天下兵马元帅，以郭子仪为副元帅，趁安史叛军内讧之际，率军一举收复了长安。

公元762年，肃宗病逝，其子李豫继位，是为唐代宗。代宗继位后任命雍王李适为天下兵马元帅，郭子仪为副元帅，在陕西会合各路人马，联合讨伐史朝义。史朝义在唐回联军的紧逼下，走投无路，于林中自缢而死。至此，历时7年又两个月的安史之乱终于结束，而唐朝也正式进入了藩镇割据的时代。

藩镇割据

在平定安史之乱的过程中，唐朝廷因苦于长期用兵，为了尽快结束战争，采取了息事宁人的办法，对叛军降将妥协退让。只要他们名义上服从朝廷，朝廷就任命他们为节度使。这样他们就由原来的安、史部将摇身一变成了唐朝地方藩镇的将领。有一些节度使乘机扩充实力，在叛乱平定后保持了半独立状态。这样就造成了唐后期藩镇林立，割据一方的严重局面，史称“藩镇割据”。

藩镇与唐朝廷中央之间以及藩镇之间，都存在着矛盾，所以它们经常“喜则连横而叛上，怒则以立而相并”，使唐朝后期的政局极为动荡不宁。

公元779年，唐代宗病逝，太子李适即位，是为唐德宗。德宗曾亲自参加过平定安史之乱的战争，饱尝战乱之痛。面对嚣张跋扈的藩镇，德宗大为痛心，一心想要将藩镇全部削平。

公元781年，成德节度使李宝臣病死，其子李惟岳上表请求继承节度使一职。唐德宗认为此乃削藩之良机，遂坚决拒绝。李惟岳便勾结魏博镇田悦、淄青镇李正己、山南东道梁崇义共同起兵发动叛乱。史称“四镇之乱”。德宗调集大军，对四镇展开全面攻击。不久，梁崇义和李惟岳兵败被杀，李正己病故，而私自继承父位的李纳和田悦也遭到重创，削藩形势一片大好。但是，由于德宗猜忌多疑，缺乏战略眼光和应变头脑，在胜利面前，对有功藩臣封赏失当，结果导致卢龙节度使朱滔和成德降将王武俊与田悦、李纳联合起来再行叛乱。朱滔称冀王、田悦称魏王、王武俊称赵王、李纳称齐王，合称“四王”。四王还一致推举淮西节度使李希烈为共主。李希烈自称天下都元帅、太尉、建兴王，不久又称自己为“楚帝”。他与四藩南北呼应，气焰极为嚣张。这使得叛乱规模进一步扩大。

公元784年，德宗迫于压力，不得不与朱滔、王武俊、田悦、李纳等妥协，才勉强平息了这场闹了4年的藩镇叛乱。此后，藩镇割据局面愈演愈烈。

公元805年8月，宪宗李纯即位。李纯在位期间，勤勉政事，认真总结历史经验教训，极力效法前代的圣君明主，抑制宦官势力，整顿江、淮财赋，增加了财政收入。他还重用李吉甫、裴度等人为相。通过挑拨藩镇间的矛盾，先后平定了剑南西川节度使刘辟、夏绥节度使杨惠琳、镇海节度使李锜、淄青节度使李师道等藩镇叛乱，迫使成德、卢龙等强藩归顺朝廷，暂时结束了藩镇跋扈的局面，重振了中央政府的权威。但是这不过是回光返照罢了。

公元820年，李纯被宦官毒死，他的儿子李恒继位，是为唐穆宗。李恒是一个花花大少，他父亲多年辛苦征战所得到的成果，几乎被他霎时败光。河朔地区中的卢龙、成德、魏博三镇，在中央政府恢复腐败后亦恢复了割据，而其他藩镇也陆续恢复割据或半割据原状。中央政府此后再无力镇压，藩镇割据这块毒瘤一直在中国历史上存留了两个世纪，直到北宋初年才结束。

黄巢起义

藩镇割据、宦官专权、牛李党争相互交织在一起，致使晚唐后期的政治极为腐败，百姓极为贫困。当时有人上书指出：富人拥有弥望之田，穷人却无立锥之地。即便是这样，苛捐杂税依旧有增无减。统治集团中的一些有识之士尖锐地指出百姓有八种苦难而无丝毫快乐，国家有九种破败理由而无任何维持的道理。这说明广大人民群众已经无法再继续生活下去，农民起义的大风暴呼之欲来。

公元873年，唐懿宗病逝。朝中宦官拥立年仅15岁的懿宗第五子李儇即位，是为唐僖宗。是年，关东地区相继遭遇旱、涝灾害，广袤关东大地，颗粒无收。农民只好采摘蓬籽磨面，再掺杂树叶充饥。道路两旁皆是饿死的饥民。即便如此，唐朝官吏仍逼迫百姓缴税、服役，百姓走投无路，只好揭竿而起。

黄巢，曹州冤句（今山东曹县）人，出生于盐贩家庭，善骑射、通文墨。虽多次参加科举，但屡试不第，转而对时下社会充满愤恨。时值王仙芝起兵造反，黄巢便迅速起兵响应。全国各地的起义战亦相继打响，大唐王朝的丧钟就此鸣响。

王、黄二人的起义军在连克多处州县后，规模迅速壮大。朝廷即刻诏令五大节度使进攻起义军。而王仙芝和黄巢则采取避实就虚的战术与强敌周旋，致使唐军兵力分散，无法组织集中进攻。当起义进程过半时，王、黄二人却因意见相左而分道扬镳。不过这丝毫没有影响黄巢的作战信心，他继续与唐军周旋于山东、河南一带。

公元878年，王仙芝率领的起义军在黄梅（在今湖北）被唐军打败，他本人也被杀死。王仙芝死后，其多数部将投奔黄巢，拥戴黄巢为王。黄巢自称“冲天太保均平大将军”，亲率十万起义军打过长江，连续攻下多座城池，最终占领了广州。此时的起义军人数已经发展到60万。

公元879年10月，黄巢在广州发布北伐檄文，历数朝廷罪恶，然后大举挥师北上。公元880年11月，起义军渡过了淮河，向西北进军，一举攻下东都洛阳，东都留守刘允章归降。12月，黄巢又攻下了潼关。消息传到京师长安后，朝廷立刻陷入了恐慌。平日嚣张跋扈的宦官纷纷逃窜，而失魂落魄的唐僖宗则在大宦官田令孜和几百名禁军的庇佑下，逃到了四川。

不久，起义军占领长安。黄巢率威武雄壮的大军浩浩荡荡进入长安。长安市民听闻黄巢进城，夹道欢迎，观看起义军军容。是年12月23日，黄巢在长安即位称帝，建立了大齐政权，年号金统。

但是，大齐政权建立后不久，黄巢以及起义军首领就开始骄傲自满。他们麻痹轻敌，没有乘胜追击唐王朝的残余力量，也没有建立有效的根据地，这给唐军留下了喘息之机。缓过神来的唐僖宗从各地调兵遣将，不但请来了沙陀贵族李克用的四万大军协助镇压齐军，还成功诱降了齐军大将朱温。

从公元881年3月到公元883年4月，齐军被唐军围困在长安整整两年。城中粮食缺乏，兵民疲累。在处境越来越困难的情况下，黄巢率领18万兵将撤出长安，向东转移。但在陈州（今河南淮阳）一线，又遭遇唐军的顽强攻击。双方交战将近300天，齐军被唐军层层包围，伤亡惨重。

公元885年5月，齐军将领尚让、葛从周等部分齐军将领投降唐朝，致使齐军的兵力大为削弱。6月，在李克用和朱温的穷追下，黄巢率残部撤离泰山狼虎谷（今山东莱芜境内），最后自杀身亡。刚刚建立的大齐政权就这样从中国的历史舞台上“黯然”退出。

第七章 宋元时代

DASONGWANGCHAO

岳飞精忠报国

政事

杯酒释兵权

赵匡胤建立了北宋政权以后，便开始四处征战。他先是把后周残余的势力彻底歼灭，跟着又马不停蹄地为统一全国奋战。他采取了“先南后北”的策略，将南平、后蜀、南汉、南唐等割据政权逐一击破。这段时期，辽国依旧在北面对中原虎视眈眈，赵匡胤在南征的同时，也不忘加强对北面的防御。

经过了几年的征战，赵匡胤终于成功地结束了中原地区自安史之乱以来长达200年的混乱局势。在这个过程中，谋士赵普不断向他提供有价值的参考意见，在赵匡胤的统一大业中，赵普可以说是功不可没。完成统一之后，摆在赵匡胤面前的当务之急就是加强中央集权，避免分裂割据的局面在北宋再度出现。为此，赵匡胤再次向赵普征求意见。

赵普认为，藩镇割据始于唐朝，贯穿整个五代时期，其根源就是君主的势力太弱，而臣子的势力过强，要想从根本上避免这种情况的出现，只要将臣子的权力收归君主所有就可以了。在所有权力之中，兵权是最为关键的。于是，赵匡胤便首先着眼于收回兵权。

公元963年的春天，赵匡胤设宴款待朝中大将石守信、高怀德、王审琦等人。酒过三巡，赵匡胤便开始对自己的部下诉起苦来，说自己做皇帝做得非常苦恼，每晚都会失眠。众将领大吃一惊，纷纷表明自己的忠心，让赵匡胤不必再忧心忡忡。赵匡胤旧事重提，又说起当日“被逼无奈”，只得披上黄袍，登基为帝一事，言语中大有恼怒之意。众将领明白皇帝这是在要挟自己，吓得纷纷跪倒在地，又是流泪又是磕头，乞求赵匡胤为自己指出一条生路。

赵匡胤见自己的严词厉色收到了成效，便趁热打铁，叫他们放弃兵权，回家颐养天年。话说至此，众将领也无法再提出任何异议，只得谎称抱病，将兵权交出来。赵匡胤得偿所愿，赐他们一些散官，并重新提拔了一些资历尚浅、易于掌控的人取代他们原先在军中的位置。没过多久，王彦超等节度使的兵权也被赵匡胤以同样的方式收归中央。

此后，赵匡胤又实施了一系列举措，把行政大权、司法大权、财政大权全都收归中央所有，从唐末就开始出现的割据局面终于在北宋画上了句号。整个宋朝总共延续了漫长的300年，在此期间，地方割据再未在国内露过头。

作为一名君主，赵匡胤非常有作为。他对农业生产高度重视，并兴修水利。他关心人民疾苦，大大减轻了百姓的徭役和赋税负担。在他统治时期，北宋政局稳定，经济、文化有所恢复。

赵匡胤非常尊崇文人，与自唐末开始的武夫专权形成了鲜明的对比。赵匡胤坚持以文治国，他崇尚儒学，改革科举制度，不断提拔有才能的读书人做官。宋朝是文人的乐土，宋朝的文化也发展到了前所未有的高度。然而，过度的重文轻武也为国家埋下了隐患，导致北宋后来长期积弱。不过，总体而言，宋太祖赵匡胤堪称一代明君。

宋仁宗以仁义治天下

宋真宗在位25年后因病去世，他的前5个儿子都已早逝，便由其第六个儿子赵祯即位，史称宋仁宗。仁宗在位时间长达41年，是两宋历史上在位时间最长的君主。

仁宗的养母刘太后自他即位之初就垂帘听政，直到11年后，刘太后病逝，仁宗才开始亲政。可以说，仁宗的前半生一直生活在这位强势的养母的阴影之下。

仁宗仁慈宽厚，厉行节约，重用人才，称得上是一个有作为的皇帝。当时北宋的官僚队伍过于庞大，行政效率极为低下，人民生活困苦，边境上常年受到辽国和西夏的威胁。内忧外患之中，仁宗大胆启用了范仲淹实施改革，尽管最后以失败告终，但仍不失为一次勇敢的尝试。仁宗在位期间，曾与西夏交战，后来双方达成协议，西夏臣服于北宋。尽管如此，边境上的威胁依然没有完全解除。不过，在此期间，北宋国内的经济、科技、文化等方面的发展进步却是有目共睹的。

经济方面，仁宗在位期间，政府发行了全世界最早的纸币“官交子”。随着北宋经济的繁荣发展，市场上的交易越来越频繁，需要用到的钱币数量越来越庞大。由于大量的金属货币在流通时非常不便，政府便发行了易于携带的“官交子”，在市场上流通。

科技方面，中国古代对全世界都产生深远影响的重大发明，其中两项出现在仁宗统治时期，它们分别是活字印刷术和罗盘。北宋年间，文化发达，人们对书籍的需求量越来越大，雕版印刷术的弊端日渐显露，活字印刷术应运而生。活字印刷术发明者是一名普通的印刷工人，他的名字叫毕昇。同一时期，沈括发明了用于航海的指南针，即罗盘。人们在航海的过程中，白天观日，夜晚观星，遇到阴雨天，就用指南针来确定方向。同时，北宋开始将火药用作武器。

文化方面，宋太祖重文轻武，文人在北宋的地位非常高。仁宗秉承太祖的遗训，为文人创造了极为宽松的社会环境，在这段时期，北宋的文学艺术空前繁荣。唐宋八大家中的六家，苏轼、苏洵、苏辙、曾巩、王安石、欧阳修都曾在仁宗统治时期写下不少名篇。仁宗重用文人，很多饱学之士，如范仲淹、王安石、包拯等人都入仕为官，朝野之中人才济济。仁宗本人也非常喜欢读书，对儒学尤其推崇。他在位时首次将《论语》《孟子》《大学》《中庸》统称为“四书”，并将它们列为读书人的基本教材。

史书上记载了一些仁宗做人做事的故事。包拯作为仁宗时期的名臣，向来直言敢谏。他在向仁宗进谏时，由于情绪过于激昂，有时连口水都会飞溅出来，落到仁宗脸上。仁宗不以为忤，每次都照听不误，期间不断擦拭脸上的口水。

曾有一名大臣从很远的地方运来了一些蛤蜊，请仁宗品尝。这些蛤蜊虽然不值钱，但运费却十分惊人。仁宗认为吃这样的蛤蜊实在太过奢侈，拒绝食用。

仁宗在位时，大臣们曾联合上书，要求他将“大仁至治”的尊号赠给自己。仁宗不肯答应，不过等他驾崩后，还是获得了“仁宗”的庙号。当仁宗去世的消息传到辽国时，辽人全都失声痛哭起来，就连当时辽国在位的皇帝耶律洪基也伤心得大哭不已。

北宋很多文人，如欧阳修、司马光、王安石等，都曾写文章赞颂仁宗的仁治。北宋著名的词人柳永，在科举考试中成绩欠佳，名落孙山。仁宗认为，以柳永的性格，做词人要比入仕为官更加合适。从此，柳永便自嘲是“奉旨填词”。尽管曾与仁宗有这样的过节，但柳永后来却不计前嫌，填词歌颂仁宗。

在北宋年间，有很多人甚至认为，仁宗开创的盛世已经超越了盛唐的“贞观之治”和“开元盛世”。

铁面无私包青天

宋仁宗在位时，朝中人才济济，后人所熟知的刚正不阿的包拯就是这段时期极为重要的人物。包拯是庐州合肥人，他的祖父只是一名普通的农夫，父亲考取了进士，官拜刑部侍郎。从很小的时候，包拯就开始接受严格的教育。28岁那年，他考中了进士。

孔子曾说过："父母在，不远游。"因为这句话，包拯在中了进士以后，并没有马上接受朝廷的任命，而是留在家中，继续侍奉父母。后来，他的父母先后离开了人世，已经36岁的包拯才正式踏上仕途，做了一名知县。

包拯在做知县的过程中断案如神。有一次，一名盗贼偷偷将一个农户家中耕牛的舌头割掉了。耕牛的主人到县衙来报案，包拯吩咐他回去先将耕牛宰杀了，然后再卖掉。当时的法律规定，不准私自宰杀耕牛，但是知县大人既然这样吩咐，耕牛主人便只好依照他的吩咐去做了。没过多长时间，就有人到县衙揭发耕牛主人的犯罪行为。包拯对这个义正词严的揭发者说："你先前已经把人家耕牛的舌头割掉了，现在又来状告他，你究竟为何要这样做呢？"揭发者明白自己的罪行已被包拯洞悉，不禁大吃一惊，同时也非常佩服包拯的聪明才智。

包拯在断案方面的才能，让他很快就名声大振。两年以后，他被调到端州任知州。端州就是现在的广东肇庆市，此地出产的端砚天下闻名，是"文房四宝"之一（其余的三宝分别是湖笔、徽墨和宣纸）。宋朝诗人张九成曾经作诗来赞美端砚："端溪古砚天下奇，紫花夜半吐虹霓。"端砚是朝廷钦点的贡品，从前每次向朝廷进贡时，端州知州都会搜刮比进贡数目多几倍的端砚用以贿赂京城的官员。包拯来到端州担任知州以后，这样的情况再也没有出现过。需要进贡给朝廷的数目是多少，他就交出多少。就连他办公时所用的一块端砚，他离任的时候也没有带走。

据说，端州的百姓十分敬重这位知州大人，有心送他一块端砚留作纪念。于是，有人便悄悄将一块端砚藏到了包拯所乘坐的船舱之中。包拯乘船离开端州，途径羚羊峡口时，天气突变，风雨大作。包拯觉得事有蹊跷，便亲自在船舱之中检视，结果发现了百姓送他的端砚。包拯不愿将这块砚台据为己有，就将它扔进了江里。其后，在包拯扔端砚的地方就形成了一座小沙洲，人称“墨砚沙”。

包拯离开端州以后，来到京城任职。他被任命为使臣，出使辽国。辽国的官员讥讽包拯说：“贵国的雄州城近来新开了便门，是不是想借此引诱辽国的叛徒叛变，从而刺探辽国的军情呢？”包拯不卑不亢地辩驳道：“贵国的涿州城也曾开过便门，难道也是为了刺探大宋的军情吗？”对方听了这话，不由得哑口无言。

出使辽国归来，包拯一度担任谏官。谏官，顾名思义，就是要直接指出君主的过失，并劝说其及时改正。包拯以唐代名臣魏徵为榜样，上任以后，马上抄写了魏徵写给唐太宗的三道奏章，呈献给仁宗皇帝，以提醒仁宗要吸取前人的经验和教训，谦虚谨慎，明辨是非，知人善用，体恤百姓，等等。仁宗是个比较开明的君主，采纳了包拯的很多谏言。

包拯担任谏官的第一年秋天，京城发了大水，没过多久，洪水退去，天气转晴。仁宗大喜过望，觉得这是上天赐予的大吉之兆，随即举办了大规模的祭祀活动，还打算给朝中所有官员都升一级，并大赦天下。包拯却说：“犯人理应为自己所犯的罪行接受刑罚，无论京城的洪水退去与否，都与他们所要受到的刑罚毫无关联。官员能否获得升迁，其为官期间的政绩才是唯一的依据。只有那些政绩优秀的官员，才有资格获得升迁。皇上若是因为其他缘由，随意让官员获得升迁的机会，便会极大地打击那些勤勉苦干官员的积极性。”

包拯担任谏官期间，弹劾了很多贪官污吏，其中甚至有三司使这样的大官。“三司使”是北宋最高的财政长官，时任三司使的张方平为人刻薄、贪婪，时常滥用职权，侵犯百姓的利益。当时京城之中有一名普通商人名叫刘保衡，他开办的酒馆接连亏损，欠下了官府不少债务。张方平便勒令他将家产全都变卖掉，用来清偿债务。由于形势紧急，刘保衡一时找不到可以收购自己家产的买家，张方平便用低价将他的家产全部买下，从中渔利。后来，包拯查实此事，向仁宗上书，说张方平利用职位之便，欺压百姓，必须要严惩。仁宗认为包拯言之有理，遂罢免了张方平的官职。

当时仁宗非常宠爱后宫之中的一位张美人，打算册封张美人的伯父张尧佐担任“三司使”。实际上，以张尧佐的才能，完全无法胜任这一职位。包拯向仁宗说明了这一点，恳请仁宗收回成命。哪知仁宗不仅将张尧佐册封为三司使，还加授节度使一职，一年以后，又加封他为宣徽南院使。期间，包拯两度向仁宗上书，最后居然在朝堂之上与仁宗发生了激烈的争执。仁宗迫于压力，最终只好依从包拯的意见，免除了张尧佐的官职。

包拯是个非常执着的人，一旦决定了要做一件事，就一定会坚持到底。他先后3次上书，终于成功地弹劾了张尧佐。后来为了弹劾王逵，他更是接连7次上书。王逵是地方上的一名官员，对百姓十分残暴，而且贪得无厌。王逵经常滥杀百姓，以至于在他统辖的地区内，很多百姓为了免遭他的迫害，竟然躲到深山的洞中，过起了野人一般的生活。王逵在任期间，时常巧立名目，搜刮民脂民膏。他用贪污受贿得来的钱财贿赂京城的官员，从而不断获得升官的机会。他在官场上左右逢源，游刃有余，后来官拜淮南转运使。包拯7次上书，弹劾王逵，终于使得这个天怒人怨的大贪官被仁宗罢免。

包拯58岁这年，被任命为开封知府。开封作为北宋的都城，其知府是何等重要的官职。北宋年间，先后有180余人担任过开封知府，平均每人的任期不过半年有余，而且这些人多数都是王公贵族。包拯当上开封知府以后，依然像从前一样秉公执法，即便是皇亲国戚到了他面前，也享受不到半点特权。原本嚣张跋扈的皇亲国戚，在包拯担任开封知府期间，行为也不再像先前那样放肆了。包拯为人严肃，很少露出笑容，百姓们便说，除非黄河的水变清了，否则便不必指望看到包大人的笑容。

包拯的铁面无私让他的美名传遍了京城的大街小巷，即便是女人和孩子也都知道他的大名。在京城之中，流传着这样一句话：“关节不到，有阎罗包老。”人们将包拯与阎罗王相提并论，意思是任何人到了包拯面前，若想依靠关系疏通来打赢官司，那根本是痴人说梦。

北宋年间有这样一条规定，百姓们若想告状，必须先将诉状呈交给底下办事的小官，绝不能亲自将状子递交到知府手上。然而，包拯在担任开封知府期间，却将开封府的大门向所有百姓开放。任何人只要有冤情，都可以直接来向他陈述。

在传说中，包拯面色黝黑如炭，额头上有一弯月牙。由于他刚正不阿、断案如神，百姓便称他为“包青天”。据说，仁宗皇帝曾御赐了包拯龙头铡、虎头铡和狗头铡，摆在开封府的大堂上，根据犯人的身份分别采用不同的铡刀。无论是皇亲国戚，还是朝中大臣，犯下死罪之后，都与平民百姓一样，要被处以极刑。在民间传说中，包拯在担任开封知府的这段时期，曾经断过狸猫换太子、陈世美杀妻灭子等著名的案件。

沈括在《梦溪笔谈》之中记录了包拯的一个断案故事：一名犯人为了逃避自己本应在过堂时承受的杖刑，便贿赂了开封府的一名小官。小官吩咐他一上堂就大喊大叫，假装自己已经受过杖刑。等到过堂的时候，该犯人被带上堂以后，马上大叫起来。小官遂对包拯禀报说，此人显然已经受过杖刑了。可是，他们的伎俩哪里能瞒得住包拯的眼睛？包拯马上下令抓住那名小官，并对其进行审讯。小官只好把事情的真相和盘托出。包拯便叫他代替那名犯人接受杖刑，以示惩戒。

在后世的一些传说之中，人们加入了很多神奇的元素，将包拯神化成为无所不能的神人。这些自然只是戏说，不能当真，不过在百姓的心目中，包拯就是他们敬仰的青天。包拯一生严于律己，一心扑在公务之上，平日里很少跟人交往，连私人信件都没有，与亲朋好友也断了往来。他为官清廉，在吃穿用度方面，跟普通百姓没有任何区别。包拯曾说过：“我的子孙后代若是入仕为官，绝不允许贪赃枉法，否则年老之后便不准返回故乡，死后不准安葬在家族的墓地之中。任何人如若违背了这一点，便不是我包拯的子孙。”他让人将这些话刻在石碑上，让子孙后代永远牢记在心中。

尽管包拯已经去世了一千多年，但他的清官形象依然深深烙印在百姓的脑海中。历朝历代的文人墨客写下了很多诗歌赞美包拯，而在我国许多地方都有为包拯建造的纪念建筑。无论何时，百姓们都需要像包拯这样的清官。

庆历新政

宋太祖赵匡胤是武将出身，后来又是依靠武力夺取了天下。他建立宋朝，登基为帝之后，担心朝中的武将会效仿他，发动叛乱，威胁到北宋的统治，便采取了“重文轻武”的政策，不断压制朝中的武官，同时大力加强中央集权。为了让官员们可以相互制约，相互监督，北宋设立了很多职能重叠的政府机构，再加上科举考试的规模不断扩大，录取人数激增，从而导致政府官员人数过多，造成了“冗官”现象的出现。与此同时，边境地区战争频发，政府连年征兵，军队人数逐年增加，战斗力反而逐年下降，“冗兵”现象就此出现。

自宋真宗开始，北宋的皇帝都比较软弱，不惜用岁币的方式逃避战争。政府每年向辽国输送的岁币，给国家财政带来了沉重的负担。而且，要养活北宋数目庞大的官员和军队，同样需要支付庞大的费用。在这种情况下，“冗费”也成了摆在统治者面前的一大难题。

自从元昊建立西夏以后，北宋的军费日渐膨胀。政府无奈，只能将负担转嫁给黎民百姓，不堪重负的百姓纷纷起来反抗。一时之间，北宋境内的农民起义风起云涌，政局陷入动荡。

当时在位的仁宗为了改变现状，稳定国内政局，便责令以范仲淹为首的朝中重臣实施改革。这一年，范仲淹已在宦海之中浮沉了28载，对于北宋社会的弊端有着充分的认识。他一早就开始在心中酝酿着改革，现在终于找到了付诸实践的机会。

在收到仁宗的命令以后，范仲淹联合同僚富弼、韩琦，马上开始起草改革的方案，最后整理出十项以整顿吏治为中心的改革主张：第一，要严格按照政绩决定官员的升降，废除先前仅以资历决定官员升降的不合理标准；第二，要严格限制每年通过关系入朝为官的世家子弟的人数；第三，改革科举考试制度，选拔出真正有才干的读书人做官；第四，在委派地方官之前，一定要先对其进行严格的审核，同时对各地现有的地方官的政绩进行考核，对政绩优秀者给予奖励，反之，对其实施相应的惩处；第五，严格按照官员的职位，分配相应数量的公田（公田是北宋官员的收入之一，不过各地的公田分配很不均匀）；第六，重视农桑生产；第七，整治军备，农闲时节在京城及其周边地区招募男丁，辅佐正规军队保卫京师，寓兵于农；第八，中央的惠民政策一定要及时贯彻落实，如有拖延或违背者，严惩不贷；第九，为了取信于民，中央发布的法令一定要慎之又慎，绝不能朝令夕改；第十，减轻百姓的徭役负担。

以上十条就是历史上著名的《答手诏条陈十事》。范仲淹将其呈献给仁宗以后，朝中重臣如欧阳修等纷纷表示赞同。仁宗采纳了其中的大部分改革意见，开始在全国各地实施新政。由于当时的年号是庆历，所以此次改革便被称为“庆历新政”。

为了保障新政顺利实施，范仲淹委派了很多按察使到各地去考察地方官的政绩，地方官一旦政绩不合格，就会马上被他从官员名册上除名。同僚富弼觉得这样的举动未免有些过头，便对范仲淹说：“你一挥笔，人家全家都要跟着痛哭。”范仲淹不为所动，他说：“那也比全州全县的百姓一起痛哭要好得多。”

在新政实施的前几个月，取得了立竿见影的效果：朝中官员的人数减少，办事效率却得到了提升；大批腐败无能的官员纷纷落马，真正有才能的官员获得晋升；世家子弟难以再凭借关系进入朝堂为官；国家经济复苏，财政收入增加；各地兴建了很多学校；科举考试的题目开始偏重于实用性。百姓以及改革派的官员们都对新政的实施赞不绝口。

不过，朝中以夏竦为代表的大批保守派官员却对新政十分不满。他们不断给新政实施制造障碍，还将改革派的领袖欧阳修调到河东任职。新政实施的第二年夏天，夏竦等人直接诬陷改革派的中坚力量石介与富弼密谋造反。夏竦私下命人临摹石介的笔迹写了一封信，信的内容大逆不道，甚至牵涉到了废帝，而收信人正是富弼。这封信被送到仁宗面前，仁宗半信半疑。朝中的大臣对此议论纷纷，一时间众说纷纭。保守派官员乘机散布流言，说范仲淹等人居心叵测，新政实施的背后不知隐藏着何种不可告人的目的。

当时国内外的时局已基本稳定，北宋与西夏之间的战事也已停止，双方正在和谈，国内的改革变得不那么紧迫了。于是，在顽固的保守派面前，原本信念坚定的仁宗开始动摇了：最终，庆历新政在轰轰烈烈地实施了一年多以后，以失败收场。仁宗下令将新政全部废除，改革派官员纷纷遭到贬黜，调离京城。

“庆历新政”最大的功臣范仲淹被调往邠州担任知州，这一年，范仲淹已是将近60岁的老人了。在接下来的几年时间内，他先后被调往邓州、杭州、青州等地。在此期间，他写出了自己的传世名作《岳阳楼记》，其中的两句“先天下之忧而忧，后天下之乐而乐”传颂千古。64岁那年，范仲淹被调往颍州任职，在赴任途中因病去世。范仲淹病逝的消息传到京城，仁宗皇帝十分悲痛，特意追封他为兵部尚书。

“庆历新政”的失败造就了范仲淹的凄凉晚景，追究其失败的原因，保守派对改革派官员的污蔑只是直接原因，根本原因则是“庆历新政”的各项举措对整个地主阶级的利益造成了严重的威胁。范仲淹等人要对抗的不只是保守派官员，而是作为封建社会统治者的地主阶级，“庆历新政”的失败其实是一种必然的结果。

王安石变法

宋仁宗在位41年，虽然朝中有像范仲淹、包拯等一些正直的大臣，但是国家长期形成的积弊依然较多。宋仁宗没有儿子，死后由一个皇族子弟做他的继承人，这就是宋英宗。英宗只在位4年，就得病死了。太子赵顼即位，这就是宋神宗。

宋神宗即位的时候年仅20岁，想有一番作为。他看到国家的弊政，有心改革一番，可是他周围的人，都是仁宗时期的老臣，就连富弼这样支持过新政的人，也变得暮气沉沉了。宋神宗想，要改革这种现状，一定得找个得力的助手。

宋神宗即位之前，身边有个叫韩维的官员，常常在神宗面前谈一些好的见解。韩维面对赞许有加的神宗说："这些意见都是我朋友王安石说的。"从那时起，宋神宗就对王安石有了一个好印象。现在他想找助手，便想到了王安石。于是下了一道命令，把正在江宁做官的王安石调到京城来。

王安石是宋朝著名的文学家和政治家，抚州临川（今江西抚州西）人。他年轻时，文章就写得很出色了，得到了欧阳修的赞赏。

王安石在地方做了20年的官，名声越来越大。后来，宋仁宗调他到京城做管理财政的官。他一到京城，就向仁宗上了一份近一万字的奏章，提出他对改革财政的主张。宋仁宗刚刚废除范仲淹的新政，一听到要改革就头疼，便把王安石的奏章束之高阁。王安石知道朝廷没有改革的决心，自己又跟一些官员合不来，就趁母亲去世的时机，辞职回家了。

这一次，他接到宋神宗召见的命令，又听说神宗正在物色人才，就高高兴兴地进京来了。王安石一到京城，宋神宗就单独召见他。神宗一见面就问他说："你看要治理国家，该从哪儿入手？"王安石从容地回答说："先从改革旧的法度，建立新的法度开始。"

1069年，王安石被提拔为参知政事，次年升任宰相。经过宋神宗批准，又起用了一批年轻的官员，并且设立了一个专门制定新法的机构。至此，王安石抓住了变法的权力。这样一来，他就放开手脚进行改革了。

王安石的变法巩固了宋王朝的统治，增加了国家收入，但也触犯了大地主的利益，遭到了来自朝廷内外各种势力的反对。宋神宗听到反对的人不少，就动摇起来。王安石眼看新法实行不下去，便上书辞职。宋神宗也只好让王安石暂时离开京城，去江宁府休养。

第二年，宋神宗又把王安石召回京城当宰相。谁知几个月后，天空出现了慧星。这本来只是一种正常的自然现象，但是在当时的人看来这是不吉利的预兆。宋神宗又慌了，要大臣对朝政提意见。一些保守派便趁机对新法攻击诬蔑。王安石竭力为新法辩护，让宋神宗不要相信这种迷信的说法，但宋神宗还是犹豫不定。

后来王安石无法继续贯彻自己的主张，便于1076年春天，再一次辞去宰相的职位，回江宁府去了。

太学生请愿

太学最早是由汉武帝创立的，它是当时中国的最高学府。太学的学生，也就相当于现在的大学生。

北宋末年，局势动荡不安，国家已到了生死存亡的关键时刻，轰轰烈烈的救国运动在太学生中间展开，其中最为著名的就是钦宗年间的太学生请愿运动。在金国将领完颜宗望率军攻打开封城的这段时间，一位名叫陈东的太学生率领自己的同学上书请求钦宗将蔡京、王黼、童贯、梁师成、朱勔、李邦彦等6名大奸臣处以极刑。陈东常怀忧国忧民之心，英勇果决，做事从不瞻前顾后。当时，6大奸臣把持朝政，朝中一片乌烟瘴气，人人敢怒而不敢言，唯有陈东是个例外。他痛斥6大奸臣是“六贼”，为了除去他们，陈东先后组织领导了三次太学生运动，最后终于让钦宗罢免了他们的官职。

当时，朝中局势混乱，幸好有抗金名将李纲主持大局。城中军民在李纲的统领下，在与金军的对抗中首战告捷。随后，完颜宗望向钦宗提出了议和的要求。他深知钦宗为人懦弱，而北宋朝中又有大批投降派，这些人为了换取一时苟安，不管付出多大的代价都在所不惜。于是，完颜宗望便要求北宋政府将河间三镇、太原和中山都割让给金国，并赔偿给金国大量的财物，还要向金国俯首称臣。完颜宗望提出的这些苛刻的条件，李纲自然不会答应，但是，以钦宗为代表的投降派和他的意见正好相反。李纲极力想说服钦宗，继续对金作战，可是钦宗并没有理会他，反而加紧与金国进行和谈。

李纲一面劝说钦宗打消和谈的念头，一面从全国各地调集人手，赶来支援京城。很快，就有20万援军赶到了京城。这时，宋军已经在对金作战中占据了绝对的优势地位，朝中的投降派也开始消停了。但一个意外事件的发生，再次将主战派推向了风口浪尖。

援军之中有一名将领，名叫姚平仲。他想通过偷袭的方式生擒完颜宗望，一旦这个计划成功，金军将群龙无首，自然会不战而败。姚平仲是个急性子，想到这个计划以后，马上就开始付诸行动，结果却遭到了金军的伏击，上千名将士为之丧命。原来金军一早就知道他要率军过去偷袭，便做好了这个圈套等他跳进去。如此一来，主战派便被投降派抓住了把柄。钦宗听信了投降派的谗言，以为20万援军已被金军尽数歼灭，不由得慌了神，竟下令将李纲撤职。

当时在开封城中，人人都对李纲钦佩不已，钦宗此举无疑是要与全城军民为敌。城中的将士和百姓们都十分恼火，年轻气盛的太学生更是怒不可遏。数百名太学生在陈东的带领下，上书请求让李纲官复原职，并要求对投降派的代表白时中和李邦彦等人进行严惩。城中的军民也纷纷响应，几万人一起来到宣德门外请愿。钦宗听闻这个消息以后，简直不知该如何是好，考虑了半天，最终只好命人过去代表自己向请愿的学生和军民承诺：金国撤兵以后，一定会让李纲官复原职。

显然，钦宗用的是缓兵之计，他还想继续与金国和谈，接受那些丧权辱国的条约。请愿的人一眼看穿了这一点，当场拒绝接受这个承诺，他们又是敲鼓，又是高呼，宣德门外一片沸腾。开封府的知府闻讯赶来，对领头的太学生叱责道："你们竟然如此胆大妄为，连当今圣上都敢要挟！"勇猛的太学生们对知府群起而攻之，痛斥奸臣误国，色厉内荏的知府吓得慌忙逃窜。

钦宗最后被逼得无计可施，只能宣布恢复李纲的官职。此次太学生请愿终于在城中军民的支持下大获全胜。

秦桧卖国求荣

秦桧的出身并不显贵，年轻时，他只是乡间一名普通的私塾先生，后来中了进士，才步入仕途。为官初期，秦桧还称得上是一个有骨气的官。当时钦宗在位，金军南下入侵北宋，要求钦宗割地求和。大部分朝臣都主张向金人妥协，只有秦桧等小部分人坚持不能割地给金国。

不过，秦桧早年的运气并不算好，很快就遇上了靖康之变，还跟徽宗、钦宗等一同被掳到了金国。可想而知，秦桧在前往金国的途中一定吃尽了苦头。他原本还想坚持效忠于宋，但在残酷的现实面前，最终还是选择了妥协。靖康之变对于宋朝和百姓而言，都是一个巨大的转折，对秦桧来说也是一样。

秦桧在金国变得越来越圆滑世故，深受金太宗等人的赏识。后来，金国放秦桧回国，就是希望他能说服南宋统治者放弃战争，选择议和。秦桧果然没有辜负他们的期望。其实北宋有很多朝臣都被掳到了金国，但最后只有秦桧一人平安无事地回来了，个中原因让南宋的臣子们个个都心存疑惑。秦桧便解释说，自己是趁着看管自己的金兵不备，将其杀死，这才从金国逃了出来。这个解释显然很难取信于人，但宋高宗非但没有详细追究，反而还对秦桧委以重任。

秦桧回国之后，不断游说高宗与金国议和。软弱的高宗最终被他说服，于1139年与金国签订了第一个和约。在和约签订的过程中，由秦桧担当南宋一方的最高代表。高宗谎称自己生病，一直没有露面，这就是秦桧掌控宋金之间是战是和的开端。其后，秦桧在朝中的势力不断膨胀，最后官拜宰相。

秦桧作为投降派的代表，自然对岳飞等坚持抗金的抗战派十分憎恨。这些抗金将领手中的兵权是秦桧最为忌惮的，只要将他们的兵权收回，就不愁控制不了他们。1141年，岳飞北伐攻下开封城以后，忽然收到高宗的命令，叫他退兵。这道命令名为高宗所发，但明显是秦桧的意思，秦桧就是想将中原大好河山拱手让给金国。岳飞上书禀明当时的战况，坚持要留下来继续与金军对抗。

秦桧与高宗便在一天之中连下12道金牌，硬是将岳飞逼回了京城。与此同时，宋军的其他两名抗金大将韩世忠和张浚也被召回了京城。昏庸的高宗马上解除了这三大将领的兵权。这个消息传到金国以后，兀术大喜过望，立即率领大军南侵，南宋朝廷再度陷入巨大的恐慌之中。兀术乘机提出割地议和，并要求南宋朝廷将自己的死对头岳飞处死。

秦桧与大将张浚勾结起来，收买了岳飞的部下王贵和王俊等人，命令他们诬陷岳家军的猛将张宪为了恢复岳飞的兵权，不惜在襄阳发动兵变。随后，张宪遭到逮捕，岳飞及其长子岳云也受到牵连，被押送到大理寺接受审讯。

在岳飞入狱的这段时间，秦桧紧锣密鼓地与金国进行和谈，最后签订了丧权辱国的“绍兴和议”。和议规定南宋向金国称臣，并对金国割让土地，交纳岁币。和谈尘埃落定后，秦桧又将注意力转向了岳飞。其实早在一开始设计陷害岳飞时，秦桧就已命令自己的爪牙万俟卨四处搜集伪证，为岳飞编造所谓的罪名。然而，两个月过去了，万俟卨依然没有找到可以扳倒岳飞的罪名。秦桧索性以“莫须有”的罪名让狱卒毒杀了岳飞，并将张宪和岳云腰斩。其后，岳飞和张宪的家眷也惨遭流放。直到20年后，宋孝宗即位时，才为岳飞平反，并将其家眷召回。

1155年，秦桧生了重病，他迫切地想让儿子秦熺在自己死后，代替自己继续做南宋的丞相。想不到先前一直对他唯命是从的高宗，此次却断然拒绝了他的要求，并在第二天将他和他的儿孙全部罢官。毕竟秦桧这时已是心有余而力不足，对高宗而言，他已经毫无用处。高宗这个决定让秦桧大受打击，很快就病死了。

奸臣秦桧虽已离世近千年，但其卖国求荣、陷害忠良的恶名却一直流传至今，让他的后人也引以为耻。秦桧的曾孙名叫秦矩，在蕲州担任通判一职。金军入侵蕲州时，听闻他与秦桧的关系，便派出使者劝他弃城投降。秦矩坚决不从，誓与蕲州共存亡。蕲州失守后，他便与儿子一起自焚殉国，以赎祖上之罪。

辽世宗、辽穆宗死于非命

辽太宗耶律德光在位期间，为了扩张领土，不断向中原发动进攻，最终死在了征战归来的路上。耶律德光死后，共有三人有资格继承帝位，他们分别是耶律德光的弟弟耶律李胡，耶律德光的长子耶律璟，以及耶律德光的侄子耶律兀欲。

耶律兀欲是耶律德光的兄长耶律倍的长子，当年耶律德光就是从皇太子耶律倍手中将皇位抢到了自己手中。耶律倍在政治上受挫，转而投奔中原，却将长子耶律兀欲留在了辽国。

耶律德光在军中去世时，耶律兀欲恰好就在南征的军队之中，于是，军中的将领便打算拥戴他做皇帝。耶律兀欲在得知这件事以后，并没有马上答应下来，因为先前他的祖母，也就是耶律德光的母亲述律太后不止一次说耶律李胡才是理想的皇位继承人。然而，耶律李胡生性残暴，军中的将领都不希望由他继承皇位。如果耶律兀欲不马上即位，那么等到返回辽国，见到述律太后以后，新任皇帝便非耶律李胡莫属了。鉴于此，以耶律安搏为首的将领们坚决支持耶律兀欲立即登基为帝。耶律兀欲便是历史上的辽世宗。

耶律兀欲登基之后，明王耶律安端发动叛乱，最后以失败告终。耶律安端的儿子耶律察割主动告发了自己的父亲，并以此逃脱了惩罚。耶律兀欲并不知道耶律察割一直在暗地里策划谋反，还好意将他留在朝中继续为官。大臣耶律屋质曾多次提醒耶律兀欲要提防察割，但是耶律兀欲始终未曾放在心上。

后来，耶律兀欲亲自率军帮助北汉攻打后周。行军途中的一天晚上，耶律兀欲大宴群臣，他自己也喝得酩酊大醉，侍从们扶他回去休息。等到夜深人静之时，耶律察割便冲进了耶律兀欲所在的营帐，趁着他酒醉未醒，用刀将他砍杀。

耶律兀欲死后，朝中大乱，耶律德光的长子耶律璟将叛乱镇压下去，登上帝位，他就是历史上有名的暴君辽穆宗。辽国的帝位并不好坐，辽穆宗登基之后，马上便开始排除异己，辽世宗在位时重用的那些大臣纷纷遭到贬黜。与此同时，朝中不断发生叛乱。

先是政事令萧眉古得和宣政殿学士李浣秘密叛变辽国，投靠了后周。当时，李浣的兄长李涛正在后周做官，李浣在给兄长的信中写道，辽国皇帝昏庸无能，后周应该抓紧时机，攻打辽国。辽穆宗在知道这件事以后，对二人施以重刑，萧眉古得更因此丧命。

接下来，耶律兀欲的弟弟耶律娄国起兵造反，最后兵败身死。一年之后，耶律李胡之子耶律宛联合弟弟，以及耶律安搏共同谋反，最后同样以失败告终。6年后，穆宗的四弟耶律敌烈起兵谋反，还是以失败收场。第二年，政事令耶律寿远等人发动兵变，同年10月份，耶律李胡之子耶律喜隐谋反，这两次叛乱也没能逃脱失败的命运。

至此，朝中的叛乱总算告一段落。先前频繁爆发的兵变让辽穆宗疲于应对，眼下终于暂时安定了下来，他便开始沉迷于吃喝玩乐，终日不理朝政，只是饮酒，每日或是埋头大睡，或是出去狩猎。

辽穆宗性格暴虐，嗜血成狂，他经常无缘无故地杀人，醉酒之后更是如此。有一名女巫告诉穆宗，用男子的胆可以制成一种灵药，人服用之后，就可以长生不老。为了获取更多的胆，穆宗简直杀人如麻。《辽史》中有关他杀人的记录叫人触目惊心，他的随从个个都战战兢兢，如履薄冰，不知道自己什么时候就会惹怒皇帝，赔上性命。

穆宗的暴虐最终得到了报应，而报应他的正是终日受他屠戮的随从们。他的随从小哥、花哥，以及厨师辛古等，用厨房的菜刀做凶器，杀死了酒醉未醒的穆宗，嗜血成狂的辽穆宗就这样稀里糊涂地丢掉了性命。

穆宗统治时期，辽国国内动荡不安，百姓生活在水深火热之中。穆宗之死，对辽国而言确实是一件幸事。在他死后，辽世宗耶律兀欲的次子耶律贤登基为帝，史称辽景宗。

萧太后治辽

辽景宗耶律贤即位之时，辽国境内一片混乱。耶律贤立志要振兴辽国，他在政治、经济等方面实施了一系列改革，并在对外战争中多次取得胜利。他为辽国进入鼎盛时期奠定了坚实的基础，被誉为辽国的中兴之主。

只可惜耶律贤自幼体弱多病，成年之后，也常年被病痛所扰，35岁那年，耶律贤便因病英年早逝。他死后，由他的儿子耶律隆绪继承皇位，史称辽圣宗。当时辽圣宗才12岁，由大臣耶律斜轸和韩德让辅政。圣宗的母亲就是鼎鼎大名的萧太后，第二年，辽圣宗和朝中诸位大臣开始以“承天皇太后”的尊号尊称萧太后。自此，辽国的军政大权就正式交到了萧太后手上。

萧太后名叫萧绰，小名叫作萧燕燕。她出身显赫，父亲萧思温是辽北院枢密使兼北府宰相，历经太宗、世宗、穆宗、景宗四朝而不倒，权倾朝野；母亲是燕国公主，即太宗皇帝耶律德光的长女。

萧绰自幼便非常聪明，无论做什么事情，都要坚持到底。年幼的萧绰曾经和姐姐妹妹们一起做家务，在所有的姐妹之中，只有她一个人把家务活做得一丝不苟。萧思温因此对这个女儿格外偏爱，并预言她日后一定会做出一番大事业。

在辽景宗耶律贤即位之前，辽国一直处于昏庸无道的辽穆宗的统治之下。为了夺取皇位，耶律贤笼络了当时的朝中重臣萧思温。后来，耶律贤就是在萧思温等人的拥立下才登上了皇位。

耶律贤登基以后，便决定与支持自己登基的大功臣萧思温联姻，萧绰随即被选为妃子，进入宫中。入宫之后，萧绰深受景宗宠爱，很快便被册封为皇后，萧思温也被封为魏王，一时间风头无两。

因为景宗的身体一直不好，所以朝中的很多事务都是由萧绰代为处理。对于妻子，景宗十分信任，很多军政难题都是由萧绰为他出谋划策，最终得到圆满解决。

辽景宗统治时期，在政治、军事、经济、教育、法律等方面实施的改革措施，很多都是源自萧绰的主张。萧绰致力于缓和辽宋之间的关系，促进双方的贸易往来，推动双方经济的发展。另外，“用人不疑”“唯才是用”的主张也是由萧绰提出来的。可以说，辽景宗在位期间取得的功绩，很大程度上是得益于他这位贤妻。

辽景宗去世以后，萧绰改嫁给了重臣韩德让。在此之前，她首先命人将韩德让的原配妻子秘密杀害，除去了他们之间最后的障碍。萧绰改嫁给韩德让，一方面相传是因为他们在年少时曾经有过的一段感情，另外一方面则是因为无论是在政治方面，还是在军事方面，韩德让都是当之无愧的人才，如果他能全心全意辅佐辽圣宗，圣宗成为一代明主便指日可待。

此后，韩德让便与萧绰过起了寻常夫妻般的生活，他们共同居住在同一座帐篷中，并在一块儿吃饭。萧绰让韩德让把圣宗当成亲生儿子看待，而实际上，辽圣宗也是以对待父亲的礼节对待韩德让。韩德让感恩图报，一心一意为圣宗和萧太后效力。

萧绰一直十分重用汉臣，除了韩德让以外，辽国境内的大批才能出众的汉人都获得了她的重用。萧绰掌管辽国的朝政长达40年，在此期间，她推行了一系列汉化措施，促使辽国由一个奴隶制国家最终转变为封建制国家。

辽圣宗刚刚登基时，朝中人对皇位虎视眈眈，欲将萧绰母子二人除之而后快，再加上日渐强大的北宋在南面造成的强大威胁，逼得萧绰必须要当机立断，先将他们母子二人的地位稳定下来。为此，萧绰曾对大臣们哭诉，眼下辽国可以说是内忧外患，她与圣宗简直不知该如何是好。有些大臣闻言，急忙表示会对他们母子忠心耿耿，竭尽全力辅佐圣宗。事后，萧绰便对这些大臣委以重任。辽圣宗的统治地位稳定下来以后，辽国进入了一个辉煌的阶段，局势稳定，经济发达，国力强大。在对外战争方面，也不断有捷报传来。

幽云十六州一直是辽国和北宋争夺的焦点。赵匡胤在世时，未能将幽云十六州夺回，他的弟弟赵光义即位后，开始大规模进攻辽国，誓要将这片军事要地夺回来。其后，在高梁河之战中，赵光义率领的宋军大败而归。然而，赵光义并未就此罢手，辽景宗过世后，他再度对辽国发起了进攻。这一次，萧绰亲自上阵，带领辽军击败了宋军，并将北宋的大将杨业俘虏。

宋太宗死后，宋真宗赵恒即位。萧绰率领20万大军攻入澶州，直逼北宋的都城汴梁。北宋国内一片惊慌，幸而有宰相寇准力挽狂澜，他坚持要求宋真宗御驾亲征，大大鼓舞了前线宋军的士气。与此同时，辽军大将萧挞凛战死，辽军士气低落。双方就此展开了对峙，萧绰主动提出要与北宋政府“和谈”，而“和谈”的结果就是澶渊之盟。澶渊之盟不仅为辽国带来了大量的财物进项，还为宋辽两国带来了几十年的和平光景，从而使得两国百姓安居乐业，社会经济繁荣发展。

萧绰执政期间，辽国达到了鼎盛时期。在辅佐了圣宗27年之后，萧太后正式隐退，将军政大权全都交由辽圣宗掌管，当年年底，一生为辽国鞠躬尽瘁的萧太后因病去世。

辽天祚帝亡国

辽国最后一位皇帝名叫耶律延禧，他是辽道宗耶律洪基的孙子，他的父亲就是在十香词冤案中被大奸臣耶律乙辛害死的太子耶律濬。耶律洪基死后，直接将皇位传给了自己的孙子耶律延禧，史称天祚帝。

天祚帝即位时，北宋正在发兵攻打西夏。西夏的崇宗皇帝便恳请与辽国结为姻亲之好，以此让辽国与西夏结为盟友，阻止北宋的进攻。天祚帝答应了他的请求，将一名同族的少女册封为公主，远嫁西夏。此后，天祚帝派人出使北宋，成功说服北宋从西夏撤兵。

1112年春，天祚帝在东北松花江流域游玩，并宴请当地的女真部落首领，完颜阿骨打就是其中之一。天祚帝喝醉酒之后，命令各部落首领为自己跳舞助兴。在所有首领之中，只有完颜阿骨打没有接受天祚帝的命令。完颜阿骨打的反辽历程就是从这时候开始的，可惜在这段时期，天祚帝一直没有将这件事放在心上，他始终认为一个小小的女真部落成不了什么大气候。然而，让他没有想到的是，就是这样一个微不足道的女真部落，10余年后竟然摧毁了辽国建立两百多年的江山。

1114年，完颜阿骨打率先发兵攻打辽国。在人数上占有绝对优势的辽军居然在战场上节节败退。完颜阿骨打就在纷飞的战火中建立了金国政权。起初对女真族不屑一顾的天祚帝，终于开始意识到他们对辽国的强大威胁。天祚帝决定御驾亲征，亲自率领70万大军前去攻打金军。

就在这时，辽国大臣耶律章奴在上京发动兵变。天祚帝分身不暇，慌忙率军回国平息叛乱。没过多久，这场叛乱就被平息了，主谋耶律章奴也被诛杀。然而，完颜阿骨打却乘机将辽国的大军歼灭殆尽，辽军损失惨重。这段时期，驻守东京的辽国大将高永昌也发动了兵变，攻占了辽国东京道的54个州，并自立为大渤海皇帝。天祚帝派人讨伐高永昌，高永昌便向完颜阿骨打搬救兵。辽军遭到叛军和金军的前后夹击，大败而归。随后，完颜阿骨打诛杀了高永昌，并乘机将这54个州据为己有。

完颜阿骨打并没有满足于眼前的胜利果实，他乘胜追击，率军将辽国的春州、上京逐一攻破。至此，辽国有二分之一的领土落入了金国手中。这段时期，辽国内部又发生了一件大事：朝中重臣耶律余睹叛变辽国，投靠金国。

天祚帝的文妃家中共有姐妹三人，文妃排行第二，她的姐姐嫁给了辽国贵族耶律挞曷里，小妹则嫁给了耶律余睹。文妃所生的儿子耶律敖卢斡是天祚帝的长子，被册封为晋王，在朝野之中颇有声望，是下一任皇帝的不二人选。

朝臣萧奉先的妹妹是天祚帝的元妃，先后为天祚帝生下了秦王和许王两个儿子。萧奉先一心想让自己的外甥继承皇位，耶律敖卢斡便成了他的心腹大患。为了除去这个眼中钉，萧奉先想出了一条毒计。当时，耶律余睹正率领辽军抵抗金军的进攻，他的妻子也跟随他一起到了战场上。文妃的姐姐到军营去探望小妹，此事被萧奉先知道以后，便借题发挥，诬陷耶律余睹和耶律挞曷里等人密谋造反，要逼迫天祚帝退位，拥立晋王登上皇位。萧奉先还说，这件事文妃也是知情人。

天祚帝在政治上十分昏庸，文妃曾多次规劝他，引得他很是不悦。再加上先前已经经历了两次叛乱，天祚帝一听到萧奉先的禀报，马上龙颜大怒，将文妃的姐姐和耶律挞曷里等涉嫌谋反之人诛杀，文妃也被赐死。耶律余睹一怒之下，率军投降了金国。天祚帝收到消息，急忙派出将领前去追捕他。然而，众将领对天祚帝一味相信萧奉先的谗言心存怨怼，皆偏向于耶律余睹，索性故意将耶律余睹放走。

投靠金国以后，耶律余睹便帮助金军反过头来攻打辽国。萧奉先据此对天祚帝说："耶律余睹为了拥立晋王登基，竟然向金军求援。眼下要想让耶律余睹退兵，陛下便只有将晋王诛杀，灭了耶律余睹的希望。如此一来，尽管牺牲了一个晋王，却能使辽国的江山得以保全。"

天祚帝觉得萧奉先言之有理，遂将耶律敖卢斡赐死。经历了这件事，辽国国内"人心益解体"，臣民对天祚帝的不满已经到了无以复加的地步。

耶律余睹悲愤交加，率军追杀天祚帝。天祚帝四处逃亡，终于醒悟到自己不应该听信萧奉先的片面之词，误杀了妻儿重臣。天祚帝后悔不迭，他先是将萧奉先驱逐出去，后来又将萧奉先赐死。其实，天祚帝在战争伊始就已做好了逃亡的准备。他备好了充足的钱财和马匹，随时准备逃往宋或是西夏。

等到真正逃亡时，西夏的崇宗皇帝主动对他发出了邀请。可是，天祚帝在西夏待了没多久，西夏就迫于金国的压力，将他送走了。天祚帝继续流亡，在逃到应州时，被金兵俘虏，押送到金上京。金国皇帝将其册封为海滨王。

根据《辽史》记载，三年之后，天祚帝因病去世，享年54岁。不过，《大宋宣和遗事》却说天祚帝一直活到了81岁。当时，宋钦宗也被俘虏到了金国，金国皇帝完颜亮命令这两名昔日的君主一起打马球。宋钦宗体弱，竟从马背上摔了下来，混乱的马群纷纷从他身上踩踏而过，将他活活踩死。天祚帝眼见情势不妙，便想策马冲出去，结果被金人当场射杀。当年的一国之君，最后竟落得这样的下场，委实可悲。

公元907年，辽太祖耶律阿保机建立了辽国，到1125年，辽国被金国所灭，辽国政权总共延续了两百余年。亡国之后，其后人先后建立了北辽、东辽、后辽、西辽等政权，但这些政权都只存续了很短的时间就灭亡了，辽国往昔的风光一去不复返。

十香词冤案

仁宗统治末期，辽国君主辽兴宗驾崩，长子耶律洪基登基，成为辽国的第八位皇帝，史称辽道宗。

在耶律洪基还是王爷的时候，便迎娶了萧观音为妻。当时，萧观音只有4岁，耶律洪基也不过12岁，两人可谓青梅竹马，两小无猜。萧观音出身显赫，她的姑妈就是辽圣宗的妻子钦哀皇后。

萧观音的姿色冠绝后宫，她弹得一手好琵琶，既会作诗，又会谱曲，曾作《伏虎林应制》《君臣同志华夷同风应制》等诗，被耶律洪基盛赞为“女中才子”。以她的才华，莫说是在辽国，便是在人才济济的中原，也称得上罕见的才女。

耶律洪基对她宠爱有加，即位之后，便将她册封为皇后。萧观音18岁那年为耶律洪基生下了长子耶律濬，很快耶律濬便被册立为太子。萧观音一生总共为耶律洪基生下了4名子女，除了长子耶律濬以外，其余三个都是女儿。长子出生以后，耶律洪基对萧观音愈发宠爱。

耶律洪基非常喜欢狩猎，有时甚至会带上爱妻萧观音一起去。有一回，耶律洪基捕得猛虎，恰好萧观音与他同行，赋诗一首为他助兴：“威风万里压南邦，东去能翻鸭绿江。灵怪大俱破胆，那教猛虎不投降。”本就十分高兴的耶律洪基在听到这首诗以后，情绪更加高涨。在场的朝臣也纷纷称赞皇后文采斐然，且豪气冲天，堪称女中豪杰。

萧观音贵为皇后，独掌后宫，自然矜持有礼。她见到皇太叔耶律重元的妻子整天浓妆艳抹，行为放荡，便出言告诫她说：“你身为贵族夫人，怎么能这样呢？”其后，耶律重元父子起兵谋反。危急关头，萧观音迅速掌控了后宫的局势，坚决不给乱臣贼子以可乘之机。

耶律洪基在位后期，终日不理朝政，一味沉迷于狩猎，一年之中倒有大半时间消磨在狩猎的山林中。萧观音屡次劝告他要多关心政务，不要耽于逸乐。渐渐地，耶律洪基对妻子起了厌倦之心，开始冷落她。至于她那些语重心长的劝告，耶律洪基一句也没有听进去。在接下来的日子里，他越来越荒淫无道，经常假借萧观音的名义，将大臣的妻子召进宫中，一同厮混。在任命朝中大臣时，他甚至会用掷骰子的方法来做决定，叫人瞠目结舌。

萧观音独守深宫，芳心寂寞。为了挽回丈夫的心，她便写了一组缠绵悱恻的情诗《回心院》，将自己对丈夫的爱慕与渴盼，以及自己独守空房的寂寞孤苦描绘得淋漓尽致。当时宫中最出色的乐师名叫赵惟一，萧观音便叫他帮忙给这首诗谱曲。赵惟一自然不敢怠慢，费尽心思为这首诗谱写了一支美妙动人的乐曲。萧观音十分满意，遂与赵惟一一同合奏这支曲子。萧观音弹琵琶，赵惟一吹笛子，琴声与笛声配合得默契有加，曲声婉转，传遍后宫。

当时辽国的大奸臣耶律乙辛遂借题发挥，污蔑萧观音与赵惟一有染。耶律乙辛深得耶律洪基的信任，在朝中的地位无人能及。耶律洪基在位晚期，无心打理朝政，朝中大事基本上都由耶律乙辛做主。后来，太子耶律濬渐渐长大成人，开始涉足朝政，耶律乙辛在朝中的地位受到严重的威胁，心中忿忿，便想方设法要除去太子。他首先从失宠的萧观音身上找到了突破口，打算先扳倒皇后，然后再趁着太子孤立无援的时候，将其废除。

要证明萧观音与赵惟一有染，单凭口说显然不足以取信耶律洪基。于是，耶律乙辛想到了一条毒计，叫人写了一首《十香词》呈献给萧观音，欺骗她说此乃北宋皇后所作，若是辽国的皇后能将它抄写下来，并为之谱曲，必能成就一段千古佳话。

《十香词》全文都在描绘女子身体各个部位的体香，遣词造句十分香艳。长期遭受丈夫冷落的萧观音内心孤苦寂寞，此诗正好与她的心意相契合。萧观音非常喜欢这首诗，不仅亲手抄写了一遍，还在最后添加了一首自己写的诗：“宫中只数赵家妆，败雨残云误汉王。惟有知情一片月，曾窥飞燕入昭阳。”

拿到萧观音亲手写的《十香词》以后，耶律乙辛马上到耶律洪基面前揭发萧观音与赵惟一之间所谓的苟且之事。时任辽国宰相的张孝杰是耶律乙辛的爪牙，他看准时机，对萧观音落井下石。张孝杰指出，萧观音的情夫必是赵惟一无疑，因为在“宫中只数赵家妆”和“惟有知情一片月”这两句诗中正好暗含了“赵惟一”的名字。

耶律洪基被彻底激怒了，他把萧观音叫过来，将《十香词》扔到她面前，质问她这到底是怎么一回事。萧观音据实相告，可是耶律洪基根本就不相信她说的话。他命令耶律乙辛和张孝杰审问赵惟一，赵惟一被屈打成招，凌迟处死，萧观音也被耶律洪基逼得自杀身亡。可怜才貌双全的萧观音，年仅35岁就玉殒香消。耶律濬见到母亲的尸首，不禁悲痛欲绝，怒喝道：“杀我母亲者，耶律乙辛也。”他立志要为母亲报仇，哪曾想还没来得及动手，就被耶律洪基贬为庶人。耶律濬失势后，耶律乙辛乘机派人将其暗杀。耶律濬死时，才不过

20岁。

此后，耶律洪基的情绪渐渐平复下来，开始发觉事有蹊跷。不久之后，他终于彻底醒悟了，马上展开行动，诛杀了野心勃勃的耶律乙辛。事后，他又追封耶律濬为昭怀太子，追封萧观音为宣懿皇后。耶律洪基死后，由他的孙子，也就是耶律濬的儿子耶律延禧即位，史称天祚帝。为了给祖母萧观音和父亲耶律濬复仇，耶律延禧将耶律乙辛的后人和亲友全部诛杀，并将张孝杰的尸体挖出来鞭尸泄愤。

萧观音死后，其尸身被草草埋葬，等到耶律延禧登基为帝时，才将其厚葬。金国灭掉辽国后，金人又将萧观音的尸骸从坟墓中挖掘出来，让牛马在上面践踏。萧观音身为一代才女，其尸骸却遭到这样的侮辱，委实凄凉。

后代许多文人都被萧观音旷世的才貌和坎坷的经历打动，纷纷为她写诗作赋。清代著名的词人纳兰性德曾经写道：“六宫佳丽谁曾见，层台尚临芳渚。一镜空濛，鸳鸯拂破白萍去。看胭脂亭西，几堆尘土，只有花铃，绾风深夜语。”以此来表达对萧观音的同情与悼念。

元昊建立西夏

正当辽军入侵北宋，双方订立“澶渊之盟”之际，一名男婴出生了，他就是日后西夏的建立者元昊。

元昊是北魏鲜卑族拓跋氏的后裔，他的祖父李继迁因为在唐朝末年参与镇压黄巢起义立下大功，所以被当时的皇帝赐姓李。李继迁的一生都在四处征战中度过，他建立了西平政权，为西夏的建立打下了坚实的基础。孙儿元昊出生前不久，李继迁在攻打吐蕃西凉府时中了一箭，很快就去世了。

李继迁24岁的儿子李德明继承了先父的遗志，励精图治，进一步为西夏的建立奠基。他在境内恢复农业生产，保证局势稳定，使百姓得以安居乐业。他对外依附于北宋与辽国，辽国册封他为西平王，北宋也随即封他为王，并加授节度使一职，还给予了他丰厚的赏赐。李德明在位期间，致力于向西扩张领土，先后将西凉府和回鹘，乃至整个河西走廊收归己有。

李德明死后，由他的儿子元昊即位。元昊的相貌十分英伟，尽管他的身材并不高大，看上去却极其威武。北宋驻守在陕西边境的将领曹玮在见到元昊的画像之后，预感他以后必定会成为北宋的一大威胁。

元昊非常聪敏，而且非常好学，他从小就对兵法十分感兴趣，熟读各类兵书。他精通汉语和藏语，对佛学和法学也研究得颇为透彻。少年时期的元昊就胸怀大志，他曾数次劝说父亲李德明应该独立称帝，不应卑躬屈膝，继续向北宋与辽国称臣。这与李德明心中的想法不谋而合，不过当时还不是这样做的时候。

等到元昊即位，称帝的时机终于成熟。当时西夏国内经济繁荣，为对外征战提供了强大的物质保障。元昊先后派兵攻占了吐蕃的瓜州、沙州和肃州，这三个地方都是当时的军事要地。如此一来，他便占领了今天宁夏的全部，甘肃的大部，陕西的北部，青海的东部，另外还有内蒙古自治区的一部分。元昊一面对外征战，一面在国内进行了一系列改革，他颁布了许多规章制度，创造了西夏文字，并修建了西夏皇宫。

即位6年后，元昊正式登基称帝。此举激怒了北宋政府，在接下来的几年时间内，北宋与西夏之间先后发生了四次大规模的战争。元昊凭借自己卓越的军事才能，指挥西夏军队大败宋军，宋军损失惨重。在这样的情况下，辽国自然不能袖手旁观，当时在位的辽兴宗亲自率领10万大军攻打西夏，却以失败告终。自此之后，宋、辽、西夏便开始了三足鼎立的局面。

眼见西夏内外的局势都已稳定下来，元昊不禁骄傲自满，开始沉迷于享乐，很少再理会朝廷政事。其实，元昊早年就十分残暴，即便是那些为西夏立下汗马功劳的臣子也无法获得他的信任，一旦触怒了他，便免不了要被革职，甚至直接被处死。到了元昊统治后期，这种情况就更加严重了。为了防止自己死后陵墓被盗，元昊开始大规模修建疑冢，以迷惑盗墓人的视线。他召集了一大批工人，每天修建一座疑冢，最后这些疑冢的总数竟高达360座。完工之后，他便将所有的工人处死。

元昊好女色，晚年尤其如此。他见次子宁令哥的未婚妻生得十分美丽，便将她抢了过来。随后，他废除了皇后野利氏，立这位准儿媳为新皇后。夺妻之恨再加上有心人的教唆，让宁令哥终于爆发了，他手持兵器，入宫行刺父亲，结果竟将元昊的鼻子削掉了。元昊又惊又痛，就此一病不起，很快就离开了人世。堂堂的西夏开国皇帝最终就落得这样的下场，真是可悲可叹。

完颜阿骨打建立金国

北宋年间，在我国的黑龙江和松花江流域生活着一个古老的民族——女真族，其族人以捕鱼、狩猎和畜牧为生。他们原本臣服于辽国残暴的统治之下，后来族中的完颜部落日渐强大起来，率领族人奋起反抗辽国，在征战的过程中，完颜部落的首领完颜阿骨打统一了女真各部，建立了金国。完颜阿骨打登基为帝，史称金太祖。

女真族是满族的祖先，它在唐朝被称为“黑水靺鞨”，唐朝末年改名为“女真”。“女真”在满语中就是“海东青”的意思。海东青是一种罕见的鹰，当时只在东北的边境地区才能找到，它的体型较小，但十分凶悍，用来做猎鹰再合适不过。辽国统治女真期间，辽国的王公贵族非常喜欢狩猎，为了能得到更多的“海东青”做猎鹰，他们便册封完颜阿骨打做节度使，让他带人到东北边境搜罗“海东青”。

完颜阿骨打自幼就喜欢骑马、射箭，力气大得惊人，他的征战历程从23岁那年就开始了。完颜阿骨打并非空有一身武艺的粗人，实际上，他非常有头脑，在政治、军事等方面都颇具才能。完颜阿骨打十分骁勇善战，将女真族众部落逐个收服，他率领的军队实力不断壮大，暗暗为反抗辽国积攒力量。

当时，女真有一名叛徒逃到了辽国，辽国政府收留了他。第二年春天，辽国的天祚帝耶律延禧来到松花江游玩，吩咐附近的女真部落首领前来一聚。完颜阿骨打在见到天祚帝以后，便要求他将那名女真叛徒送回来，天祚帝未置可否。

酒过三巡，天祚帝吩咐在座的女真部落首领出来跳舞助兴。首领们尽管心里并不情愿，但也没有胆子提出异议，只好奉命跳起舞来。唯有完颜阿骨打冷漠地注视着天祚帝，说道：“我不会跳舞。”他的态度激怒了天祚帝。天祚帝坚持一定要让他跳舞，女真各部的首领见状，纷纷规劝他不要这样执拗，否则真的得罪了天祚帝就后患无穷了。然而，无论他们说什么，完颜阿骨打始终无动于衷。

事后，天祚帝对朝臣萧奉先说要杀掉完颜阿骨打以泄愤，萧奉先却担心这样做会引来女真各部首领的不满，遂劝说天祚帝：“陛下没必要为这样一点小事就跟一个不懂礼数的粗人计较。他不过就是个部落首领，无论如何都不会威胁到陛下的地位。”天祚帝认为言之有理，也就不再追究此事。

不过，完颜阿骨打却整日忧心忡忡，不知何时就会遭到天祚帝报复。他的侄子完颜宗翰见他如此，索性对他说道：“叔叔既然现在已经没有了退路，不妨就先发制人，杀他个措手不及。”听了这话，完颜阿骨打不由得豁然开朗。

1114年，完颜阿骨打率领女真各部与辽国公开宣战。当时他手头上只有2500名士兵，攻克宁江之后，军队人数也不过增长到了3700人。收到女真谋反的消息以后，天祚帝派出10万大军前来围攻他们。想不到完颜阿骨打却靠着这3700名士兵在与辽军的对抗中接连取胜，并建立了大金政权。建国以后，他又率军一举攻破了军事重镇黄龙府。

天祚帝大吃一惊，亲自率领70万大军奔赴前线，此时的完颜阿骨打已经有了两万士兵，但是显然不足以对抗人数比他们多几十倍的辽军。偏巧就在这时，辽国境内发生了叛乱，天祚帝只好马上撤军。完颜阿骨打抓紧时机出击，辽军几乎全军覆灭。

其后，完颜阿骨打继续南征北战，先后攻克了辽的上京、中京和燕京，后来，他在返回金国的途中因病去世。可以说，他一生之中的大部分时光都是在战场上度过的。

完颜阿骨打建立金国以后，一面南征北战，一面在国内发展农业生产。他命令朝中大臣完颜希尹效仿汉字和契丹字，创造了女真文字，这对于金国的繁荣发展起到了极大的推动作用。另外，他还在女真族内部实施改革，废除了一些落后的风俗。

由完颜阿骨打一手创立的金国，在随后的过程中，先后灭掉了辽国、北宋，并首次将今天的北京作为首都。这些都在我国历史上留下了不可磨灭的印迹，完颜阿骨打也就此成为我国历史上一个不可忽视的关键人物。

海陵王完颜亮

完颜亮，字元功，女真名迪古乃，汉名亮，是金太祖完颜阿骨打长子完颜宗干的次子，母亲出身渤海望族。他自幼聪明好学，接受了良好的教育，汉化很深，能吟诗作画，喜欢结交一些留在金国的汉族文人名士。长大后，完颜亮文武双全，志大才高，能言善辩，喜怒不形于色，善于揣摩人的心思。

一次，金熙宗和他谈到金太祖完颜阿骨打创业的艰难时，完颜亮感动得痛哭流涕，骗取了金熙宗的信任，开始提拔重用他。不久，完颜亮任右丞相。

完颜亮掌握大权后，开始结交一些野心勃勃的阴谋家和贵族名流，并大力扶植自己的势力，将自己的心腹萧裕提拔为兵部侍郎。为了随时掌握宫廷里的情况，他还极力巴结金熙宗的裴满皇后。完颜亮的一系列行动引起了金熙宗的不满和猜疑。有一次，完颜亮过生日，金熙宗赐给他很多礼物，派亲信大兴国送去，同时裴满皇后也赐了礼物。熙宗知道后，非常生气，就将裴满皇后的礼物追回，并杖责大兴国。完颜亮知道后，惶惶不可终日，决定发动政变。

完颜亮的父亲是金太祖完颜阿骨打的长子，他也是太祖孙子，所以早就对金熙宗以太祖嫡孙身份即位心怀不满。金熙宗后期，整天酗酒，动不动就杀害贵族、大臣，弄得人人自危。完颜亮与贵族、大臣商量，阴谋发动政变，杀死金熙宗，众人一致同意。皇统九年（1149年），完颜亮与左丞相秉德、驸马唐括辩等闯入皇宫，将金熙宗乱刀砍死。随即完颜亮即皇帝位，改元天德。

完颜亮即位后，严厉镇压反抗的贵族和大臣，先后杀死女真贵族70余人，将金太宗子孙完全杀绝。同时，为了扩大政权的基础，巩固统治，他起用了大批的渤海、契丹、汉族人才。

当时金国的首都在会宁府（今黑龙江省阿城区南），地处偏远，物资运输和公文传递非常不方便，政令很不畅通。天德三年（1151年），完颜亮下令迁都燕京（今北京），改称中都，并于1153年正式迁都。同时为了防止女真皇族联合起来反对自己，让女真贵族们全部迁徙到燕京。毁掉了旧都城的所有宫殿、宗庙、诸大族宅第及皇家寺院储庆寺，接着把它们夷为平地，听任耕种，不留任何痕迹，以彻底打消女真皇族的怀旧情绪，此举不仅通过分化、分治、熔化的过程达到完全解除了女真皇族的牵制与反对势力，巩固了完颜亮的皇位，而且加速了女真的封建化及及其与汉族之间的融合。皇权得以稳固之后，完颜亮一面下令抓紧南侵的准备，再次向南迁都到汴京（今河南开封）；一面派人去刺探南宋虚实，让人画下杭州的风景，还让画工把他自己骑马的像画到杭州吴山顶上。他在画上题诗：万里车书一混同，江南岂有别疆封？提兵百万西湖上，立马吴山第一峰。

绍兴和议后，宋、金以淮河和大散关为界。完颜亮派使者出使南宋，向宋高宗索要淮河以南长江以北的地区，企图挑起事端，寻找攻宋的借口。南宋的大臣听说完颜亮要进攻宋朝，都劝宋高宗早做准备，却被宋高宗斥责为造谣生事。有一回，金国派使臣施宜生出使临安。宋高宗叫大臣张焘负责接待。施宜生原来是宋朝的官员，张焘想从施宜生那里探听消息。但是旁边有金国的随从，施宜生不好明说，只好暗示说："今天北风可刮得厉害啊。"说完又拿起桌子上的笔说："笔来，笔来。"（"笔"和"必"同音，"必来"就是一定来的意思。）张焘看到暗示后，急忙把金兵要南下攻宋的消息告诉宋高宗，但宋高宗却骂他杞人忧天。

南宋绍兴三十一年（1161年）9月，完颜亮杀死了很多反对他进攻南宋的大臣后，调集全国60万兵力，分五路进攻南宋。出发前，完颜亮狂妄地对将领们说："从前梁王（指金兀朮）进攻宋朝，费了多少时间，没取得胜利。我这次出征，最多100天，最少一个月，一定能灭亡南宋。"

金兵南下后，势如破竹，很快打到长江北岸。但渡江时却在采石（今安徽当涂北）被宋将虞允文击败，后来又在瓜州（今江苏扬州南）再次被击败。气急败坏的完颜亮下令三日内渡江，否则全部处死。当晚兵部尚书完颜元宜发动兵变，杀死完颜亮，随后率军北撤。

一代天骄成吉思汗

蒙古族是一个古老的民族，秦汉时期属于东胡，唐时称蒙兀。在蒙古高原上，东胡曾与匈奴是近邻，也是敌手，双方在拼杀之后，东胡被匈奴打败，一部分逃入大兴安岭地区，成为宋元时期的蒙古族。蒙古族有诸多部落，诸部落之间为了掠夺良马、美女、牧场经常“互相苦斗、残杀”，直至铁木真统一各部，并以本部落的名称为国号，称“大蒙古国”。

铁木真，孛儿只斤氏，出生于蒙古贵族世家。在他9岁时，其父被世仇毒死，他与母亲相依为命，过着颠沛流离的苦难生活，时常遭到其他部落的袭击。艰苦的环境使铁木真具有了刚强、坚韧、勇敢的品格，成长为英武干练、思维敏锐之士。经过十多年的战争，也趁着金朝与南宋在中原大地上鹬蚌相争的时候，铁木真统一了蒙古高原上的各游牧部落，并于1206年春，在斡难河（今蒙古鄂嫩河）源头举行了各部贵族大会，被推举为成吉思汗。关于“成吉思”的解释有很多，有“坚强有力”“大海”“可怕的”“强健的”等，还有的解释为一种五色鸟鸣声“青吉思”的近似音。总之，应该是表示至高无上、吉祥如意、强大无比的意思。“汗”，是蒙古语中对君主的尊称。“成吉思汗”应该就是强有力的君主的意思。

成吉思汗推行千户制管理整个蒙古国。任命宗室贵族、建国功臣为千户那颜，世袭管理，这是一种军政合一的制度。牧民们平时劳动，战时作为士兵参战，在此基础上，成吉思汗建立起了一支十万人的常备军。此外，他还建立了上万人的怯薛军，即他的护卫军，由他亲自指挥，这是大蒙古国军事力量的核心，也是蒙古政权的军事支柱。设断事官，掌管行政司法事务。成吉思汗建国前蒙古人还没有文字，后来被俘的原乃蛮部宰相塔塔统阿采用畏兀儿文书写蒙古语，创制了蒙古文字，成吉思汗在全国推行畏兀儿蒙古文，使之成为蒙古族的文字。并用这种文字书写了蒙古的法令，即1219年确立的《大札撒》。在成吉思汗的统治下，蒙古民族共同体开始形成。

成吉思汗建立蒙古汗国之后，对邻国金采取了复仇之举。金原是北方实力最强的一个少数民族政权，周边民族都曾受其欺凌，各部首领要拜受金主，蒙古也不例外。金人曾唯恐蒙古强盛起来难以驾驭，对蒙古采取分化政策，时常挑动各部之间相互仇杀。成吉思汗的先人就被另一个部落抓住，送给了金人，被金人钉死在木驴上。金朝的皇帝每三年还会对蒙古人进行一次剿杀，取名为“减丁”。所以，蒙古人对金人的残暴统治早已恨之入骨。成吉思汗也曾去过净州进贡，更是不甘于金之下，立志要让金朝跪拜自己。所以，当金朝的皇帝遣使者送来诏书，要成吉思汗前去跪拜的时候，成吉思汗以民族复仇做号召，激起了蒙古将士对金朝的仇恨，于1211年春亲率大军开始攻金。蒙古伐金的战争历时24年，成吉思汗生前未能完成此愿，临终前他还留下了联宋取道宋境伐金的遗嘱。直到1234年，在成吉思汗死后7年，蒙古与南宋联兵攻破蔡州城，灭了金朝。

成吉思汗建国不久，还招服了西北诸部，对中亚地区的一些小政权进行征讨。1219年，成吉思汗亲率大军二十万开始西征，用了三年的时间攻灭了花剌子模国，在西域诸城设置了达鲁花赤镇守官。这一次西征，让蒙古人看到了西域的良马、财物、美女，以致成吉思汗的继承者后来又连续发动了三次对西域的征讨战争，战火波及莫斯科、亚得里亚海岸、地中海北岸及美索不达米亚平原，蒙古军队的西征震撼了寰宇，战争风云一时笼罩了欧洲。

成吉思汗西征时，曾要求西夏出兵从征，西夏没有答应，暗中与金联合欲共抗蒙古。没想到，1226年，在攻灭花剌子模国后东还途中，成吉思汗便率军侵入西夏，一连攻下西夏的众多城池，灭掉西夏。

成吉思汗一生干了三件大事：建国、伐金与西征。1227年7月，成吉思汗病死在甘肃清水县，葬于内蒙古自治区伊金霍洛旗甘德尔敖包，至今那高大的陵墓仍巍然屹立。《元史·太祖本纪》称其“深沉有大略，用兵如神，故能灭国四十，遂平西夏。”建有“奇勋伟绩”。

耶律楚材实施改革

成吉思汗是一位十分开明的君主，尤其懂得知人善任。他在“阔亦田之战”过后，将蒙古第一神箭手哲别收为己用。哲别骁勇善战，对自己的伯乐成吉思汗忠心耿耿。在跟随成吉思汗南征北战的过程中，哲别为蒙古帝国立下了赫赫战功，堪称帝国的开国大功臣。蒙古帝国建立以后，成吉思汗又开始征讨金国。1215年，成吉思汗率领大军攻占了金国的燕京。在这里，他又得到了一名才能出众的文臣耶律楚材。

此前，耶律楚材一直居住在金国。他本是契丹贵族，是辽国开国皇帝耶律阿保机的九世孙。耶律楚材从小就学习汉语，深受儒家文化影响，他博览群书，上知天文，下知地理，才华出众，在金国境内很有名望。成年之后，他凭借自己的才华，进入金国的朝堂之中为官。只可惜耶律楚材生不逢时，他进入仕途时，恰逢金国的统治最为黑暗的时期。当时在位的金国皇帝荒淫无道，朝政腐败，百姓民不聊生，耶律楚材对此深感绝望。

成吉思汗攻占燕京以后，有人向他举荐耶律楚材，说此人是个奇才，若能收为己用，日后必定能为蒙古帝国做出一番大贡献。成吉思汗十分爱惜人才，在听完这番话以后，马上派人去向耶律楚材请教治国之道。耶律楚材很懂得变通，在他看来，自己与其继续待在金国无所事事，倒不如去蒙古帝国，让自己的才能得以发挥，造福百姓。

就这样，耶律楚材投靠到了成吉思汗麾下，开始了他在蒙古长达30年的政治生涯。成吉思汗对他颇为赏识，他所提出的很多治国安邦的策略最后都被成吉思汗采纳。在对外征战的过程中，成吉思汗也总是让他随军而行，以便能随时随地向自己提出中肯的意见。

蒙古帝国初期崇尚杀戮，在战场上奋勇杀敌固然是好事，但在战场之外还要残杀无辜的百姓，未免就太不仁道了。耶律楚材向成吉思汗点明了这一点，成吉思汗也觉得言之有理，遂命令蒙古将士不得再滥杀无辜。

成吉思汗去世以后，由他的第三个儿子窝阔台继承了汗位。窝阔台也非常欣赏耶律楚材的才能，不仅接纳了他提出的很多改革意见，还将他擢升为当朝宰相。在窝阔台的大力支持下，耶律楚材在蒙古国内实施了一系列改革措施，其内容涉及政治、经济、文化等方方面面。

在政治方面，耶律楚材建议引入中原王朝的参拜礼节，这样一来，便有效地提升了大汗在蒙古帝国的臣子和百姓心目中的威严与地位，对加强中央集权起到了巨大的推动作用。

在经济方面，耶律楚材主张应对中原百姓实施轻徭薄赋、休养生息的政策。毕竟长年的战乱已让中原百姓元气大伤，需要一段时间进行调理和恢复。

在文化方面，耶律楚材主张恢复科举制度，选拔出大批有才华、有抱负的知识分子为国效力。此外，耶律楚材还大力倡导儒学，并努力让蒙古百姓也能受到儒家文化的熏陶。

这些改革措施让整个蒙古帝国的面貌焕然一新，后来忽必烈之所以能建立元朝，统一中国，与耶律楚材在这段时期的改革密不可分，耶律楚材也因此赢得了“社稷之臣”的美名。

窝阔台灭亡金国

1227年夏天，成吉思汗在西征西夏的途中病死。临死之前，他在病榻上对自己的部将交代了灭金的最佳方法，就是与南宋军队联合起来一起攻打金国。

成吉思汗死后，蒙古大汗之位一直悬空，直到两年以后，蒙古部族在克鲁伦河畔举行库里台大会，推举成吉思汗的第三个儿子窝阔台继承汗位，忽必烈建立元朝以后，追尊窝阔台为元太宗。

窝阔台一生南征北战，早年曾追随父亲成吉思汗一起征服了漠北的各个部落，并在征讨西夏、金国的过程中立下不少战功。窝阔台即位时，已经40余岁了，他总共在位12年，在此期间，他继承了成吉思汗的遗志，继续攻打金国、西夏和南宋，并成功征服了华北地区以及广阔的中亚地区。其中，灭亡金国堪称他生平的一大战绩。

窝阔台灭金大致可以分为三个阶段：第一个阶段是从1230年秋到1231年春，主要进攻目标是凤翔、潼关和卫州；第二个阶段是从1231年秋到1232年春，蒙古大军长驱直入，集中兵力攻打金东京；第三个阶段是从1232年夏到1234年春，按照成吉思汗的灭金方略，蒙古联合南宋攻打金国，最终灭亡金国。

在第一个阶段中，蒙古军兵分三路分别进攻凤翔、潼关和卫州等地。1231年4月，窝阔台的弟弟拖雷率领西路军占领了凤翔。窝阔台亲自统领中路军，在同州、华州、京兆、潼关等地一路高歌猛进，战绩不俗。东路军则重点围攻金国的军事重镇卫州，没过多久，金军便不敌败退，蒙古军成功占领了卫州。

在第二个阶段中，蒙古军照旧兵分三路，左路军在蒙古大将斡陈那颜的统领下，进攻山东济南；右路军在拖雷的统领下，从南宋境内经过，攻打金国驻守在汉水之畔的唐邓大军；中路军则由窝阔台亲自统领，南渡黄河，大举进攻金东京。

听说东京遭到围困，驻守在邓州的金军匆忙赶去支援，一路上被蒙古军队围追堵截，损失惨重。数名金军将领都被蒙古军杀死，余下的金军因为缺少统帅而阵脚大乱，在逃亡到钧州以后再度陷入蒙古军的包围圈。经过了这一系列的战争以后，金军将领已所剩无几，金军主力也已基本被歼灭。

1232年初，蒙古大军开始围攻金国的首都东京。当时在位的金哀宗昏庸无能，眼见蒙古大军压境，竟然抛下东京军民，匆匆逃到蔡州城避祸。金国的将士和百姓大失所望，士气低迷，东京很快就被蒙古军攻陷了。紧接着，金中京也被蒙古大军占领，金国危在旦夕。

在第三个阶段中，蒙古派遣使臣与南宋统治者进行谈判，双方最后达成协议，联合起来共同消灭金国。1233年秋，南宋派出两万大军，在大将孟珙的统领下挥师北上，蒙古则派出大将塔察儿率军出征，宋蒙两军在金国的蔡州城外会师。

一个月后，上万金军从蔡州城的东门发动突围。孟珙率军前去与之对抗，俘虏了大批金军将士。据金军俘虏交代，由于受困良久，蔡州城内已出现了粮食短缺的现象。孟珙与塔察儿商议之后认为，只要继续加强对蔡州城的包围，一方面防止城内军民突围，另外一方面防止城外金军向城内提供支援，用不了多久，蔡州城弹尽粮绝，必会不攻自破。

在接下来的三个月，蒙古军和宋军将蔡州城包围得密不透风，进不去也出不来。在此期间，城内的粮食全都被吃光了，金国军民饥不择食，发展到人吃人的地步，境况惨不忍睹。

塔察儿和孟珙看准时机，于1234年正月开始对蔡州城发起全面进攻。金哀宗眼见金国注定难逃灭亡的命运，因为不愿做亡国之君，便在匆忙之间将皇位传给了金国将领完颜承麟，史称金末帝。

塔察儿率军攻打蔡州城西门，孟珙则率军攻打南门，最终将蔡州城攻破。金哀宗自杀身亡，刚刚即位的金末帝也死于乱军之中。金末帝是中国历史上在位时间最短的皇帝，在位不到一天就死了。就这样，金国在建国119年以后宣告灭亡。至此，窝阔台终于完成了父亲灭金的遗愿。

在宋蒙联军攻打金国期间，金哀宗曾经派出使臣赶到南宋，与当时在位的宋理宗进行谈判。使臣向宋理宗传达了金哀宗的意思：金国灭亡以后，蒙古人的下一个攻击目标必然就是南宋，倘若南宋放弃与蒙古联盟，转而跟金国合作，那么便可以保得宋、金两国的周全，何乐而不为呢?

不过，由于先前在结盟时，蒙古曾向南宋承诺，一旦灭掉金国，便可以将河南等地交还给南宋治理，因此，理宗并未将金国使臣的这番话放在心上。理宗一心想着灭掉金国以后，便可以收复失地，哪曾想窝阔台出尔反尔，拒绝将河南归还南宋。南宋最终也如金哀宗所料，灭在了蒙古人手上。

忽必烈统一中国

1271年，忽必烈建立元朝，成为元朝的第一位皇帝，史称元世祖。忽必烈戎马一生，最大的成就便是建立了元朝，并进一步统一了全中国。

年轻时的忽必烈就胸怀大志，立志要“大有为于天下”。他对汉人的文化非常感兴趣，与当时蒙古境内很多有学识的汉人交往甚密，时常向他们请教儒家文化。

1251年，忽必烈的哥哥蒙哥继承了汗位。蒙哥知道自己这个年轻有为的弟弟向来对汉文化情有独钟，索性便命令他管治居住在漠南的所有汉人。忽必烈到漠南走马上任以后，马上着手严肃军纪，开垦田地，并重用儒生，整顿吏治，很快就将漠南管理得兵强马壮，为他后来争夺汗位提供了强大的后盾。

蒙哥在位9年，最后在率军攻打四川钓鱼城时战死。当时，忽必烈正奉命进攻南宋的鄂州城，听到这个消息以后，他明白自己的诸位兄弟此刻必定正为争夺大汗之位斗得不可开交，自己若不抓紧时间返回，只怕就没有机会与他们一较高下了。

第二年，忽必烈和弟弟阿里不哥先后在开平、和林两地称汗。在汗位的诱惑面前，兄弟二人势成水火。四年后，忽必烈将阿里不哥击败，夺取了汗位，其后又迁都燕京，并将其改名为大都。在正式成为蒙古大汗以后，忽必烈便开始着手平定蒙古境内各支不服从中央汗国统治的力量。这其中尤以消灭窝阔台的后裔海都建立的窝阔台汗国最为关键。忽必烈身为拖雷的后裔，他与海都的矛盾可以追溯到他们两个的先人拖雷和窝阔台那里。

窝阔台和拖雷都是成吉思汗的儿子，成吉思汗死后，由三子窝阔台即位，但是按照蒙古人的规矩，幼子拖雷却掌握了蒙古帝国的军权，这为拖雷日后的命运埋下了导火索。

窝阔台当上蒙古大汗以后，对这位手握军权的弟弟十分忌惮。拖雷长年累月地率领军队四处征战，为蒙古帝国的扩张立下了大功，后来他因病死在了军中，享年40岁。不过，还有一种说法，说他是被兄长窝阔台毒杀的。

窝阔台死后，蒙古帝国的权力就落到了拖雷的后裔手中。海都是窝阔台的孙子，在忽必烈和阿里不哥争夺汗位的过程中，海都一直站在阿里不哥那边。1268年，海都在原先窝阔台以及窝阔台的长子贵由的封地上建立了窝阔台汗国，并自立为汗，公然与忽必烈对抗。

忽必烈派出自己的儿子那木罕率军前去攻打海都，那木罕在行军途中，遭到部下的背叛，并被俘虏。叛变的部下随即率军投靠了海都，海都力量大增，并于第二年开始对忽必烈主动出击。

忽必烈派出自己的得意干将伯颜在鄂尔浑河将叛军击败。叛军发生内讧，自顾不暇，那木罕也被送回忽必烈军中。在这样的情况下，唯有海都坚持作战，牢牢占据着中亚地区，与忽必烈占领的东亚遥遥相对。

九年之后，海都联合了蒙古宗王乃颜等人以及其他皇室贵胄卷土重来，共同反对忽必烈的统治。形势危急，忽必烈当机立断，与大将玉昔帖木儿率领大军前去攻打乃颜率领的军队。与此同时，忽必烈又命令伯颜到哈拉和林阻挡海都大军入侵元朝的步伐。结果乃颜兵败被俘，之后被忽必烈赐死。海都此次叛变最后依旧以失败告终，并退守中亚。

忽必烈自然不会听之任之，四年后，他先后派出大将伯颜和孙子铁穆耳率军远征海都。只可惜第二年年初，没等到元军将海都军队击败，忽必烈就去世了，这一年是1294年，直到1309年，海都一派才覆灭在忽必烈的后裔手中。

在正式登上汗位，并初步稳定了国内局势以后，忽必烈再次对南宋发起了进攻。当时南宋在位的理宗软弱无能，后来即位的宋恭帝又年幼无知，南宋朝政完全被大奸臣贾似道把持。若非南宋军民不甘心做亡国奴，坚持抗击蒙古军，只怕南宋一早就灭在了忽必烈手上。在长达十余年的征战过后，1276年年初，南宋的首都临安城终于被攻陷，年幼的宋恭帝和大批南宋宗室、朝臣被俘虏。

在此之前的1271年，忽必烈已经正式建立了元朝，定都大都。宋恭帝被俘后，南宋军民转战福建、广东沿海坚持抗元。1279年，元军在崖山之战中大败宋军，南宋就此灭亡。

截止到此时，南宋、金国、西夏等国已经完全纳入了元朝的版图，然而，忽必烈并不满足于这种现状，他的野心让他产生了更高的追求目标，将扩张的大手伸向了周边的国家。

早前，他就已经用联姻的方式让高丽国臣服于元朝。后来，他的视线又移向了日本，日本幕府的掌权者先后两次拒绝向元朝称臣。1281年，忽必烈派出一支近20万人的大军，前去攻打日本。结果，元军因为孤军深入，海战经验不足，最终惨败而归。在征服东南亚各国的过程中，忽必烈同样遭遇了不少挫折，收效不佳。

经济

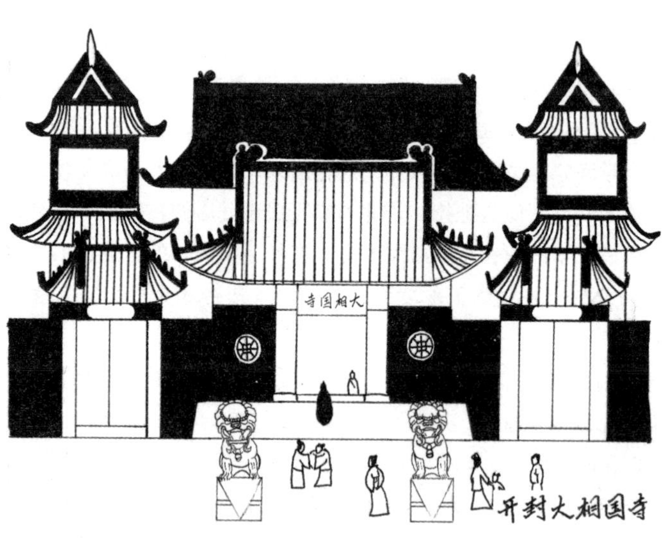

官交子

中国的纸币发展历史，最早可以追溯到汉武帝时期。汉武帝在位期间，连年征战，为国家财政带来了很大的负担。于是，汉武帝下令发行了一种“白鹿皮币”，以缓解财政困难。“白鹿皮币”，顾名思义就是用白鹿的皮制造而成的。汉武帝规定，一张白鹿皮币可以抵40万钱。然而，这种白鹿皮币并未像真正的纸币一样进入市场上流通，其使用范围仅仅局限在贵族之间，因此只可以称它为纸币的雏形。

到了唐朝中期，各地之间的贸易往来不断。商人到外地做生意时，往往需要携带很多钱币，不仅很不方便，而且在安全方面也得不到保障。这时，“飞钱”应运而生。使用“飞钱”的方法很简单，商人只要先去政府开出一张证明，并在其中注明钱币的数量，以及自己将要去的地点即可。这张证明就是“飞钱”，商人们拿着“飞钱”来到外地，就可以去当地政府取出自己所需的钱币，进行交易。不过，“飞钱”并没有进入流通领域，不具备真正的货币的职能，究其本质，只能说是一种汇兑业务。到了北宋，“官交子”出现，纸币才算正式面世。

北宋年间，统治者在统一全国的同时，却没有统一全国的货币。当时，在国内的大部分地区，只能使用铁钱；在少数地区，只能使用铜钱；另外在极少数地区，既可以使用铜钱，也可以使用铁钱。各地严令禁止将当地的钱币流通到外地，纸币的出现对这条禁令的实施显然大有帮助。还有一个原因，那就是连年的战事导致国库空虚。为了弥补财政赤字，政府只能发行纸币。

“交子”的发明者是北宋的成都知府张咏。商人们在使用“交子”的过程中，获得了很多方便，于是自发将其推广开来。

北宋建国之初，“交子铺户”就已经在四川成都出现了。商人可以将钱币存放在“交子铺户”中，换取一张证明。日后提钱的时候，就以这张证明为凭证，不过作为存钱的一方，商人要支付三成的保管费。这种“交子”显然不能称之为真正的纸币，说它是存折更为恰当。

宋仁宗在位时期，首次由政府正式发行了“官交子”，这才是全世界最早出现的纸币。直到六七百年以后，类似的纸币才在欧美等国出现。仁宗时期的“官交子”只有两种面额，一种是五贯，一种是十贯。其后，“官交子”的面额不断发生变动。

在发行“官交子”的早期，北宋政府的态度相当严谨，一方面严格控制纸币的发行数量，避免通货膨胀；另外一方面又出台了一系列的法律政策对纸币的流通实施监管。在这样的前提条件下，“官交子”面世之初，流通十分顺畅。到了北宋后期，统治者腐败无能，不计后果地滥发“官交子”，以掠夺百姓的财富。这段时期，“官交子”的发行数量一下子膨胀了近20倍，在流通过程中迅速贬值。这个例子即使放在现代社会也非常具有借鉴意义。纸币本身不具备价值，它的价值只是由政府强行赋予的。政府要想避免纸币贬值，通货膨胀，保障经济发展和社会安定，就必须要严格按照金融规则来发行纸币。

沈括与《梦溪笔谈》

北宋年间，我国出现了一位伟大的科学家，天文、历法、音乐、医药、卜算等，他无一不通。他的著作《梦溪笔谈》详细记录了我国古代劳动人民在科技方面的杰出成就，以及他自己的所见所闻和科研成果，反映了北宋科技发展的最高水平，被西方科学家称为中国古代的百科全书，而他自己也被英国科学史家李约瑟誉为“中国科学史上最卓越的人物”。他就是大名鼎鼎的沈括。

沈括出生于浙江钱塘，很小的时候他就跟随家人搬到福建的武夷山一带居住。沈家世代为官，沈括的祖父曾经担任大理寺丞，父亲也曾在泉州、开封、江宁做过官。生活在这样的家庭环境中，沈括从小就十分喜欢读书，14岁那年，他就已将家里丰富的藏书全都读了个遍。在我国古代，女子无才便是德，但沈括的母亲却是个例外，她非常有学识，而且相当重视儿子的教育。沈括幼时接受母亲的教诲，少年时代又跟随父亲到各地游历，增广见闻。

父亲到福建泉州做地方官时，沈括也跟着一块儿去了。他在泉州听说江西的铅山有一眼苦泉，泉水呈现青绿色，味道非常苦，就像胆汁一样，因此，这里的泉水便被当地百姓称为“胆水”。据说，将“胆水”放到铁锅里熬干以后，就会熬出黄铜来。沈括难以抑制自己的好奇心，便亲自跑到铅山县考察，结果发现传言竟然是真的。沈括后来在《梦笔溪谈》中详细记载了“胆水炼铜”的过程。实际上，这种“胆水”就是亚硫酸，加热之后就变成了亚硫酸铜，也就是俗称的“胆矾”。胆矾和铁锅的铁发生化学反应，结果就生成了铜。另外，根据《梦笔溪谈》的记载，在铅山附近有一座铜矿，后人据此开采出一座规模庞大的铜矿，江西也因此成为全国主要的铜产地。

可以说，沈括不仅做到了读万卷书，也做到了行万里路，这为他日后从事科学研究奠定了深厚的基础。父亲死后，沈括承袭父荫，踏入仕途。他首先到江苏为官，在那里，他组织百姓修建水坝，防洪灌溉，开垦荒地，发展农业生产。7年后，他又到安徽担任知县，在芜湖周围组织百姓修建圩田，称为“万春圩”。在此期间，他以实践为基础，写出了《圩田五说》和《万春圩图记》。

33岁时，沈括考取了进士，之后便到京城任职。京城为沈括提供了广阔的发展空间，让他拥有了更丰富的科研资源。在京城任职期间，沈括对天文历法产生了兴趣，开始潜心研究这方面的内容。他一度担任集贤院校理，从而获得了阅读皇室藏书的机会。在读书和做研究的同时，沈括还经常奉命到外地考察。这些都为他带来了丰厚的科学积累，他的《浑仪议》《浮漏议》《景表议》《修城法式条约》等科学著作均写于这段时期。

沈括在地理方面同样有着很深的造诣。他凭借自己亲手绘制的《大宋天下郡守图》，在与辽国使臣商讨宋辽两国的国界划分时，据理力争，寸土不让，最终粉碎了辽国妄图侵占北宋领土的阴谋。可见，沈括不仅是一位伟大的科学家，还是一位杰出的外交家。

沈括在朝中是改革派的一员，在王安石变法的过程中，他表现积极，得到了王安石的赏识。王安石变法失败后，沈括也受到牵连，被调到安徽宣州担任知州一职。在北宋与西夏交战的过程中，沈括又被朝廷委派到边疆，担任指挥将领。由于部下贪功冒进，导致宋军在形势大好的情况下遭遇惨败。身为将领的沈括因为领导不力，遭到贬黜。至此，沈括的仕途已经走到了终点。

沈括曾在江苏镇江买下一座园子，晚年时，他便搬到这座园子里居住，并将其命名为“梦溪园”，这便是《梦溪笔谈》这个书名的由来。从此，沈括不理世事，专心撰写《梦溪笔谈》。大约6年时间，他终于完成了这本集自己一生所学的巨著。

《梦溪笔谈》是一本笔记类的科学著作，全书共分为三部分，分别是《笔谈》《补笔谈》和《续笔谈》，其内容涉及天文、历法、气象、地理、物理、化学、生物、农业、水利、建筑、医药、历史、文学、艺术、军事、法律等方方面面。由此可见，沈括实在是个令人叹为观止的通才。《梦溪笔谈》一书中总共收录了609个条目，其中有超过三分之一的条目隶属于自然科学，这在笔记类的著作中是相当罕见的。

沈括在《梦溪笔谈》中详细记录了石油和石油开采的过程，这在我国历史上还是第一回。先前人们对石油的称呼可谓五花八门，火油、猛火油、石漆、石脂水等全都是指石油。沈括将这些名称统一起来，称之为石油，这在世界科学史上尚属首例。

英国科学史家李约瑟盛赞《梦溪笔谈》是“中国科学史上的坐标”。为了纪念沈括对中国科学发展做出的杰出贡献，1979年，中国科学院紫金山天文台特意将一颗于1964年发现的小行星命名为沈括星。

沈括在科学方面取得的重大成就令世人为之惊叹，但在政治方面，他却时常遭到世人的诟病，原因就是他曾经在“乌台诗案”中参与陷害大文豪苏轼。

沈括死后，无人为他立碑撰写墓志铭。究其原因，一方面是因为科学在我国古代不受重视，另一方面恐怕就是因为沈括的政治道德了。当北宋朝中的改革派占据有利地位时，沈括坚决支持变法，并不惜诬陷保守派的苏轼，向改革派邀功。后来，改革派失势，王安石遭到贬黜，沈括又站在了改革派的对立面，对王安石变法提出质疑。王安石因此痛斥沈括是卑鄙小人。

然而，正所谓“瑕不掩瑜”，后人理应对沈括做出公正的评判，不能因为他在政治上的缺陷，就否认了他在科学方面为人类做出的巨大贡献。

开封大相国寺

后周世宗柴荣在位时期为了发展社会经济，曾大力压制佛教的发展。后来，赵匡胤登上帝位，建立北宋，取代了后周，便废弃了后周世宗颁布的毁佛政策，开始复兴中原的佛教。北宋在中央设立了左右街僧录事掌管全国的佛教事务，并在各个州府分别设立了僧政司。

由于政府的鼓励，出家为僧的人越来越多。为了避免僧侣人数激增，北宋政府沿袭了从唐朝就已经出现的度牒制度。任何人若想出家为僧，必须先取得度牒，否则就不是合法的僧人。

宋太祖曾派出使者到西方取经，还开启了我国用刻板印刷佛经全藏的先河，先后雕刻了《开宝藏》《崇宁藏》《毗卢藏》《圆觉藏》《资福藏》等佛经刻版，为后世留下了一笔可观的精神财富。

宋太宗晚年开始重建大相国寺，工程浩大，直到宋真宗年间才正式完工。大相国寺地处北宋的都城开封，据说曾是战国时期魏公子信陵君的家宅，南北朝时期的建国寺就是在此基础上修建而成的。

“大相国寺”一名起源于唐睿宗时期。建国寺建成以后，在战争中被毁。唐朝初年，这里成了一位名叫郑景的司马的府邸。武则天在位期间，从南方来了一名高僧，法号叫作慧云。他从郑景手中将这座寺院买下来，并对其进行了修葺，还在其中安放了一尊铜铸的弥勒佛。第二年，唐睿宗亲笔书写了“大相国寺”的匾额，派人送过来。从此以后，这座寺院便正式更名为大相国寺。

作为我国著名的佛教建筑之一，大相国寺的命运可谓一波三折。唐昭宗在位期间，大相国寺遭逢大火，被烧得一片狼藉。之后，又重新进行了修建。等到宋太祖赵匡胤登基以后，大相国寺再度遭逢火灾，宋太宗年间开始大规模重建。重建工程历时7年，重建后的大相国寺金碧辉煌，肃穆庄严，占地面积多达500余亩。从这时开始，大相国寺的方丈均由北宋皇帝亲自册封。

北宋年间，大相国寺被人们称为“皇家寺”，皇帝时常来到寺中，或是祈祷，或是游览，或是开展外交活动。早在唐朝统治时期，寺庙就已经成了帝王祈雨的主要场所。五代十国时期，地处京都开封的大相国寺，便成了帝王向上苍祈求降雨或是降雪的理想地点，后晋高祖和后晋出帝都曾亲自来到大相国寺中祈求雨雪。

到了北宋，皇帝到大相国寺祈雨已经成了常事。在史书之中，可以找到很多相关的记载。由此可见，大相国寺在北宋的地位是何等的显赫。当时，中国仍处在农业社会，百姓靠天吃饭。每当旱涝灾害来临时，人们便只好将获得解救的希望寄托在宗教上面。作为一国之君，势必要一马当先，将百姓的心愿传达给上苍，祈求上苍庇佑。

北宋年间，皇室的一些重大仪式也会选择在大相国寺中举行。为此，寺院的僧人们组成了一支人数众多、技巧高超的佛教乐队，系统整理并收藏了佛教音乐的很多经典曲目。许多古老而珍贵的佛教乐谱至今仍保留在开封大相国寺中。除了面向皇室的演奏之外，北宋时期的大相国寺，还设立了为平民百姓演奏佛教音乐的专业组织，这一举措极大地促进了北宋佛乐的推广与发展。

当时，大相国寺的美名传遍华夏内外，很多僧侣从国外慕名而来。宋太祖统治时期，印度王子曼殊室利出家之后，曾在大相国寺中居住许多年。宋神宗在位期间，崔思训带着几名画师从朝鲜半岛来到大相国寺，临摹寺中的壁画。同一时期，日本一位名叫成寻的僧人也一度在大相国寺中逗留。其后，宋徽宗向朝鲜半岛来使赠送了写有“大相国寺”的匾额。另外，大相国寺内每年都要举办五次庙会，届时这里便成了百姓交易的大市场。

开封大相国寺在宋朝发展到了鼎盛时期，随后便开始没落。数百年后，明成祖朱棣登基为帝，下令重新修整大相国寺，哪想却遭遇水灾，工程受阻。明朝统治时期，曾多次对大相国寺进行修葺。等到了明朝末年，黄河一场大水将整座开封城淹没，大相国寺也遭到了严重的毁坏。从清朝一直到民国时期，统治者断断续续地对大相国寺的各个部分进行了重建。新中国成立以后，政府重修了开封大相国寺，使这座已有上千年历史的佛教建筑得以保存至今，成为名扬中外的佛教文化圣地。

贾鲁治理黄河

贾鲁是元朝年间著名的水利专家，曾经主持过黄河的治理工作，为居住在黄河两岸，常年饱受洪涝灾害的百姓带来了巨大的福祉。

贾鲁出生于山西高平，自幼天资聪颖，勤奋好学。成年之后，贾鲁通过明经考试进入仕途，他先后担任过东平路儒学教授、潞城县尹、丞相东曹椽和户部主事，还曾被任命为宋史局官，负责编撰辽国、金国和两宋的历史。史书完成以后，他又被任命为中书省检校，由于表现突出，之后更不断获得擢升。在此期间，黄河连年泛滥，两岸的房屋大多被冲毁，农田颗粒无收，百姓食不果腹，流离失所。为了生存下去，百姓们甚至要出卖自己的儿女。

贾鲁体恤灾民，看到这样的情况自然不能无动于衷。他主动向当时在位的元顺帝上书，恳请治理黄河，拯救两岸苍生。元顺帝认为贾鲁言之有理，遂命令他主理行都水监，治理黄河水患。贾鲁果然没有辜负元顺帝的期望，在经过了一系列的考察、思量以后，他向元顺帝提出了两个治理黄河的方案。元顺帝最终接纳了他的第一个方案。

1351年，元顺帝下令开始治理黄河。与此同时，负责担任治河工程指挥领导工作的贾鲁被任命为工部尚书、总治河防使，官拜二品，并被授予银印。

在治理黄河的过程中，贾鲁认为工程量最大的是疏浚，不过与其他工作相比，疏浚的难度是最低的。贾鲁坚持先易后难，因此就选择了先疏浚后堵口。实际上，整个治河工程就可以分为疏浚和堵口这两个方面。

需要疏浚的黄河故道从黄陵冈一直延伸到哈只口。除此之外，还有减水河从凹里村到杨青树的部分河道也需要疏浚。因为河道情况复杂，各有特点，所以在疏浚的过程中需要因地制宜，工程量相当庞大。疏浚工程结束以后，接下来要做的便是堵塞黄河大堤的缺口，加固各道堤坝。

治河工程总共持续了190天：4月开始动工，等到7月，疏凿工程完成，8月份引水进入原先的河道，9月份开始堵口工程，与此同时，原先暂停的航运重新开通，11月，各项工作陆续完成。

此次的治河工程消耗了大量的人力、物力和财力。朝廷总共征集了15万百姓和两万士兵投入其中。如果不计那些数不清的竹篾、铁锚、大针等物资，该项工程总共耗费了184.563万锭统钞，27000余根木桩，66万两千条榆柳杂梢，733.5万多束蒲苇，62.5万根竹竿，另外还有2000船碎石，以及5.7万千根绳子。除此之外，还有127条船在治河过程中沉没。在中国古代史上，很难找到规模能与之媲美的治河工程。

工程竣工以后，黄河复归故道，汴河南下与淮河汇合，黄河连年泛滥成灾的局面终于结束，两岸百姓重返故乡，安居乐业。身为此项工程最大的功臣，贾鲁从此名声大噪，并被元顺帝擢升为荣禄大夫、集贤大学士。为了表彰贾鲁的功劳，元顺帝还命令翰林学士欧阳玄撰写了《河平碑》，碑文之中对贾鲁的品行和治河才能大加赞赏。除了功名利禄以外，贾鲁更赢得了黄河两岸百姓的拥护和爱戴。为了纪念他，山东和河南的百姓先后将其境内的两条河以贾鲁的名字命名。贾鲁曾居住过的地方也被改名为贾鲁河村。

无论是在当时还是后世，人们对贾鲁的评价都非常高。清朝年间，曾有人这样评价贾鲁："古之善言河者，莫如汉之贾让，元之贾鲁。"意为贾鲁的治河成就之大，纵观中国千年的历史，只有西汉时期的贾让能与之比肩。

农业发展

元初因战争破坏，北方耕地荒芜严重，南方破坏较少，故屯田多集中在今河北、山东、陕西、江淮、四川一带，如枢密院所辖河北军屯，垦田达1.4万余顷，洪泽万户府所辖屯田达3.5万余顷。边区亦广泛开展屯田，据《元史·兵志》不完全统计，当时全国屯田面积达17.78万顷之多。南方农垦发达地区，则多与水、与山争田，前者如围田、柜田、架田、涂田、沙田，见于滨江海湖泊之地；后者如梯田，行于多山丘陵之地。元代耕地面积比此前战争期间逐步扩大，改变了耕地大量荒芜的情况。

边疆地区的屯田，主要有蒙古地区的怯绿连（今克鲁伦河）、吉利吉思、谦谦州、益兰州（均在今叶尼塞河上游）、杭海（今杭爱山）、五条河、称海、和林、上都等地，东北的金复州（今辽宁金县）、瑞州（今辽宁绥中西南）、咸平（今辽宁开原北老城镇）、茶剌罕（今黑龙江绥化、安庆一带）、剌怜（今黑龙江阿城南）等地，西北的忽炭（今新疆和田）、可失哈耳（今新疆喀什）、别失八里、中兴、甘州、肃州、亦集乃等地，云南的威楚（今云南楚雄）、罗罗斯等十二处。其中刘好礼在益兰州，哈剌哈孙在称海，赛典赤·赡思丁在云南，屯田成绩尤著，他们将中原地区的先进耕种方法和农具、种子，推广到边区，使当地农业生产或从无到有，或改进了耕作技术，大大提高了这些地区的粮食自给率。水利建设则以云南、宁夏地区最为成功。

宋真宗时推行的占城稻在元朝时已经推广到全国各地。农业生产继续发展，1329年，南粮北运多达350万石，这固然反映了蒙古统治者剥削的沉重，但是也说明粮食生产的丰富。这一阶段，经济作物也有较大发展，茶叶、棉花与甘蔗是重要的经济作物。江南地区早在南宋时已盛产棉花，北方陕甘一带又从西域传来了新的棉种。1289年元廷设置了浙东、江东、江西、湖广、福建等省木棉提举司，年征木棉布十万匹。1296年复定江南夏税折征木棉等物，反映出棉花种植的普遍及棉纺织业的发达。元朝水利设施以华中、华南地区比较发达。元初曾设立了都水监和河渠司，专掌水利，逐步修复了前代的水利工程。陕西三白渠工程到元朝后期仍可溉田7万余顷。所修复的浙江海塘，对保护农业生产也起了较大作用。元朝农业技术继承宋朝，南方人民不仅扩大了耕地，改进了种植方法，对于生产工具多有改进。关于元朝的农具，在王祯的《农书》中有不少详细的叙述。

元代农业生产技术有了显著提高。从天时地利与农业的关系，到选种、肥料、灌溉、收获等各方面的知识，都已达到新的水平。农具的改进尤其显著。耕锄、镫锄、耘荡等中耕工具比宋代有所发展。镰刀种类增多，还创造了收荞麦用的推镰。水力机械和灌溉器具大有改进，水轮、水砻、水转连磨等更趋完备，牛转翻车、高转筒车已有使用。

元世祖为了清查土地征收赋税曾实行过土地所有者自报田地的经理法，由于未能确实执行，1314年元仁宗又派大臣往江浙、江西、河南三地实施经理法，但实施结果仍然弊端极多，人民纷起反抗，以至仁宗不得不下诏免三省自实田租二年，最后不了了之。

同时建立管理农业的政府机构，由劝农司指导督促全国各地的农业生产，并以“户口增，田野辟”，作为考核、选用官吏的标准。政府还编辑出版《农桑辑要》，推广农业生产先进技术，保护农业劳力和农民耕地，禁止占民田为牧地，召集逃亡，鼓励垦荒，储备种子，兴修水利，使全国农业生产得到了恢复和发展。到了元世祖时，关中小麦已盛于天下，产量年年增加。元至元二十六年（公元1289年），在浙东、江东、江西、湖广、福建等地，大种经济作物棉花，设木棉提举司，岁输木棉布10万匹。

元朝土地仍可分为官田和私田两种。官田主要来自宋、金的官田，两朝皇亲国戚、权贵的土地，掠夺的民田，以及经过长期战乱所形成的无主荒地。元廷把所掌握的官田一部分作为屯田，一部分赏赐王公贵族和寺院僧侣，余下的则由政府直接招民耕种，收取地租。其屯田的数量极大，遍及全国，其中以河北、河南两省最多。其中民屯是役使汉人屯垦收租，军屯则分给各军户，强迫相当于奴隶的“驱丁”耕种。私田是蒙古贵族和汉族地主的占地以及少量自耕农所有的田地。元朝以大量土地赏赐寺院，例如1316年元仁宗曾赐给上都开元寺江浙田二百顷、华严寺百顷。元朝也有一定数量的自耕农，然而地位很低下，生活十分困苦。

元代中期以后，由于统治机构的腐败和地主阶级剥削的加重，以及水旱灾荒的频繁，农业生产的发展呈现停滞、衰敝现象。元成宗铁穆耳以后，劝农机构形同虚设，水利建设渐见减少，军民屯田多有废弛，赋税徭役不断增加，农户逃亡破产者增多，大德、至大、天历、至正年间都有大规模天灾发生，农业生产破坏日益严重。

军 事

方腊起义

陈桥兵变

后周世宗柴荣病逝之后，他的儿子柴宗训即位为恭帝。当时，柴宗训才7岁，朝中大事全由符太后和宰相范质做主。第二年的正月初一，曾被柴荣打得溃不成军的北汉和辽国再度起兵攻打后周。符太后心急如焚，偏又无计可施，只能向宰相范质求助。范质认为，要拯救后周于水火，只能寄希望于禁军统帅赵匡胤。

赵匡胤出生于军人家庭，他的父亲本是李存勖麾下的一员猛将，在与朱温率领的后梁军队作战的过程中屡立战功，深受李存勖赏识。后来，李存勖在兵变之中惨死，赵匡胤的父亲随即失势，开始四处流浪，卖艺为生。赵匡胤跟随父亲流落民间，吃尽了苦头。

成年之后的赵匡胤身强体健，又学会了一些武艺，便跑去从军。他一开始效力于后汉大将郭威麾下，郭威十分器重他。在郭威建立后周称帝以后，赵匡胤也得以加官晋爵。等到柴荣即位时，赵匡胤更成为皇帝亲军的最高将领。

作为一名武将，赵匡胤却非常喜欢读书。他就是通过这样的方式，不断充实和提升自己，等到后来时机到来时，才能把握住机会，登上帝位，进而统一全国。

柴荣在位期间，曾有人向他检举赵匡胤，说赵匡胤搜刮来的财宝要用几辆大车来运送。柴荣派人前去搜查，却只在车里发现了大量的书籍。后来，赵匡胤建立北宋，做了皇帝，尤其喜欢重用文人。不仅如此，他还鼓励将领和大臣们都要多读书。

赵匡胤不仅兼具文才武略，还非常有野心。后周世宗柴荣死后，原本繁荣稳定的后周开始出现动荡，时任禁军统帅的赵匡胤便和弟弟赵匡义，联合禁军将领石守信等人开始筹划造反。

赵匡胤的野心是范质没有想到的，当范质请求他出兵迎战北汉和辽国的军队时，遭到了他的拒绝。赵匡胤的理由是自己统领的兵太少，然而，军情紧急，拖延不得，范质无可奈何地将后周的最高军权交给了他。如此一来，赵匡胤便掌控了全国的军队。

正月初三，赵匡胤率军从开封出发，晚上，军队就在陈桥驿安营扎寨。赵匡胤早将一切都安排妥当，这晚便假装不胜酒力醉倒了。随后，在军队之中就有这样一种言论传播开来。当今皇帝年纪还小，无法亲政，将士们在阵前奋不顾身地杀敌，功劳又有谁能知道？既然这样，不如在出征之前，先拥立大将赵匡胤做我们的新皇帝，等到我们上阵杀敌时就更有动力了。

传播这种言论的自然都是赵匡胤的心腹。没过多久，全军上下蠢蠢欲动，兵变蓄势待发。赵匡义和赵普看准时机，就怂恿大家将一件黄袍披在了赵匡胤身上。接下来，将士们全都跪在了赵匡胤脚下，冲他高呼“万岁”，声音甚至传到了几里开外的地方。赵匡胤装模作样，表示难以接受，推辞一番过后，最终只好“勉为其难”地做了这个皇帝。不过，赵匡胤有个条件，将士们既然执意要拥立他做皇帝，那么就必须听从他的一切命令。将士们表示一定会对他言听计从。于是，赵匡胤又率领军队返回了开封。

开封的守城将领石守信等人都是赵匡胤的同伙，等赵匡胤率军来到开封城门下时，他们马上便将城门打开了。很快，整个开封城都被赵匡胤的军队占领。朝中的文武百官明白后周大势已去，遂宣布柴宗训将帝位禅让给赵匡胤。后周就这样轻而易举地落入了赵匡胤手中，陈桥兵变也以赵匡胤的胜利而告终。

即位以后，赵匡胤改国号为宋。

靖康之变

1127年，正值宋钦宗靖康二年，金军攻破了北宋的都城开封，接连数日在城中大肆搜刮，最后又掳走了包括宋徽宗、宋钦宗在内的皇室贵胄数千人返回金国，北宋就此灭亡。这就是历史上著名的“靖康之变”。

徽宗在位期间，完颜阿骨打建立金国，在对辽作战中接连获胜。徽宗断定辽国迟早要灭在金国手上，便与金国达成了共同攻打辽国的盟约。由于在订立盟约的过程中，宋金两国的使者都是通过海路往来谈判，所以这个盟约便被称为“海上之盟”。

宋金两国约定，由金军负责进攻辽中京，宋军负责进攻辽燕京。等消灭辽国以后，幽云十六州便归北宋所有，辽国其余的领土则归金国所有，除此之外，北宋还要将每年送给辽国的岁币转送给金国。

后来，金军攻破了辽中京，宋军却大败而归。金军一鼓作气，又将辽燕京攻破，随后俘虏了辽天祚帝，灭掉了辽国。尽管宋军兵败，但徽宗还是想收复幽云十六州。他派人与金国进行交涉，最终用30万匹绢、20万两白银、100万贯钱才买回了燕京。不过，当时燕京已经被金军洗劫一空。

北宋在对外征战中接连失败，在和谈中又表现懦弱，这些都落入了金国统治者的眼中。在灭掉辽国，收服西夏以后，金国便将北宋列为下一个攻击目标。

1125年，完颜宗望率领金军直逼北宋首都开封城。徽宗接受李纲的建议，将皇位传给儿子赵桓，即宋钦宗。在李纲的统领下，宋军在东京保卫战中取得了胜利，金军撤兵。战争结束后，抗金有功的李纲马上遭到朝中投降派的排挤，后又被钦宗贬黜到外地。仅仅过了几个月，金军便去而复返，盘踞在开封城外。当时李纲早已离开京城，钦宗不知该向谁求助，急得六神无主。金军统帅完颜宗翰主动提出和谈，钦宗大喜过望，急忙派出使臣赶到金军大营。

然而，完颜宗翰却要求与太上皇宋徽宗进行谈判。钦宗懦弱，他的父亲徽宗有过之而无不及，无论如何都不肯以身犯险。无奈之下，钦宗只得声称太上皇受惊过度，身体不适，然后亲自率领多名朝臣，赶赴金军大营。让钦宗没有想到的是，此次和谈只是完颜宗翰设下的陷阱，其目的就是想要将他扣押，要挟北宋朝廷。

钦宗在被扣押的过程中受尽屈辱，不仅失去了人身自由，还终日饥寒交迫，涕泪涟涟。与此同时，金军攻入开封城中大肆搜刮。偌大的开封城内一片狼藉，饿死的百姓不计其数。当时，开封城内疫病流行，情况简直惨不忍睹。

靖康二年二月，金太宗下令将宋徽宗和宋钦宗贬为庶人。金军要将钦宗身上的龙袍强行脱下来，北宋朝臣李若水忠心护主，一面保护钦宗，一面痛斥金人。完颜宗翰命人将李若水残忍地杀害了。

北宋亡国后，金军辅佐主和派张邦昌登上帝位，国号“大楚”。在这段时期，金军依然没有放弃对开封城的搜刮，又搜得几万金银以后，眼见城内已经连半点值钱的东西都找不出来了，金军这才分两路撤兵：一路由完颜宗望负责监押，将徽宗、郑皇后、亲王、皇孙、公主、驸马、妃嫔等人沿滑州向北押送；三天后，另外一路由完颜宗翰负责监押，将钦宗、朱皇后、太子等人沿郑州向北押送，除此之外，还有几千名乐师、工匠，十万多名无辜百姓，以及各种奇珍异宝，一同被送往金国。

徽宗的第九个儿子康王赵构当时正在河北担任兵马大元帅。其后，赵构在南京应天府建立政权，后来又迁都临安，恢复国号宋，史称南宋，赵构便是宋高宗。

金兵在撤退的过程中，不断骚扰沿途百姓，每到一处，民怨沸腾。被押解的皇族宗室也一路饱受折磨，原本3000余人的队伍，在抵达燕京时，只余下了1000多人，其余的全都在途中病饿而死或是被折磨致死。

三个多月后，两路兵马在燕京会合，徽宗和钦宗父子重逢，抱头大哭不止。两个月后，两人被押解到金上京。在上京，他们被迫在完颜阿骨打的祠庙中披麻戴孝，祭拜这位已故的金国开国皇帝。

在五国城待了没几年，徽宗就因病去世了。20余年后，钦宗也病死在异国他乡。在徽宗过世7年后，南宋与金国的关系就已经有所缓和，金国还将宋高宗的母亲韦贤妃送回了南宋。韦贤妃临行时，钦宗恳请她让高宗把自己也接回去，并表示自己绝无要争夺皇位的意思，请高宗不必忧心。然而，高宗始终对这位兄长心存芥蒂，担心他归国以后会对自己的皇位造成威胁，因此无论如何都不肯接他回来。钦宗就在绝望的等待中迎来了生命的最后一刻。

钦宗死后，高宗假惺惺地装出悲痛欲绝的样子，并赠予他“恭文顺德仁孝皇帝”的谥号，但高宗心里却暗暗松了一口气，徽、钦二宗都已客死他乡，从此再也无人有资格来争夺帝位。

徽宗和钦宗两父子虽然懦弱无能，却颇具才华，尤其是宋徽宗。他创立了书法中的瘦金体，并留下了《瘦金体千字文》等传世名帖，其水准极高。除了书法以外，徽宗在绘画和诗文方面也造诣颇深。他成立了翰林书画院，并在科举考试中加入了绘画一项。在他统治期间，画家的地位上升到了前所未有的高度。徽宗还下令编撰了《宣和书谱》《宣和画谱》《宣和博古录》等美术史书籍，这些都成了后世研究中国美术史的重要参考文献。据说，金军攻入开封，在城中大肆搜刮时，最让徽宗痛惜的不是被金军抢走的金银财宝，而是被洗劫的皇宫内院的藏书。在五国城居住期间，徽宗每天都靠读书打发时间。为了抒发自己的亡国之痛，他曾挥笔写下了“彻夜西风撼破扉，萧条孤馆一灯微。家山回首三千里，目断天南无雁飞”这样的名句。

徽宗是一名成功的艺术家，却是一名失败的君主，他与钦宗的昏庸直接导致了北宋历史上最耻辱的“靖康之变”，并最终导致了北宋的灭亡。南宋大将岳飞曾写道：“靖康耻，犹未雪，臣子恨，何时灭。”“靖康之变”给两宋人民带来的耻辱是深刻的，宋徽宗和宋钦宗也成了大宋的千古罪人。

方腊起义

宋徽宗在位时，北宋朝政腐败，外部连年征战，内部灾荒不断。朝野之中的大奸臣蔡京、童贯等人乘机压榨百姓，百姓被沉重的赋税徭役压得喘不过气来，有的逃往山林避祸，有的则被逼起义。

方腊起义就发生在这段时期。1120年，方腊在浙江青溪县率领乡民发动起义，后来，江苏、浙江、安徽、江西的52个县的百姓加入了起义军。北宋朝廷出兵镇压，未满一年，轰轰烈烈的方腊起义宣告失败。领袖方腊被宋军俘虏，很快就被处死。

方腊出生于安徽歙县的七贤村，自幼家境贫寒，为了维持生计，他只好远赴浙江青溪县，在地主方有常经营的漆树园中做工。然而，卑微的身份并没有磨灭方腊的斗志，他一直坚信自己总有一天会功成名就。据说，他曾经在河面上看到自己身上穿着龙袍，头上戴着皇冠。这预示着他日后必定有一番大作为，甚至会成为九五至尊。

宋徽宗在位期间，不理朝政，却对奇花异石尤其喜爱。他在杭州设立了造作局，又在苏州设立了应奉局，专门从江南民间搜罗奇花异石以及其他各种各样的珍宝，再用大船运回京城，称为“花石纲”。“纲”就是指一个运输团队，十艘船就称为一纲。运送花石的船队每经过一个地方，都要由当地提供物资补充。某些地方为了能让船队顺利通行，甚至要拆毁桥梁或是其他建筑物。这些都为江南百姓带来了沉重的负担。

当时，青溪县境内物产丰富，方腊做工的漆树园就经常受到朝廷的搜刮压榨，当地种植这类树木的百姓也深受其害，但大家对此却敢怒不敢言。方腊是个很有志气的人，他在漆树园中承受着地主和官府的双重压榨，一早就产生了率众起义的念头，只是一直没有遇上合适的时机。

后来有一年，当地遭遇了严重的旱灾，田里的庄稼全都枯死，百姓们连饭都吃不上。屋漏偏逢连夜雨，官府在这时又来征收赋税，逼得百姓无计可施。方腊看准时机，开始动员走投无路的百姓秘密为即将到来的起义做准备。方腊本身就是贫苦百姓中的一分子，再加上他个性爽朗，又颇具领导才能和组织才能，因此吸引了很多百姓前来投奔他。

没过多久，地主方有常察觉到方腊举止异常，便想向官府告发他。方腊率众杀死了方有常全家，之后又集合了上千名乡民在方有常家的漆树园中举行誓师大会。

方腊对参加起义的百姓说：“我们终年忙碌，织布耕田，织出的布匹和收获的粮食最后却都被朝廷拿走，挥霍掉了。不仅如此，朝廷还时常派人来祸害我们，多少百姓都被他们祸害死了。大家说说，这样的现状我们还能继续忍受吗？”百姓们纷纷说道：“不能。”

方腊又说：“朝廷将他们挥霍剩下的财物全都献给了外敌，外敌的力量因此越来越强大，然后反过头来又来攻打大宋。朝廷的兵力不足，就不断征兵，让无辜的百姓到前线去送死。即便如此，我们每年还是要向那些杀死我们同胞的外敌进贡，大家说说，世间哪有这样的道理？”百姓们纷纷附和。

方腊继续说道：“眼下朝堂之上贪污腐败成风，东南的百姓一直生活在水深火热之中，一旦我们揭竿而起，东南百姓必将闻风响应，要在短时间内聚齐上万人并非难事。到时候，我们便可以趁着朝廷还没有做好准备，一举攻下江南。在此之后，中原的百姓也会响应我们，而外敌也会乘机对朝廷发动进攻。我们利用这段时间，在长江以南建立政权，让百姓休养生息。其余地区的百姓定会慕名而来，投靠我们。等我们的力量壮大以后，不用10年就可以一统天下。”

方腊的演讲让在场的百姓深受感染，大家摩拳擦掌，斗志高昂。当时在江南搜刮奇珍的官员名叫朱勔，以方腊为首的起义军首先将矛头对准了朱勔及其部下。附近的百姓此前一直深受朱勔等官僚的荼毒，此刻听闻要讨伐他们，马上云集响应，加入起义军。

起义军的人数很快就增长到了10万，在攻下周围的几十个县以后，总人数更是直逼百万。仅仅过了一个月，起义军便建立了农民政权，他们尊称方腊为“圣公”，并改元“永乐”，方腊提出要“劫取大家财，散以募众”，他立志要推翻北宋政府，让全国百姓都过上好日子。接下来，起义军攻无不克，战无不胜，一直攻入了杭州，杀掉了数名大官，还将大奸臣蔡京先人的尸骸从祖坟中挖掘出来，丢弃在荒野。各地百姓都热烈响应起义军，一见到起义军的旗帜，听到起义军的鼓声，百姓们便奔出城来，将他们迎进去。

宋徽宗赶忙下令停运花石纲，废除杭州造作局和苏州应奉局，以安抚民心，接着又派大军前去镇压起义军。第二年四月，方腊率领的起义军在与宋军交战的过程中失败，随后，方腊躲进了青溪洞源的一个山洞中。这时，起义军中有人叛变，泄露了方腊的藏身之处。

宋军将方腊及其妻子、儿子等逮捕，押解到京城。四个月后，方腊被处死。在这段时期，起义军继续征战，在宋军的大肆镇压下，起义军又坚持了将近一年时间，才被彻底镇压下去。

方腊起义总共攻下了东南地区的6州52个县，让东南乃至北宋全国都大为震撼。北宋政府在镇压起义的过程中元气大伤，没过多长时间，就被金国所灭。

方腊起义虽然失败了，但方腊依然成了后人敬仰的英雄。在歙县和淳安有很多地方都是以他的名字命名的，例如“方腊寨”“方腊洞”等。

李纲抗金

公元1123年，金太祖完颜阿骨打病逝后，由他的四弟完颜晟即位，史称金太宗，辽国就是被金太宗所灭。当时西夏国力衰退，毫无反抗之力，见状忙对金国臣服。收服了辽国和西夏以后，金太宗便将目光对准了当时唯一可以与之抗衡的北宋，派出东西两路大军分别攻打太原和燕京（今北京），其中由金太祖的儿子完颜宗望率领的东路军甚至威胁到了北宋的京城开封。

当时北宋在位的皇帝是宋徽宗。徽宗懦弱无能，面对这样的情况，简直六神无主。君主尚且如此，更何况朝中的大臣？偌大的北宋朝廷陷入了巨大的恐慌之中。

金太宗看准时机，派使者来与北宋政府进行谈判，提出了割地称臣等不合理要求。在这紧急关头，太常少卿李纲挺身而出，坚持要与金国对抗到底。

李纲是两宋时期的抗金名将，人们所熟知的岳飞就是他的学生。在进入仕途之初，李纲一度担任过谏官，因为直言敢谏数次得罪宋徽宗，徽宗便将他调离京城，做了一名税务官。直到7年以后，徽宗才又将他调回来，担当太常少卿一职。

正当金国大军压境之时，李纲提议让徽宗将皇位传给太子赵桓。当时北宋的皇位已经成了一个烫手山芋，徽宗巴不得可以转手他人。一听到李纲的建议，徽宗马上便拟好了传位的诏书，随后就再也不理会国事了。

赵桓在朝堂内外一片混乱的情况下登基为帝，史称宋钦宗。他登基以后，马上册封李纲为尚书右丞，统领京城的防御工作。李纲不负众望，在极短的时间内就完成了京城的防御部署。

不过，宋钦宗初登帝位就要面临如此严峻的考验，心里自然没有底。当时的宰相白时中和李邦彦都劝说钦宗放弃京城，南下逃亡，李纲则极力劝说钦宗留下来，白时中质问李纲：“金军的实力如此强大，我们如何能抵抗得了？”

李纲马上说道：“这里是大宋的都城，是满朝文武的会聚地，更是全天下守卫最为森严的城池。只要陛下能亲自督战，我们就一定能将金军驱逐出去。”

话说至此，钦宗也不好再说什么。不过，到了第二天，他又在白时中等人的劝说下动摇了，甚至连逃跑的马车都准备好了。

李纲赶来见到这一幕，不由得怒气冲天，对钦宗说道："皇上南下就一定要带着禁军随行，但是禁军的家人全都在京城，他们怎么能丢下自己的家人，随皇上南下呢？"李纲大声询问禁军，是否愿意留下来保卫京城，禁军全都异口同声地表示愿意。

李纲说："皇上都听到了，他们根本不想离开京城。皇上要是置他们的意见于不顾，硬要他们护驾离京，要是中途他们反悔了，丢下皇上跑回来了，到时候皇上的安全由谁来保证呢？要是金人乘机追过去，就更加大事不妙了。"钦宗这才打消了逃跑的念头。

随后，完颜宗望率领的金军打过来。李纲亲自登上城楼，指挥作战，极大地鼓舞了宋军将士的士气。此前一直战无不胜的金军第一次尝到了失败的滋味。强攻这条路走不通，完颜宗望便想到了诱降。钦宗和朝中许多大臣都想通过割地求和的方式，换取一时太平。李纲作为坚定的抗战派，坚决反对他们这样做。钦宗一怒之下，竟罢免了李纲的官职。

京城的将士和百姓都是李纲的拥护者，见此情形，纷纷站出来声讨朝廷，向钦宗施压。钦宗迫于压力，只好让李纲官复原职。但完颜宗望依旧不肯死心，钦宗便答应将河北三镇割让给金国，这终于让完颜宗望下令撤军。

京城暂时恢复了安定，这时，朝中的投降派又出来兴风作浪，排挤李纲。钦宗听信谗言，将李纲调离京城。可没过几个月，金军又卷土重来，没有了李纲主持大局，开封城很快就被攻破了。金军进入开封城大肆抢掠，并将宋徽宗和宋钦宗父子掳回金国。史称这一事件为"靖康之变"。自此，北宋就此覆灭。在"靖康之变"前夕，钦宗曾经下令召李纲回京，然而李纲得到消息时，北宋已经亡国了。

几个月后，钦宗的弟弟赵构在南京应天府（今河南商丘）登基为帝，宋朝便步入了南宋阶段。宋高宗赵构将李纲册封为宰相，抵御金军的进攻。李纲一面与朝中的投降派做斗争，一面整顿军政，颁布了新军制二十一条，并积极组织各地的抗金力量收复失地，还推荐老将宗泽留守开封。

投降派的汪伯彦、黄潜善等人与李纲针锋相对，就连宋高宗也站在了投降派那边。李纲仅仅当了75天宰相，就再度被排挤出朝廷。其后，李纲先后被贬黜到湖北鄂州和海南的万安军。尽管如此，他一直没有放弃自己抗金的主张，不断上书反对向金国投降。岳飞在抗金的过程中，也得到了李纲的大力支持。

李纲死后，宋高宗御赐谥号"忠定"。李纲一生坚持抗金，在投降派占据主导地位的两宋朝廷中备受排挤，然而，这并不妨碍他成为深受时人和后人敬仰的抗金名将和爱国英雄，由李纲负责指挥的东京保卫战更书写了北宋抗金史上的光辉一页。

韩世忠勇挫金军

宋高宗赵构登基为帝后，便将金国扶持的“大楚”皇帝张邦昌诛杀。

仅仅过了一年，金军又开始大规模入侵南宋。南宋朝臣刘豫杀死了宋军将领，投降金国。金国便拥立他在河北大名称帝，国号为“大齐”，史称“伪齐”。金国操纵着这个傀儡政权，控制黄河以南的地区。

宋高宗先后派出数名大将北上与金军抗战，抗金名将韩世忠就是其中的一员。韩世忠出身贫寒，性格洒脱，勇猛过人。18岁时，他加入了北宋军队，开始了自己一生的征战历程。两宋年间，国内不断发生变乱，韩世忠率军平定了方腊、范汝为等起义。在与西夏和金国的对抗中，韩世忠同样战功显赫，他所统领的韩家军在两宋时期与岳飞的岳家军名声不相上下。

徽宗年间，韩世忠跟随将领刘延庆到燕山抵抗金军，意图收复失地。在此之前，金军在与宋军作战的过程中势如破竹，偏偏就在韩世忠率领的宋军面前摔了个大跟头。当时韩世忠带着五十多名骑兵到滹沱河偷袭金军，使得金军大败而归，韩世忠也因此被擢升为武节郎。

钦宗在位时，金国出兵占领了河北真定。时任单州团练使的韩世忠赶来支援，在与金军对抗的过程中弹尽粮绝。在这危难关头，有部下劝他率军突围，韩世忠却坚持要与全体宋军将士共存亡。没过多久，他便想出了一条计谋，趁着一天晚上下大雪的时候，率领300名死士偷袭金军。措手不及的金军全都慌了手脚，混乱之中，金军的主将竟然被自己的手下误杀。群龙无首的金军仓皇撤退，韩世忠立下大功，被升为嘉州防御使。

高宗即位后，金国大将兀朮率领大军入侵南宋。高宗十分恐慌，想要逃到外地避祸。朝中将领张俊等人便建议高宗躲到湖南长沙去。韩世忠却说：“眼下河北和山东地区都已被金人占领，要是连江淮地区都保不住了，那么大宋的领土还剩下多少呢？”

高宗认为韩世忠此言有理，便打消了逃跑的念头，并派韩世忠到江苏镇江镇守。随后，兀朮率军渡过长江，将当时南宋的都城临安攻破，并接连攻下了越州、明州等地。幸而此时高宗已经逃往浙江东部沿海，才没有步他父兄的后尘，成为金国的俘虏。

北归途中，金军在长江下游的黄天荡遭到了韩世忠率领的8000将士的伏击，两军交战长达48天。金军空有10万大军，却无法突围出去。

在长江北岸的金军派出船队到对岸来接应兀朮。韩世忠命令部下用巨大的铁钩将金军的船全部掀翻。兀朮走投无路，只好向韩世忠表示，愿用此番南下掠夺的所有财物来交换一条生路。韩世忠却厉声说道："你们若想全身而退，就将被你们掳走的两位大宋君主全都送回来，再把吞并的大宋疆土全都还回来。"

兀术明白求饶这条路行不通，便转而考虑其他的法子。他命人挖掘了30里河渠，然后乘坐小船逃跑，宋军追来的时候，就用火将宋军击退。通过这个方法，兀术总算率军冲出了宋军的包围圈。

黄天荡之战是历史上著名的以少胜多的战役，此前金军在对宋作战的过程中一直牢牢占据着有利地位，此后金军开始意识到宋军并不像自己想象中那样软弱可欺。这场战役是南宋政府在抗金战争中的一大转折，也让南宋军民重新看到了振兴的希望。

其后，宋金两国进入了相持阶段。韩世忠忙于平定国内的小规模起义，在此期间，不断获得擢升。5年后，金军联合刘豫再次对南宋发起了进攻，韩世忠率军抵抗，将金军击溃，高宗因此对韩世忠大加赞赏。在此后的7年时间内，韩世忠一直坚持与金军对抗，并不断取得胜利。然而，高宗却在奸臣秦桧等人的误导下信念动摇，想通过议和的方式，解除金国长期以来对南宋政权的威胁。韩世忠多次上书，恳请高宗坚定抗金的信念，并严惩秦桧等误国的奸臣，可惜他的话高宗根本听不进去。朝中的投降派将韩世忠视为心腹大患，欲除之而后快。

1141年，秦桧邀请朝中的三位大将韩世忠、张俊和岳飞返回朝中，说高宗要对他们论功行赏。韩世忠等三人一到临安，就被解除了兵权。这个消息传到金国以后，兀术马上率军卷土重来。没有三位大将主持大局，宋军节节败退，兀术借机威胁高宗对金国割地臣服。在秦桧等人的怂恿下，南宋最终与金国签订了丧权辱国的"绍兴和议"。同年，抗金名将岳飞遭到秦桧的污蔑，含冤而死。

此时，秦桧权倾朝野，朝中大臣无人敢为岳飞鸣冤。韩世忠却质问秦桧，岳飞到底犯了何罪，要受到这样的惩处。秦桧便说："莫须有之罪。"韩世忠大怒："莫须有之罪，何以服天下？"朝廷之中有人好心劝他别再跟秦桧针锋相对，否则难保不会落得像岳飞一样的下场。韩世忠毫无畏惧之色，他说："我若是因为害怕被牵连获罪，就忍气吞声，那么等我死了以后，还有什么颜面去见先帝？”

韩世忠的耿直终于让他付出了代价，高宗罢免了他的官职，只封他一个徒有虚名的福国公。韩世忠对南宋政府十分失望，从此远离朝廷，过起了深居简出的生活。他去世以后，被拜为太师，又被追封通义郡王。宋孝宗即位时，因为感念他对国家立下的汗马功劳，便追封他为蕲王，并赐谥号忠武。

韩世忠为官清廉，终生视钱财为身外物。他战功显赫，皇帝给了他不少的赏赐和田产，他将这些全都分给了部下和百姓。他一生征战沙场，身上受伤无数，伤痕遍体。

韩世忠用自己满腔的爱国热情和正直不阿的高尚品格赢得了百姓的爱戴，成了流芳千载的英雄，而他的妻子梁氏在他的影响下，也成了著名的抗金女英雄。

梁氏就是人们所熟知的梁红玉，在正史之中并没有提及她的名字，红玉只是野史为她杜撰的芳名。梁红玉出身贫寒，流落到军中做了营伎，后来，韩世忠为她赎身，将她纳为妾室。等到韩世忠的妻子白氏死后，梁红玉便成了他的正室。

梁红玉巾帼不让须眉，时常跟随丈夫上阵杀敌。在黄天荡之战中，为了鼓舞宋军将士的士气，梁红玉亲自上阵，为将士们擂鼓助威。梁红玉33岁那年，在与金军交战的过程中，遭到围攻，力战而死。她的英勇让金军将士都深受感动，最后还将她的尸体送还给宋军。韩世忠去世后，他们夫妻便被合葬在了苏州灵岩山下。

宋孝宗登基后，特意在灵岩山为韩世忠修建了规模宏大的坟墓，并在他的墓碑上亲笔书写了“中兴佐命定国元勋之碑”十个大字。此外，孝宗还命令丞相赵雄为韩世忠撰写了长达13000余字的碑文，并由著名的文学家周必大亲笔书写，以表达对韩世忠深深的敬仰之情。苏州的韩世忠墓和杭州的岳飞墓遥相呼应，如今已成了吴越地区的两大人文景观，吸引了无数人慕名前去祭拜这两位名垂千古的英雄。

岳飞精忠报国

南宋初期，金军的铁蹄踏遍中原各地，并不断南下。虽然南宋统治者十分软弱，但朝廷之中却涌现出了不少抗金名将，其中最为后世传颂的便是精忠报国的岳飞。

岳飞出生于宋徽宗统治时期，幼年开始习武，由于其天分很高，又十分勤奋，很快就成了县里顶尖的高手。不久之后，朝中招募勇士，岳飞前去参军。可惜没过多长时间，他的父亲就病逝了。岳飞只好返回家乡，为父亲守丧。

等到了靖康年间，岳飞在相州投入刘浩麾下。24岁的他这才正式开始了自己四处征战的历程。岳飞的一生四度北伐，在与金军交战的过程中，先后收复了郢州、襄阳六郡、商州、虢州等地。岳飞率领的军队被尊称为“岳家军”，当时在金军之中流传着这样一句话：“撼山易，撼岳家军难。”“岳家军”每到一地，都令金军闻风丧胆。

因为战功显赫，岳飞32岁时就被册封为清远军节度使，从而成为两宋时期最年轻的建节者。之后，岳飞不断加官晋爵，他最后一次获得晋升是在绍兴十一年，这一年，岳飞39岁。朝廷连发12道金牌，将他从抗金战场上召回京城，随后授予他枢密副使一职，名为升官，实为剥夺军权。就在同一年，岳飞被大奸臣秦桧以“莫须有”的罪名污蔑入狱。同年十二月，岳飞在临安风波亭被毒杀，他的儿子岳云也被腰斩。

岳飞在被召回京城之前，正在进行第4次北伐。当时岳家军所向披靡，横扫中原，岳飞更率军在朱仙镇大败兀朮率领的金军，并将其驱逐出开封城。哪知就在这时，朝廷忽然下令，让岳飞班师回朝。岳飞上书禀明宋高宗：宋军在对金作战中正处于优势地位，理应乘胜追击，否则一旦错失良机，必将悔之晚矣。

然而，宋高宗却对岳飞辉煌的战绩视若无睹，在一天之内连发12道金牌，勒令岳飞立即班师回朝，同时撤走岳家军之外的所有宋军。岳飞满心悲愤，但又无可奈何，只能流着眼泪叹息道：“十年之功，废于一旦。”

百姓们听说岳家军要撤军，纷纷来到岳飞面前哭诉。岳飞明白，此番宋军撤军，金军必会卷土重来，祸害中原百姓。岳飞决定要带百姓一同南下，于是打算再逗留5天，并对外声称要渡过黄河，继续攻打金军。兀朮听说这个消息以后，马上率军向北逃亡。岳飞便利用这段时间保护当地百姓南迁。岳家军撤军以后，兀朮马上率军夺回了开封城，中原的大好河山再次落入金国之手。

岳飞被秦桧污蔑入狱时，被冠上了谋反的罪名。可是秦桧无论如何都找不到岳飞谋反的证据，结果最后只能用荒谬的“莫须有”之罪将岳飞父子杀害。岳飞死后，他的尸体被一位名叫隗顺的狱卒偷偷埋葬起来。隗顺为人忠厚，一向仰慕岳飞的威名，不忍心看着岳飞死后，尸体还被作践。隗顺一直保守着这个秘密，直到临死之际才告诉了自己的儿子。

1162年，昏庸无能的宋高宗让位，宋孝宗即位。孝宗下令为岳飞平反，赠谥号武穆，并在杭州西湖之畔为岳飞修建坟墓，将他的尸骨埋葬于此。

岳飞一生精忠报国，深受部下和百姓爱戴。每次打了胜仗，朝廷都会给予将领丰厚的赏赐，岳飞总会把这些赏赐全都分发给部下。“武将不怕死，文官不爱钱”就是由岳飞率先提出来的。行军打仗期间，岳飞与战士们同吃同住。遇上粮食短缺的时期，岳飞便跟级别最低的士兵吃一样的饭。每次打仗时，他都冲在最前头。身为主帅尚且这样奋不顾身，做部下的哪里还有退却的道理？这也是岳家军在战场上所向披靡的一大原因。

岳飞不仅是一名卓越的武将，同时也是一名出色的诗人，他写的《满江红》已成为流传千古的佳作。岳飞在书法方面也颇有造诣，他最喜欢临摹苏轼的书法。岳飞平时很喜欢读书，跟他交往的有很多都是当时闻名天下的才子。

岳飞对自己的部下要求严格，对自己的家人同样如此，他要求子女们除了学习之外，还要亲自到田间地头耕作，体味百姓疾苦。他的长子岳云在战场上多次立功，他却不肯上报让岳云得到应有的奖赏。同僚认为岳飞这样做未免有失公允。岳飞却说：“我身为父亲，绝对不能让孩子年纪轻轻就变得急功近利。”

岳飞的妻子李氏自从嫁给他以后，就只穿过一次丝绸衣服。岳飞看到之后很生气，他说：“在靖康之变中被掳走的皇后以及众妃嫔现在全都身穿粗布衣服。我们做臣子的，又怎么能穿绫罗绸缎呢？”岳飞全家人终日都只穿粗布制成的衣服，与寻常百姓没有半分差别。

在中国古代社会，男人三妻四妾十分常见，特别是南宋的武将，几乎没有哪一个不是妻妾成群的，但身居高位的岳飞却坚持一夫一妻。他的前妻刘氏抛夫弃子改嫁给韩世忠的部下，岳飞非但没有一句怨言，还给她送了500贯钱。之后，他才迎娶了比自己大两岁的李氏。李氏是一个贤良淑德的好女人，她嫁给岳飞以后，从来没过过一天富贵日子，但她对此毫无怨尤。她将刘氏为岳飞生下的两个儿子视若己出，岳飞死后，她与岳家的子孙一同遭到流放。她用自己的力量保护着岳家仅余的一点血脉，直到20年后，宋孝宗为岳飞平反，并下令让岳飞的亲眷回京，岳飞一家人才在李氏的苦苦支撑下得以重见天日。

岳飞在战场上身先士卒，在生活中勤俭朴素，为了国家和百姓，他鞠躬尽瘁，死而后已，在两宋历史上留下了极为浓重的一笔，成为深受百姓爱戴的英雄。

采石之战

1161年，金废帝完颜亮大举进攻南宋。金军行至安徽采石矶时，与文臣虞允文率领的南宋军民正面交锋。此前一直咄咄逼人的金军却在这场交战中大败而归，完颜亮想消灭南宋的计划也宣告破灭。此次战役在宋金战争史上意义重大，被称为“采石之战”。

“绍兴和议”签订后，宋金两国便进入了长期的对峙状态。然而，贪得无厌的完颜亮并不满足于南宋向金国称臣、割地、赔款，他想彻底消灭南宋政权，然后将富庶的江南地区据为己有。即位12年后，完颜亮开始蠢蠢欲动。他派出使臣到南宋，要求南宋政府将淮汉流域割让给金国，并对高宗恶言相向，极尽挑衅之能事。

此事再度引发了南宋朝中的抗战派和投降派的争论，投降派主张对金国妥协退让，以宰相陈康伯为首的抗战派则坚持主张抗金。最后抗战派的呼声压过了投降派，胆小怕事的高宗也不能倒行逆施，便下令开始为即将到来的战争做准备。

1161年9月，完颜亮亲自率领60万大军南下进攻。在强大的金军面前，宋军简直不堪一击。金军长驱直入，很快就抵达了长江北岸，逼近南宋的都城临安。

南宋朝堂一片混乱，高宗想要逃跑，却被陈康伯等人劝阻。与此同时，金国境内发生了兵变，完颜雍被拥立为帝。消息传来，完颜亮大怒，不过，他并没有马上班师回国平定叛乱，而是继续对南宋发起猛攻。在抵达安徽采石之后，完颜亮便预备从这里渡过长江，一举消灭南宋。

当时宋军的主帅李显忠尚未抵达采石，宋军群龙无首，军心涣散。文臣虞允文为了能让宋军将士重新振作起来，便对他们说：“眼下长江还控制在我们手中，要知道长江地势险要，易守难攻，金军纵是有天大的本事，也很难顺利渡江。只要我们死守长江不放，就一定会迎来新的转机。俗话说，养兵千日，用在一时。为了保家卫国，就算要我们付出性命又有何妨？但若是金军渡过了长江，国家都灭亡了，我们这些人如何还能继续活下去？”

将士们听到这番话，马上便振作起来了。虞允文乘机将长江沿岸的宋军全都聚集起来，最后总共得了一万八千名宋军，在采石矶和十五万金军正面交锋。虞允文是个文臣而非武将，指挥战争对他而言还是头一回，但他并没有因此胆怯。宋军将士在他的指挥领导下，最终成功战胜了人数远胜过己方的金军。

兵败之后，完颜亮匆匆撤兵，朝扬州的方向逃亡，虞允文乘胜追击。没过多久，完颜亮就在瓜洲被自己的部下所杀。趁着这个机会，宋军将被金军占领的淮河流域收复。失去首领的金军不再恋战，匆忙撤回了金国。

“采石之战”保全了南宋政权，使江南百姓免遭金兵铁蹄践踏。作为这场战役的指挥者，虞允文自然功不可没。金军北撤后，南宋军民皆对虞允文交口称赞。直到今天，虞允文的英雄事迹依然广为流传。

“采石之战”结束后，虞允文与南宋大将吴磷率军北伐，收复陕西六郡，并想进一步收复整个中原地区。然而，当时在位的孝宗因为听信了小人的谗言，命令虞允文撤兵，让此次北伐最终不了了之。

后来，孝宗再次下令让虞允文率军讨伐金国，虞允文却偏巧在这时因病去世了。虞允文死后，孝宗再也无心兴兵讨伐金国。

时任金国皇帝的金世宗完颜雍因为治国有道，被尊称为“小尧舜”。在他的统领下，金军的实力相较以前更为强大。孝宗放弃北伐，一方面是因为虞允文的死感到心灰意冷，另外一方面也是因为当时南宋的实力确实不足以抵挡金国。孝宗在位期间，勤政廉明，将南宋的国力推向了顶峰，可惜他生不逢时，恰好遇上了金世宗。“既生瑜，何生亮”的悲剧在孝宗身上重演，不过后人并没有因此否认孝宗的功劳，后世公认的南宋最有作为的皇帝正是孝宗。

驰骋欧亚

成吉思汗建国后，势力日益强大。他实行千户制，建立护卫军，并开始对外发动大规模征服战争。

蒙古分别于公元1205年、1207年、1209年，三次进军西夏。公元1210年，西夏向蒙古称臣，将公主嫁给成吉思汗，并保证以后派军队支持蒙古的军事行动。

公元1211年春，新疆东部的畏兀儿归附蒙古。

公元1212年，契丹人耶律留哥在辽东起兵反抗金朝，并宣布归附蒙古。

公元1211年，成吉思汗率领大军入侵金朝，于野狐岭会战中击败40万金军。在之后的两年内，又相继攻破金朝河北、河东北路和山东各州县。1214年，金宣宗向蒙古求和，进献大量财物，并将金卫绍王的女儿嫁给成吉思汗为妻。

公元1218年，西辽被灭，蒙古扫清了其西征障碍。

公元1219年，蒙古抱着军事扩张和掳掠财物的目的，以西域花剌子模国杀蒙古商人和使者为由，由成吉思汗亲自率领大军约20万西征。数年内，蒙古先后攻破讹答剌（今锡尔河中游）、布哈拉及撒马尔罕等地。花剌子模国王摩诃末被迫逃至宽田吉思海（今里海）的一个小岛上，其子札兰丁则被追至申河（今印度河）。

摩诃末逃走后，蒙古大军继续向西前进，陆续征服了太和岭（今高加索山）一带的很多国家。之后继续向西扩张，进入了钦察草原。

公元1223年，蒙古将领哲别、速不台于迦勒迦河之战（今乌克兰日丹诺夫市北）中将基辅罗斯诸国王公与钦察忽炭汗的联军击败，后攻入黑海北岸的克里木半岛。1224年，蒙古军班师回朝。

公元1226年，成吉思汗率领10万兵马攻打西夏。次年，西夏灭亡。

公元1227年，成吉思汗准备攻打金朝，却不幸逝世，时年66岁。他临终遗嘱道：利用宋金世仇借道宋境，联宋灭金。

成吉思汗一生戎马，横扫欧亚。成吉思汗去世前夕，大蒙古国和金朝的东部边界基本以黄河为界，金朝领土基本只剩河南和陕西。

法国学者格鲁塞在《蒙古帝国史》中说道：“蒙古人几乎将亚洲全部联合起来，开辟了洲际的通道，便利了中国和波斯的接触以及基督教和远东的接触。中国绘画和波斯绘画彼此相识并交流。马可·波罗得知了释迦牟尼，北京有了天主教总主教。”

元末红巾军起义

红巾军起义是元朝末年爆发的一次大规模的农民起义。当时国内的各种矛盾日益尖锐，一直忍气吞声的百姓终于在走投无路的情况下揭竿而起，随后各地农民云集响应。虽然红巾军起义最后以失败告终，但是却从根本上动摇了元朝的统治，为后来明朝政府的建立打下了坚实的基础。

元朝最后一位皇帝元顺帝在位后期，朝政极其腐败。元顺帝不理政事，终日在后宫过着荒淫无道的生活，任由奇皇后把持朝政，祸害忠良。不仅如此，为了满足自己的淫欲，元顺帝还派人到民间大肆搜罗美貌女子，送进宫中供他玩弄，百姓对此敢怒不敢言。一国之君尚且如此，更何况是朝中大臣？元朝各级官府巧立名目，对百姓横征暴敛。与元朝初年相比，元末百姓的税务负担足足增长了20倍，即便如此，政府还是连年出现财政赤字。为了解决眼前的财政困难，元朝统治者想出了一个饮鸩止渴的法子：在国内大量发行纸币。此举导致纸币贬值，通货膨胀，民不聊生，让社会矛盾日趋尖锐。

蒙古贵族疯狂剥削各族百姓，这其中尤以对汉族百姓的剥削最为残酷。大批农田被蒙古贵族兼并，农民们失去了赖以生存的农田，只能到有钱人家或是官宦人家为奴为婢。这大大加剧了国内的民族矛盾。与此同时，那些家中尚有一些薄田的农民也并不好过。元顺帝在位期间，黄河连年发生洪涝灾害，田里的庄稼颗粒无收，再加上瘟疫横行，百姓们不是饿死就是病死。

眼看情况已经到了不可收拾的地步，元顺帝只好任命贾鲁治理黄河。治河工程本身是利民之事，但治河工程规模庞大，需要耗费大量的人力、物力和财力，为百姓带来了巨大的负担，对于原本就穷苦不堪的百姓而言，这无疑是雪上加霜。在这个过程中，有15万百姓被征为民工，参与治河。这些民工每天都要从事高强度的劳动，官府却乘机克扣他们的粮食，让他们饿着肚子干活。民工们内心悲愤无比，大规模的反抗蓄势待发。

1351年5月初，韩山童和刘福通等人在安徽颍州发动了轰轰烈烈的农民起义。因为起义军都头裹红巾，所以此次起义便被称为“红巾军起义”。同年8月，徐寿辉和邹普胜等人在湖北蕲州领导起义，同样以红巾军为号。

在治理黄河期间，饱受压迫的民工不堪重负，群情激愤。韩山童和刘福通审时度势，认为这正是发动起义的大好时机。他们先是编造了一首民谣，其中有这样两句话“石人一只眼，挑动黄河天下反”，之后，他们又将这首民谣在百姓中间广泛散播，那些治河的民工更成了他们的重点传播对象。民工们一开始对这首民谣将信将疑，哪曾想不久之后，他们竟在黄河的河道中挖出了一个石人，石人背后居然还刻着“石人一只眼，挑动黄河天下反”的字样。这自然是韩山童和刘福通做的手脚，不过却据此成功地笼络了人心。民工们看到石人以后，无不大惊失色，进而认为起义根本就是上天的旨意，这让他们勇气大增。

韩山童和刘福通看准时机，马上将这些民工组织起来发动起义。韩山童自称是宋徽宗的后人，刘福通则自称是南宋抗金名将刘光世的后人，一君一臣立誓要联合起来，共同推翻无道的元朝，复兴宋朝。从一开始，起义军就汇聚了三千多人，他们在韩山童和刘福通等人的领导下，在颍州的颍上县集合，开始宣誓起义。

官府事先已经对此事有所耳闻，派军赶来镇压。韩山童不幸被捕壮烈牺牲，刘福通等人则率领起义军冲破官兵的包围圈，开始了四处征战的历程。没过多久，安徽、河南境内的很多城镇被起义军占领。

其后，徐州、蕲州、邓州等地的百姓纷纷响应，全国各地大大小小的起义不断。第二年初，郭子兴也在安徽濠州发动了农民起义，明朝的建立者朱元璋就是在郭子兴率领的红巾军中成长起来的。

在这样的情况下，元朝政府迅速派出军队镇压。起初，起义军力量弱小，在与元军交战的过程中接连溃败。后来，元顺帝派出中书右丞相脱脱率领百万元军到江苏高邮镇压张士诚领导的起义军。脱脱遭到奸臣陷害，被临时剥夺兵权，百万元军群龙无首，竟被张士诚的起义军打得落花流水。

在此之后，起义军一路高歌猛进，元朝政府应对不暇。1355年，刘福通和韩山童的儿子韩林儿率领起义军，在安徽亳州建立了“大宋”政权。表面上是韩林儿被拥立为皇帝，但实际上政权真正的掌权者是刘福通。韩林儿年纪尚轻，又无多少指挥作战的经验，所以事无巨细，全都由刘福通做主。

大宋政权建立以后，刘福通率领起义军渡过黄河，将元军击溃。年底，元军大举进攻亳州，刘福通率军击退了元军，使得亳州转危为安。第二年，在刘福通的统率下，起义军兵分三路，开始北伐。经过两年的浴血奋战，起义军终于在1358年攻破了开封城，大宋政权随后迁都开封，距离复兴宋室又近了一步。至此，红巾军的势力已经发展到了顶点。

元朝政府感受到了来自红巾军的巨大威胁，再也无法泰然处之。元顺帝派出大军大举镇压起义军。第二年5月，开封被元军包围。三个月后，开封被元军攻破。大宋政权的大批官员及其亲眷共计几万余人，另有五千名起义军都沦为了元军的俘虏。韩林儿则在刘福通的保护下，逃到了安丰。大宋政权损失惨重，此后再难振兴。

1363年，张士诚派出大将吕珍围攻安丰，切断了安丰的粮草供应。刘福通在万般无奈之下，只好向朱元璋求救。当时，朱元璋率领的起义军的实力已经非常强大了，他击溃了张士诚的军队，成功将韩林儿和刘福通解救出来。

在朱元璋的支持下，韩林儿此后仍是名义上的大宋政权的皇帝，但已经形同虚设。1366年，刘福通在与张士诚的对抗中牺牲，没过多久，大宋政权就覆灭了，红巾军起义也宣告失败。此次起义总共延续了13年，范围遍及大半个中国，尽管没有直接灭亡元朝，却让元朝的统治变得岌岌可危。如果没有红巾军起义奠定的基础，后来朱元璋也不可能顺利地推翻元朝，建立明朝政权。

大明王朝
DAMINGWANGCHAO
第八章

修建北京城

政事

朱元璋加固明朝统治

从和尚到皇帝

1328年，在濠州钟离（今安徽凤阳）一座破旧的二郎庙里，传出一阵清脆的啼哭声，一个瘦弱的婴儿降生了。他是大家庭里的第八个孩子，属于“重”字辈，父亲朱五四就给他取名朱重八，他就是后来明代的开国皇帝朱元璋。

那时候，正是元朝末年，天灾一场接着一场，不是闹大水，就是闹干旱，加上官府的残酷压迫，老百姓的日子不好过。父亲一辈子给地主干活，穷得缺吃少穿，朱元璋一出生就得忍饥挨饿。几年后，父亲、母亲和大哥都得病死了，朱元璋就成了孤儿。没吃的，他只好吃草根、啃树皮。连草根树皮也没有了，走投无路的小朱元璋就来到当地的一个寺庙皇觉寺，出家做了和尚。

从此，每天从早到晚，朱元璋不是扫地、做饭、洗衣服，就是击鼓撞钟、上香上供，忙个不停，什么重活、脏活都干，可还是经常遭到寺里长老和师父们的打骂。他满肚子的委屈没处诉说，只好向那些不会说话的泥菩萨发火。

有一次，朱元璋打扫殿堂，实在太累了，走路都走不稳了，一不小心，被神像的石座绊了一跤，摔得好疼。他爬起来，不管三七二十一，就用扫帚把那座神像狠狠地打了一顿。

又有一次，神像前的蜡烛被老鼠咬坏了，一个大和尚怪朱元璋没看管好，把他打了一顿。朱元璋气不过，趁没人的时候，用毛笔在菩萨背上写了“发配三千里”五个大字。意思是说，菩萨是有灵验的，可他却连老鼠都管不住，还算什么菩萨，应该把他发配到三千里外的地方去充军。

朱元璋在庙里虽说受气，可还能吃上饭。谁知才过了50天，寺庙的租子也收不上来了，长老们自己都没得吃，哪养活得了大大小小的和尚们呢？他们商量了半天，就决定让和尚们出去化缘，三年以后再回来。这样，朱元璋就穿着破衲衣，拿着木鱼瓦钵（和尚专用的饭碗），背着小包袱，云游四方去了。

这三年中，他到过安徽、河南的好多地方，长了不少见识。三年后，朱元璋回到了濠州。这时候，反抗元朝的农民大起义爆发了。红巾军占领了濠州，皇觉寺也被毁了。为了求一条活路，朱元璋只好参加了红巾军。

参加红巾军后，朱元璋十分刻苦，武艺有所长进。每次打仗，他都表现得非常勇敢，还出了不少好主意，显示了一定的军事才能。红巾军的首领郭子兴看他那么有出息，就把一个姓马的干女儿嫁给他，还让他去当和州（今安徽和县）总管（相当于军区司令）。

身为一方总管的朱元璋，知道自己年纪轻、资历浅、威望低，虽有郭子兴的令牌在手，可他还是担心其他将领不服气。最终，他想出一个好办法。

朱元璋先让人把总管府大厅里原来按地位和主次排列的座位全部撤去，再一左一右地摆上两排凳子。然后，他通知众将到总管府来。各位将领来到了总管府，按照官职大小，在长凳子上坐了下来，可就是不见朱元璋的影子。大家默默地等了一会儿，才见朱元璋走进大厅，一言不发，坐到长凳子最后一个空位上。众将官一个个傲慢地瞧了瞧他，朱元璋装作没看见，平静地对大家说：“今天，我请大家来，是商议如何守城的事情。谁有高见，就直说吧。”

诸位将官你看看我，我看看你，谁也说不出什么来。最后，朱元璋提出了具体办法，决定立即修筑城池，并且按人划定地段，责任明确，限期三天完成。

三天很快过去了，朱元璋就和众将官一起检查验收。检查的结果，除朱元璋承担的一段按质按量完成外，其他地段都没有完工，有的甚至不顾质量，修得七扭八歪，根本不合格。

朱元璋把脸沉下来，让将官们再次来到总管大厅。这一回，朱元璋第一个到来，坐在朝南的总管位子上，拿出郭子兴的令牌，严肃地对将官们说：“郭主帅令我做和州总管，责任重大。前次分工筑城，本该各尽其职，如期完成，可你们都耽误了。如果遇到紧急军情，像这次一样，怎么能打胜仗呢？现在说清楚，过去的事都不提了。今后要是再不遵守军令，就加重处罚。到那时候，可别怪我不讲兄弟情分。”

这一席话，说得众将官面红耳赤，只好服从。从此，朱元璋下的命令，谁也不敢不听了。后来，郭子兴病死，大家就推举朱元璋成了这支起义军的元帅。

朱元璋当上军事统帅后，深深意识到要发展自己的实力，就需要各地的人才加盟自己的队伍。所以，他行军作战每到一处，就派人四处打听当地有没有能人。如果有，就邀请他参加红巾军。时间一长，在他周围就聚集了好些有本事的人，其中最有名的有李善长、刘伯温、宋濂、朱升、冯国用等几十个。这些智囊们给朱元璋出了不少好主意。

有一次，朱元璋问冯国用：“你看究竟怎样才能打败元军呢？”冯国用想了想，回答说：“我们虽说打了不少胜仗，可老是今天攻占这里，明天攻占那里，没个固定的地盘，没个明确的目标。这是不行的。依我看，金陵这个地方形势险要，城池坚固，古代好多帝王都在这里建都。如果我们先把它占了，当作立足点，然后再派兵四处征战，那局面就大不一样了。”朱元璋听完，心里痛快极了，开始有了更大的志愿：先占南京，再统一天下……

朱元璋打仗越来越讲究策略和方法，势力越来越大。1368年，朱元璋终于在南京当上了皇帝，建立了明朝。

朱元璋巩固明朝统治

明朝建立初期，明太祖朱元璋开始在全国范围内实施休养生息的政策，在各地兴修水利，赈济灾荒，开垦荒田。朱元璋在位的30年时间内，国内疏浚河道达到4000多条，修建蓄水的塘坝达到4万多座，对发展农业生产起到了巨大的推动作用。

朱元璋十分重视赈济灾荒，因为他自己也曾做过农民，明白灾荒之年对农民而言几乎就意味着绝境。如果政府不及时给予救援，那么大多数受灾农民就只有死路一条了。因此，每当一个地方发生灾荒时，朱元璋便会减免当地农民的赋税，并对他们实施救济。

登基之初，朱元璋就下令，北方各郡县开垦出来的所有荒田，一律免租税三年。明朝政府主动提供给农民耕牛、农具以及农作物的种子，帮助他们开垦荒田。不仅如此，朱元璋还安排很多农民搬到荒无人烟的地区，鼓励他们在那里垦荒。明朝实行屯田制，将士们在打仗之余耕田，军粮基本可以自给自足，从而大大减轻了农民的负担。

明朝建立之初，原本由大都督府总管全国军事，后来，朱元璋设立了五军都督府取而代之。五军都督府不仅将军权分散开来，而且与兵部互相牵制。五军都督府负责军队的训练和管理，却无权调遣军队；兵部有调兵遣将的权力，却无权参与军队的统帅与管理。朱元璋就通过这样的方式，将军权牢牢掌握在了自己手中。

明朝初年基本上沿袭了元朝的官僚组织，之后，朱元璋不断对其进行改革。他下令废除了行省制，设立布政使司、都指挥使司和提刑按察使司，由这三司行使原先由中书省履行的职责。三司互相牵制，互相监督，从而有效地加强了中央集权。

在对中央机构进行改革的过程中，废除丞相制是朱元璋的工作重点。朱元璋在位时，结束了中国的丞相制，胡惟庸则成了中国历史上最后一个丞相。以诛杀胡惟庸为导火索的胡惟庸案是明初四大案之一，多名明朝开国功臣都因牵涉其中而丧命。

胡惟庸曾追随朱元璋多年，深受朱元璋的赏识。洪武六年（1373年）七月，胡惟庸在李善长的推荐下，被朱元璋任命为中书右丞相，其后又成为左丞相，在朝中的地位可以说是一人之下，万人之上。此后，胡惟庸开始贪污受贿，以权谋私，在朝中纠结党羽，陷害忠良。朱元璋一早就已察觉到中书省的权力过大，容易导致丞相独行专断，所以在他统治初期，中书省的权力不断被削减。对于胡惟庸在朝中的所作所为，朱元璋也已有所察觉，无时无刻不在寻找机会对他予以重击。

据说，洪武十三年（1380年）正月，胡惟庸对朱元璋说，自家的井里涌出了醴泉，此乃大明的祥瑞之兆，故而特请朱元璋来家里观赏。朱元璋走到半路上，忽然有个叫云奇的太监冲出来将他拦住。云奇一句话也不说，只是指着胡惟庸家的方向不断朝他示意。

朱元璋认为事有蹊跷，便登上城楼眺望胡惟庸家，结果看到他家埋伏着大批士兵，个个手中拿着武器。若不是朱元璋中途折回，只怕现在已经落入了他们的包围圈。朱元璋马上命人将胡惟庸抓起来，并于当日将他处死。

不过，这个说法并不可靠。因为早在这日之前，朱元璋就已从御史中丞涂节那里得知胡惟庸有密谋造反之意。既是如此，朱元璋怎么还会到胡惟庸家中自投罗网呢？然而，不管胡惟庸谋反的意图是如何暴露的，他最终都难逃一死。

胡惟庸一死，朱元璋就下令废除丞相一职，并进一步废除了中书省，丞相原先的职责分配给六部，由六部直接向皇帝负责，从而进一步加强了中央集权。可是在胡惟庸死后，胡惟庸案并没有结束。在其后的十余年时间内，共有三万多人因牵涉到此案而被诛杀，这其中就包括李善长等开国功臣。

洪武十八年（1385年），李存义父子被人告发曾经联合胡惟庸意图谋反。第二年，明州卫指挥林贤与倭寇私通一事败露，据林贤交代，这一切都是受胡惟庸指使。后来，汤和向朱元璋检举了李善长。据说胡惟庸生前曾拉拢李善长共同谋反，李善长拒不答应。胡惟庸不肯死心，就拉上李善长的弟弟帮忙游说他。李善长被胡惟庸纠缠得不胜烦恼，便敷衍他说："我老了，即将不久于人世，这件事还是你自己去做吧。"李善长一家被捕后，他的下人因为忍受不了严刑拷打，将这句话说了出来。朱元璋据此定下了李善长的谋反罪名，说他明知道胡惟庸有谋反之意，非但不向朝廷举报，反而持观望态度，随时准备投靠逆党，简直大逆不道，李善长及其家人七十余口因此丧命。朱元璋曾御赐李善长免死令牌，但此令牌却未能保住李善长的性命。最后，朱元璋只是赦免了李善长的儿子和儿媳，因为李善长的儿媳是大明公主，也就是朱元璋的女儿。

李善长死后，大将陆仲亨被自己的家奴告发，说他曾和唐胜宗、费聚、赵雄联合胡惟庸造反。后来，文臣宋濂和他的孙子宋慎也牵涉到此案中来。宋慎获罪被诛，宋濂则在马皇后的帮助下逃过一死，被流放到四川茂州。可惜没等到达目的地，宋濂就因病去世了。

此后，朱元璋亲自颁布了《昭示奸党录》，告诫满朝文武百官要谨记胡惟庸的前车之鉴。就在胡惟庸案进入尾声的时候，蓝玉案又在朝堂之上掀起了一片腥风血雨。

蓝玉是明朝的开国将领，曾效力于常遇春麾下，为明朝的建立和全国的统一立下了赫赫战功。建国之后，朱元璋将蓝玉册封为凉国公。蓝玉自恃对朝廷有功，变得越来越目中无人。明朝初年，他奉命剿灭元朝的残余势力，大获全胜之后，他不但私吞了无数珍宝，还肆意玩弄元朝皇帝的妃嫔。朱元璋对此怒不可遏，蓝玉却不以为然，行为丝毫不知收敛。他在外征战时，时常擅自决定军中将士的升迁，并且不听指挥，随心所欲地决定何时出兵。除此之外，他还纵容家丁欺凌百姓，胡作非为。

洪武二十六年（1393年），蓝玉被人告发有谋反之意。朱元璋先是诛杀了蓝玉及其亲族，其后又查出多名官员牵涉其中。蓝玉案前前后后共有一万五千余人丧命，与胡惟庸案合称为“胡蓝之狱”。在经历了这两次血的洗礼以后，明朝的开国名臣宿将已经所剩无几。

太子朱标非常反对朱元璋滥杀朝臣，朱元璋对他说：“如果我不杀这些人，他们日后必会威胁到大明江山。为了让你将来能在皇位上坐稳，我非杀他们不可。”

朱元璋在位期间，严惩贪官污吏，立志要“杀尽贪官”。他曾下令，任何官员一旦贪污的数额达到了60两银子，便杀无赦。明朝初年，朝中有许多官吏都是元朝的旧臣，朱元璋重点查处这类官员，对他们施以严刑峻法。很多开国功臣在建国之后，变得骄奢淫逸，朱元璋对他们也是毫不容情。

朱元璋统治时期，非常重视教育。他在各地兴建学校，选拔学官，还将教育作为考核地方官政绩的一项重要指标，此外，他还在中央设立了国子监等重要的教育机构。明朝年间，政府的科举考试命题被局限四书五经的范围之内，而且考卷的形式必须要按照规定分成八个部分，这就是“八股文”。朱元璋就是通过这样的方式，来选拔能够完全效忠于朝廷的官吏。

朱元璋总共统治了明朝31年，1398年，朱元璋在南京驾崩，享年71岁。历史上对于这位明朝开国君主的评价向来褒贬不一：有人认为他在位期间实行高压统治政策，滥杀功臣，是个不折不扣的暴君；有人则认为，他勤政爱民，振兴国内经济，打击贪官污吏，是个地地道道的明君。不过，要客观地评价朱元璋，就必须将他一生的功过全都综合起来，整体而言，朱元璋的功劳远大于他的过失。他推翻了残酷黑暗的元朝统治，统一了全国，让百姓得以安居乐业；他勤政爱民，让国内的经济在经历了多年的战乱灾害之后得以恢复，这些已足以令他成为名垂青史的一代贤君。

锦衣卫和东厂

洪武十五年（1382年），明太祖朱元璋设立了锦衣卫，其职能除了保卫皇宫，掌管皇帝出入仪仗以外，还包括刑狱、侦察、缉捕盗贼奸党，以及监视朝中的文武百官。

锦衣卫作为明朝专有的军事特务机构，直接听命于皇帝。锦衣卫有权逮捕包括皇亲国戚在内的任何人，并可以私下进行审讯。它与后来的东厂、西厂合称厂卫，时人习惯以朝廷鹰犬来指代这几个机构。

明太祖朱元璋在位时诛杀功臣，在胡惟庸案和蓝玉案中，总共有4万人惨遭杀害，而充当刽子手的就是锦衣卫。

锦衣卫深受皇帝的信赖和器重，势力不断壮大，渐渐开始在朝中为非作歹，陷害忠良。朝臣们稍有行差踏错，便有可能被锦衣卫揪住把柄，除之而后快。在锦衣卫的大牢中，囚禁着无数忠义之臣，数不清的正直人士都死于锦衣卫的屠刀之下，这使得整个朝廷笼罩在恐怖的氛围之中。

朱元璋晚年也意识到了设立锦衣卫的弊端，洪武二十六年，朱元璋下令废除了锦衣卫。然而好景不长，明成祖朱棣即位以后，不仅重新启用了锦衣卫，还设立了东厂特务机构，与锦衣卫狼狈为奸。

靖难之役结束后，明成祖朱棣登基为帝。朝中有很多大臣表面上臣服于他，背地里却对他的所作所为很不认同。朱棣也明白自己的皇位来得名不正言不顺，难免会引来众人的非议，纵然他已身为一国之君，也难以堵住悠悠众口。当时纵观满朝文武，竟然找不出几个可以信赖的人，再加上建文帝仍在人世的传言在国内愈演愈烈，让朱棣愈发坐立不安。在这样的情况下，他决定设立一个完全效忠于自己的新型特务机构。

在靖难之役中，以郑和为代表的宦官为辅佐朱棣登基立下了汗马功劳，朱棣因此非常信任宦官。由于锦衣卫不能随意出入皇宫，所以调遣起来很不方便，宦官则不然，在朱棣看来，宦官既忠诚可靠，又便于联络，要用他们镇压那些对自己存有异议的官员，实在是再合适不过了。

1420年，朱棣设立了只对皇帝一人负责的“东缉事厂”，简称“东厂”。

东厂太监们除了要监视朝臣之外，还肩负起了监视锦衣卫的重任。他们的权力已经超越了锦衣卫，可以随心所欲地监督缉拿臣子和百姓。朱元璋在位时，严禁宦官干预政事，等到了朱棣统治时期，这条禁令已被彻底废除。

东厂太监负责监视朝臣、学者等各种政治力量，监视结果直接向皇帝汇报。朝廷审理重大案件，锦衣卫审讯重犯，都要有东厂太监旁听。东厂派出大批太监到政府的各个部门驻守，严密监视政府官员的言行举止。各部门上报的重要文件，也都要先经过东厂的审核。不仅如此，东厂的监视范围甚至延伸到百姓的生活起居，就连生活必需品的价格起伏，都逃不开东厂爪牙的眼睛。

明朝中期，又设西厂，西厂、东厂权力的泛滥，造成了极为严重的后果：太监时常滥用职权，谋取私利，在朝中制造了大量的冤假错案，杀害了大批忠臣义士。提起东、西厂，朝臣和百姓无不怒火中烧。明朝年间的魏忠贤等宦官，更是利用厂卫诬陷忠良，把持朝政。明朝统治者一味信任锦衣卫和东厂、西厂这类特务机构，与朝臣和百姓的关系日渐淡漠，最终导致民心尽失，孤立无援。有人提出了这样一种观点：厂卫才是造成明朝灭亡的主要原因。这种观点虽然片面，但也不无道理。

朱元璋和朱棣最初设立锦衣卫和东厂的目的都是加强中央集权，想不到物极必反，大权旁落。明朝中后期，统治者软弱无能，朝政大权由宦官把持，明朝的国力也因此迅速地衰落下去。

永乐盛世

明成祖朱棣是一位非常有作为的君主，他在位期间，励精图治，振兴经济，重视文教，宣扬国威，发展外交。这段时期，我国国内政治局势稳定，社会经济繁荣发展，国际地位空前提高。后世的历史学家遂以明成祖的年号“永乐”为这段时期命名，称其为“永乐盛世”。

明太祖朱元璋在位时废除了丞相，由六部分担丞相原先的职责，并直接对皇帝负责。这样一来，就大大加重了皇帝的工作负担。明太祖一生勤政，明成祖同样如此。

即位以后，明成祖首先着手恢复太祖在位时建立的规章制度。建文帝统治时期，废除了很多旧制度，明成祖登基后，反其道而行，以此来证明自己比建文帝更忠于太祖皇帝。不过，这种恢复并非一味盲从，而是在恢复旧制的基础上，加入创新，内阁制的建立就是明成祖在位期间的一大制度创新。

明成祖统治时期，初步建立了内阁制度，内阁大臣多由翰林院的庶吉士担当。庶吉士是翰林院的一种短期职位。每次科举考试过后，一些有潜力的进士就会被召入翰林院担任庶吉士。在经过了一段时间的学习以后，朝廷便会安排他们担任其他职位。内阁大臣的官职并不算高，但是其权力却不可小觑。

明成祖登基之后，很快就开始组织内阁。解缙、黄淮、胡俨、胡广、杨荣、杨士奇、金幼孜这7名文官共同组成了内阁。他们能私下里觐见明成祖，不管成祖到什么地方，都会将他们带在身边。在国家政策的制定和重大事务的处理上，他们的意见起着相当重要的作用，甚至直接左右了六部的意见。

除了对中央政府机构实施改革以外，明成祖也没有忽视地方政府。对于各地的地方官，明成祖的要求极其严格。永乐十年（1412年），有500多名地方官被召入京城，陈述各自辖区内的民情。明成祖下令，所有地方官务必要体察民情，如果有哪名官员亲眼看见辖区内的百姓生活艰难却不上报，必当严惩不贷。遇上自然灾害，地方官更要及时上报朝廷，并主动赈济灾民。

为了加强中央集权，明成祖还恢复了太祖时期已经废除的锦衣卫，并设立了东厂，监视群臣和百姓的言行。尽管这两个特务机构贻害无穷，但在建立之初，还是对巩固皇权发挥了不小的作用。

明成祖十分重视文治，即位后不久，就任命解缙等人主持编纂了我国历史上最大的百科全书《永乐大典》，为后世留下了一笔珍贵的文化遗产。

明成祖在位期间，多次派郑和远赴西洋，宣扬国威。中国的美名因此传遍海外，各国纷纷派出使臣来到中国，建立外交关系。

在军事方面，明成祖先后多次进行北伐。第一次北伐是在永乐八年（1410年），明成祖御驾亲征，明朝将士士气大振，一举击溃了蒙古鞑靼部落。不久，在明军的第二次北伐中，蒙古的瓦剌部落又败在了明军手上。等到永乐二十二年，第五次北伐过后，北方部族接连数十年都不敢再入侵明朝。朱棣64岁那年，病死在征讨蒙古的归程中。其后，太子朱高炽登基为帝，史称明仁宗。

明成祖是一个兼具文治武功的贤明君主，他在位时，将明朝的国力和影响力都推到了空前绝后的高度。不过，“靖难之役”后，明成祖大量残杀效忠于建文帝的朝臣；在位20余年间，明成祖一直热衷于对外征战，为宣扬国威派出大批船队远下西洋，为迁都不惜重金打造金碧辉煌的紫禁城，这些都为国家财政带来了沉重的负担，也成了他饱受史学家诟病的依据。然而，明成祖的一生终究是瑕不掩瑜，他创立的“永乐盛世”，必将让他流芳千古。

明仁宗人如其谥

明成祖驾崩以后，太子朱高炽登基为帝，史称明仁宗。朱高炽是明成祖朱棣的长子，也是明朝历史上的第四位皇帝。朱高炽即位时已经46岁了，仅仅在位10个月，就离开了人世。

朱高炽生于洪武十一年，生母是朱棣的原配妻子徐氏，也就是后来的徐皇后。朱高炽出生时，朱棣还是个18岁的少年。对于这个长子，朱棣并不喜欢。朱高炽性情温和，爱好读书，对儒家文化推崇备至，却偏偏毫无习武的天赋。他从小体质就不太好，成年之后因为缺乏运动，更是变成了一个大胖子，再加上腿脚有点毛病，连走路都需要别人搀扶。朱棣一生南征北战，对这样一个与自己的性情南辕北辙的儿子，自然喜欢不起来。

说来奇怪，明太祖朱元璋出身行伍，在战场上摸爬滚打了近20年才建立了大明王朝。在朱元璋所有的儿子之中，朱棣无疑是跟他最为相像的，可他对朱棣并没有另眼相待，反倒是对朱棣的长子——文质彬彬的朱高炽非常看重。

朱高炽少年时曾被朱元璋派出去检阅军队。当时正值黎明时分，朱高炽出去了没多久就回来了，他对祖父说，战士们正在吃早饭，要检阅军队理应等到饭后。朱元璋见他如此关怀将士，不由得对他赞赏有加。

朱高炽不仅心地善良，而且颇有才能。有一回，朱元璋有心要考验他，便将几份奏折摆到他面前，让他看过之后，说说自己的见解。朱高炽将文臣和武将的奏折分成两类，分别读完后，遂不慌不忙地向祖父阐明了自己的意见。朱元璋对他的做事方法和政见都非常满意。

朱高炽在祖父面前备受赏识，但在父亲眼中却总也比不上弟弟朱高煦。朱高煦是朱棣的次子，从小就顽劣异常，整天沉溺于骑马射箭，对读书却毫无兴趣。朱高煦与朱高炽的性情迥然不同，可他们却是同父同母的亲兄弟，只可惜在皇位的争夺大战中，就算是亲兄弟也免不了要自相残杀。

朱高煦从少年时就跟随父亲朱棣到处征战，立下了赫赫战功。朱棣对他喜爱有加，甚至还曾暗示他，将来等自己登上帝位以后，会册立他为太子。靖难之役中，朱棣带着朱高煦挥师南下，却将朱高炽留在了北平。朱高煦在与明军的交战过程中立下大功，这本是毫无悬念的事。然而，令很多人没有想到的是，朱高炽只是坐镇北平，也为靖难之役的胜利立下了不小的功劳。

虽然朱高炽是个地地道道的书生，但他并不懦弱，而且颇有领导和组织才能。当时，建文帝派出大将李景隆攻打北平，朱棣早已带兵出征，城内只有朱高炽一人主持大局。面对气势汹汹的五十万官军，朱高炽并没有丝毫惊慌。他镇定地指挥着留守北平的一万燕军将士死守城池，成功地守住了朱棣的大后方。建文帝眼见攻占北平无望，便派人去游说朱高炽，希望他能弃暗投明，归顺大明朝廷。可是，朱高炽早已下定决心要追随父亲的脚步，无论建文帝怎样利诱，都不能让他的信念产生半分动摇。

朱高炽在北平保卫战中的表现让朱棣对他刮目相看，后来朱棣放弃了自己一直看重的次子朱高煦，转而册立长子朱高炽为太子，与此次事件显然不无关联。

朱棣登上皇位以后，册立太子一事也正式提上了日程。朝中的文臣大多拥护朱高炽，除了因为他深受太祖皇帝朱元璋的赏识以外，更因为他性格温和儒雅，又十分推崇儒学。反观朱高煦，行事野蛮，目中无人，时常滥杀无辜。朱元璋去世以后，朱高炽和朱高煦两兄弟到南京奔丧。其后，建文帝就将朱高煦留在了南京，并命令他的舅父徐辉祖教导他，希望他能改一改先前的恶劣习性。哪知朱高煦不服管教，竟然偷了一匹马，私自跑回了北平。他这一路上不停地惊扰官府和百姓，稍有不如意便挥刀相向，很多无辜的人都死在了他的手上。朝中的文武百官对他印象极差，很少有人拥立他做太子。不过，朱棣心目中最理想的皇位继承人却还是朱高煦，可在当时的封建文化背景下，要舍弃长子，册立次子为太子是很不合规矩的。面对这样的情况，朱棣开始犹豫不决。

永乐二年，朱棣向名臣解缙征询意见，解缙坚持认为应当依照传统，立长子为皇位继承人，否则日后必将贻害无穷。然而，朱棣自己也并非长子，所以尽管他觉得解缙所言很有道理，但也并未马上接受解缙的意见。后来，解缙便用“好圣孙”来游说朱棣，最终让朱棣下定决心，册立朱高炽为太子。

“好圣孙”就是朱高炽的长子朱瞻基。朱瞻基天资过人，从小就深得朱棣的欢心，朱棣一心想将他培养成一代明君，可若是将皇位传给了朱高煦，那么朱瞻基显然就没什么机会再继承皇位了。为了大明江山的长远考虑，朱棣最终选择了朱高炽。因此，从一定程度上可以说，朱高炽当上太子是沾了儿子朱瞻基的光。

错失太子之位的朱高煦并没有就此罢休，在此后的10余年间，他一直在想方设法取代朱高炽。他不断地在朱棣面前毁谤自己的兄长，可惜始终未能将兄长扳倒。对于朱高煦的狼子野心，朱棣也并非毫无察觉，但他一直没有采取什么应对措施。直到永乐十五年，朱棣终于忍无可忍，将曾经心爱的次子朱高煦剥夺爵位，命令他闭门思过。

朱棣去世后，朱高炽即位为明仁宗。明仁宗人如其名，是一位非常仁慈的君主。他不计前嫌，善待弟弟朱高煦，还授予他的几个儿子爵位。一年后，明仁宗驾崩，当时太子朱瞻基身在南京，在赶回北京奔丧的途中遇到杀手。朱瞻基大难不死，并查到杀手原来是自己的叔叔朱高煦派来的。朱瞻基念在叔侄之情，不忍心处死叔叔，只是将他囚禁在了南京。

朱瞻基即位以后，有一次到南京来探望朱高煦。朱高煦到这时还不死心，竟然伸出一脚，将朱瞻基绊倒在地。朱瞻基很是恼火，叫人搬来一个铜铸的大缸，倒压在地上，将朱高煦困在其中。朱高煦乃习武之人，力气奇大，便在铜缸之内运力，想要再次袭击朱瞻基。朱瞻基派人在铜缸四周堆满木柴，然后点起火来，将朱高煦活活烤死。

事实证明，朱棣选择朱高炽作为自己的继承人是非常明智的。尽管朱高炽只做了10个月的皇帝，但是他在担当太子的20年时间里，每逢朱棣外出征战，都是由他在京城监国。他在位时间虽短，对明朝的影响力却不容忽视。他统治时期，勤政爱民，改革吏治，发展经济，为后来的仁宣之治打下了坚实的基础。

朱高炽在登上帝位以后，立即开始平反前朝的冤假错案，这其中就包括名噪一时的方孝孺案和解缙案。朱高炽下令赦免了那些在案中因受到牵连而被发配边疆的无辜人士，还让很多遭到贬黜的忠义之臣官复原职，这在朝中引来了一片赞誉之声。

朱高炽在位期间，任命名臣杨荣、杨士奇和杨溥辅政，对内阁进行改组。他从朝臣之中选拔才能出众的人，并开始大刀阔斧地裁减多余的大臣。朱高炽任人唯贤，为了能让更多的人才有机会为朝廷效力，他还改革了科举制度。在以往的科举考试中，考取进士的多为南方人。但是朱高炽认为，北方的文人普遍比较质朴，而且对朝廷忠心耿耿，尽管他们在文采方面可能不及南方的文人，但却同样是国家的栋梁之材。为了能让北方的文人有更多的机会进入仕途，朱高炽便下令，从今往后，在科举考试中录取的进士，北方人必须占到四成。这项规定一直到清朝还在沿用。

朱高炽十分推崇儒家思想，他在位期间，儒生的社会地位得到了很大的提升。他用儒家思想治天下的观点，对后来的多位皇位继承人都产生了重大的影响。此外，他还废除了宫刑等严酷的刑罚，并严令禁止对犯人滥用肉刑。除了那些犯下叛国大罪的重犯，其余犯人在获刑之后，可以免除其亲眷的株连之罪。这些都充分显示了朱高炽的仁德之心。

朱高炽的一生只有两位妻子，一位是张皇后，一位是谭妃。除此之外，后宫再无其他妃嫔。张皇后和谭妃都十分善良贤淑，与朱高炽相敬如宾。即位的第二年，朱高炽就在宫中猝死。有关他的死因，最为确切的说法是死于心脏病。朱高炽从年轻时就肥胖异常，身体状况堪忧，最终导致壮年时就死于心脏病，委实可惜。他死后，谭妃马上就上吊自杀，追随亡夫而去。

朱高炽生前从不铺张浪费，就连死后葬身的陵墓也修建得十分俭朴，与他的父亲朱棣的长陵相比，不可同日而语。不过，父子俩的陵墓却相依相傍，彼此相伴，传为美谈。朱高炽驾崩以后，其庙号为仁宗，他得此庙号正是实至名归。

方孝孺被灭十族

方孝孺是明朝著名的学者，“靖难之役”发生后，他因为拒绝为燕王朱棣草拟即位诏书，而激怒了朱棣，被诛十族。鲁迅曾称赞方孝孺与烈士柔石同样具有“台州式的硬气”，因为方孝孺是浙江宁海人，而古代的宁海又隶属于台州。

方孝孺天资聪颖，6岁就能写诗，时人无不对此惊叹不已。15岁那年，方孝孺跟随父亲和兄长到济宁接受教育。之后，他又拜名儒宋濂为师，在宋濂门下学习多年。宋濂是元末明初著名的文学家，与高启、刘基并称为“明初诗文三大家”。明太祖朱元璋曾盛赞他是“开国文臣之首”。宋濂晚年因牵涉到胡惟庸案而遭到流放，不久之后病死。

宋濂生前培养了很多弟子，其中成就最高的当属方孝孺。洪武十五年，方孝孺被举荐入京。明太祖朱元璋让他作两首诗，他挥笔写下了《灵芝》和《甘露》这两首诗呈献给朱元璋。朱元璋读后对他大加赞赏。在之后的相处中，朱元璋认定他为人正直，恭敬有礼，又非常有学问，便决定由他来辅佐自己的继承者。

在做出了这个决定以后，朱元璋就将方孝孺遣送回了家乡，打算等下一任君主即位之后，再请他出山。在接下来的十年时间内，方孝孺一直在家中著书立作。直到洪武二十五年，他才在别人的举荐下，到朱元璋的第十一子蜀献王朱椿家中任教，教导世子。

建文帝登基以后，将方孝孺召入京城，并拜他为师。建文帝读书时，如果遇到什么疑问，都会找方孝孺来为自己解答。在京城任职期间，方孝孺参与编撰了《太祖实录》等史书，还曾主持过科举考试。

可惜好景不长，“靖难之役”爆发，朱棣率军攻破了南京城。朱棣的谋士姚广孝一早就听闻了方孝孺的大名，并称赞他是“读书种子”。姚广孝明白，方孝孺性格刚直，对主君忠心不二，绝不会向夺取皇位的朱棣投诚。姚广孝本着爱才之心，向朱棣提出请求，希望他不要杀害方孝孺。姚广孝对朱棣说：“要是您杀了方孝孺，那么天下的读书种子就要绝种了。”朱棣当时满口答应下来，后来却又食言了。他并非没有尝试过笼络方孝孺，无奈方孝孺的信念和做法让他不能不对其痛下杀手。

朱棣率领大军进入南京城以后，特意招来方孝孺，希望他能帮助自己起草即位诏书。岂料方孝孺居然在诏书上写下了“燕贼篡位”四个大字，随后又将笔扔在地上，对朱棣破口大骂。朱棣大怒，不惜违背当初对姚广孝的誓言，下令将方孝孺凌迟处死，并诛他十族。

方孝孺的妻儿在收到消息以后，全都自杀了。妻子和两个儿子自缢身亡，两个女儿跳河而死。在此次事件中，方孝孺总共有873名亲友因受到株连而被处死。除此之外，还有1000多人或被囚禁，或被充军，或遭流放。在这两千名株连获罪的无辜人士中，有很多跟方孝孺素不相识，却稀里糊涂地被他连累，命丧黄泉。方孝孺的族人被处死之后，尸骸由其义子马子同收集起来，投入一口井中，后人便将这口井称为“义井”。

在等待行刑的日子里，方孝孺一直很镇静。直到他的弟弟方孝友死前来见他最后一面时，他才忍不住哭了起来。方家兄弟的性情同样倔强，方孝友见哥哥如此伤心，还吟诗鼓励他，方孝孺随即又振作起来。

方孝孺被凌迟处死后，其尸骸被拆分开来，分别丢弃到不同的地方。他的弟子廖镛和廖铭两兄弟冒着生命危险，悄悄将老师的尸骸收集起来，埋葬到聚宝门山上。没过多久，这件事就传到了朱棣耳中，朱棣马上下令将廖家兄弟处死。

朱棣并非暴君，但是对那些不肯臣服自己的人，他绝对不会手下留情，方孝孺就是最好的例子。方孝孺及其亲族的悲惨遭遇令人同情，方孝孺宁死不屈的精神也令人非常敬佩，但是他的过分愚忠，却让后世的很多人难以认同。朱棣死后，由他的长子朱高炽即位，史称明仁宗。明仁宗为方孝孺平反，并在南京建立了祠堂，以此纪念这位贤士。

修建北京城

1402年，燕王朱棣攻入南京，即位称帝，年号永乐，就是明成祖。在朱棣攻入南京时，建文帝在皇宫奉天殿自焚而死（一说逃亡出家）。明成祖即位后重建了被烧毁的奉天殿，并住在里面。没过多久，明成祖就觉得很不自在，父亲朱元璋和侄子朱允炆的鬼魂以及众多被他杀死的建文帝的大臣的冤魂似乎一直萦绕在大殿里，让明成祖寝食难安，经常做噩梦。他觉得夺了侄子的皇位，又逼死了侄子，死后没脸去见葬在南京明孝陵的父亲。

一次，明成祖想起朱元璋晚年曾有迁都北平（今北京）的想法，所以开始考虑迁都，想离开南京。明成祖长期生活在北平，对那里感情很深，视其为“龙兴之地”。另外，迁都北平还有抵御北元的考虑。

当年徐达、常遇春率领明军北伐，元顺帝带着太子、妃子逃到蒙古草原，仍以元为国号，史称北元。他们拥有较强的军事实力，不甘心失败，经常派兵骚扰明朝的北部边疆，企图恢复统治。南京地处江南，离北部边境太遥远，不利于皇帝指挥作战。

但是，当明成祖说出要迁都的想法后，立即遭到了很多大臣的反对。因为这些大臣家在南方，不愿意迁都。朱棣很生气，杀死了言辞最激烈的大臣萧仪。这么一来，反对迁都的大臣都不再敢指责明成祖了，转而攻击那些拥护迁都的大臣。双方争辩非常激烈，明成祖让他们跪在午门外辩论。后来户部尚书夏原吉看到这种情况，为稳定局面，主动将责任承担下来，才缓和了矛盾，迁都的议论才逐渐平息下来。

明成祖刚刚夺取皇位，担心人心不稳，所以没有立即迁都，而是采取了逐步逐项解决迁都问题的方式。他深知，迁都是一件关乎国家兴亡的大事，必须审慎行事。于是他开始分阶段、有步骤地进行。

首先，提高北京的地位。永乐元年（1403年），礼部尚书李至刚建议将北平升为陪都，明成祖非常高兴，将北平改称为北京，称行在。这就是北京名称的来源，同时将北平府改称顺天府。在北京设置了留守行后军都督府、北京行部、北京国子监等机构。

其次，提高北京的经济地位。北京虽然地理位置重要，还曾是元朝的大都，但北方的经济却远不及江南。因此明成祖下令在北京附近进行大规模的移民屯田，5年之内减免赋税。很多士兵退伍后被安排到北京周围的乡村种田。靖难之役后，全国出现大量无家可归的难民。他下令把难民组织起来，到北京周围去种田。他甚至下令释放囚徒，安置在北京周边地区去种田。他还实行了一些优惠政策，比如向这些移民免费提供耕牛、农具和种子等。同时又把大批工匠迁往北京，并且给这些工匠更多的优惠政策，比如免税免粮、赈济优厚等。再有就是把江南的富户迁到北京。这就使北京形成了繁荣的工商业。为了解决北京的粮食问题，明成祖下令疏通运河，将江南的粮食运往北京。经过多年的苦心经营，北京逐渐发达繁华起来，初步具备了大都市的规模，可以和南京相媲美了。以至于当时的人民都说，天下万物虽然不产于北京，但都聚集在北京。

永乐十五年（1417年），明成祖派大臣宋礼等到四川、湖广、江西、浙江、山西等地采购木材石料。次年征调23万工匠，100万民工和大量士兵开始大规模营建北京城。明北京城是在元大都的基础上，参考首都南京城池、宫殿规制而建造的，分宫城（即紫禁城）、皇城、内城和外城三部分。宫城是皇帝和后妃们居住的地方，城墙高约10米，四隅建有角楼，外绕护城河。皇城在宫城的外面，周长6里，城墙高约8米，内外砖砌，外围护城河，有6个门。内城（又称京城或大城）在皇城的外面，周长45里，城墙高约12米，有9个城门。皇城里有太庙、社稷坛和中央官署衙门。内城和外城是居民区和商业区。北京城周长45里，中轴线南起永定门，往北经过正阳门、紫禁城、景山、钟楼、鼓楼，全长大约7.8千米。城中主要干道多是南北走向，小巷多东西向。永乐十八年（1420年），北京城建设工程完工。北京不仅是中国历史上城市建筑的典范，而且也是当时世界上最雄伟壮丽的城市。永乐十八年（1421年）正月，明成祖正式迁都北京。

明成祖迁都北京后，改北京为京师，改北京行在六部为六部。南京降为陪都，称“留都”或“南都”，但仍然保留六部和“南教坊司”，称为南京六部。南京六部的官员多为闲职或老臣。

权奸魏忠贤

魏忠贤（1568年—1627年），北直隶肃宁（今河北肃宁）人，出身贫寒。早年是远近闻名的市井无赖，吃喝嫖赌，无恶不作。曾娶妻冯氏，并生一女。一次魏忠贤和一群赌徒赌博，输了很多钱，跑到酒店里躲了起来。赌徒们不肯善罢甘休，把他从酒店里拖出来，当街一顿痛打，差点丢了小命。魏忠贤是个非常要面子的人，被打后觉得没脸在家乡待下去了，心一横，决定去宫里当太监。

魏忠贤自行阉割，改名李进忠，抛下妻女，来到京城，通过关系，来到宫里当起了太监。李进忠巴结太监魏朝，取得了他的信任，魏朝便把他推荐给大太监王安。王安让他去做后宫王才人的办膳太监。王才人是明神宗朱翊钧的儿子朱常洛的妃子，皇长孙朱由校的生母。李进忠虽然是无赖，但他办事勤快又听话。年幼的朱由校贪玩不喜欢读书，很喜欢目不识丁却有一身武艺的李进忠，李进忠则千方百计地讨朱由校的欢心。

万历四十八年（1573年），明神宗一命呜呼，太子朱常洛登基，就是明光宗。但不到一个月，明光宗就病死了，皇太孙朱由校登基，年号天启，就是明熹宗。一人得道，鸡犬升天，李进忠也飞黄腾达起来，成为宫中最有权势的太监——司礼监秉笔太监（替皇帝起草诏书）。后来他又掌握了明朝最大的特务机关——东厂。

李进忠把自己的名字改回为魏忠贤，勾结朱由校的乳母客氏。两人狗仗人势，狼狈为奸，飞扬跋扈，大肆打压异己，从此开始了明朝历史上的魏忠贤专权乱政的局面。

客氏本是定兴（今河北定兴）农民侯二的妻子，当初宫中为即将出生的皇长孙朱由校寻找奶妈，客氏被选中。万历皇帝不喜欢太子朱常洛，所以朱由校的处境非常艰难，他的生母王才人又为朱常洛宠妾李选侍凌辱至死。因此，朱由校从小孤苦无依，缺少父母之爱，每天只能依偎在客氏的怀里，客氏把朱由校当成心肝宝贝，两人的感情十分深厚。每天吃饭睡觉，要是没有客氏在旁边，朱由校就吃不下，睡不着。所以，朱由校一登上皇位，就决定好好报答客氏，封她为“奉圣夫人”。客氏在宫中每天浓妆艳抹，来往乘坐小轿，犹如皇后，横行后宫。

明熹宗朱由校从不认真处理政务，每天只知道做木工活。他每天拿着斧和锯，砍木头，锯板子，盖好了房子又拆，拆了又盖，成天忙得不可开交，有时候还把做好的家具让太监拿到宫外去卖。大臣们见这位小皇帝不务正业，免不了要出来干预，搞得这位小皇帝心烦意乱。魏忠贤瞅准了这是一个机会，便投其所好，给明熹宗找了许多活干，还专门趁他专心做木匠活的时候，上前让他披阅奏折。明熹宗非常不耐烦，挥挥手说：“知道了，知道了，你决定吧。”魏忠贤就这样将大权控制在自己手中，被无耻之徒谄媚为“九千岁”。

魏忠贤在皇帝面前这么受宠，一些趋炎附势的小人，包括文臣武将、地方官员都纷纷投靠了魏忠贤，认他当干爹，比如“五虎”“五彪”“十孩儿”“四十孙”等。各地官吏纷纷为他设立生祠。祠堂是人死后才修的，而魏忠贤还活着就有了祠堂受人供奉。生祠里立着一座魏忠贤的塑像，烟雾缭绕，官吏们都行礼叩拜。当然这个“干爹”也不亏待他的干儿子们，于是“五虎”“五彪”等人都当上了朝廷和地方的高级官员，形成了以魏忠贤为首的一个“阉党”，完全把持了朝政。

魏忠贤担心天下有人反对他，就派出许多东厂的特务到全国各地刺探消息，如果有谁说了对他不敬的话，干了反对他的事，就立刻逮捕关在东厂里严刑拷打，甚至处死。东厂俨然就是一个人间地狱。

魏忠贤的胡作非为引起了东林党官员的强烈不满，他们纷纷联合起来弹劾魏忠贤。魏忠贤大肆报复，大规模迫害镇压东林党人，诬陷东林党的左光斗、杨涟、周起元、周顺昌、缪吕期等人贪污受贿，大肆搜捕东林党人，东林党几乎被阉党势力消灭。

1627年，崇祯帝朱由检登位以后，下令将魏忠贤流放凤阳，魏忠贤在途中畏罪自杀，客氏被乱棍打死，阉党势力被一扫而空。

崇祯帝煤山自缢

在中国历史上，自杀殉国的亡国皇帝有三位，其中就包括明朝的第十六位皇帝明思宗朱由检，另外两位是金国的金哀宗完颜守绪和南宋的皇帝赵昺。

明思宗朱由检是明光宗朱常洛的第五子，明熹宗朱由校之弟，于天启七年（1627年）遵熹宗遗诏继承皇位，次年改年号为“崇祯”。崇祯帝并不昏庸，反而是一位勤政爱民、节衣缩食的君主，一心想着要如何治理好国家。他即位伊始，就大力清除了魏忠贤等阉党，一度使明朝有了中兴的可能。可是，由于明朝后期的几位皇帝基本上都贪图享乐，长年不理政事，任由宦官执掌生杀大权，所以明朝的根基已经摇摇欲坠了。国库空虚，宦官横行，百姓流离失所，各地纷纷举起造反的旗帜，起义军势如破竹，直逼京城。另外，朱由检根本无力控制朝中的朋党之争，所以他的政策也受到了士大夫集团的摆布。面对这种危机四伏的政局，朱由检殷殷探求治国方略，事必躬亲。他平反了冤狱，全面考核官员，起用了一批贤臣，力戒廷臣交结宦官，整饬边政，令袁崇焕全力收复辽东失地，因此政局比前两朝有了明显的改观。不过，由于朱由检对外廷大臣不满，加上他疑心病甚重，所以他在清除了以魏忠贤为首的阉党之后，又重用了另一批宦官，致使统治集团的矛盾日益加剧。而这时的崇祯帝，再想独挽狂澜也已经力不从心了，只好不断反省，并四下罪己诏，承认是朝廷的政策失误及天下局势的险恶使民众受难，希望可以挽回民心。可是，由于他听信谗言，错杀了袁崇焕等爱国将领，以致孤立无援，所以根本无力挽救明朝于危亡之中。

崇祯十七年（1644年）正月初一，闯王李自成在西安称帝，国号“大顺”。随后，李自成兵分两路向北京进军。崇祯帝立即拜大学士李建泰为督师，命他出京抵御大顺军，可是他却无力阻止李自成大军的前进。崇祯十七年三月的前半个月，对崇祯帝来说可谓艰难的最后时日，他一边征调各方的“勤王”之师，一边筹措军饷。可是，当他要求皇亲国戚、高级官僚等一律按照官爵高低捐献军饷时，他们却都不愿意响应，就连富可敌国的国丈、太师周奎也只出了几两银子。无奈之下，崇祯帝只好五下罪己诏，并大赦天下，虽然崇祯帝确实诚心要振兴朝纲，但是由于为时已晚，已经无济于事了。

当月12日，农民军逼近北京郊区，朝野震动，君臣全都束手无策，只能坐以待毙。15日，农民军抵达居庸关。监军太监杜之秩和总兵唐通不战而降，轻易地让出了捍卫北京的最后一道关隘。巡抚何谦与总兵马岱临阵脱逃，致使农民军于次日黎明就攻下了京郊昌平，并于当天夜晚沿沙河直达北京外城的平则门，沿途火光冲天。而这时候，朱由检还在宫中按部就班地考察33名候补知县，当他看到太监送来的紧急公文时，顿时脸色骤变，却束手无策。17日，农民军东路进至高碑店，西路进至西直门外，开始炮轰城墙，李自成亲自指挥大军环攻九门。崇祯帝和大臣们像往常一样齐聚在紫禁城内，相对而泣，根本不知该如何是好。中午时分，农民军开始攻打平则门、彰义门、西直门，而守城的官兵都是一些老弱残兵和太监，他们根本没有战斗力，只能靠城外阵地上的火车、巨炮、蒺藜和鹿角等障碍物来做掩护。18日，李自成指挥农民军冒雨攻打彰义门，并对城楼上喊话，表示希望与明军和平谈判，得到答复后就立刻派已经投降的太监杜勋入城与皇帝讲和。

杜勋快速奔进紫禁城，首先向崇祯帝传达了李自成要求开门迎降之意，然后劝崇祯帝出于自身利益的考虑不要与兵强马壮的李自成大军抗衡，接着转达了李自成的谈判方案：割让西北地区给李自成建国称王，拨发100万两银子犒赏农民军。崇祯帝向内阁首辅魏藻德征求意见，老奸巨猾的魏藻德却害怕承担责任，任凭崇祯帝再怎么询问，他都一言不发，只是一味地鞠躬。崇祯帝无奈，只得命令杜勋出城给李自成传话："朕计定，另有旨。"这句话虽然只有6个字，却以一种居高临下的姿态否定了和谈的可能。也就是说，崇祯帝只有顽抗到底了。接着，他下了第六道罪己诏，然后命令驸马巩永固护送太子出京南下，却因巩永固无力冲出重围而作罢。

李自成在得知了崇祯帝的态度之后，下令全力攻城。农民军架飞梯奋力越墙，太监曹化淳献彰义门投降。与此同时，德胜门、平则门这两座外城也不攻自破。接着，宣武门、正阳门、朝阳门等内城的守军也都不约而同地打开了城门，不战而降。而这时崇祯帝还深居内宫，根本不知道内外城均已被农民军攻破。18日夜里，农民军控制了整个内城，距离紫禁城仅咫尺之遥。

这时候，京营总兵早已自顾不暇地逃命去了，士兵们也已经涣散逃亡，太监们向崇祯帝报告内城已经陷落，并劝皇上"急走"。当时，崇祯帝还不相信内城已经陷落，就带着心腹太监王承恩跑到了煤山（今景山）上四处瞭望，在发现城外和彰义门一带的连天烽火之后才确信内城已破，不禁哀声长叹，然后绝望地返回乾清宫，命令成国公朱纯臣统领诸军和辅助太子朱慈烺，简单叮嘱了三个儿子几句话，然后就命令太监带着他们更衣出逃，逼周皇后以身殉国，用剑砍伤长女长平公主的手臂，杀了幼女昭仁公主及几个嫔妃，然后换上便服与太监王承恩等数十人经东华门到达朝阳门，假言王太监奉命出城，可是守门的人却说要等天亮后验明身份才能出城。崇祯帝又赶到安定门，却因为门闸太重而无法打开城门，他的求生之路被彻底截断了，所以他只好又返回宫中。19日清晨，李自成大军浩浩荡荡地开进了紫禁城。崇祯帝亲自鸣钟召集百官，却没有一人响应。崇祯帝见大势已去，就带着太监王承恩进入内苑，脱下龙袍，愤然地在衣襟上写道："朕凉德藐躬，上干天咎，然皆诸臣误朕。朕死无面目见祖宗，自去冠冕，以发覆面。任贼分裂，无伤百姓一人。"然后与王承恩自缢于煤山的寿皇亭树下，明朝至此宣告灭亡。

崇祯帝死时，宫内的人都没有发现，李自成进宫之后就四处寻找，直到22日才发现这位僵死的君主。4月初，李自成派人草草地将崇祯帝与周皇后合葬于昌平的思陵。崇祯帝死后不久，清军入关，成为中原大地新的主宰。

隆武覆灭

崇祯自缢以后，各地的明朝官员纷纷拥立明朝的藩王为帝。先后出现了弘光、鲁王监国、隆武、绍武、永历几个政权，存在了20多年，统称南明。

1644年六月，明朝宗室、崇祯帝的从兄、福王朱由崧在江南明朝官员的拥戴下，在南京登基称帝，年号“弘光”。弘光政权控制着富庶的淮河以南的广大土地，拥有百万军队，有史可法、左良玉等杰出将领，势力相当雄厚。

但弘光帝却无意抗清，整日吃喝玩乐，沉湎于酒色之中，不理朝政，重用阉党余孽马士英、阮大铖等人。马士英等奸臣把持朝政、结党营私，大肆打击迫害反对过马、阮的东林党人，把兵部尚书史可法排挤出南京，让他到扬州去督师。他们还克扣军饷，增加赋税，甚至公开卖官，贿赂公行，政治腐败到了极点。当时人称“职方贱如狗，都督满街走，相公只爱钱，皇帝但吃酒。”

弘光帝幻想与清朝和谈，派使团北上，送给清朝白银10万两、黄金千两、绸缎万匹，并许诺和谈成功后，每年送岁币10万。但被清朝一口拒绝，留下南明的礼物，将他们赶了回去。但当时清朝的首要任务是镇压李自成的大顺军，暂时没有力量进攻南明，所以弘光政权才得以苟延残喘。

1645年，清军攻破潼关，大顺军败局已定，清朝立即挥师南下进攻弘光政权。不料这时候弘光政权起了内讧，镇守武昌的大将左良玉以“清君侧”为名，讨伐马士英，率80万大军顺江东下，进攻南京。弘光帝和马士英急忙将江北的明军调回进行防御，削弱了明军在江北防御清军的力量。不久左良玉病死，其子左梦庚率部降清。

1645年四月，清军渡过淮河，江北重镇扬州失去屏障，清军长驱直入包围扬州。史可法写血书向弘光帝和江北其他将领求援，但没有得到答复。清将多铎致书史可法，要他投降，但被史可法严词拒绝。清军用大炮轰城，扬州陷落，史可法不屈而死。

清军占领扬州后，趁大雾渡过长江，攻占南京。弘光帝逃到芜湖，后来被俘，押到北京处死，其官员多数降清。

弘光政权覆灭后，张煌言等人拥立鲁王朱以海在绍兴称监国，同时郑芝龙等人在福州拥立唐王朱聿键为帝，年号隆武。鲁王政权和唐王朱聿键的隆武政权为了争所谓正统，自相残杀，水火不容。

鲁王政权利用钱塘江天险屡次击败清军的进攻，阻挡了清军的南下。但他只满足偏安一隅，根本不想北上抗清，收复失地。1646年，清军趁天旱水浅，强渡钱塘江，明军一触即溃，鲁王乘船逃亡海上，时人称之为“海上天子”。鲁王派人向隆武帝求援，信中称隆武帝为“皇伯叔”，而没有称“陛下”。隆武帝龙颜震怒，喝令侍卫把鲁王的信使杀了，还振振有词地说：“现在最忧虑的事，不是清军而是鲁王。”

隆武帝生活简朴，喜欢读书，一心想恢复明朝，还一度想御驾亲征。他杀了前来招降的清朝使者，整顿吏治，严惩贪污，重用金声、杨廷麟、何腾蛟等抗清将领。但掌握军政大权的郑芝龙却暗中降清。郑芝龙原来是个大海盗，后来被招安。清军消灭鲁王政权后，挥师南下，进攻福建门户仙霞关。郑芝龙为了保存实力，将仙霞关的守军撤回，带领军队撤回老家安平。隆武帝无可奈何，只好逃亡。

在清军乘胜追击的情况下，隆武帝竟然舍不得丢掉几十车心爱的书籍，前进的速度很慢，结果很快被清军追上。当隆武帝的人马到达闽赣边境时，本来可以迅速进入还在南明控制之下的江西省时，隆武帝却下令停下来打开行李晾晒龙袍，以便穿戴整齐地接受臣民的觐见。

这时清军追了上来，隆武帝和大臣周之藩慌忙躲入关帝庙。清兵在庙前厉声呼喝：“朱聿键出来。”忽然，周之藩手持钢刀跳出庙门，高声说道：“我就是隆武帝。”挥刀杀向清兵，结果被清兵乱箭射死。清兵进庙搜查，只见后门洞开，庙内空无一人。原来朱聿键已从后门逃入汀州城。后城破被俘，朱聿键在福州绝食而死。

经济

《农政全书》

徐光启作为中西文化交流的先驱之一，对中国近代科学的发展起到了巨大的促进作用。他不但和利玛窦合译《几何原本》，还主持编写了一部130多卷的《崇祯历书》，并著有《徐氏庖言》《兵事或问》等军事著作，他的科学成就是多方面的。不过，他一生用力最多、成就最大的却是农业和水利方面的研究，其主要代表作就是著名的农学著述《农政全书》。

徐光启认为，农业是一切之根本，所以他充分利用一切空闲时间，在北京、天津和上海等地设置了试验田，亲自进行各种农业技术实验。《农政全书》就是他在赋闲期间一点一点积累而成的。

万历三十五年（1607年），徐光启回乡为父亲守孝，然后在家乡开辟了田地进行农业实验。在此后的三年时间里，他总结出许多农作物种植、耕作的经验，写了《甘薯疏》《种棉花法》和《代园种竹图说》等农业著作。万历四十一年（1613年），徐光启辞去公职并来到了天津，在天津继续进行农业实验，一待就是5年。三年之后，徐光启又来到了天津，在天津进行了更大规模的农业实验，并撰写了《宜垦令》和《农遗杂疏》等农业著作。这些专门从事农业实验与撰写农业著作的经历，使他积累了丰富而又宝贵的资料，为徐光启日后编撰《农政全书》奠定了坚实的实践和理论基础。天启二年（1622年），徐光启告病返乡，可是依然继续进行农业实验，并为撰写《农政全书》搜集、整理资料，以便将他毕生的心血流传下来。到崇祯元年（1628年），《农政全书》已经基本写成，不过由于徐光启此时刚好官复原职，到任后即着手修订历书，所以无暇顾及《农政全书》的最后修订工作。崇祯六年（1633年），徐光启去世，直到徐光启死后的第6年，《农政全书》才由其弟子陈子龙等人修订、定名并出版。

《农政全书》有60卷，12目，共50多万字，全书以“农本”为主导思想，既收录了前人总结的农业技术和农政思想，又增加了作者从农业和水利方面的实践中获得的科研成果，内容覆盖农本、田制、农事、水利、农器、树艺、蚕桑、种植、畜牧、制造、荒政等，目的是提倡因地制宜、充分利用土地资源，以达到富国利民的目的，它完全适应中国这一泱泱大国的农业需要。

其中，荒政的篇幅占全书的首位，有18卷之多。由此可见，徐光启是非常重视备荒救灾的，其出发点虽然是为了维护封建统治者的利益，但这些主张同时也给国民带来了实实在在的好处。《农政全书》中收录的《救荒本草》与《野菜谱》，无论是在荒年还是丰年都具有造福国民的作用，非常具有实用价值。

徐光启大力主张用垦荒和开发水利的方法来发展北方的农业生产。中国自魏晋以来就经常以北方为政治中心，所以朝廷每年都需要耗费巨资在漕运方面，以达到南粮北调的目的，给国家财政带来了巨大的负担。为了解决这一问题，徐光启提出了利用垦荒、水利、移民等方法发展北方农业的主张，以及能够进一步提高南方作物产量的旱作技术，例如种麦避水湿、与蚕豆轮作等增产技术。另外，他还总结出了蝗虫虫灾的发生规律和治蝗方法。

徐光启还对主要产于北方的棉花在东南地区的种植和推广进行了许多研究，切实提出了“精拣核、早下种、深根短干、稀稞肥壅”这14字的增产字诀。据统计，《农政全书》中记载的159种栽培植物都是国人千百年来衣食住行的来源，而且其形态、特征、价值以及栽培方法大多信而有征，因为它们都是徐光启禀着审慎的科学态度旁征博引历代的文献，又进行实地调查才写出来的。所以，人们在阅读《农政全书》时，不仅能够了解到有关古代农业的百科知识，还可以体会到一位古代科学家严谨而求实的态度。

《农政全书》基本上囊括了古代农业生产和人民生活的各个方面，而其中又贯穿了徐光启富国强民的农政思想，这一思想使得《农政全书》不同于其他的农书，成为与北魏贾思勰的《齐民要术》齐名的另一大农学著述。

宋应星与《天工开物》

宋应星，字长庚，成化十三年（1587年）出生于当时文风很盛的江西奉新，是明代中期重要的阁臣宋景之孙，他自幼就很聪明，而且具有过目不忘的能力，所以深得老师和长辈的喜爱。稍微年长一些时，宋应星考中秀才，入本县县学学习。在此期间，他熟读了经史及诸子百家，且深受北宋关学学派创始人张载的影响，进而接受了唯物主义自然观。除了文学、哲学以外，他对天文学、声学、农学、医学及工艺制造等也很感兴趣，还喜欢一边与好友一起游览风景名胜，一边纵论天下事。

万历四十三年（1615年），29岁的宋应星像其他的读书人一样，与兄应升赴省城南昌参加乙卯科乡试，在一万多名考生中脱颖而出，考取全省第三名举人，其兄应升则考取了第六名，而奉新的其余考生则没有中举，所以时人都称他们兄弟为“奉新二宋”。兄弟二人受乡试成功的鼓舞，于同年秋赶到京师，参加了次年的丙辰科会试，结果却名落孙山。他们并没有因此而气馁，决定下次再试。为了增加应试成功的可能性，他们来到了江西九江府古老的白鹿洞书院进修，师从大家舒日敬，因为舒是当时著名的学者兼教育家，朝廷的名公巨卿大多是他的门生。万历四十七年（1619年），宋氏兄弟又参加了会试，结果依旧未中。此后，从天启年间到崇祯初年，宋氏兄弟又参加了四次会试，均以落榜告终。科举的屡试不第，给了宋应星很大的感触，他想，“士子埋首四书五经，饱食终日却不知粮米如何而来……”从此以后，他就放弃了科举考试，到江西、湖北、安徽、江苏、山东、新疆等地进行了一番实地考察，在田间、作坊调查到了许多生产知识，甚至还到东北捕过貂。崇祯四年（1631年），宋应升由吏部铨选为浙江桐乡县令，宋应星则回乡服侍老母，四年后担任本省袁州府分宜县县学的教谕，负责教授生员。虽然教谕只是不入流的教职人员，可是对宋应星却意义非凡，因为在他担任教谕期间，他的传世之作《天工开物》诞生了。

宋应星把他长期积累的生产技术等方面的知识加以整理和总结，编著了《天工开物》一书，并于崇祯十年（1637年）刊行。

“天工开物”这4个字是“巧夺天工”和“开物成务”两个成语合并而成的，意思是人们能够用自己的聪明才智和精湛的技艺生产出胜过天然的各种精美物品。全书共18卷，内容涵盖了谷物栽培、纺织加工、印染、造纸、陶瓷制造、金属冶炼、舟车制作、兵器铸造，以及盐、糖、酒、食用油的制造和加工等领域，详细叙述了各种农作物和工业原料的种类、产地、生产技术和工艺装备等，并附有100多幅插图，描绘了130多项生产技术和工具的名称、形状、工序，图中还注明了精确的数据，体现了作者注意农业、工业和实学的思想，全面反映了工艺技术的成就，具有珍贵的科学价值和历史价值。尤其是其中首次提出的锌的冶炼方法，它使中国在很长一段时间内都是世界上唯一能够大规模炼锌的国家；他提出的用金属锌代替锌化合物（炉甘石）炼制黄铜的方法，是人类历史上用铜和锌两种金属直接熔融而得黄铜的最早记录。“土脉历时代而异，种性随水土而分”这一科学见解，则把我国古代科学家关于生态变异的认识推进了一步，为人工培育新品种提出了理论根据……总之，《天工开物》是中国古代的一部综合性的科学技术著作，也是世界上第一部关于农业和手工业生产的综合性著作。它自刊行以来，先后被翻译成日、韩、英、法、德等国文字，在世界上产生了广泛的影响，被外国学者称为“中国17世纪的工艺百科全书”，其作者宋应星也因此而在世界科学史上享有极高的声誉。

宋应星一生除了编著《天工开物》之外，还著有批判明朝时局的政论《野议》、表达作者愤世忧民之情的《思怜诗》，以及如今已经失传的《画音归正》《卮言十种》等著作。

崇祯十一年（1638年），宋应星升任福建汀州推官，后又出任南直隶凤阳府亳州（今安徽阜阳地区）知州。崇祯十七年（1644年）初，宋应星辞官回乡。同年3月，李自成大军攻占京师，明朝灭亡，宋应星成为亡国之民，自此以后一直过着隐居生活，在贫困中度过晚年，并教导子孙不要走科举之路。

康熙五年（1666年），宋应星去世，他的《天工开物》也因被认为存在“反满”思想而被销毁，在国内失传。后来，依据藏于日本的明朝原版，《天工开物》得以重新在中国刊行。

李时珍著《本草纲目》

李时珍（1518年—1593年）字东璧，晚年自号濒湖山人，湖北蕲州（今湖北黄冈蕲春）人，其父李言闻是当地名医。李家的后院种了好多药草，李时珍自蹒跚学步时起就和这些药草结下了不解之缘。随着年龄的增长，李时珍对这些药草有了更加深入的了解，整日都消磨在后院之中。不过，由于当时的医生被豪绅贵族视为低等职业，社会地位十分卑微，所以李言闻自然不愿意让聪慧的儿子像他一样饱受被歧视的屈辱，而是希望儿子能够通过读书应考光耀门楣。李时珍14岁就中了秀才，不过他并不屑于学习空洞乏味的八股文，所以他考了三次举人都没有考中，再加上他自小就体弱多病且醉心于学医，于是他向父亲表明了放弃科举的决心，准备专心学医。李言闻考虑再三，最终同意了儿子的请求，并且悉心地教导儿子。

一天，李言闻出诊去了，诊所里只剩下李时珍一人。这时来了两位病人，一个是眼睛红肿且疼痛，另一个是大泻不止。李时珍思索了半晌，说："父亲要到晚上才能回来，要不我先给你们开个方子试试吧。如果不行，你们再来找我父亲。"那个泻肚子的病人难受至极，哪里还管得了这么多，迫不及待地说："好，好，郎中的公子开方子还能有错？"那个眼睛红肿的病人也捂着双眼连连催促李时珍开方子。李时珍便果断地开方取药，病人取了药就走了。等到李言闻回到家中，李时珍详细地跟父亲说了看诊及开方的情况，说得头头是道：李言闻一边听一边不住地点头，心想儿子不仅读了不少医书，还能把医书上的知识应用到治病实践当中，确实是块当大夫的材料，心中不觉由惊转喜，更加放手让儿子行医了。没过几年，李时珍就成了当地一位很有名望的医生。

李时珍在给人看病期间，发现了古医书上有许多条目都是错误的。比如，《日华本草》就把消肿的木鳖子和主治恶疮的虎掌混为一谈了。有一位精神病人在服用了含有防葵的药之后很快就死了，原因是医生按照古医书上的记载，把狼毒当成防葵处方了。狼毒的毒性很大，人吃了怎能不丧命呢？

因药夺命的事故频繁发生，给李时珍的内心带来了很大的冲击。他想，古医药书无疑蕴含着丰富的知识和宝贵的经验，但也确实存在着一些误漏，如果不及时订正，将会有很多人因此而贻误病情甚至失去性命。想到这里，李时珍就立刻去找父亲，与父亲在灯下倾心而谈。李言闻在得知了儿子的宏愿之后，语重心长地说："你重修本草的想法虽然很好，可是实施起来却很难，因为这需要大量的人力和财力，恐怕只有朝廷才有这么大的力量。另外，凭你现在所掌握的医学知识，还远远达不到修书的要求，所以你还是先在读书上狠下一番功夫吧，你说呢？"李时珍闻言，心里顿时有了底。从此以后，李时珍就全心沉浸在浩如烟海的医书之中，他在10年的时间里熟读了《内经》《本草经》《伤寒论》和《金匮要略》等古典医书，以及大量关于花草树木的书籍，积累了许多珍贵的读书笔记等资料。

嘉靖三十八年（1551年），李时珍因医术精湛受聘于楚王府，主管祭祀礼仪和医务。李时珍原本不愿与皇亲国戚交往，但他又考虑到楚王也许能帮助自己向朝廷传达他重修本草的目的，就来到了王府。没过多久，李时珍就因为治愈了楚王世子的暴厥以及其他一些疑难杂症而声名远播，并被举荐为太医院的医官。太医院是明朝的中央医疗机构，拥有大量外界罕见的珍贵医书和药物标本，使李时珍大开眼界。李时珍在太医院期间，夜以继日地研读、摘抄和描绘药物图谱，汲取了大量的医学精髓。在此期间，李时珍还多次向太医院提出重新编写本草的建议，可是非但没有得到响应，反而遭到了无端的讥讽与中伤。李时珍很快就明白了太医院绝非他实现理想的地方，所以一年之后他就毅然地告病还乡了。

从太医院回来的第二年，35岁的李时珍着手开始编写医书，并将其命名为《本草纲目》。刚开始时还比较顺手，可是接下来问题就出现了。本草是古代药物学的代称，它包括花草果木等植物，以及鸟兽鱼虫等动物，还有铅锡硫汞等矿物，因其中绝大多数是植物而得名。历代有许多关于本草的专著问世，却没有一本能够概括自东汉《神农本草经》成书至李时珍诞生这千百年来的医学进展。李时珍发现了这一问题之后，就挑起了这副重担。可是，他并没有预料到药物竟然有那么多品种，如果不一一了解它们的性状和习性，很容易就像前人一样犯混淆药材的毛病。从此以后，李时珍就穿着草鞋，背着药筐，在徒弟庞宪、儿子李建元的伴随下远涉深山旷野进行实地考察。他遍访名医宿儒，搜求民间偏方，还虚心地向农夫、渔夫、樵夫、猎人、矿工等工种的人请教，学到了许多书本上没有的药物知识。比如，芸薹是治病常用的药，但它究竟长什么样呢？《神农本草经》里没说清楚，各家注释也讲不明白。李时珍通过一个菜农的指点并察看了实物，才确定它其实就是油菜，于是他就在《本草纲目》中对它进行了详细的注解。李时珍听说北方有一种药物叫曼陀罗，它的叶像茄子叶，花像牵牛花，人吃了它以后会手舞足蹈甚至陷入麻醉状态，于是李时珍就来到北方并找到了曼陀罗，还亲自验证了花的性能，并记下了“割疮灸火，宜先服此，则不觉苦也”。经现代药理证实，曼陀罗花确实具有麻痹交感神经的作用。

在进行实地考察时期，李时珍还不忘为父老乡亲治病。有个妇女鼻腔出了一天一夜的血，怎么治都不见效。李时珍把大蒜切片，然后敷在患者的脚心上，不一会儿患者就不流血了。这个方子正是他从民间学到的。随着考察的深入，李时珍更加深切地认识到：处处皆有学问，只要用心学习，每天都会有新收获。

万历六年（1578年），李时珍终于完成了《本草纲目》这一具有划时代意义的药物学巨著。

《本草纲目》是李时珍走了上万里路，倾听了千万人的意见，参阅了800多种书籍，花了27年才完成的，共16部，其中，植物5部：草部、谷部、菜部、果部、本部；动物6部：虫部、鳞部、介部、禽部、兽部、人部；矿物4部：金部、玉部、石部、卤部，其他1部52卷，约200万字，共编入了1892种药物，其中包括374种新增药物，还附有超过1.1万个药方以及1100多幅插图，内容覆盖了植物、动物、矿物、化学、天文、气象等许多领域的知识，吸取了历代本草著作的精华，尽可能地修补前人的误漏之处，并有很多重要的发现和突破，其规模超过了以往的任何一部本草学著作，且编排体例系统而又严谨，对中医药学具有极大的贡献，是我国医药学史上的一座里程碑。

遗憾的是，李时珍生前没能亲眼看到自己这部巨著印行。万历二十六年（1593年）初秋，李时珍离开了人世，《本草纲目》由书商胡承龙等人主持刻版，三年后才付印。《本草纲目》不仅对中医药学具有极大的贡献，还对世界自然科学的发展起到了巨大的推动作用，所以它一经问世就不胫而走，并辗转流传到世界各地，被公认为“东方医学的巨典”。

徐霞客游历山川

明朝末年出现了一位“千古奇人”，他虽然是书香门第出身，却不像其他士人那样考取功名，而是喜欢到处游历，这位奇人就是徐霞客。

徐霞客原名徐弘祖，字振声，霞客是他的号，他家境富裕，可是他却像他父亲徐有勉一样淡泊名利，只喜欢读历史、地理之类的书籍，向往着游览壮丽河山的生活，还立志要游遍祖国的名山大川。这样的一种志向，违背了当时的社会风俗，需要具有超凡的勇气和胆识，不过，徐有勉却没有反对，他见儿子像自己一样喜欢游历而无意于功名，就鼓励他博览群书，做一个有学问的人。徐霞客读书不但认真，而且能够过目不忘，很快，他家里的藏书就满足不了他了，就到处搜集没有见过的书籍，甚至脱掉衣服去跟别人换书。15岁那年，他像其他读书人一样参加了科举考试，却没有考中。此后，他就决定放弃走科举的道路，开始为实现自己感兴趣的地理考察事业做准备。不过，在徐霞客19岁那年，徐有勉却去世了，徐霞客考虑到“父母在，不远游”，就没有立即动身出游。徐母是一个知书达理的女人，她明白儿子的志向，就在儿子守孝三年期满后鼓励儿子说：“志在四方，男子事也……”徐霞客得到了母亲的支持，就只身离开家乡，开始了他长达30多年、足迹遍布16个省的旅行考察生涯。

在此后的几年内，徐霞客游历了太湖、洞庭山、泰山、曹娥江、宁波等地，并做了旅行记录，可惜这些记录都已遗失。万历四十一年（1613年）3月，徐霞客来到天台山和雁荡山，其所做的旅行记录保存完好。说到雁荡山，徐霞客此前就曾在古书上了解过，还记得那本古书上说雁荡山顶部有一个大湖，所以他就决定爬到山顶去看一看这个大湖。可是，当他艰难地爬到山顶时，却发现山脊是笔直的，山顶上根本没有什么大湖。徐霞客继续走了一段路，来到一个大悬崖前，发现悬崖下面有一个小小的平台，他想平台上可能有湖，就借助一条长长的布带子向小平台爬去，却发现根本无法下去，所以他只好抓住布带子吃力地向崖顶爬去。谁知爬着爬着，布带子却被磨断了，徐霞客机敏地抓住一块突出的岩石才幸运地没有掉下深渊。接着，徐霞客又把布带子重新接好，这才爬回了崖顶。

万历四十三年（1615年）冬，徐霞客又游历了金陵（今江苏南京）。次年，他游览了黄山、武夷山、九曲溪、西湖等胜景。此后，徐霞客因妻子去世没有外出旅行。万历四十六年（1618年），他再游黄山、庐山，并于年底再婚。徐霞客在黄山旅行时，遇到了大雪，他不顾当地人的劝告，拄着一根铁棍上了山。当时，黄山上有些地方的积雪深及腰部，覆盖了山路，山腰以上的山势更是异常陡峭，山坡背阴的地方则布满了滑滑的坚冰，很难攀登。徐霞客为了考察山顶的情况，用铁棍在冰上凿坑，然后踩着冰坑一步一步慢慢地爬了上去。

万历四十八年（1620年），徐霞客到了九鲤湖，还观看了钱塘潮。在此后的两年间，徐霞客因母亲生病而没有外出。天启三年（1623年），徐霞客游览了嵩山、华山、武当山等名山，并做了旅行记录。此后的4年，徐母先是病危，继而病故，所以徐霞客中断了旅行。崇祯元年（1628年），徐霞客游历了福建，然后一路北上，于次年游历了北京和天津蓟县的盘山，遗憾的是其间的旅行记录再次遗失。崇祯三年（1630年），徐霞客又从北方一路南下，再游福建。崇祯五年（1632年），徐霞客再游天台山、雁荡山、太湖，次年又再度北上，游览了五台山和恒山。此后两年，徐霞客因长孙出生、次子娶妻而没有外出旅行。从崇祯九年（1636年）到崇祯十三年（1640年），徐霞客一直在外旅行，他先后游览了浙江、江西、湖南、广西、贵州、云南等地。在此期间，他每天无论多么疲倦，无论在什么地方住宿，都会坚持把自己的旅行见闻记录下来，因此才有了后来的《徐霞客游记》。徐霞客这一生，可以说除了因家中发生重大事件而在家逗留之外，几乎没有停止过旅行。徐霞客惊人的旅行经历，堪称一位“千古奇人”。

崇祯十四年（1641年），徐霞客在家乡病逝。他死后，他的儿子将他的游记编辑整理成册，并命名为《徐霞客游记》，然后出版。此后，钱谦等民间藏书家因深知《徐霞客游记》既是徐霞客毕生“手攀星岳，足蹑遐荒”的地理考察记录，又是“世间真文字”，所以对它做了大量的校订、增补、刊行等工作，从而使它得以保存并流传后世。不过，徐霞客一生先后写了两千多万字的游记，流传下来的仍然只是一小部分。

《徐霞客游记》是徐霞客徒步跋涉了大半个中国，在战胜了风雨、野兽和饥饿，经历了九死一生之后才写成的，共有40多万字，它主要按日期记述了作者从万历四十一年（1613年）到崇祯十二年（1639年）之间的旅行观察所得，它既具有科学性又具有文学性，包括地理、水文、地质、植物等方面的知识，是中国比较详细地记录地理环境的游记。对于地理学家来说，它就是一份珍贵的地理科学报告：一是详细而又科学地记述了喀斯特地貌的类型分布和各地区之间的差异，并着重阐述了喀斯特洞穴的特征、类型及成因等，居于当时的世界先进水平，早于欧洲学者100多年；二是纠正了古代文献中记载的有关中国水道源流、山脉的错误；三是明确指出了地形、气温、风速等地理环境对植物各方面的影响；四是科学地分析了火山喷发出的红色浮石的质地和成因；五是详细地描述了地热现象；六是描述了各地的经济、交通、风俗民情等情况。在考古学方面，它也是不可多得的研究资料。

军事

鄱阳湖大战

当朱元璋向南方发展势力的时候，遇到了一个强敌名叫陈友谅。陈友谅占据江西、湖南和湖北一带，地广兵多，自立为王，国号叫汉。1360年，他率领强大的水军，从采石沿江东下，进攻应天府，想一下子吞并朱元璋占领的地盘。

朱元璋赶忙召集部下商量对策。大家七嘴八舌，议论纷纷，只有新来的谋士刘基待在一旁，一声不吭。朱元璋犹豫不决，散会后，把刘基单独留下来，问他有什么主意。刘基说："敌人远道而来，我们以逸待劳，还怕不能取胜？您只需用一点伏兵，抓住汉军的弱点痛击，就可以打败陈友谅了。"朱元璋听了刘基的话，非常高兴。

朱元璋有个部将康茂才，跟陈友谅是老相识。朱元璋把康茂才找来，和他定下了引陈友谅上钩的计策。康茂才回到家里，按照朱元璋的吩咐写了封信，连夜叫老仆去采石求见陈友谅。

陈友谅见了这封信，并不怀疑，问老仆说："康公现在在什么地方？"老仆回答说："现在他带了一支人马，在江东桥驻守，专等大王去。"陈友谅连忙又问："江东桥是什么样子？"老仆说："是座木桥。"

陈友谅在老仆走后，立刻下令全体水军出发，由他亲自带领，直驶江东桥。没想到到了约定地点，竟没见木桥，只有石桥。

一霎间，战鼓齐鸣，朱元璋安排在岸上的伏兵一起杀出，水港里的水军也加入战斗。陈友谅遭到突然袭击，几万大军一下子溃败下来，被杀死的和落水淹死的不计其数。此后，朱元璋的声势越来越大。

陈友谅不甘心，3年之后，他造了大批战船，带领60万大军，向洪都进攻（今江西南昌）。朱元璋亲自带领20万大军援救洪都，陈友谅这才撤去包围，把水军全部撤到鄱阳湖。朱元璋把鄱阳湖出口封锁起来，决定跟陈友谅在湖里决战。

陈友谅的水军有大批战船，又高又大；朱元璋的水军，却尽是一些小船，实力比陈友谅差得多。双方打了三天的仗，朱元璋的军队失败了。

朱元璋采纳了部将的建议，采用火攻。他命令用7条小船，装载着火药，每条船尾带着一条轻快的小船。傍晚时分，空中刮起了东北风，朱元璋派了一支敢死队驾驶这7条小船，乘风点火，直冲陈友谅大船。风急火烈，一下子就把汉军大船全部烧了起来。陈友谅在突围的时候，被朱军的乱箭射死。

第二年，朱元璋又消灭了张士诚的割据势力。接着，朱元璋任命徐达为征虏大将军，常遇春为副将军，率领25万大军北伐。两个月后，徐达的军队占领了山东。

1368年正月，朱元璋在应天即位称帝，改国号为明，他就是明太祖。这一年8月，明军攻下大都，元顺帝逃往上都。统治中国97年的元王朝终于被推翻了。

靖难之役

明太祖朱元璋在位时，将自己的儿孙分封到各地做藩王，从而导致藩王的势力日益膨胀，对中央皇权造成了严重的威胁。建文帝登基后，为了解决这一问题，便采取措施，不断削弱众藩王的势力，从而引来了藩王的强烈不满。坐镇北平的燕王朱棣不愿坐以待毙，挥师南下，讨伐建文帝。最后，朱棣取代建文帝成为明朝的第三位皇帝。这就是历史上著名的“靖难之役”。

朱元璋统治时期，在大力加强中央集权的同时，极力增强皇室的力量，以确保大明江山可以维系千秋万代。朱元璋将自己的24个儿子和一个孙子都册封为藩王，分别驻守全国各地的军事要塞。朱元璋的本意是想让这些藩王维护大明王朝的统治，可是藩王的势力膨胀，必然会严重威胁中央集权。当时的大臣叶伯巨曾经上书指明了这一点，可惜未能引起朱元璋的重视。

朱元璋去世以后，由其孙儿朱允炆即位，史称明惠帝，不过后人习惯按照朱允炆在位时的年号称他为建文帝。建文帝是太子朱标的次子，明朝建立伊始，朱标便被父亲朱元璋册封为太子。朱元璋认为，元朝统治者就是因为没有及早册立太子，所以才会经常发生宫廷政变，他不希望明朝再重蹈覆辙。

可惜朱标却在37岁时英年早逝。在决定新任太子的人选时，朱元璋没有考虑自己那为数众多的儿子，而是将目光投向了朱标的次子朱允炆——朱标的长子一早就夭折了。此时的朱允炆才15岁，他为人正直，性格温和，又孝敬长辈，深得祖父朱元璋的欢心。不过，比起他的那些叔叔，以少年朱允炆那微薄的资历显然不足以支撑他登上皇位。然而，朱元璋并不在乎这一点，他坚持将这个孙儿册封为太子。

朱元璋此举引起了很多藩王的不满，尤其是有资格继承皇位的燕王朱棣。明朝建立之初，朱元璋在首次册立太子时，就曾考虑过朱棣。朱棣有勇有谋，比平庸的长兄朱标不知优秀多少，但就是因为他不是长子，便与皇位擦身而过。朱棣这样一个野心勃勃的人，可想而知他的心里有多么不甘。既然不能被动地等待皇位落到自己身上，那么就只能主动去争取了。由此可以说，建文帝削藩未尝不是给了朱棣一个争取皇位的最佳契机。

建文帝登基之后没多久，皇帝与藩王之间的矛盾终于暴露人前。当时，建文帝在朝臣齐泰和黄子澄的辅佐下，首先向藩王宣战，下令削藩，几个实力较弱的藩王最先沦为牺牲品，周王、代王、岷王、湘王、齐王先后被夺权，在所有藩王之中，湘王的下场最为惨烈，最终自焚身亡。燕王朱棣是众藩王中实力最强的一个，由于建文帝在削藩的过程中采取的是先易后难的策略，所以随着削藩的进程不断推进，朱棣的地位也越来越岌岌可危。

朱棣是朱元璋的第四个儿子，朱棣出生时，朱元璋正与陈友谅在太平激战，连给儿子起名字的时间都没有。直到明朝建立前夕，朱元璋才给他取名为朱棣，这一年，朱棣已经7岁了。朱棣幼年时饱受战乱之苦，还曾被父亲送回家乡居住过一段时间，因此深谙民间疾苦。朱棣从小就十分聪慧勇敢，11岁时就被册封为燕王，21岁时便奉命领兵驻守北平。朱棣在取代了侄儿建文帝登上帝位以后，为了平息天下人对自己的非议，便声称自己的生母是马皇后，但他的生母实际上只是朱元璋的一个妃子。

朱棣在北平驻守多年，当时蒙古各个部落不断骚扰北平，朱棣凭借自己非凡的军事才能，一次又一次将他们击退。在北平的这些年，朱棣的实力日渐增强，终于成为力量最强大的藩王。

在削藩的过程中，建文帝最为重视的一直是朱棣。他命人暗中监视朱棣，随时准备将其逮捕。朱棣不甘心坐以待毙，先是将建文帝派来监视自己的大臣杀死，随后又借口惩治齐泰和黄子澄这两名主张削藩的“奸臣”，起兵南下。朱棣将自己此次的行动称为“靖难”，意思就是平定齐泰和黄子澄制造的叛乱。朱棣率领的燕军很快就攻占了北平、同州、蓟州、怀柔等地。

消息传来，建文帝大吃一惊，赶忙派出大将耿炳文率领30万大军讨伐燕军。在之后与燕军的正面交锋中，耿炳文率领的明军接连败退。于是，建文帝又派李景隆率领50万大军北上，攻打北平。在此期间，朱棣率领部分燕军精英攻克了大宁。李景隆乘机猛攻北平，却始终无法将其攻破。朱棣凯旋以后，一举将李景隆统率的明军击溃。

第二年，李景隆又在白沟河一战中溃败。朱棣乘胜追击，想要攻克济南。驻守济南的铁铉死守城池，燕军无论如何都攻不进去，最后只得撤兵。铁铉因此名声大振，很快取代了李景隆的地位，率兵讨伐燕军。在随后的交战中，朱棣再度败在铁铉手上。

朱棣并未灰心，于翌年再次出兵南下，并接连取得胜利。一年后，朱棣开始将战场由北方转向南方，誓要攻破当时的首都南京。

几个月后，燕军攻破了扬州等地，南京已到了生死存亡的关键时刻。建文帝焦急万分，只好派出朱棣的堂姐庆成郡主去向朱棣求和。庆成郡主晓之以理，动之以情，力劝朱棣退兵。然而，朱棣心意已决，哪里是堂姐几句话就可以说动的？

庆成郡主失望而返。一个月后，燕军渡过长江，攻破南京。南京城破之时，皇宫中起了大火，建文帝自焚身亡。朱棣最后只看到了一具面目全非的焦尸，谁也分辨不出这到底是不是建文帝。有一种说法是，建文帝早已逃出宫去，剃度出家了。

为了确定建文帝是生是死，朱棣在登上皇位以后，便委派大臣胡淡到全国各地走访，寻找建文帝的下落，据说，朱棣派郑和下西洋同样是为了查访建文帝的下落。至于最终的调查结果如何，史书上并无明确的记载。不过，后人根据种种史料推测，建文帝很有可能选择出家，因为他已看破红尘，再无复辟之心，所以朱棣也并未对他赶尽杀绝。

“靖难之役”结束后，朱棣登基为帝，史称明成祖。其后，朱棣将齐泰和黄子澄等50多名大臣灭族，并继续实施削藩政策，加强中央集权。

土木之变

1439年，蒙古族瓦剌部的首领脱欢死了，他的儿子也先继任首领。也先带领瓦剌部不断向外扩充势力，逐渐强大起来。此时，瓦剌部的实力还远不能与明王朝抗衡，所以瓦剌部与蒙古其他部一样也向明朝朝贡。1449年，也先派遣3000名使者来到北京，进贡了马匹，同时也要求朝廷赐予赏金。上司礼监王振发现也先谎报人数，就削减了赏金和马价，这使得也先非常不满。接着，也先又为其子向明王朝求婚，王振代表大明拒绝了他。这样一来，也先被激怒了，立即带领强悍的骑兵向大同发起进攻，而大同的守军不堪也先骑兵的攻击，被打得大败而溃。当时坐在皇位上的是明英宗朱祁镇，他是一位只知道追求玩乐，根本不问国事的昏庸皇帝，朝中大权由太监王振专断，也先曾暗地里贿赂王振，致使王振对北部边地不设任何防备。北方边警很快传到京师后，英宗慌乱无章，急忙召集臣属商议对策。王振私心极重，担心自己在大同附近蔚县的大量田产被瓦剌军侵占，就竭力鼓动英宗亲征，讨伐也先。朝中重臣竭力谏止，一概受到王振的呵斥。英宗在王振的蛊惑和挟持下，命皇弟郕王朱祁钰留守北京，兵部侍郎于谦留京代理部务，带领50万大军匆匆出发了。由于王振的专断，出征前未做任何战前准备，也没有周密的军事部署，盲目出兵，结果“未至大同，兵士已乏粮，僵尸满路。寇亦佯避，诱师深入”，而王振又不明敌情，想侥幸取胜，滥冒边功。大军刚到大同时，王振就派出前锋三万迎战也先骑兵，竟全军覆没，英宗一看大事不好，畏敌心切，竟带领大军回师逃命。回师本应取道紫荆关，可王振强行下令取道蔚县，意欲让皇帝临幸他的故里，显显自己的威风。当时，大军已经东行40余里了，王振又担心大军会踩坏他家的庄稼，便下令绕道前去。天近黄昏时，大军行至土木堡，将领们要求继续前行10里，驻兵怀来城，以求万全。可是王振见他家的千车辎重还没有赶到，就命令全军夜宿土木堡。土木堡虽名称为堡，实际没有任何堡垒可做防备，且这一带缺水严重，驻军需要饮水，就连夜打井，打至两丈深，也未见水滴。当时是酷暑八月，暑热行军，无水可饮，犹入绝境。就在明军的一通折腾中，宝贵的时间被耽搁了，瓦剌的追兵赶到。也先以议和麻痹明军，同意明军移地找水，表示停止进攻。于是王振下令移营，正当明军拔营动乱之际，也先突然率领他的铁骑从四面八方杀向明军，明军大乱，尸横山谷，一败涂地。王振被愤怒的禁军打死，明英宗被冲上来的瓦剌骑兵俘获。这个事件史称“土木之变”。

京师的百官听到英宗被俘的消息，众怒不止，纷纷要求族灭王振，英宗的弟弟郕王朱祁钰却心存犹疑，百官怒不可遏，一拥而入，朝中内监被当场打死，朝班大乱，卫卒汹汹，势将不测。兵部侍郎于谦临危安抚，“群臣义愤，心为天下，理当不论”，平息众怒，辅助郕王与重臣共议御敌方略。于谦（1398年—1457年），钱塘（今浙江杭州）人，曾深得明宣宗赏识，封为兵部右侍郎，誉以廉正严明于朝。他早年曾作《咏石灰》一诗：“千锤百炼出深山，烈火焚烧若等闲。粉身碎骨全不怕，要留清白在人间。”这正是他一生的真实写照。在明廷面临亡朝危难时，他挺身而出，怒斥朝中投降派，决心固守京师。当时朝臣徐理不但把妻儿老小暗中送至苏州，还在朝堂上散布“星象有变，天命已去”的消极言论，扬言必须迁都南京，使得朝臣六神无主，动摇沮丧，甚至有的朝臣痛哭起来。于谦见状，果断喝道：“谁主张南迁，就砍掉他的脑袋。”然后，坚定地说：“京师乃天下之根本，根本不守，天下动摇，有谁忘记赵宋南渡的教训吗？”经于谦一点醒，朝臣才有了抗击也先、固守京师之念。于谦被升任兵部尚书，主持守护京师。于谦一方面调河南、山东的军队进京守卫，同时又主持调通州粮仓里的粮食入京，京师兵精粮足，做好保卫北京的准备，稳定了京师的不安之心。而也先俘获英宗后，以为奇货可居，遂派人以议和为名，大索金帛，欲迫明廷屈辱妥协。在朝中也引起了波澜，为安定民心，于谦极力推荐朝廷立郕王为帝，刷新内政，加强战备。1449年9月6日，郕王朱祁钰即帝位，是为明景帝，遥尊明英宗为太上皇，朝中稳定。而也先挟持太上皇英宗前来叩关，被明军识破诡计，英宗反成了也先的累赘。随后，也先率兵攻破紫荆关后直捣北京，先是诱降不成，后强攻。于谦“身先士卒，躬擐甲胄”，在德胜门外设伏，诱敌至城下，前后夹击，一战就大败也先，也先之弟索罗、宰相卯那孩被当场击毙。也先围城5日，损失惨重，死亡上万人，散失骑兵9万余众。当也先听到明廷各地勤王之师就要赶到的消息后，担心回去的路被阻断，于是不敢再战下去，惶然撤了兵。明廷取得了北京保卫战的胜利。第二年，也先送还英宗，又与明廷互市贸易，依旧例派遣贡使，双方化干戈为玉帛。英宗以太上皇的身份在南宫中冷清地生活了8年，于景泰八年（1457年）正月十七凌晨，在太监曹吉祥、将领石亨、徐有贞等人的协助下，强夺宫门，进入奉先殿，鸣钟击鼓，宣布复位。此事史称“夺门之变”。英宗复位后，废掉病危的景帝，逮捕了朝中包括于谦在内的几十位主战派重臣，6天后，于谦等人在京师东市被杀。

萨尔浒战役

明朝自永乐年间开始，为了压制北元的残余势力，在中国东北一带设立了指挥使司，进而控制了一直居住在那里的女真族。当时，建州女真爱新觉罗·孟特穆（清太祖努尔哈赤的六世祖）是明朝建州卫的左都督。后来，北方部族的势力逐渐强大，他们一路入侵南方，杀死了孟特穆。建州部被迫南迁到赫图阿拉，之后逐渐加强了与中原地区的交往，而且其社会生产力也得到了显著的提高，努尔哈赤就是在这时候开始担任建州部首领的。万历十一年（1583年），努尔哈赤袭封为指挥使，然后逐渐统一了分散的女真各部。万历四十四年（1616年），努尔哈赤在赫图阿拉建立了大金（史称后金），改元天命。努尔哈赤随后发布“七大恨”讨明檄文，开始公开起兵，神宗因为建州军侵犯明朝边境，任命兵部左侍郎杨镐为辽东经略，准备进军赫图阿拉，消灭努尔哈赤。著名的萨尔浒之战由此拉开了帷幕。

经过数月的筹划，杨镐于万历四十七年（1619年）二月坐镇沈阳，然后命令部下兵分四路向赫图阿拉进发，以达到围剿后金的目的。当时，明朝为了恫吓只有两万兵力的努尔哈赤，声称大明兵力达47万之众，事实上却只有10万左右。这10万兵力自北向南分为四路，其中西路由总兵杜松统领，由抚顺关一路向西，直逼赫图阿拉；北路由总兵马林率领，从开原经三岔口、尚间崖进攻苏子河；东路由总兵刘綎指挥，从宽奠向东进发，以进攻赫图阿拉后方；南路由总兵李如柏统帅，由清河经鸦鹘关直逼赫图阿拉。可是，由于杨镐缺乏军事才能，所以他在制定进攻计划时只是因袭故智，一面夸张兵力，一面构成四面合围的态势，希望努尔哈赤未战先怯，并没有明确指出每路军的进攻目标，而且在作战过程中随便批准各个总兵更改进攻计划的要求，再加上他没有派遣前哨部队，无法明白敌情，也没有指明四路军要有主有次、相互辅助，所以当战事开始时，四路军各自为战，战线长达数百公里，根本不容易控制。

4月13日，杜松率西路军出抚顺关，次日到达萨尔浒（今辽宁抚顺东），在得知后金正派兵构筑界藩城以阻挡明军之后，将兵力分成两部分，一部分驻守萨尔浒，另一部分由他亲自率领着去攻打界藩城，以期能够立下攻克努尔哈赤的首功。

面对明军的围攻，身经百战的努尔哈赤先是掌握了明军的战略部署和行动计划，正确地分析了敌我形势，然后采取了“凭你几路来，我只一路去”的作战方针，集中八旗兵力打歼灭战，准备将明军各个击破。他考虑到明军的其他三路军都会因为山高水险一时难以到达萨尔浒，就乘杜松派兵攻打界藩城之机，亲率八旗的精锐部队袭击萨尔浒，并派代善、皇太极去截击杜松，将驻守在萨尔浒的明军打得溃不成军。明军守将李永芳举城投降，其他逃往萨尔浒河西岸的明军也陆续被歼灭，就连有勇无谋、刚愎自用的明军主将杜松也丧生了。通过这一役，努尔哈赤解除了西线明军的威胁。

4月15日，努尔哈赤将兵力调至北线，首先击溃了龚念的军队，然后又进攻驻守在尚间崖的马林部，将马林打得只身逃到了开原，接着又歼灭了驻守在飞芬山的潘宗颜的军队，北线的明军全部被歼灭。

至于东路的刘綎部，早在4月10日就已经出宽奠了，不过由于山路险峻、大雪封山，再加上沿途有少数的后金守军拦截，所以直到16日还没有到达赫图阿拉。而这时努尔哈赤已经取得了西线和北线的胜利，就派扈尔汉、阿敏、代善、皇太极率军赶赴东线，在东线集结，然后埋伏起来相机而动。明军根本没有戒备，沿途还焚毁村寨，所以刘綎部刚到阿布达里冈（今辽宁新宾榆树乡嘎巴寨村南十里）就被后金军打得措手不及，总兵刘綎战死；驻扎在富察的姜弘立的部队被代善指挥的军队围困，姜弘立及下属投降。至此，东线明军的威胁也得以解除，努尔哈赤“各个击破”的目标基本实现。

杨镐惊闻三路军溃败，于是急令南线李如柏撤兵，明朝四路大军中只有这一路逃脱了败灭的厄运，历史上著名的以少胜多的萨尔浒战役至此宣告结束。在这次战役中，努尔哈赤只用了5天时间就打了一场漂亮的歼灭战，致使明军文武将吏死300余人，士兵死近5万人，军械损毁无数。

这场战役是关系到后金与明朝谁兴谁亡的关键一仗。同年，后金先后攻克了开原和铁岭，实力大增。从此，努尔哈赤由防御转入进攻，其政治野心随之增长，而明朝在东北地区的统治开始全面崩溃。

冲冠一怒为红颜

1644年，李自成在西安建立了政权，国号大顺。不久，李自成亲自率领100万起义军渡过黄河，兵分两路进攻北京。两路大军势如破竹，到了这年三月，就在北京城下会师了。北京城外驻守的明军中最精锐的三大营全部投降。起义军猛攻北京城。第二天晚上，崇祯帝登上煤山（在皇宫的后面，今北京景山），在寿皇亭边的一棵槐树下上吊自杀了。统治中国277年的明王朝，就此灭亡。

大顺政权一面出榜安民，一面惩治明王朝的皇亲国戚、贪官污吏。李自成派刘宗敏和李过，勒令那些权贵、官僚交出平时从百姓身上搜刮来的赃款，充当起义军的军饷。有个叫吴襄的大官僚，也被刘宗敏抄了家产。有人告诉李自成说，吴襄的儿子吴三桂是明朝的山海关总兵，手下还有几十万大军。如果招降了吴三桂，就可以解除大顺政权的一个威胁。

吴三桂原来是明朝派到关外抗清的，驻扎在宁远一带防守。吴三桂收到吴襄的劝降信，便打算到北京去看看情况再说。吴三桂带兵到了滦州，遇到一些从北京逃出来的人，找来一问，听说他父亲吴襄被抓，家产被抄，顿时心生恨意。后来，又听说他最宠爱的歌姬陈圆圆也被起义军抓走，不禁勃然大怒，立刻下令全军退回山海关。

李自成得知吴三桂拒绝投降，亲自带领20多万大军，向山海关进攻。吴三桂听到这消息，惊慌失措。他也顾不得什么民族气节，马上给清朝写了一封求救信。清朝辅政的亲王多尔衮接到信，觉得机会来了，马上回信同意帮助吴三桂。接着，他亲自带着十几万清兵，马不停蹄地向山海关挺进。

李自成军从南面开到山海关边，与吴三桂的军队展开激战。李自成骑着马登上西山指挥作战。吴三桂带兵一出城，就被起义军的左右两翼合围包抄。吴三桂的士兵东窜西突，无法冲出重围；起义军个个奋勇，喊杀声震天动地。这时候，多尔衮看准时机，命令埋伏在阵后的几万清兵一起杀出，向起义军发动突然袭击。起义军没有防备，也弄不清是哪儿来的敌人，一慌阵势随即乱了起来。李自成在西山上发现清兵已经进关，想稳住阵脚，已经来不及了，只好传令撤兵。多尔衮和吴三桂的队伍里外夹击，起义军惨败。李自成带领将士边战边退，吴三桂仗着清兵的势力，在后面紧紧追赶。起义军退到北京时，兵力已经大大削弱。

李自成回北京后，在皇宫大殿里举行了即位典礼，接受官员的朝见。第二天一早就率领起义军，匆匆离开北京，向西安撤退。

1644年10月，多尔衮把顺治帝从沈阳接到北京，把北京作为清朝国都。从那时起，清王朝开始统治中国。

第二年，清军兵分两路攻打西安。一路由阿济格和吴三桂、尚可喜率领；一路由多铎和孔有德率领。李自成被迫放弃西安，向襄阳转移。几个月后，农民军在湖北通山县遭到当地地主武装袭击，李自成战败被杀。

李自成退出北京后，张献忠在四川称帝，国号大西。到了1647年，清军进兵四川，张献忠在川北西充的凤凰山的一场战斗中，中箭身亡。至此，明朝末年的两支主要起义军宣告失败。

大清帝国
DAQINGDIGUO
第九章

少年康熙除鳌拜

政事

八旗制度

八旗制度是清太祖努尔哈赤首创的军事组织制度，它在女真族建立清朝的过程中起到了举足轻重的作用。

在八旗制度出现以前，女真族大多以分散的领主割据制存在于东北地区，各个部族之间长期得不到统一，经济发展既缓慢又极不平衡，与其他地区的经济往来受到限制，以致经常出现恃强凌弱的情况，严重地破坏了女真族的长治久安，同时也给东北地区的发展带来了障碍。17世纪以后，随着番薯、高粱等高产作物在东北地区的广泛种植，分散的领主割据制越来越不能适应大规模的生产，所以政治统一成为时代发展的迫切需要。

以往的女真各部都以领主氏族为核心，领主家的包衣则依赖于领主分赐的土地过活，并通过交纳供赋、承担军事任务等形式回报领主。当时的军事组织以领主本氏族的军队为主体，其他附庸氏族按封地大小分别摊派数量不等的军队。领主氏族的统帅只能管辖自家的军队，而不能直接掌控其附庸氏族的“私兵”，所以这种军队只能应付临时的部落冲突以维护各个地方领主的利益，而不能支持建立国家组织，更不具备完成统一的能力。

努尔哈赤部在与女真各部的战争中势力逐渐扩大，人口逐渐增多，于是他在万历二十九年将自己的军队分编为黄、白、红、蓝四旗，四旗均以纯色来标识，称正黄旗、正白旗、正红旗、正蓝旗。万历四十三年（1615年），努尔哈赤为了适应大规模的生产，在原有牛录制的基础上创建了“八旗制度”，即在原有的四旗之外增编镶黄、镶白、镶红、镶蓝四旗，把后金管辖下的所有人都编在旗内。八旗制度首先打破了氏族领地体系，使原先包裹于氏族内部的家庭与个人得以独立，直接成为受后金政权管辖的臣民，然后再将这些臣民编入各旗，成为“旗人”阶层。该制度规定：每300人为一牛录，由一位牛录额真管理；五牛录为一甲喇，由一位甲喇额真管理；五甲喇为一固山，由一位固山额真管理。当时的八旗军共有约400个牛录，其中包括308个满洲牛录、76个蒙古牛录和16个汉军牛录，他们就是后来的满洲八旗。

八旗初建时，兵民合一，凡满洲成员皆隶于满洲八旗之下，每个旗都具有军事、行政和生产等多方面的职能。旗人生活在严密的组织体系之内，平时直接听命于牛录的安排从事生产，战时则直接服从于最高统帅努尔哈赤的军事调度，再加上这样的军队训练有素且纪律森严，所以它在建立初期具有很强的战斗力。努尔哈赤当初起家时只有13副铠甲，他得以逐步统一女真各部，随后其子皇太极又取代明朝成为中原的新主宰，正是以八旗制度作为主要的军事保障。

清太宗皇太极为了巩固满洲贵族的统治，也为了解除八旗官兵的后顾之忧，建立了八旗常备兵制和兵饷制度，从而使八旗兵成了职业兵，与绿营一起构成清朝统治全国的强有力工具。除此以外，八旗还有一套完整的制度。

无论是满洲、蒙古还是汉族的八旗兵，都以营为单位，称骁骑营，由皇帝、诸王、贝勒控制，在都统及副都统的带领下进行驻防或征战。汉军骁骑营还有炮营、枪营、护炮藤牌营等附属机构。在清朝建立之初，清军以八旗军为主力，平定三藩、远征西北、戍卫西藏、抗击沙俄，维护了国家的统一和领土的完整。在此过程中，八旗制度发挥了极其重要且不可替代的作用。

清朝为了稳固政权，将绝大部分八旗兵丁都调至北京负责皇宫和京师的安全，这些八旗称驻京八旗，实际上也就是禁卫军。另外一部分派驻全国各个重要城市和军事要地的八旗，则称为驻防八旗。

不过，人类历史上的任何一种制度都是顺应社会发展的需要而产生或灭亡的，八旗制度当然也不例外。清朝统一全国之后，八旗兵丁的人数越来越多，他们的生活也越来越拮据，从而引起了清朝统治集团的密切关注。康熙、雍正、乾隆时期，统治者都采取了一系列措施来解决这一问题，但是直到清朝末年，也没有解决八旗的生计问题，反而使八旗陷入了更加贫困的境地。

八旗制度与清朝的命运是紧密相连的，随着清朝的毁灭，八旗制度也不复存在。

少年康熙除鳌拜

1662年，顺治去世，年仅8岁的康熙登基。顺治在临死前封鳌拜、遏必隆、苏克萨哈、索尼4人为顾命大臣，辅佐年幼的康熙。

在这4位顾命大臣中，索尼排在第一位，负责掌管启奏红批等大权。他老迈年高，精力不济。苏克萨哈排在第二位，他是一个很有才能的人。遏必隆排在第三位，他圆滑精明，只求明哲保身。鳌拜排在第四位，却是最有野心的一个。

鳌拜从小就跟随清太宗皇太极四处征战，作战时异常勇猛，多次立下战功，被皇太极称为大清的勇士。他成为顾命大臣后，在德高望重的索尼面前，还有所收敛。当看到索尼的身体日趋衰弱后，他的野心迅速膨胀起来。为了能够执掌朝政，他与遏必隆勾结起来，共同对付苏克萨哈。索尼死后，鳌拜更加肆无忌惮，根本不把年幼的康熙放在眼里，上朝时总是站在遏必隆和苏克萨哈的前面。

1667年，14岁的康熙帝可以亲自处理朝政了。5年以来，康熙一直卧薪尝胆，想要干一番大事业。可就在他亲政的那一天，竟收到了苏克萨哈请求去给顺治皇帝守陵的奏折。康熙深感诧异，便对群臣说："苏克萨哈提出要去为先帝守陵，并说只有这样才能够免遭杀害。他是先帝指定的顾命大臣，我实在不明白有谁敢加害于他。"

鳌拜听后心里非常不爽，第二天上朝时，他便拿出一份奏折给康熙看，奏折上共有苏克萨哈的24条罪状，他还要求康熙下令将苏克萨哈及家人处死。康熙十分了解苏克萨哈的为人，心里明白这些罪状根本就是子虚乌有，便决定将鳌拜的奏折驳回。鳌拜看到康熙不按自己的要求去做，便十分放肆地向康熙走过去，一边走一边挽袖子，险些打到康熙的脸上。康熙很害怕，便向文武百官望去。只见他们一个个低垂着脑袋，没有人敢说一句话。最后，鳌拜宣布对苏克萨哈实施绞刑。

这件事让康熙深有感触，他明白只有除掉鳌拜后，自己才能坐稳龙椅。为此，他开始着手谋划除掉鳌拜一事。他找到索尼的儿子索额图商议，最后决定先稳住鳌拜，之后训练一批勇士，利用鳌拜毫无防备之时将鳌拜制服。

为了稳住鳌拜，康熙在苏克萨哈死后封鳌拜为一等公兼太师，还对鳌拜赞赏有加，使鳌拜以为康熙惧怕他。此后，康熙以练习摔跤为借口，请求鳌拜允许自己从贵族子弟中挑选100名年轻人进宫陪他练习。鳌拜以为康熙玩物丧志，所以也就没有理会，非常痛快地答应下来。此后，康熙不问政事，天天与那些少年练习摔跤。鳌拜有好几天都没有看到康熙的影子，心里感到不安，他可不想因为疏忽大意而导致自己千辛万苦得到的权力和地位丧失掉。于是，他决定进宫看看康熙玩的是什么把戏。

一天早朝后，鳌拜到后宫来寻找康熙。有太监告诉他，康熙正在与一群少年练习摔跤。鳌拜直接来到摔跤场，看到康熙与一群少年玩得正起劲儿。鳌拜在那里站了半天，康熙一直装作没看见。鳌拜有些着急，便对康熙说："皇上，臣有事禀报。"

"鳌中堂，有什么事情先不用说，你觉得这几个年轻人的身手怎么样？"

鳌拜可是满洲第一勇士，根本没有把这几个年轻人放在眼里，他对康熙的态度有些不满，回答说："他们身手不错，但也只能陪陛下玩耍。"

"我能够看得出，鳌中堂认为他们根本就不堪一击。您是大清国的第一勇士，我还真想看看您的身手，就让他们陪您玩玩吧？"

在康熙的刺激下，鳌拜脱下衣服，一个人与十个少年对抗，并轻松获胜。康熙故意称赞鳌拜说："大清国第一勇士果然名不虚传。有鳌中堂辅佐，朕可以高枕无忧了。"康熙的表现使得鳌拜完全放下心来，对康熙的所作所为不再过问。如此一来，康熙就有了充足的时间来训练那些摔跤手。经过一段时间的训练，康熙看到时机已经成熟，便决定制服鳌拜。

一天，鳌拜奉康熙之命进宫拜见，就在他大摇大摆地走进宫门时，宫门突然关闭，他的卫士被隔在官门外。就在鳌拜还没有回过神儿来之际，突然几十名体格强健的少年向他扑来。纵使鳌拜身为大清国第一勇士，身强体壮，武艺高强，也无法应对这突如其来的抓捕。那些少年把鳌拜用绳子捆起来，使得鳌拜无法脱身。就在此时，一直躲在康熙身后的索额图走上前来，拿出诏书，大声读了起来。直到这时，鳌拜才明白自己落入康熙的圈套之中。他非常气愤，大声呼叫道："我鳌拜跟随太宗皇帝打过无数胜仗，没想到今天却败在一个少不更事的年轻人手里。"康熙命人将鳌拜押入大牢，并于不久后将他处死。

除掉鳌拜之后，康熙亲自掌握了朝政大权。此后，他励精图治，使得国势日益昌盛。

雍正帝即位

康熙帝一共有35个儿子，成年且受册封的只有20人。为了争夺储位，他们分为三个集团，一是皇太子集团，二是皇四子集团，三是皇八子集团。三派钩心斗角、明争暗斗。

太子胤礽，排行老二，康熙十三年（1674年）生，生母为皇后赫舍里氏。皇后赫舍里氏难产而死，康熙帝十分伤心，次年胤礽被册封为皇太子。康熙帝对胤礽格外疼爱，亲自教他读书识字，每次外出围猎都把他带在身边。康熙十七年（1678年），皇太子出痘，当时正值三藩之乱，但康熙帝亲自照顾太子，竟连续12天没有批阅奏折。

但皇太子的表现太让康熙帝失望了。康熙二十七年（1690年），康熙帝亲征噶尔丹，途中得病，召见皇太子。谁知皇太子对康熙帝漠不关心，令康熙帝深感寒心。皇太子的外祖父大学士索额图，与皇太子密谋，想夺权篡位。康熙帝知道后，盛怒之下将索额图处死，以此警告皇太子。但皇太子并未因此而收敛，反而更加嚣张。康熙四十七年（1708年），康熙帝到木兰围场围猎，途中皇十八子生病，皇太子竟毫不关心弟弟的病情，甚至在夜间向康熙帝的御帐里窥探。康熙帝深感自己的皇位和生命受到威胁，说："说不定哪一天我就会被毒死，或者被谋杀，真是要日夜警惕啊。"9月16日，围猎还没有结束，康熙帝召集诸王、大臣，历数太子罪状，宣布废太子之位。太子声泪俱下，最后昏倒在地。太子的亲信被处死，康熙十分难过，连续七天七夜不吃不睡。皇长子受命看管废太子，回京后康熙帝命令皇四子胤禛（就是后来的雍正帝），一同负责看管。胤禛当时还是个贝勒，次年被封为雍亲王。

康熙帝以为废掉太子就可以缓和诸皇子之间的矛盾，但是令他万万没有想到的是，诸皇子争夺储位的斗争反而更加激烈。太子之位成为诸皇子角逐的目标，皇八子为人干练，有德有才，交际很广。从小由皇长子的母亲惠妃抚养长大，与皇长子关系很好。皇长子找人诅咒胤礽发疯，甚至直接向康熙帝建议立皇八子为太子，如果康熙帝想处死废太子他愿意负责处置。康熙帝勃然大怒，将皇长子关押起来，把皇八子革爵关押，附和皇八子的大臣或被革职或被处死。

康熙帝看到废皇太子后诸皇子争夺储位斗争更加激烈，为了根绝储位之争，在康熙四十八年（1709年），重新立胤礽为皇太子，释放了皇八子并恢复了他的爵位。诸皇子都明白：既然皇太子能被废掉一次，也可能再次被废掉。所以皇太子党与皇八子党之间的斗争更加激烈。

当大臣们把目光聚焦在皇太子和皇八子身上时，皇四子胤禛悄然崛起。胤禛很有心计，为人谨慎、做事不露声色。他对皇太子党和皇八子党既不依附，也不反对。他还经常在康熙帝面前讲太子的好话，对康熙帝也非常孝顺。康熙帝生病时，他服侍康熙帝吃药治疗。在处理兄弟关系方面。他的原则是“不结党”“不结怨”。康熙帝交给他办的事，他都尽心尽力地办好，令康熙帝非常满意，也赢得了很多大臣的好感。

康熙五十一年（1712年），无可奈何的康熙帝决定再次废掉依旧嚣张的皇太子，幽禁在咸安宫，对其党羽严厉惩罚。这时势力上升最快的是皇四子的同母弟皇十四子胤禵。康熙五十七年（1718年），皇十四子被封为抚远大将军，主持西北军务。康熙帝很喜欢他，当时被公认为太子人选。

康熙六十一年（1722年）11月，康熙帝突然生病。次日，康熙帝病逝。康熙帝死后，皇四子胤禛的舅舅隆科多宣布遗诏，皇位继承人不是胤禵而是胤禛。众人议论纷纷，认为皇四子胤禛与隆科多串通一气，毒杀了康熙帝，篡改遗诏。

其实这是不可信的。满文为清朝的国文，宫廷的书写制度是满汉两种文字并用，绝不会只用汉文；而汉字当时用的是繁体字，“于”写作“於”，“于”字根本无法改成“於”字；按照惯例，皇子应称皇第几子，如皇十四子，绝不会只写“十四子”。遗诏应为“皇位传于皇四子”，因此汉文也无法添改。由此可见，雍正帝篡改遗诏之说，不攻自破。

文字狱

清朝统治者对明朝留下来的文人采取两种手段：对于服从统治的文人，采取招抚的办法；对于不服统治的，采取严厉的镇压。就在康熙帝即位的第二年，有官员告发，称浙江湖州有个叫庄廷鑨的文人，私自召集文人编辑《明史》，里面有攻击清朝统治者的语句。这时候，庄廷鑨已死去。朝廷下令，开庄廷鑨棺材戮尸，把他的儿子和写序言的、卖书的、刻字的、印刷的以及当地官吏，处死的处死，充军的充军。这个案查下去，一共株连了70多人。由于这类案件完全是因写文章引起的，所以被叫作“文字狱”。

康熙帝死后，他的第四个儿子胤禛即位，即清世宗，又称为雍正帝。在雍正帝的统治下，文字狱更多也更严重。其中最出名的是吕留良事件。

吕留良是一个著名学者。明朝灭亡以后，他参加了反清斗争。失败后，就在家里收学生教书。有人推荐他做官，他坚决拒绝。官员劝他不听，也没用，后来他索性跑到寺院里，剃发当了和尚。吕留良当了和尚以后，就躲在寺院里著书立说，书里有反对清朝统治的内容。后来，吕留良死了，他的书也没有流传开去。

有个叫曾静的湖南人，偶然见到吕留良的文章，对吕留良的学问十分敬佩，就派学生张熙从湖南跑到吕留良的老家浙江，打听他遗留下来的文稿。张熙到浙江后，不但打听到了文稿的下落，还找到了吕留良的两个学生。张熙跟他们一谈，十分投机。他向曾静汇报后，曾静就约两人见了面，四个人议论起清朝统治，都十分愤慨。大家就秘密商量推翻清王朝的办法。

他们知道，光靠几个读书人成不了大事。后来，曾静打听到担任陕甘总督的汉族大臣岳钟琪握有重兵。他想，要是能劝说岳钟琪反清，就大有成功的希望。曾静写了一封信，派张熙去找岳钟琪。岳钟琪接见了张熙，拆开来信，一看是劝说他反清的，大吃一惊，随后就上报了朝廷。

雍正帝接到报告后，气急败坏，立刻下命令把这帮书生解送到北京，严刑审问。最后，案子又牵连到吕留良家。吕留良已经死了，雍正便命人把吕留良的坟刨了，棺材劈了，还觉得不够解恨，又把吕留良的后代和他的两个学生满门抄斩。另外还把不少敬佩吕留良的读书人株连进去，罚到边远地区充军。

除了这些由反对朝廷的活动引起的案子之外，有不少文字狱，完全是牵强附会，或是挑剔文字过错惹出的大祸。有一次，翰林官徐骏在奏章里，把“陛下”的“陛”字错写成“狴”字，雍正帝见了，马上把徐骏革职。后来派人一查，在徐骏的诗集里找出了两句诗“清风不识字，何事乱翻书”，便挑剔说这“清风”指的就是清朝。这样一来，徐骏犯了诽谤朝廷的罪，把性命也丢掉了。

乾隆帝六下江南

乾隆皇帝有一篇文章名为《南巡记》，写的就是下江南的事情。乾隆之所以选择江南地区作为南巡的目的地，其中有很多原因。江南地区虽然不大，但在全国经济中占有重要地位，出产的粮食也占全国首位；它的文化发展首屈一指，科举前三甲的人数在全国处于领先地位；江南临近大海，又有长江过境，河道工程多且重要，如果工程不合格，直接威胁着江南地区的经济和百姓安危。简而言之，江南地区是清政府能够统治下去的经济支柱，只有把江南牢牢掌握在手中，清朝才能繁荣发展下去，这就是乾隆六次南巡的主要原因。

1751年，乾隆第一次南巡，沿途监察河堤海防工程，考察地方官员政绩，了解民间生活，顺便带着皇太后游览名胜古迹。队伍从山东达到江苏青口，随后渡过黄河游览天妃闸和高家堰，地方负责人乘机请奏对高家堰进行维修，建造里坝，得到了乾隆的允许。随后一行人来到淮安，乾隆命人把淮安城北面的土堤改用石料堆砌，接着便坐船游览大运河风景，一路经过扬州、镇江、丹阳、常州和苏州。在杭州时，乾隆和皇太后下船游览敷文书院和观潮楼，然后又把西湖名景看了个遍，才起驾返回京城。回去的时候，乾隆从南京经过，祭拜了明太祖，并陪着皇太后参观了织造机房，命工匠当场演示织造工艺。随后又来到泰安，登泰山在岳庙烧香，然后一路北上到达圆明园，回到京城。

1757年，乾隆第二次南巡，首先到达的地方仍然是天妃闸，接着是范仲淹曾居住过的高义园，然后来到苏州，再次陪同皇太后参观织造机房，又在嘉兴和石门镇检阅当地军队。阅兵完后乾隆来到徐州视察河堤工程，得知徐州收成欠佳，乾隆下令免去当地的粮食税，又命人把漕粮运到徐州，以缓解粮食危机。紧接着，乾隆在孙家集下旨把泥土堆砌而成的河堤改为用砖块堆砌，最后一路经过荆山桥、韩庄闸来到曲阜，拜祭孔子，最后回到圆明园结束南巡。

1762年和1765年，第三次、第四次南巡的路线基本一致，唯一不同的是，第三次南巡时，直隶、山东、安徽等地正遭受灾害，乾隆便免去了这几个地方的税赋，还让朝廷拨了很多赈灾款和粮食，随后视察了重新修建的河堤。接着来到海宁观看海塘美景，在观潮楼上一览天地，还检阅了福建水师军队。这一次，乾隆仍旧巡视了织造机房，又一次去孔庙和泰山祭拜，不过这一次没有在岳庙烧香，而是在玉皇顶。之后，乾隆来到涿州，由于灾荒的原因，这儿的经济有所衰退，百姓生活很是困苦，乾隆同样免去了涿州的赋税，然后回到京城。

1780年，乾隆开始第五次南巡，这一次他不再游览名胜古迹，而是“省方观民，勤求治理”。乾隆再次免去了直隶、山东十分之三的税赋，还赏赐了很多粮食和钱财给当地的老弱病残。在山东停留期间，乾隆带着一批官员去孔庙拜祭，同时还祭拜了那些在修建河道工程中牺牲的官员。除此之外，乾隆还检阅了杭州、江宁等地的军队，并再一次拜祭了明太祖朱元璋。随后，便回到了圆明园。

1784年，第六次南巡。乾隆照旧巡视了沿海的河道工程，督促地方官员不能偷工减料，尽早完工，造福于百姓。有些地方官员犯过一两件案，乾隆准许官府重新审理案件，如果哪位官员没有任何犯案记录，就提升一级官职。在德州的时候，乾隆游览晏子祠，写下了《济文考》，随后参拜孔庙，祭拜明太祖，接见越南国使臣，最后返回京城。

乾隆南巡花费了大量人力财力，比康熙帝的六次南巡所花费的还要多。他每次南巡，不但有大批妃子、官员随行，沿途每个休息的地方都要建立行宫；行李数量也非常繁多，负责搬运的车马竟有6000多辆，役夫多达一万人。沿途地方官员为了供应皇帝和随行人员的吃喝，强迫百姓上贡粮食和钱财，这还不够，国库也几乎被挥霍一空，10多年后，乾隆帝才对自己在南巡过程中铺张浪费的做法后悔不已。

大贪官和珅

和珅是乾隆年间的大贪官，也可说是中国历史上最著名的贪官。和珅出生于乾隆十五年（1760年），他虽然生在官宦之家，但身世却十分悲苦。和珅3岁时，母亲就因为难产离开了人世，6年后，和珅的父亲也病逝了，无父无母的和珅此后只能跟弟弟和琳相依为命。

和珅相貌英俊，而且精通满语、汉语、蒙古语和藏语4种语言。19岁那年，和珅在科举考试中落第。此后，他进入清军军营，开始从最底层的士兵做起，并不断获得擢升，进入宫中任职。和珅是个很懂得利用机会的人，他趁着在宫中的这段日子抓住一切机会在皇帝面前表现自己，以求高升。

据说，有一回乾隆正在读《孟子》，不知不觉间天就黑了。乾隆看不清楚书上的注释，于是命令在一旁侍奉的和珅点灯。和坤乘机问乾隆想看哪句注释，得到答案后，和珅便将书中所有的注释背诵了出来，乾隆因此对他大加赞赏。和坤最终如愿以偿，得到了乾隆的赏识，正式步入仕途。

和珅30岁那年，因为在查办云贵总督李侍尧贪污案中立下大功，被乾隆擢升为户部尚书。在查办李侍尧一案的过程中，和珅终于抵挡不住金钱的诱惑，私吞了李侍尧及其同伙的不少财产，尝到甜头的和珅从此踏上了贪污敛财的不归路。

此时的和珅位高权重，又深受皇帝器重，他充分利用这些条件开始在朝中收受贿赂，大肆敛财。为了进一步满足自己的贪欲，他还向乾隆提议设立了一项以钱顶罪的制度——议罪银。具体内容就是官员获罪之后，可用钱财使自己免于刑罚，至于钱财的多少则根据官员犯罪情节的轻重而定。著名才子纪晓岚一度获罪，被乾隆下令发配边疆，交了议罪银就没有被处以正刑。议罪银的设立不仅让乾隆的腰包鼓了起来，也让和珅获利颇丰。和珅在朝中大肆敛财的同时，还广结党羽，这使得他不单只是富可敌国，更权倾朝野。

乾隆在位时，一直对和珅宠信有加，因为和珅非常擅长溜须拍马，揣度圣意。例如，和珅知道乾隆是个大孝子，对太后十分孝顺，便竭尽所能讨好太后。太后去世时，和珅更陪伴在乾隆身旁接连痛哭了数日。

因为乾隆在世时一直包庇和珅，所以直到嘉庆四年（1799年），身为太上皇的乾隆驾崩以后，嘉庆皇帝才正式下令将和珅治罪抄家。

嘉庆皇帝将和珅的罪状一一列举出来：第一条是乾隆册封嘉庆为皇太子时，和珅事先向嘉庆泄密以邀功；第二条是和珅在圆明园中骑马；第三条是和珅乘坐轿子出入神武门；第四条是和珅将出宫的宫女娶为妾室；第五条是川楚白莲教起义爆发期间，和珅将军情文书压下不报；第六条是乾隆皇帝病重期间，和珅非但毫无悲伤之色，反而与人谈笑风生……诸如此类，总共列举了20条大罪。

另外，和珅还被查出拥有3000间房屋，8000顷农田，6万两赤金，以及其他各类财产，总计白银8亿两。当时，清朝政府每年的国库收入也不过6000万至7000万两白银，和珅贪污所得的钱财足以抵得上清政府15年的财政收入总和，这在清朝历史上实属罕见。故此民间便有这样一句话流传开来：和珅跌倒，嘉庆吃饱。

嘉庆四年的元宵佳节，嘉庆皇帝派人将一条白绫送到了和珅面前。和珅死后，大批党羽遭到株连，唯独其长子丰绅殷德作为乾隆皇帝的女婿被免罪。

风流才子纪晓岚

纪晓岚是乾隆时期有名的大臣，他能言善辩，思维敏捷，写得一手好文章，颇得乾隆喜爱。纪晓岚小时候很喜欢读书，4岁便捧起书本，阅读了家中大量藏书，11岁的时候，父亲把家搬到了京城，纪晓岚更是如鱼得水，看书看得废寝忘食。饱读诗书的纪晓岚决定考取功名，为国家尽一份力，于是他在21岁、24岁的时候两次参加科举考试，成为了解元。31岁的时候又考中进士，此后，纪晓岚便在翰林院担任庶吉士，主要工作就是编修书籍。进入翰林院没多久，乾隆就下令编纂《四库全书》，纪晓岚荣幸地成为总纂官，负责全部书籍的修改、审核工作。同时，纪晓岚还编写了《四库全书总目提要》，并在此基础上又编写了《四库全书简明目录》，作为研究《四库全书》的工具书。乾隆因此提升纪晓岚为内阁学士，随后又升任为左都御史，《四库全书》修成后，纪晓岚被提升为礼部尚书，乾隆还准许他在紫禁城内骑马，可见对他的恩宠。

纪晓岚不但才识过人，而且风趣幽默，常常把旁人逗得捧腹大笑，有时又拿别人的短处开玩笑，让对方哑口无言。

纪晓岚小时候，有一天和几个同龄人在路边玩球。这个时候，一顶官轿从旁边走过，几个孩子正玩得起劲，其中一个孩子使劲一踢，竟然将球踢到轿子里去了。孩子们你看看我，我看看你，都不敢上前去捡球，可总归要把球拿回来，于是，小小年纪的纪晓岚走到了官轿前。轿子里的官员见纪晓岚有胆量上前，便想故意整整他。官员出了一个上联："童子六七人，唯汝狡。"并承诺如果纪晓岚对出来了，就把球还给他。纪晓岚只思考了一会儿，就说："太守二千石，独公……"官员以为纪晓岚答不上来了，就讥笑着说："怎么对不出来了？"纪晓岚也不含糊，直接说："如果你把球还给我，就是独公廉，要不然就是独公贪。"官员没想到纪晓岚会这么说，一时想不出话来回答，只好悻悻地把球还给纪晓岚。

抽烟是纪晓岚最大的爱好，他的烟瘾非常大，烟锅也比普通人的大上许多，是特别定制的。纪晓岚每时每刻都要把烟袋拿在手里，除了吃饭和睡觉。纪晓岚经常对别人说，如果一时半会儿抽不到烟，思绪就会停滞，文章也写不出来啦，事情也做不成，只有抽上一口烟，身体才感到舒服，吞云吐雾，好不惬意。

修撰《四库全书》的时候，纪晓岚也是烟不离手，只有皇帝来视察的时间里才会把烟袋放下。话说有一天，乾隆来视察，纪晓岚当时正在喜滋滋地抽烟，听到通报后，他慌忙把正燃着的烟杆塞进靴子里，跪在地上恭迎乾隆。等到他站起来的时候，突然感觉脚上一阵灼痛，纪晓岚差点叫出来，可又不能当着皇帝的面，这可急死他了。只见纪晓岚额头上渗出豆大的汗水，两条腿不停地颤抖，身子也左摇右摆，乾隆见了非常吃惊，忙问怎么回事。纪晓岚痛苦地说："臣的靴子里着火啦。"乾隆大惊失色，连忙让纪晓岚出去，纪晓岚也顾不上君臣之礼了，三步两步跑出去，一屁股坐在台阶上，把靴子袜子都脱了，一看，烟锅正在冒烟，燃得起劲呢。这个时候，旁边的大臣和宫人都忍不住哈哈大笑起来，乾隆仰天大笑，纪晓岚只有坐在地上苦笑了。

虽然纪晓岚文采出众，但他几乎没有留下多少著作，全部心血都倾注在《四库全书》和其他编纂书籍上面，仅有一本《阅微草堂笔记》和一本《纪文达公遗集》保存下来。《阅微草堂笔记》一共24卷，分为《滦阳消夏录》6卷、《如是我闻》4卷、《槐西杂志》4卷、《姑妄听之》4卷、《滦阳续录》6卷。书中内容以妖魔鬼狐为主，其中还穿插了很多地方的名胜古迹、名家的诗词歌赋等内容。

辛酉政变

“辛酉政变”是指1861年咸丰帝在热河驾崩后，由慈禧太后联合恭亲王奕䜣发动的一次宫廷政变。因为此次政变发生时正值辛酉年，所以便被称为“辛酉政变”，不过，也有人依据其发生的地点称其为“北京政变”。

第二次鸦片战争爆发后，英法联军北上进攻天津，直逼京城。当时在位的咸丰帝闻讯大惊失色，火速逃往热河，随行的就有后来的慈禧太后，彼时的懿贵妃。

第二年8月17日，咸丰帝在热河的行宫中因病去世。在此之前，留守北京的恭亲王奕䜣已在咸丰帝的示意下接受了英、法、俄三国的一切条件，并与之签订了丧权辱国的《北京条约》。条约签订后，英法联军退出了北京城。

临死之际，咸丰帝册封自己唯一的儿子载淳为皇太子。由于载淳当时只有6岁，根本无力主持朝政，咸丰帝便为他挑选了八位顾命大臣辅政。与此同时，咸丰帝还赐予了载淳“同道堂”印章，由其生母慈禧暂时代管，并赐予了皇后也就是后来的慈安太后“御赏”印章，还下令顾命大臣所拟的旨意要想生效，必须首先获得慈禧和慈安的同意，加盖“同道堂”和“御赏”两枚印章。咸丰帝的遗命无疑为日后两宫皇太后与八位顾命大臣的权力之争埋下了巨大的隐患。

咸丰帝驾崩后，皇太子载淳即位，即同治帝。同治帝的母亲慈禧太后是一个非常有野心的人，同治帝即位不久，她便向顾命大臣提出了“垂帘听政”的要求。八位顾命大臣洞悉了她想要把持朝政的野心，将她的要求驳回，理由就是本朝从来都没有太后垂帘听政的先例。首战失败的慈禧太后并没有就此死心，实际上，她一早就认识到以自己现在的实力，根本就不足以与八大臣对抗。鉴于此，她决定寻求外援，被她看中的“外援”就是恭亲王奕䜣。

与咸丰帝相比，其弟弟奕䜣的才能更加出众。奕䜣也因此遭到了咸丰帝的嫉妒，在朝中屡遭排挤，咸丰帝所信赖的八位顾命大臣一向都与他有着很深的矛盾。当初咸丰帝逃往热河时，奕䜣被留在京城与侵略者和谈，就是这几位顾命大臣排挤的结果。在这样的前提条件下，一旦朝中的权力争夺战爆发，奕䜣自然会选择站在慈禧太后这边。再加上，慈禧太后当时又打出了孤儿寡母、无依无靠的感情牌，奕䜣的选择就变得更加没有悬念了。于是，在两位太后和八位顾命大臣滞留在热河为咸丰帝治丧的这段时间，恭亲王奕䜣请求前去奔丧。在经过了多次请求以后，奕䜣终于得到了八大臣的许可，从京城赶到了热河。但奔丧显然不是他此行的主要目的，事实上他是在收到了慈禧太后派亲信送来的密函之后，才决定无论如何都要到热河走这一趟。

由于咸丰帝驾崩以后，八位顾命大臣气焰一日比一日嚣张，就连原本对权势毫不看重的慈安太后也对他们产生了强烈的不满，顺理成章地加入了慈禧太后的同盟。奕䜣在热河奔丧期间，背着八位顾命大臣密会了两宫皇太后。双方商议了大约两个钟头，最终达成了一致意见，决定在返回北京之后就先发制人，发动政变。

此后，奕䜣先行返回京城，为即将发动的政变做准备。当时京城和天津的兵权都掌握在兵部侍郎胜保手中，奕䜣回京后首先说服胜保加入了自己这一方。随后，胜保便以为咸丰帝奔丧为由率兵北上，投靠慈禧太后。两宫皇太后的实力因此得到壮大。

在运送咸丰帝的灵柩返回京城的途中，慈禧太后借口同治帝年幼，如果全程护送灵柩，只怕龙体难以承受，故欲先行一步。这个借口冠冕堂皇，八大臣找不出辩驳的理由，只好让慈禧太后一行人抄小路先行返回京城。抵京之后，慈禧太后马上与奕䜣见面，商定了具体的行动计划。翌日清早，奕䜣手持圣旨和玉玺，将肃顺等八位顾命大臣革职、关押，听候查办。

6天之后，慈禧太后下令处死了肃顺、载垣和端华三位顾命大臣，其余5人要么被贬为平民，要么被发配充军。此后再无人可以对两宫皇太后垂帘听政提出异议，慈禧就此对清朝开始了长达47年的统治。这就是“辛酉政变”的始末。由于在政变中立下大功，恭亲王奕䜣被册封为议政王，胜保等功臣也分别获得了封赏。在政变结束后，慈禧太后宣布将第二年改为同治元年，“同治”的意思就是由慈禧和慈安两位太后共同治理朝政。

林则徐与虎门销烟

在乾隆、嘉庆在位期间，清朝的国力开始由强盛走向衰弱。与此同时，英、美、法等国正逐渐完成工业革命，资本主义需要广阔的商品市场和原料产地，英国首先将目光投向了中国。

由于中国是自给自足的自然经济，英国只得借助于鸦片贸易来扭转巨大的贸易逆差。到了道光年间，吸食鸦片已成为危及中华民族存亡的祸患。面对这种局面，以林则徐为代表的官员，大声疾呼彻底消灭烟毒。道光帝也感到吸食鸦片的危害，决定派林则徐赴广东禁烟。

林则徐是福建侯官（福州）人，他的父亲林宾日是个以教书为业的秀才。林则徐27岁那年被选为翰林院庶吉士。在京时期，他与南方出身的清流派小京官结成文学团体“宣南诗社”，社友中有陶澍、黄爵滋、龚自珍等人。他们之间常常议论时局，讨论治世的学问，这自然为林则徐日后出任封疆大吏，建立斐然政绩打下了良好的基础。

这一次，道光帝任命林则徐为钦差大臣，节制广东水师，到广州海口查办鸦片走私案件。林则徐不敢怠慢，水陆兼程，赶赴广州。他会同两广总督邓廷桢，在钦差行辕传见十三行洋商。原来清朝只允许广州的十三行官商与洋人贸易，而这些官商常暗中走私鸦片，中饱私囊。林则徐一到，便严厉地审问他们。

英国驻华商务监督义律一向认为中国官吏是雷声大，雨点小，准备采取拖延手段。而林则徐严正表示：“鸦片一日不杜绝，我便一日不回朝廷。”并下令对负隅顽抗的英国鸦片商人采取一些制裁手段。义律黔驴技穷，无可奈何，只得下令让英国鸦片贩子向中国政府缴烟。

林则徐定在虎门外的龙穴岛销烟。后来担心节外生枝，销烟地点又改到沙角。销烟这天，林则徐、邓廷桢等人亲临虎门视察，只见销烟池池水沸腾，烟雾弥漫，顷刻间鸦片化为渣沫黑烟。

为了对林则徐的虎门销烟实施报复，更为了打开中国的市场，英国从本土和印度调派了远征军，向中国进攻。1840年6月，英舰到达珠江口，因林则徐防范严密，英军无隙可乘，便北上攻陷浙江定海，又直逼天津大沽口。以穆彰阿为首的投降派攻击林则徐，将英军来犯的原因全都推在林则徐身上。不久，林则徐便被革职，充军到新疆伊犁。1842年，英国封锁瓜州，攻陷镇江，兵舰直驶南京下关。这时候，昏庸无能的清政府与英国侵略者签订中国近代史上第一个不平等条约——《南京条约》，中国从此开始沦为半殖民地半封建社会。

1845年10月，林则徐获赦复职。此后，他又担任了陕甘总督、云贵总督的官职。1850年，洪秀全组织反清运动，道光帝得知后，慌忙召林则徐入京，但这时的林则徐已重病在身，无法受命。

孙中山成立兴中会

1894年11月24日，我国近代史上第一个革命团体兴中会在美国檀香山成立了。兴中会自成立之后，先后组织领导了多次起义，都以失败告终。到了1905年，兴中会与华兴会和光复会合并，共同组成了中国同盟会。

兴中会的成立者就是我国近代民主革命的先行者，“中华民国”和中国国民党的创始人，“三民主义”的倡导者孙中山先生。1866年，孙中山出生于广东香山翠亨村一个普通农民家庭。由于家境贫寒，小小年纪的孙中山跟随家人参与田间劳作，深知民间疾苦。10岁那年，孙中山进入私塾读书，他天资聪颖，勤奋好学，很快就在同龄人中表现得出类拔萃。孙中山12岁那年，大哥孙眉资助他到美国檀香山求学。在檀香山读书期间，孙中山首次接触到西方资本主义制度，这为他日后走上资产阶级革命之路埋下了伏笔。5年后，孙中山学成归来，又到香港继续深造。

这段时期，孙中山就读于香港西医书院学习西医学，不过他并不满足于只学好本专业。在港读书期间，他博览群书，深入研究西方资本主义国家的政治制度和经济发展，同时对于地理学和天文学等自然科学也有了很深的了解。在港期间，年轻的孙中山时常跟好友陈少白、尤列和杨鹤龄一起到位于香港中环歌赋街24号的杨耀记商店畅谈。4人都非常仰慕太平天国运动的发起者洪秀全，孙中山更认为洪秀全是“反清英雄第一人”，还自称为洪秀全第二。在当时的社会环境下，这4位高瞻远瞩的年轻人已经产生了以革命的方式推翻清朝统治，建立民主共和国的想法，并在畅谈的过程中将这一想法大胆地说出来。

1892年，26岁的孙中山以优异的成绩从香港西医书院毕业，当时港英政府总督威廉·罗便臣还亲自为他颁发了优秀奖章。毕业之后，孙中山成了一名医生，在澳门、广州等地设馆行医。行医期间，孙中山曾应邀到一名官员府上出诊。在那里，他见到了多名等候问斩的囚犯，他们全都被铁链子锁着，身上所穿的衣服都已破烂不堪。孙中山听到了他们的喊冤声，便上前询问一名官员，这些囚犯是否已经经过了详细的审问，他们又是否真的有冤情。哪知这名官员竟然说，像他们这样的人留在世上只是多余，审问与否又有什么关系。

这件事让孙中山感触良多，他明明知道这些囚犯很有可能是无辜的，但却无法从官员手下将他们拯救出来，只能任由政府草菅人命。他身为一名医生，可以医治国人之病，却不能医治国家之病。既然如此，为何不放弃从医，转而做一个可以医治国家之病的政治家？

孙中山弃医从政的念头就是在这段时期产生的。此后，他重拾自己的政治抱负，于1894年1月在香山家中写成了《上李鸿章书》。在这篇长达8000余字的文章中，孙中山提出了一系列的资本主义改革措施，其中主要包括：借鉴西方资本主义制度；兴办学校，培养人才；设立专门机构掌管农业，发展农业生产；开凿矿山，修建铁路，兴办工业企业；颁布新政策，保护民族工商业等。

当年6月，孙中山带着自己的呕心沥血之作赶到天津，想要将其呈献给李鸿章。李鸿章有一名幕僚名叫盛宣怀，他在读完《上李鸿章书》后，对孙中山提出的改革主张大加赞赏。孙中山的《上李鸿章书》就是在他的帮助下才得以呈交到位高权重的李鸿章面前。只可惜，李鸿章在得知此文的作者只是一名年纪轻轻的医生之后，马上就对此文产生了轻蔑之心，连看都没有看一眼就将它丢弃到一旁。

孙中山满怀希望而来，最后却满怀失望而去。此次失败的经历让他醒悟到，通过改革的方式救国是不可行的，要想拯救处于危难关头的中华民族，就必须采用革命的方式。此后，孙中山毅然弃医从政，走上了资产阶级革命的道路。

1894年秋，孙中山赶赴美国檀香山，随后，他开始联合当地的华侨共商救国之策。1894年是中国的多事之年，这一年中日甲午战争爆发，清军节节败退，日军步步紧逼，战局时刻牵动着国人的心，即便是远在美国的华侨也不例外。

同年11月24日，孙中山在檀香山联合了20余名志同道合的进步华侨成立了兴中会，会名取“振兴中华”之意。在兴中会的首次会议上，通过了孙中山拟定的《兴中会章程》。在该章程中，孙中山提出了兴中会的宗旨“驱除鞑虏，恢复中华”，并指出导致中国陷入深重的民族危机之中的罪魁祸首就是懦弱无能的清政府。从1895年到1900年，兴中会的会长一直由杨衢云担任。1900年初，杨衢云辞职，孙中山被推选为新任会长。从这时开始，到1905年中国同盟会建立前夕，兴中会会长一职便一直由孙中山担任。

檀香山的兴中会成立之后，孙中山又回到了香港，打算在香港、广州设立兴中会。为此，他特意约见了好友陈少白、陆皓东和郑士良等人共商大计。1895年2月，孙中山在香港中环士丹顿街成立了兴中会总会，随后又在广州成立了兴中会广州分会。在各地筹建兴中会的同时，会中的领袖开始秘密组织广州起义，这也是由孙中山领导的第一次武装反清起义。1895年临近重阳节之际，广州起义已经准备就绪。此次起义以青天白日旗为旗帜，以“除暴安良”为口号，起义军全都在手臂上绑上一条红带作为暗号。只可惜，起义一事后来遭到知情者告密，最后以失败告终，陆皓东、朱贵全、丘四等起义领袖也壮烈牺牲。

广州起义失败后，孙中山、陈少白和郑士良奔赴日本，并在横滨成立了兴中会分会。其后，杨衢云在南非成立了兴中会分会，陈少白也在台湾成立了分会，并在香港创办了《中国日报》。《中国日报》又名《中国报》，1900年1月25日开始在香港出版发行，宣传以革命推翻清朝统治的思想，这在我国近代史上还是头一回。1905年，中国同盟会成立，《中国日报》又变成了为同盟会服务的报纸。

1894年成立的兴中会对中国产生了深远的影响，它既标志着中国资产阶级革命派逐渐形成，也标志着中国资产阶级民主革命运动的开始。兴中会成立之后，全国各地陆续成立了大批革命团体，为日后开展资产阶级革命打下了良好的基础。

戊戌变法

1895年到1898年，在中国发生了一场颇有声势的资产阶级维新变法运动。到了1898年，百日维新成为这次运动的高潮。这是一场资产阶级改良主义者领导的改革。然而，这一场改革触动了封建顽固派守旧势力的利益。因此，百日维新一开始，围绕顽固派和维新派的斗争便展开了。

慈禧太后首先逼迫光绪皇帝下令将翁同龢革职。翁同龢是光绪皇帝的亲信大臣，在帝党和维新派之间起着桥梁的作用，将他革职，就大大削弱了变法维新的力量。接着，慈禧太后逼迫光绪任命荣禄为直隶总督兼北洋通商大臣，统率北洋三军，这实际上是把北京控制在她的手里。慈禧太后又用光绪帝的名义，宣布在1898年10月19日去天津检阅军队，准备到时发动政变，逼迫光绪帝退位。在这危急的时刻，光绪帝便与维新派的主要人物反复商量，认为唯一能想到的办法，就是依靠袁世凯的军事力量。

袁世凯早年曾在天津小站督练新建的陆军，当时做荣禄的部下，是北洋三军中的重要将领，他的军队就驻扎在天津附近。当光绪帝皇位难保之时，谭嗣同挺身而出，表示愿意冒险去找袁世凯，说服他出兵帮忙。当天深夜，谭嗣同独自到了袁世凯的寓所，拿出光绪帝的密诏，并将维新派的全部计划和盘托出，要袁世凯扶持光绪皇帝诛杀荣禄，消灭后党。

谭嗣同慷慨激昂地说："今天只有你能救皇上。如果你愿意，就请全力救护；如果你贪图富贵，就请到颐和园告密，你可以升官发财。"

袁世凯正颜厉色地说："你把我袁某看成什么人了。皇上是我们共事的圣主，救驾的责任，你有，我也有。"

第二天，光绪帝召见了袁世凯，要他保护新政。退朝之后，袁世凯匆匆赶回了天津。一到天津，他就去向荣禄告密。荣禄得报后，连夜乘专车进京，赶往颐和园去向慈禧太后报告。袁世凯从这一叛变行动开始，便飞黄腾达起来，他用维新派的鲜血，染红了自己的顶戴。

告密后第二天凌晨，慈禧太后就带着大批人马，气急败坏地从颐和园赶到紫禁城，下令把光绪帝囚禁在中南海的瀛台。对外则宣布光绪帝生病，不能亲理政务，由慈禧太后“临朝听政”。同时，下令大肆搜捕维新派和倾向维新派的官员。百日维新期间推行的新政，除了京师大学堂等少数几项措施以外，大多被废除。这一年，正是甲子纪年的戊戌年，所以，通常把这场政变称为“戊戌政变”。

维新派领袖人物康有为得知消息后，从天津搭乘英国轮船逃往香港。梁启超当天得到日本使馆的保护，化装逃往日本。

1898年9月28日，慈禧太后下令处死谭嗣同、康广仁、刘光第、林旭、杨锐、杨深秀。这六人被称为“戊戌六君子”。

至此，清朝资产阶级改良主义运动彻底失败。

慈禧太后西逃

戊戌变法失败后，清朝政府日趋衰落。1900年，英、美、俄、德、法、意、日、奥八国联军入侵中国，并向北京进犯。7月19日夜里，炮声急促起来，慈禧不敢入睡，坐在养心殿听取军情报告。忽然载漪慌慌张张地跑了进来，喊道："老佛爷，洋鬼子打进来了。"接着，军机大臣荣禄也惊慌失措地报告沙俄哥萨克骑兵已经攻入天坛。慈禧慌忙召集王室亲贵和军机大臣，紧急商议撤离京师避难事宜。

7月21日凌晨，慈禧与光绪皇帝等皇室人员，换便衣乘马车仓皇逃离京城。当时东直门、齐化门已被洋人攻下，慈禧一行从神武门出宫，经景山西街，出地安门西街向西跑。当队伍到德胜门时，难民涌来。慈禧的哥哥桂祥率八旗护军横冲直撞一阵，才开出一条道来。

队伍在上午像潮水一般到达颐和园，两宫人员纷纷下车进入仁寿殿休息了一会。随后，慈禧下令马上出发。由皇室成员和1000多护驾人员组成的队伍，马不停蹄地一路向西急行军。慈禧一行，品尝到了颠沛之苦。沿途只能夜宿土炕，既无被褥，又无更换的衣服，更谈不上御膳享用，仅以小米稀粥充饥。

一直到了西安后，安全和供应才有了保障。这时候，慈禧又开始摆起太后的架子了。同时，为了能早日"体面"地回京，她命令庆亲王奕劻回京会同直隶总督李鸿章与各国交涉议和。

虽然国家已经面临亡国的危险，但慈禧仍然要求地方官员大量的供应。为了满足慈禧一行在西安浩繁的开支，各省京饷纷纷解到，漕粮也改道由汉口经汉水、丹江运往陕西。据档案文献统计，截止光绪二十七年二月初，解往西安的饷银就高达500万两，粮食100万石。就御膳而言，仍分荤局、素局、饭局、茶局、点心局等，每局设管事太监一人，厨师数人至十余人不等，统一由总管大臣继禄管理。每天选菜谱百余种，以致每天要花掉银子200两。

为了讨好列强，慈禧不断发布上谕：这次中国变乱，事出意外，以致得罪友邦，并不是朝廷的意思；对于那些挑起祸乱的人，清朝政府一定全力肃清，决不姑息。这些话完全表明她要丢卒保帅，不惜一切代价讨好列强。

慈禧为尽量满足列强的心愿，还以光绪的名义下罪己诏，奴颜十足地说："量中华之物力，结与国之欢心。"

1901年8月15日，《辛丑条约》签订，中国赔款白银4.5亿两，这笔费用相当于清政府12年的收入总和。《辛丑条约》的签订，标志中国完全沦为半殖民地半封建社会。

"议和"告成，慈禧一行便于同年8月24日踏上返京的路途。这次归返京城与逃出京城的情形可大不一样了。从西安起程时，百姓"伏地屏息""各设彩灯"欢送，数万人马按照京城銮仪卫之制列队行进，慈禧乘坐八人抬大轿，轿前有御前大臣及侍卫，后面是3000多辆官车，装着慈禧及王公大臣的行装及土特产，浩浩荡荡如同打胜仗般凯旋。

同年11月28日，慈禧、光绪帝等人回到了北京，京城地方官动用了大量财力和人力，将御道装饰一新。但入城的气氛叫人感到压抑，沿途大街上除了乱哄哄的八国联军官兵围观外，跪迎慈禧回銮的官员百姓没有几个。经历浩劫的京城已经再也打不起精神，来迎接这个西太后。

末代皇帝

1908年，光绪在位34年，最终抑郁而死。他“驾崩”两个时辰后，醇亲王载沣被宣入中南海，跪在西太后的帏帐前。

慈禧开口说：“载沣，你得了两个儿子，这是值得喜庆的事。光绪晏驾，我又在病重之中。现国家有难，朝廷不可一日无君，我决定立你的长子溥仪为嗣，继承皇位，赐你为监国摄政王。”向来懦弱的载沣，听了这番话，如五雷轰顶，手足无措，不知该怎么办才好，只是反复念叨说：“溥仪仅仅3岁，溥仪仅仅3岁……”慈禧马上劝慰说：“这是神意，也是列祖列宗牌位前卜卦请准了的。明天，你将溥仪带进宫，举行登基仪式。”

西太后的决定传到醇王府，醇王府立即炸锅了。溥仪的祖母不等念完谕旨就昏了过去。刚苏醒过来，便一把夺过溥仪，紧紧抱在怀里，一把鼻涕一把泪地说：“你们把自家的孩子（指光绪）弄死了，却又来要咱的孙子，这回咱是万万不能答应的。”

对于西太后的手腕，老人家是领教过的，所以她止不住地哭闹着，不忍心让孙子再落入西太后的魔掌。后来，府中的人不得不把她扶走。这时候接皇帝的内监要抱溥仪走，但3岁的溥仪见到这些的陌生人，拼命地挣扎，他一点也不管“谕旨不可违”的说教，连哭带打不让太监来抱。于是，太监们一商量，决定由载沣抱着“皇帝”，带着乳母一起去中南海。

1908年10月，一群太监将溥仪带入皇宫，第二天，西太后便一命呜呼了。又过了一个多月，也就是12月2日，举行了隆重的皇帝登基大典。

登基大典开始时，不满3周岁的溥仪，坐在皇帝的龙床宝座上，竟哇哇地大哭起来。他父亲载沣侧身坐在龙床上，双手扶着他，叫他不要再哭闹。根本还不懂事的溥仪，见那些文武百官不断地磕头，高呼：“万岁、万岁、万万岁”，加之山崩地裂般的锣声、鼓声、钟声，更加害怕，哭声也更大了。载沣觉得在这样的盛典上，皇帝却哭闹不止，太不像话，心中一急，不由脱口而出，叫道：“就快完了，就快完了，马上回老家了，一完就回老家了。”

话一出口，文武官员们不由得窃窃私语起来：“怎么说是‘快完了’呢？

说要‘回老家’是什么意思呢？”回满洲老家？不就是结束270年的满族统治吗？

载沣这一番话，竟得到了应验。到了1911年，溥仪当皇帝不到3年，辛亥革命爆发，在重重压力下，隆裕皇太后不得不替溥仪宣布退位，大清帝国就此宣告灭亡。

废除科举制度

我国的科举制度始于隋朝初年，终结于光绪三十一年，即公元1905年。在这漫长的1400年中，科举考试一直是我国历朝历代的封建统治者选拔官吏的主要方式，通过科举考试入仕为官也成为当时中国无数读书人梦寐以求的理想。

清朝科举考试的内容主要以八股文为主。八股文始于明太祖朱元璋统治时期，是一种格式固定的文体，其选题全都局限在四书五经之中，其文体分为八个部分：破题、承题、起讲、入题、起股、中股、后股和束股。破题就是在文章的开头首先揭示题旨，承题就是承接开头进行阐述，随后再开始发表议论，也就是起讲，接下来就要找到议论的入题之处，也称为人手，然后分四个段落进行描述，这四个段落分别叫做起股、中股、后股和束股，每段都有两股排比对偶的文字，合起来就是八股，这便是“八股文”名称的由来。

八股文一味追求形式，文中所有段落都必须要遵守固定的格式，就连字数都有一定的限制。另外，八股文的内容全都要根据朱熹所著的《四书集注》等书“代圣人立说”，要想在八股文中任意发表自己的看法是绝对不允许的。以上两点最终导致八股文形式死板，内容空洞，严重禁锢了中国读书人的思想。八股文也因此被认为是封建统治者用来束缚人民思想、维护自身封建统治的一大工具。

科举制度从隋朝发展到清朝，历经一千余年时间，逐渐走向没落。清朝年间，科场舞弊事件时有发生。在科举考试中作弊一旦被发现，就会受到极为严厉的惩罚。作弊情况轻微者，马上就会被驱逐出考场，作弊考生及他的子孙三代都不能再参加科举考试；作弊情况较为严重者则杖责一百，戴枷示众三个月，并发配边疆充军；情况十分严重者，甚至要为此赔上性命，还要株连全族。

顺治十四年（1657年）的丁酉科场案，康熙五十年（1711年）的辛卯科场案，以及咸丰八年（1858年）的戊午科场案，被合称为清朝的三大舞弊案。在这些舞弊案中，多名收受考生贿赂、为其大开方便之门的政府高官被皇帝下令处决，震惊朝野。然而，随着时间的推移，三大舞弊案的影响力逐渐减弱。

等到了清朝末年，时局动荡，朝政腐朽，科场舞弊空前盛行。与此同时，科举取士的其他弊端也日渐突出。当时中国已经步入了近代社会，急需培养科技人才，发展民族工业，但以八股文为考试内容的科举制度显然与时代发展的要求相背离。种种原因综合起来，最终导致在我国延续了一千多年的科举制度走向了终点。

其实，早在1905年清政府正式宣布废除科举制度之前，我国的资产阶级维新派就已在戊戌变法中颁布了废除科举考试这条新政。不过，戊戌变法仅仅维持了一百余日就以失败告终，废除科举的新政自然也不了了之。三年后，慈禧太后宣布实施“新政”。在此次清末新政中，科举制度才最终宣告结束。

在清末新政开始之前，中国刚刚经历了八国联军侵华战争，并与11国列强签订了丧权辱国的《辛丑条约》。此时的清政府无论是政治实力、军事实力，还是财政实力，都下降到了前所未有的地步。如何将大清王朝的统治维持下去，成了摆在慈禧太后等统治者面前的一大难题。慈禧太后迫于压力，最终在1901年1月29日以光绪皇帝的名义宣布开始实施新政。从1901年到1905年，清政府颁布了一系列的新政举措，其中一项就是废除科举制度，兴办学堂，派遣留学生。显然后两者的颁布正是为了解决科举制度废除以后的人才选拔问题。

从1901年到1904年，清政府在全国各地兴办了大学堂、中学堂和小学堂，并颁布了一系列学堂章程，制定了一套详细的学堂管理体制，在全国范围内强制推广开来，最终形成了完整的学校制度。

清政府原本打算在建立新学制的过程中逐步废除科举制。然而，1904年初，张之洞等新学制的主要创立者却向慈禧太后上书，眼下科举制度的存续与新学堂的创立相互牵制，国内的读书人仍对朝廷是否会废除科举持观望态度，因此朝廷不宜再拖延时间，应马上废除科举制度，以促进新学堂在全国范围内的推广。张之洞等人的提议得到了慈禧太后的许可，1905年9月2日，慈禧太后以光绪皇帝的名义下令废除科举制度。就这样，科举考试制度终于从中国的历史舞台上退场了。

清政府“预备立宪”

20世纪初，清政府陷入内外交困的境地，外有帝国主义实行殖民压迫，内有民主革命逐渐兴起，民族矛盾和阶级矛盾十分尖锐，民间反帝和反清的呼声越来越高。清政府逐渐意识到，若再不做出改革的姿态的话，局面将难以收拾。

1901年1月，慈禧太后宣布实行“新政”，然而“新政”只是对军事和经济的改良，并未触及政治体制的改革，人们对此十分不满。同年6月，梁启超发表了一篇文章，名字叫《立宪法议》，介绍了三种政治制度：君主专制、君主立宪和民主立宪，他指出君主立宪制是最为优越的一种制度，呼吁清政府实行立宪。后来他又连发几篇关于立宪的文章，一些先进分子也开始提倡君主立宪，人们把提倡君主立宪的这些人称作立宪派。立宪思想在中国逐渐成为一种潮流。

1904年，日本和俄国为争夺中国东北而爆发战争，最终，日本战胜俄国。这场战争的结果使得清政府十分震惊，一些立宪派人士分析了日本如此一个小国能够战胜俄国的原因，认为这不是一场军事上的战争，而是政治制度的优劣之争，是立宪制战胜了专制。于是，立宪的呼声越来越高。

为了拉拢立宪派，抵制革命，1905年，清政府派出5位大臣，去欧美和日本等立宪制国家考察宪政。第二年，5位大臣回国，拟定了立宪的方案。立宪的内容主要涉及三个方面的改革：第一是行政方面，主要是官制改革；第二是设立议会；第三是地方自治。一位大臣在奏折中指出，立宪可固皇位、消外患、弭内乱，并且现在宣布立宪不过是“明示宗旨为立宪预备”，真正立宪可以“宽立年限”。慈禧太后很高兴，于9月1日颁布了《宣示预备立宪谕》，“预备立宪”由此得名。这道谕旨确定了立宪的原则，即“大权统于朝廷，庶政公诸舆论”，具体实行的日期，则要视情况而定，其内容则是延续了“新政”的做法——“广兴教育，清理财务、整饬武备、普设巡警，使绅民悉明国政，以预备立宪基础”。

“预备立宪”的谕旨颁布后，各地的立宪派纷纷开展活动，组建了各种立宪团体。康有为、梁启超等人也积极筹划，推动立宪运动发展。1908年8月，清政府颁布《钦定宪法大纲》。这是中国历史上第一部宪法性质的文件，其中有十四条是关于“君上大权”的规定，其余部分是对“臣民权利义务”的规定。这份文件中对于皇权的规定，仍旧是封建专制那一套，与原来并无分别。与此同时，清政府为拉拢立宪派，还宣布“预备立宪”的期限为9年。

1908年11月，光绪皇帝和慈禧太后先后死去，溥仪继位。1909年3月，清政府下诏，重提“预备立宪”，命令各省成立谘议局。在谘议局占据领导地位的立宪派数次向清政府请愿召开国会，1910年成立的资政院也提出要求，清政府被迫将“预备立宪”期限缩短为5年，并定于1913年召开国会。1911年5月，清政府组建新内阁，任命了13位国务大臣，其中汉族官员4名，蒙古旗人1名，满人8名，而8名满人中又有5人出身皇族，时人将新内阁称为“皇族内阁”。

在立宪运动的过程中，汉族官僚的权力不断被削弱，权力全部集中到了满人之手。这使原本支持立宪的汉族官僚感觉自己受到了欺骗，渐渐表现出对中央政权的不满。而作为立宪运动主力的立宪派，也发现自己上当了，在“皇族内阁”成立之后，立宪派对清政府已经彻底绝望，纷纷转向革命派。在“预备立宪”实施的过程中，许多地方官僚趁机渔利，不断加重百姓负担，多个地方发生骚乱，导致人民不满情绪高涨，清政府在地方的根基动摇。

1911年辛亥革命爆发，清政府为渡过危机，又公布了《宪法重大信条十九条》。然而此时已经于事无补，延续了两千多年的封建专制制度就此被推翻。

“预备立宪”在中国历史上还是有一定积极意义的，这是中国第一次走向宪政制度的尝试，改变了人们思想里那种根本的专制观念。在实施的过程中，产生了中国历史上的第一部宪法，并初步呈现了民主政治的雏形。但是由于它本身具有欺骗性和局限性，在很大程度上导致了阶级矛盾的加剧，加速了清朝的灭亡，注定是要失败的。

经济

詹天佑修建京张铁路

詹天佑修建京张铁路

京张铁路是中国首条不依靠外国力量，完全自行修建并投入营运的铁路干线，全长200余公里，起自北京丰台，终于张家口。在京张铁路著名的“之”字形铁轨一侧的青龙桥车站旁，竖立着一座铜像，纪念的是京张铁路总工程师——“中国铁路之父”詹天佑。

詹天佑，字眷诚，号达朝。1861年3月17日，詹天佑生于广东南海，他的原籍是江西上饶婺源。詹天佑小时候非常喜欢机器之类的东西，经常琢磨自己家的钟表，有时还拆开来看里边的零件。1872年，由政府筹办的香港“幼童出洋预习班”招生，詹天佑跟随父亲的好友来到香港报考。8月，年仅12岁的詹天佑远赴美国留学。

在美国，詹天佑看到火车、轮船那些机器，比中国的工程科技先进很多，在感慨的同时，他决定以己之力，带动中国工程技术的发展。1878年，詹天佑以优异成绩从中学毕业，进入耶鲁大学学习，攻读铁路专业。1881年，詹天佑大学毕业，取得学士学位。他的毕业论文题目是《码头起重机的研究》，在那一届的中国留学生中，只有两个人拿到了学位，詹天佑就是其中一个。

回国后，詹天佑所学的专业并未得到重视，他被派到了福建水师学堂，学习驾驶海船。后来又到水师旗舰“扬武”号担任炮手，参加了马尾海战。1885年，詹天佑被调到广州黄埔水师学堂。1888年，经人介绍进入中国铁路公司，担任见习工程师，进入了他所擅长的铁路领域。

詹天佑最初参与修建的是津唐铁路津沽段，由于表现出色，升任工程师。1890年，清政府修建天津至山海关的津榆铁路，在修到滦河时遇到了麻烦。滦河沙多水急，要在上面修一座铁路桥很困难，英国、日本、德国的工程师先后失败。詹天佑毛遂自荐，要求由中国人来完成任务。他改变了打桩位置，采用气压沉箱法，工人潜入河底，配合机器完成打桩任务，成功建起桥墩，修成滦河大桥。詹天佑的才能从此为人们所认识，此后又负责了京津路、萍醴路等铁路的建设任务。1894年，詹天佑被选为英国工程研究会会员。

1902年，慈禧命令修建一条铁路，供她去西陵祭祖之用。英法两国都想修这条路，一时争执不下，负责此事的袁世凯决定用中国人自己修，他任命詹天佑为总工程师，要求6个月内完工。詹天佑对此非常重视，因为这是中国人第一次自行修建铁路。4个月后，专供慈禧祭祖的新易铁路建成，不仅用时短，而且成本低。这条铁路虽然没什么实际价值，但是意义却很大。

张家口自古是军事重地，地理位置十分重要，清政府决定建一条连接北京和张家口的京张铁路。得到消息的英国和俄国为争夺铁路的修筑权，打得不可开交，最后和清政府商量决定，如果中国人能自己修建这条铁路，他们便不再争。由于新易铁路的成功修建，袁世凯决定再度聘请詹天佑。

1905年，詹天佑被任命为京张铁路总工程师，后来兼任总办，开始了京张铁路的修筑。8月，京张铁路正式开工。詹天佑选择了三条线路进行勘测，最后选择由丰台开始，经居庸关、八达岭、宣化最后到达张家口，全线200多公里。这条路线中间山脉较多，需要开凿多条隧道，工程比较困难，工程量也很大。在施工到青龙桥一带时，遇到了困难，这一带都是比较陡峭的山壁，需要开凿4条隧道才能打通，而且隧道都很长。詹天佑决定从山的两边同时开凿，又在山中间开了一口竖井，再向两边同时对凿。这样，极大地缩短了施工时间。铺轨的时候，工程车的车钩链子断裂，造成一起事故，詹天佑根据路段情况，对原来的车钩加以改进，解决了这个问题。在施工过程中，类似这样的问题不胜枚举，詹天佑凭借自己的聪明才智和工人们的支持，一一加以克服。例如，怀来大桥完全采用钢架结构，青龙桥段采用“之”字形铁轨爬坡，八达岭段采用“人”字形轨道折返……

修路过程中，不光是有技术上的问题，人为的困难也不少。那些原本对这条铁路就有野心的外国人，无时无刻不在盼着詹天佑修路失败。他们屡次上书袁世凯请求换由外国人修路，并且时时打探施工进度，控制筑路资金，一度造成误工。除了外国人，有的中国人也时不时地制造点小麻烦。铁路要穿过一个前任道员家的坟地，此人与皇室载泽是亲戚，便仗势不许在此修路，要求改道。詹天佑几经周旋，方才让铁路得以从墓墙外通过。

经过4年的努力，京张铁路终于在1909年9月全线通车，不仅提前两年完工，修路成本也比预期低很多。这次，那些准备看中国人笑话的外国人只得闭嘴。

京张铁路的建成，极大地增长了中国人自修铁路的信心，打破了外国对中国筑路权的垄断。詹天佑在修路期间亲自制定多项铁路标准，为中国铁路修筑培养了大批工程技术人员。

詹天佑在建成京张铁路后，不断获得朝廷嘉奖，并负责了多条铁路的修筑，为中国铁路做出巨大贡献。1912年，“中华工程师学会”成立，詹天佑被推举为首任会长。

1919年4月24日，詹天佑病逝于汉口，后葬在青龙桥火车站附近。

摊丁入亩

“摊丁入亩”是清统治者用以缓和土地兼并的一项政策。早在清朝入关之初，皇室、贵戚和大大小小的官吏就疯狂地圈占汉人土地，土地兼并由此一发而不可遏止。后来随着地主经济的复苏，他们对土地的兼并更加狂妄至极。或购买、或奏讨、或投献，手段多种多样。尤其是在那样一个商品经济有了一定发展的时代，土地也被纳入商品的范畴进行交易，地权转移因土地买卖而加速，“千年田八百主”。土地集中已达无可复加的地步。于是农村里分化出大批无业光丁。

由此引发丁役负担的严重不均。封建国家征收赋役的原则是以土地和人口为依据的，人口大量流亡势必引起丁役负担不均。最后，人丁逃亡和丁役不均又会引起一系列连锁反应，危及清政府的统治。第一，“以田为经，以丁为纬”征收赋役会影响政府收入。因为“丁额无定，丁银难征”造成不少的钱粮亏空。从康熙五十年到雍正四年之间，大多数省份，积欠钱粮高达几十万至几百万。第二，丁役负担沉重地压在无地少地的农民身上，造成阶级矛盾的尖锐化，当时结成党类围攻城府的事件时有发生。

以上的论述说明，“摊丁入亩”的推行主要是由于土地兼并的危害性威胁到清政府的统治。

将丁银摊入田赋征收，废除了以前的“人头税”，所以无地的农民和其他劳动者摆脱了千百年来的丁役负担；地主的赋税负担加重，也在一定程度上限制或缓和了土地兼并；而少地农民的负担则相对减轻。同时，政府也放松了对户籍的控制，农民和手工业者从而可以自由迁徙，出卖劳动力。有利于调动广大农民和其他劳动者的生产积极性，促进社会生产的进步。

“摊丁入亩”对土地兼并的抑制，使大量自耕农生存下来，为清朝的统治注入了强心剂。自耕农对封建制度有很大的适应力，对资本主义关系有较大的排斥性。首先，自耕农是封建政权各种赋税和徭役的主要承担者，其数量的增长对封建国家政权起稳固的作用。正如马克思说的“国家存在的经济体现是捐税”。在封建社会里农业人口占百分之九十以上，其中自耕农人口的多少，往往被看作是封建经济稳定程度的晴雨表。正因为这样，历代地主阶级改革者，总是主张用“均田”和“限田”一类办法来保护自耕农的大量存在。“摊丁入亩”的目的理应是有这层意思的，既然自耕农对封建经济有很大适应性，那么就无法与资本主义相并存了。实际上，新的资本主义萌芽所需的条件不能在自耕农中形成。因为自耕农生产规模狭小，其手工业处于服从地位，社会分工极难发展。其土地只是零星小块，能成为自己生活的有限条件就不错了，根本谈不上成为剥削他人劳动的手段。

“摊丁入亩”政策的实施从一开始就不是一帆风顺的，因为从这一政策的实施开始就没有处理好均匀分摊赋税的问题，从而影响了上自豪强富户，下至黎民百姓各阶层的利益。“摊丁入亩”政策的初衷是使全国赋役负担达到某种合理、平均地分配，使纳税人的财产与其赋税负担成正比，从而保证国家的正常税收，维持庞大的国家机器的正常运转。而拥有大部分田产财富以及仆佣佃户的豪强富户无疑成为这种新制度最直接的目标。

因而从一开始，“摊丁入亩”政策就受到各地富户缙绅的强烈反对。以浙江省为例，雍正四年（1726年）八月，浙江巡抚李卫折奏该省百姓因“摊丁入亩”政策而形成两派争斗。“如浙省向来有丁归粮办一事，经均摊将妥，乃有田多丁少之土棍，蛊惑百余人齐集巡抚衙门，喊叫，拦阻摊丁。彼时，法海惊慌失措，即令官员劝散，暂缓均摊之议。及后又被有丁无田情愿均摊者，窥破伎俩，复聚集乡民围辕吵闹更甚，又有一班门面丁差亦为效尤……而该守……竟手足无措，不能驱逐……司道若不知者。”

很明显，在浙江省，由于阶级权益受到威胁，“摊丁入亩”政策遭到“田多丁少”的富户强烈反对。这些富户们因占有大量田地而被加派到较之以前更重的赋役负担，其既得利益受到威胁。

清朝统治者希望通过“摊丁入亩”政策减轻赋役负担，安辑人民来固定税收的方法并没有取得理想的效果。相反，它促使大批农民逃往外地，流民问题越来越严重。

军事

康熙平定“三藩”之乱

康熙皇帝年少有为，除掉鳌拜后，又平定了“三藩”之乱。三藩是指平南王尚可喜、平西王吴三桂和靖南王耿精忠。

三藩的形成要追溯到清朝初期，清军利用李自农起义之机入关，占领了北京，可是，由于八旗兵力不足，只得依靠明朝的降将与南明朝廷及农民起义军对抗。吴三桂等人为清朝立下大功，因而被封为王。清朝消灭南明政权、平定各地起义军之后，把八旗兵放在北方，驻守京城及其他重要城池，派吴三桂等人去南方驻守，吴三桂被派到云南驻守，耿精忠被派到福建驻守，尚可喜被派到广东驻守，他们三个人被称为“三藩”。

吴三桂是三个藩王中势力最大的一个，他拥有数万精兵，还有12000名绿营兵，除此之外，吴三桂还有数万士兵，总兵力达到10万，军队的将领是吴三桂的心腹，只听从吴三桂一人调遣。强大的军事实力使得清廷对他颇为忌惮，把贵州和云南两省的一切大权全部交给他处理。吴三桂利用这个便利条件，拉拢了很多被朝廷派到云南的文武官员，使他们为自己效命。在经济方面，吴三桂也有很大势力。他将明朝官员沐氏的700顷庄园据为己有，还派人去辽东做生意，用茶叶换取蒙古的马匹，与西藏互市，这些措施使得吴三桂积累起巨额财富，不断地扩大自己的势力。

耿精忠和尚可喜也像吴三桂那样，拥有强大的军事实力和经济实力，他们三个藩王把自己的辖区变成了独立的王国，对清朝的统治构成了严重的威胁。此外，清政府每年还要为“三藩”拨付2000万两白银的军饷，经济方面面临着很大压力。

因此，康熙一直非常重视“三藩”问题，将其视为与疏通漕运、治理黄河同样重要的国家大事，一直在寻找消灭“三藩”的机会。

吴三桂等人也知道清廷不相信他们，早晚会将他们除掉。可是，他们又不知道康熙会对他们采取什么态度，为了试探康熙，平南王尚可喜利用告老还乡之机请求康熙允许他的儿子继承他的爵位。这件事成了康熙撤藩的大好时机，康熙同意尚可喜告老还乡，但是不允许他的儿子继承爵位，还提出要将平南王府撤销。

吴三桂和耿精忠知道这件事后，都非常诧异，为了进一步试探康熙，他们请求康熙把“三藩”全部撤掉。康熙接到他们的奏折后，不屑地说：“他们好大的胆子，竟敢威胁朕。”之后让大臣们商议对策，很多大臣害怕撤藩会逼迫吴三桂拥兵造反，因此反对撤藩。兵部尚书明珠、户部尚书米思翰、刑部尚书莫洛等几位大臣则同意撤藩。康熙认为，三大藩王拥兵自重，不管撤不撤藩都会造反，因此决定先下手为强，消灭“三藩”。于是，他答应了吴三桂和耿精忠的撤藩请求。

吴三桂知道，除了造反，已经没有其他选择了。因此，他将云南巡抚朱国治杀死，宣布造反，并写信给平南王尚可喜、靖南王耿精忠及台湾的郑经，拉拢他们一起举兵。

吴三桂发布檄文，指责清廷占领了汉人的土地，逼迫汉人按照满族的习俗穿衣，声称要为明朝报仇雪恨，将满人赶走。为了笼络人心，得到百姓的支持，他命令手下将士留起头发，穿着明朝的衣服，举着白色的旗帜，自称为“天下都招讨兵马大元帅”。可是，百姓对他引清兵入关，将南明政府永历帝杀死的罪行记忆犹新，知道他是为了一己私利才会造反，因此都不愿意支持他。不过，很多百姓对清政府的高压政策非常不满，他们便利用这个机会掀起了反清的浪潮。这使得吴三桂的军队不断取得胜利，并北上占领了湖南全省以及四川。此后，广东、福建、广西、陕西、湖北、河南等地纷纷起义响应，清廷危机四伏。

在这个时候，康熙的雄才大略得到了淋漓尽致的展现。他集中兵力攻打吴三桂，把吴三桂在北京的儿子吴应熊杀死，表达了清廷与吴三桂势不两立的决心；又采取分化瓦解之计，暂时停止对耿精忠和尚可喜的撤藩行为，宣布饶恕其他叛变者，以此来使吴三桂孤立起来。接着，康熙又命令勒尔锦等人率领大军赶到武昌和荆门，从正面阻止吴三桂向北进军，又命岳乐由江西赶到长沙，与勒尔锦前后夹击湖南。

战争打响后，八旗兵由于斗志薄弱而接连失败，奉命前往武昌和荆门的八旗兵竟然没有胆量渡江。吴三桂手下将士却个个奋勇当先，作战异常勇猛。可是，吴三桂在军事上犯了保守主义错误，在将湖南全省占领后没有继续向北进军，攻打北京，而是在湖南做好防御，抵御清军。吴三桂打算一方面由四川向陕西进攻，与陕西叛将王辅臣会合；另一方面由长滗攻打江西，与耿精忠会合。吴三桂的战略部署使得康熙有足够的时间进行应对。

康熙决定把湖南当作主战场，尽全力歼灭湖南的叛军，同时在浙东、江西一边及陕西、甘肃、四川开辟战场，让叛军无法取得联系；同时采取稳定策略对付陕西提督王辅臣，粉碎了吴三桂打通西北的阴谋，康熙又利用招抚之计收复了广东，使吴三桂陷入孤立无援的境地。吴三桂躲在湖南负隅顽抗，形势越来越被动。

1678年，吴三桂已经67岁了。他看到战局不利，便迫不及待地在衡州称帝，封赏将领，希望以此鼓舞士气，扭转败局。可是，他失败的命运早已注定，当年8月，吴三桂抑郁成疾，最终病死。他手下的将领拥立他的孙子吴世璠为帝，继续与清军对抗。

1679年，清军收复了湖南和广西，第二年又收复了四川。吴世璠连吃败仗，只好退到昆明据守。1681年，清军攻下了昆明，吴世璠自杀身亡，“三藩之乱”被彻底平定下来。

雅克萨的胜利

明朝末年，明、清双方都忙着打仗，北方边境的防务就无人顾及了。沙皇俄国趁机向我国黑龙江地区进犯。他们在我国掠夺财物，杀害人民。直到清朝稳定了局势，才派兵打击沙俄侵略军，收复了被俄国占领的黑龙江北岸的雅克萨（在今黑龙江呼玛西北，漠河以东的黑龙江北岸）。

后来，康熙帝为了平定三藩，把大批兵力调到西南去。有个俄国逃犯带了84名匪徒逃窜到我国雅克萨，在那里筑起堡垒，到处抢掠。他们把抢来的貂皮献给沙皇。沙皇不仅赦免了逃犯的罪，还任命为首的歹徒做了雅克萨长官，想永远霸占我国土地。

康熙帝平定三藩之后，听到东北边境遭到侵犯，便亲自来到盛京，派将军彭春、郎谈借打猎为名到边境侦察。康熙帝做好进攻的准备之后，派人送信给雅克萨的俄军头目，命令他立刻退出雅克萨。沙俄军不但不肯退出，反而向雅克萨增兵，跟清朝对抗。于是，康熙帝发布了进军的命令。

1685年，康熙帝派彭春为都统，率领水、陆两军1.5万人，浩浩荡荡开到雅克萨，把雅克萨城围了起来。

雅克萨城堡十分牢固。彭春观察了地形之后，一面在城南筑起土山，让兵士站在土山上往城里放弩箭；一面在城北隐蔽地方放好了火炮，乘城北敌人不备，突然开起炮来。炮弹在城头呼啸着飞向城里，敌人的城楼被炮弹击中，熊熊燃烧了起来。

天色放亮后，清军又在城下堆起柴草，准备放火烧城。俄军头目吓坏了，慌忙在城头上扯起白旗投降。

按照康熙帝的事前吩咐，彭春释放了全部投降的俄军，勒令他们撤出本土。俄军头目托尔布津犹如丧家之犬，带着残兵败将跑了。俄军撤走后，彭春命令兵士拆毁雅克萨城堡，让百姓回来耕种。随后，带着军队回到瑷珲城。但是，失败的俄军头目并没有死心，他们听说清军撤走了，就又带兵溜回雅克萨，把城堡修筑得更加坚固。

消息传到北京，康熙帝决定把侵略军彻底消灭。第二年夏天，黑龙江将军萨布素向雅克萨进军。清军将士想到从他们手里放走的敌人又来了，恨不得马上消灭他们。这一次，清军的炮火更加猛烈。守城头目托尔布津也中弹死了；剩下的一批侵略军不得不躲到地窖里，但是没多久，病的病，死的死，最后只剩下了150个人。

沙俄政府慌忙派使者赶到北京，要求谈判。1689年，清政府派出代表索额图，与沙俄政府代表戈洛文在尼布楚举行和谈，签订了《尼布楚条约》。条约划分了两国边界，明确了黑龙江和乌苏里江流域的广大地区属于中国领土。

三征噶尔丹

在《尼布楚条约》签订后的第二年，沙俄政府不甘心失败，唆使准噶尔的首领噶尔丹向漠北蒙古进攻。

那时，蒙古族分为漠南蒙古、漠北蒙古和漠西蒙古三个部分。除了漠南蒙古已归属清朝外，其他两部也都臣服于清朝。准噶尔部是漠西蒙古的一支，本来在伊犁一带过着游牧生活。自从噶尔丹统治准噶尔部以后，他先兼并了漠西蒙古的其他部落，又向东进攻漠北蒙古。漠北蒙古人逃到漠南，请求清朝政府保护。康熙帝派使者到噶尔丹那里，叫他把侵占的地方还给漠北蒙古。噶尔丹依仗沙俄撑腰，不但不肯退兵，还大举进犯漠南。

康熙帝决定亲征噶尔丹。1690年，康熙帝兵分两路：左路由抚远大将军福全率领，从古北口出兵；右路由安北大将军常宁率领，从喜峰口出兵，康熙帝亲自带兵在后面坐镇。

右路清军先与噶尔丹军遭遇，败下阵来。噶尔丹的军队长驱直入，一直打到离北京只有700里的乌兰布通（今内蒙古昭乌达盟克什克腾旗）。噶尔丹得意扬扬，还派使者向清军索要他们的仇人。

康熙帝命令福全出击。清军用火炮火枪猛烈轰击敌阵，步兵骑兵一起冲杀过去。福全又派兵绕到山后夹击，把叛军杀得七零八落，纷纷丢寨逃走。噶尔丹回到漠北，表面向清朝政府表示屈服，实际上却重新招兵买马，还暗地里派人到漠南煽动叛乱。

1696年，康熙帝第二次亲征，兵分三路出击：黑龙江将军萨布素从东路进兵；大将军费扬古率陕西、甘肃军兵，从西路出兵，截击噶尔丹的后路；康熙帝亲率中路军，从独石口出兵。三路大军约定日期同时进攻。

康熙帝的中路军到了科图，遇到了敌军前锋，但东西两路还没有到达。这时候，有人传言沙俄要出兵帮助噶尔丹。随行的一些大臣害怕起来，劝康熙帝退兵。康熙帝气愤地说："我这次出征，还没有见到叛贼就退兵，怎么向天下人交代？再说，我中路一退，叛军全力对付西路，西路不是更危险了吗？"

康熙帝决心已定，继续进兵克鲁伦河，并且派使者去见噶尔丹，告诉他康熙帝亲征的消息。噶尔丹在山头望见清军黄旗飘扬，军容整齐，便连夜拔营逃走了。康熙帝一面派兵追击，一面派快马通知西路军大将费扬古，让他们在半路上截击。

噶尔丹带兵奔走了五天五夜，到了昭莫多（在今蒙古人民共和国乌兰巴托东南），正好与费扬古军相遇。费扬古在树林茂密的地方设下埋伏，然后派先锋把叛军引到预先埋伏的地方，叛军一到，便前后夹击。叛军死的死，降的降。最后，噶尔丹只带了几十名骑兵逃走了。

经过两次大战，噶尔丹叛乱集团土崩瓦解。但是噶尔丹不听康熙帝的劝告，继续顽抗。隔了一年，康熙帝又带兵渡过黄河亲征。这时候，噶尔丹原来的根据地伊犁，已被他侄儿策妄阿那布坦占领；他的左右亲信听说清军来到，纷纷投降。噶尔丹走投无路，服毒自杀。

从那以后，清政府重新控制了阿尔泰山以东的漠北蒙古，分封了当地蒙古贵族称号和官职。随后，又在乌里雅苏台设立将军，统辖漠北蒙古。

后来，噶尔丹的侄儿策妄阿那布坦攻占了西藏。1720年，康熙帝派兵远征西藏，驱逐了策妄阿那布坦，护送达赖喇嘛六世回藏。以后，清政府又在拉萨设置驻藏大臣，代表中央政府管理西藏事务。

郑成功收复台湾

郑成功是我国家喻户晓的民族英雄，他戎马一生，最大的功绩就是收复台湾，结束了荷兰人在台湾的殖民统治。

郑成功的父亲名叫郑芝龙，是明朝末年活跃于中国南部及日本等地的商人兼海盗，后归顺明朝，在南明隆武朝任“建安伯”，曾积极开发台湾岛。郑成功21岁时被隆武帝召见，备受赏识，被赐国姓“朱”，因此，郑成功被尊称为“国姓爷”，并以此名蜚声海内外。

清朝初年，郑芝龙不顾郑成功的苦苦劝阻，带着心腹北上降清。郑成功没能阻止父亲，便到孔庙哭庙后，烧了儒服，率部出海至南澳，继续反清。1659年，郑成功率军北上，讨伐清军，大军顺利进入长江，连连取胜，很快包围了南京。但是，在南京之战中，郑成功不幸中了清军的埋伏，大军损失严重，无奈之下，退回厦门。这次失败使郑成功的军队元气大伤，军队补给也出了问题。为了解决军队的给养问题，郑成功决定前往台湾。可是，台湾自1624年（明天启四年）起就被荷兰殖民主义者占据了，于是，郑成功决定亲自攻打台湾，赶走侵略军。

1661年农历三月，郑成功带领2.5万名兵将，分乘百艘战船，从金门出发，经澎湖向台湾进军。军队抵达澎湖时，海面上突然刮起大风，郑军的军船无法行进，只好停驻澎湖，等风停下来。停驻数日后，郑军军粮消耗殆尽，如果继续留在澎湖不但会动摇军心，还会贻误战机。于是，郑成功当机立断，下令强渡台湾海峡。三月三十日晚，郑成功亲自率船队同风浪搏斗了半夜，终于在四月初一抵达鹿耳门港。

荷兰人在台湾修筑了两大防御要塞：一是位于台江西侧的台湾城，一是位于台江东侧的赤崁城。外海进入台江的航道地势险要，且航道又窄又浅，只能过小船，大船要等到涨潮时才能通过。荷兰人以为有这样的天险，再加上台湾城和赤崁城的炮台作掩护，郑军不可能登陆。事实上，郑成功已经探明该地每月初一会涨潮，为了赶上涨潮，才冒着风浪从澎湖赶到鹿耳门港。

四月初一中午，鹿耳门港潮水果然猛涨，郑军的战舰顺利通过荷兰守军认为不能通过的航道。接着，郑军分兵两路，主力从禾寮港顺利登陆，准备从赤崁城的侧后方发起进攻。郑军的到达受到台湾人民的热烈欢迎，他们争先恐后地帮助郑军登陆，并协助郑军将赤崁城团团围住，从而切断了赤崁城与台湾城的联系。四月初六，赤崁城的荷兰守军在孤立无援的情况下，献城投降。

占领了赤崁城之后，郑军便以此为据点由海、陆两面围困台湾城。郑军士兵众多，考虑到军队给养的问题，郑成功本想速战速决，一开始就对台湾城发起猛攻，迫其投降。但是台湾城经过荷兰人长期经营，十分坚固，而且荷兰军队火炮精良，荷兰守军负隅顽抗，郑军损失惨重。郑成功遂决定改变策略，对台湾城长期围困，同时为了解决军粮的问题，派兵士就地屯田，征收钱粮。5月2日，郑军的第二批部队抵达台湾，增强了郑军的兵力，也暂时缓解了军粮危机。在围困台湾城之余，郑成功不忘加强军队建设，整顿军队，进一步改善军民关系，为经营台湾做准备。

5月28日，赤崁城失陷、台湾城被围的消息传到了远在巴达维亚的荷兰殖民当局，于是他们派出一支增援部队，由雅科布·考乌率领赴台。这支援军在七月中旬到达台湾海峡，正赶上海面上狂风大作。为了躲避风浪，援军的军舰退往澎湖，其中，战舰“厄克”号搁浅沉没，船上士兵全部被俘。从俘虏口中，郑成功得知了荷兰援军的虚实，然后便加紧部署，为攻城做准备。

8月，荷兰援军回到双方作战的海域，驻守台湾城的荷军当局决定联合援军击毁郑军停在赤崁城附近航道上的军舰，驱逐围困的郑军。荷兰军双管齐下，从水、陆两路包抄郑军。在海上，荷兰军焚烧船只，想要从郑军后面包围郑军，不料，反被郑水军团团围住，双方展开激战。一小时后，荷兰海军损失了两艘战舰，三艘小艇，人员伤亡严重，其他军舰仓皇逃跑。在陆上，荷军遭到了同样的失败。这一战后，荷军已无力主动出击，再也不敢轻易出城与郑军交战。

此时，台湾城已被围困数月，城内军粮短缺，军士们出现了厌战情绪。到十月时，台湾城的荷兰守将揆一派使者去联系清军，企图勾结清军解荷军之围。但是清军提出条件，要荷兰军先派兵帮他们攻打厦门，否则不会出兵相助。揆一无奈，派雅科布·考乌率军去攻打厦门。考乌已经不敢再和郑军作战，中途转舵去了暹罗（今泰国），接着又逃回巴达维亚去了。与清军勾结夹击郑军已是不可能的了，荷军士气更加低落，陆续有士兵逃出来，向郑军投降。降兵向郑军透露了荷兰军的情况，于是，郑成功当即决定在对方得到援助之前，发起猛攻。

1662年1月25日清晨，郑军对乌特利支圆堡发起了猛烈的炮轰。当天就占领了该地，并改建了这里的炮台。接着，郑军居高临下，对台湾城展开猛攻。

此时，台湾城已与外界断绝联系数月，城内缺水断粮，兵士无力作战，城防很快就被突破。揆一知道大势已去，茫然不知所措。郑成功派使者入城劝降，使者说，这里本来就不是你们的土地，你们远离故土，我军不忍加害，带上自己的东西赶紧归去吧。如果不听劝告，到时候船毁城破，后悔都来不及。揆一赶紧召开紧急会议和其他殖民者分析形势，讨论对策。经过近9个月的围困，台湾城内已是弹尽粮绝，被疫病和饥饿的阴影笼罩，只有600多人还可以参战，继续固守看不到任何希望。最后，会议决定与郑成功谈判，同意投降，罢兵回国。

1662年2月1日（农历十二月十三），驻台湾荷兰长官揆一终于在投降书上签字，带着900多荷兰军民乘船撤离台湾。至此，荷兰殖民者对台湾38年的殖民统治终于结束，台湾又回归了祖国。

在收复台湾的斗争中，郑成功驱逐了荷兰殖民者，取得了中华民族反对外来侵略的胜利，为祖国立下了不朽的功勋。

雍正创立军机处

1678年，康熙死后，皇四子胤禛登基，是为雍正皇帝。雍正即位后，勤于政事，推行了一系列卓有成效的政策，使得清朝的国力日益昌盛。雍正首先整顿了吏治，雍正把吏治看成与百姓生活安定密切相关的事情。他无法容忍官员贪婪腐化，凡是有确凿的证据证明官员贪污受贿、做非法的勾当，他决不姑息。他在即位初年就对湖南、山西、浙江等省的官员进行调查，并将很多犯案的官员罢免。而对那些执政为民、依照律法办事的官员，雍正非常赏识。他在没有登基前请求内务府员外郎鄂尔泰办理一些私事，鄂尔泰没有给他办，他登基之后并没有因此惩罚鄂尔泰，还夸奖鄂尔泰执法严格，并对鄂尔泰加以重用。

雍正还进行了赋税改革，推行摊丁入亩制。在清朝入关初期，很多皇室成员和朝廷官吏利用职权将汉人的土地强行占领，使得很多土地被兼并。后来，随着商品经济的发展，地主们更加肆无忌惮地兼并土地，使得大量土地集中到地主手中，而众多农民失去了产业。当时政府是以土地和人口作为依据征收赋税的，因此，那些失去土地的农民仍然要缴纳赋税。如此一来，很多地方就出现了贫苦农民因缴不起税而大量逃亡的情况，使得清政府的财政收入受到严重的影响。为了解决这个问题，雍正推行了摊丁入亩制。这种赋税制度就是把人丁税摊入到土地中，有多少亩土地，就需要缴纳多少亩的人丁税。这种制度使得日益严重的土地兼并现象得到遏制，使大量贫苦无依的农民得以生存下来。

在雍正的众多功绩中，建立军机处是不得不提的一项。

在建立军机处之前，雍正每天都要批复很多奏折，之后还要把自己的意见拿出来与大臣们讨论，如果发现自己的意见不正确，就得将奏折找回来，承认自己的意见并不正确，之后再把正确的意见写在上面。由于每天都要批复很多奏折，雍正每天都要忙碌到凌晨。1729年，雍正对西北用兵，可是他由于过度劳累而病倒。一直以来，朝中的很多事务都是由雍正亲自处理的，他病倒之后朝廷的政务受到很大影响，亲近大臣张廷玉等人的工作一下子就增加了很多。张廷玉感慨道：“我最近事务不断，难以处理，连吃饭和休息都受到了严重影响，什么时候能够去处理家务事呢？”为了能够使得朝廷政务顺利进行下去，雍正设置了军机房，负责处理军国大事。第二年，雍正将军机房改称为“办理军机处”，简称“军机处”。

军机处建立后，便发挥出了非常重要的作用。军机处负责处理各种机要政务，权力要高于六部。各地的奏折在送给雍正之前，需要经过军机处的票签。军机处还负责草拟雍正的机要旨令，之后通过兵部送往各地。此外，军机处还负责处理军兵的换防工作，拟定换防官员的名单后，交给雍正裁决。军机处自设立伊始，便成了朝廷的政治中枢，负责处理一切军政大事。

军机处设立之后，提高了朝廷的办事效率。一般情况下，军机大臣每天早上五点就要进宫参见皇帝，接到皇帝的旨意后立即拟写。写好之后，交给皇帝审阅。得到皇帝的认可后，马上传达给相关部门。那些发往外地的圣旨，需要交给兵部封起来，之后根据事情的紧急程度，采用三百里加急、四百里加急等不同的形式送往各地。如果是一些特别机密的文件，军机大臣就会亲自封起来，并写上“军机大臣密寄”几个字。军机处的出现，使得雍正的旨意能够以最快的速度传达给中央及地方官员，省去了很多中间环节，效率大为提高。

军机处虽然权力很大，但是军机大臣并没有任何权力，只相当于皇帝身边的秘书。因此，军机处的设立加强了皇权，标志着清朝君主集权制发展到了顶峰。军机处自雍正创立之后，一直沿用到清朝末期。

雍正在位时间虽然只有短短的13年，但他通过各种政策促进了清朝的发展，为康乾盛世做出了卓越的贡献。

鸦片战争

当英、美、法、日等列强进行如火如荼的资本主义革命时，清政府正闭关锁国，自以为“天朝上国”，不思改革，使中国落后于世界上其他强国。英国通过鸦片贸易从中国攫取了大量白银，同时使我国军民身衰体弱，统治阶级有识之士纷纷要求禁销鸦片。

1839年初，湖广总督、钦差大臣林则徐奉命到达广州，他一方面整顿海防，允许人民群众持刀杀敌；一方面宣布收缴鸦片。3月，英国鸦片贩子被迫交出烟土237万余斤。6月3日，林则徐下令把这些鸦片在虎门海滩当众销毁，以示中国政府禁烟的决心。

英国政府以此为借口向中国发动战争，1840年1月，以懿律和义律为正副全权代表，懿律为侵华英军总司令，出兵中国。5月，英国舰船40余艘、士兵4000多名先后到达澳门附近海面，鸦片战争爆发。懿律率英军进犯广州海口，看到广州军民早已严密布防，遂转攻厦门，又被邓廷桢率军击退。6月，英军北上攻占定海作为军事据点，8月，英舰抵达天津大沽口外。道光帝慑于英军武力，又为投降派的劝说所动摇，遂改变态度，罢免了林则徐，改派直隶总督琦善为钦差大臣去天津和英军谈判。而此时英军因夏秋换季，疾疫流行，遂放弃定海，于8月中旬南返，双方议定在广州谈判。琦善到广州后，一反林则徐所为，命令撤除海防水勇，镇压抗英群众，一心议和。1840年12月，琦善与义律在广州开始谈判，英军趁中方严防撤除，又因谈判海防松懈无备之际，于1841年1月7日发动突袭，攻陷了虎门附近的沙角、大角两炮台，并单方面宣布签订《穿鼻草约》，1月26日，英军攻占了香港。

道光帝得知琦善开门揖盗，丢失两炮台后，下令锁拿琦善，并向英国宣战，派侍卫内大臣奕山为靖逆将军，调兵万余赴粤抗英。英军先发制人，出动海陆军攻虎门，广州提督关天培亲率清兵迎击，清军刀矛不敌英军坚枪利炮，关天培中弹牺牲。2月26日，英军攻占虎门、猎德、海珠等炮台，溯珠江直逼广州。4月，奕山率大军抵广州，5月24日英军进攻广州，一路占领城西南的商馆，一路由城西北登陆，包抄城北高地，不久攻占城东北各炮台，并炮击广州城。奕山执行“防民甚于防寇”的方针，对英军侵略消极抵抗，在英军迅猛攻势下，他与英人签订《广州和约》并征得道光帝批准，以缴600万元换得英军撤出广州地区。

与清政府妥协投降态度相反，广州三元里人民在广州北郊牛栏冈附近同窜入这里的千余英军奋勇作战，打死打伤英军数十人，并把四方炮台围得水泄不通，在广州知府的调停下，英军才得以解围。

英政府并不满意懿律和义律在中国获得的权益，改派璞鼎查为全权代表来华，扩大侵略战争。1841年8月21日，璞鼎查率37艘组成的舰队，陆军2500人离香港北上，攻破厦门，占据鼓浪屿；10月1日再次攻陷定海，清定海总兵葛云飞英勇殉国。10日英军攻占镇海（今属宁波），钦差大臣、两江总督裕谦战死，英军旋即占领宁波城。道光帝闻讯大惊，忙派吏部尚书、大学士奕经调兵赴浙以收复失地。1842年3月，奕经在准备不充分的情况下全面反击，清军数战不利，撤回原地。

战败消息传到京师，朝野上下震动，道光帝无奈，只得派盛京将军耆英和老臣伊里布赴浙向英军请和。璞鼎查不理会耆英的乞和，继续率军深入，1842年5月18日，英军攻取浙江平湖乍浦镇，6月16日攻吴淞口，吴淞炮台守将陈化成壮烈牺牲，宝山、上海沦陷。英军溯长江西上，于7月21日陷镇江，8月，英舰陆续到达南京下关江面。清政府已无心再战，遂接受英方停战的条件，29日，中英双方在英军舰“汉华丽”号上，耆英、伊里布与璞鼎查签订了中国近代史上第一个不平等条约《南京条约》，鸦片战争以清政府的惨败而告终。

鸦片战争严重侵害了中国的主权，标志着中国开始逐步陷入半殖民地半封建社会，打开了中国近代史的序幕，昭示了落后就要挨打的深刻道理。

太平天国运动爆发

太平天国运动是清朝统治后期由洪秀全领导的一场声势浩大的农民起义。洪秀全生在广东一个农民家庭，出生时正值嘉庆统治后期。洪秀全从小就进入私塾埋头苦读，希望长大之后能通过科举考试出人头地。成年后，洪秀全总共参加了4次乡试，均以失败告终。29岁那年，洪秀全终于打消了借助考试入仕为官的念头。就在同一年，洪秀全创立了拜上帝教。

原来，洪秀全到广州参加乡试期间，曾从一名西洋传教士手中得到了一套名叫《劝世良言》的基督教义宣传手册。这套手册阐述了基督教教义中的创世说、原罪、救赎说、天堂、地狱以及末日审判说等内容，并猛烈抨击了中国的传统文化、民间宗教、风水和巫术。

洪秀全将这套手册认真研读，1843年，洪秀全创立了“拜上帝会”，并编写了《百正歌》《改邪归正》《原道救世歌》《原道醒世训》等作为教义。洪秀全称：“天下将有大灾大难，唯信仰上帝入教者可以免难。入教之人，无论男女尊贵一律平等，男曰兄弟，女曰姊妹。”他以上帝次子的身份自居，开始在两广地区大肆宣传“拜上帝会”，广收教徒。

在传教的过程中，洪秀全有了一个得力的帮手冯云山。冯云山在广西传教时，由于连年遭遇自然灾害，广西到处都是食不果腹的灾民，阶级矛盾空前激化，冯云山就在这些灾民中间发展了两千多名教徒。随着“拜上帝会”的不断壮大，洪秀全的思想也产生了质的飞跃，开始将“拜上帝会”由一个宗教团体逐渐发展成为以推翻清朝统治为目标的政治军事组织。

当时灾荒连年的广西频繁爆发农民起义，从1850年7月份开始，洪秀全和冯云山也开始密谋组织起义。他们要求教徒将家中的财产全都变卖，然后赶赴广西金田集合，总共有大约两万余人汇聚到了金田村。洪秀全将这些人集中起来开始操练，为即将到来的起义做好准备。

当地政府在收到消息以后，先后两次派出军队前来镇压，结果都以失败告终。1851年1月11日，恰逢洪秀全37岁生日，上万名教徒集合起来发动起义，正式向清政府宣战。因为此次起义发生在广西金田，所以后人便称其为金田起义。不久，起义军自称为太平军，建号太平天国。轰轰烈烈的太平天国运动就此拉开了帷幕。

1851年3月，洪秀全在广西武宣东乡自立为天王。8月，太平军在广西平南官村一带击溃了前来镇压的清军，这也是金田起义爆发以来太平军取得的最辉煌的一次胜利。9月份，太平军攻克了广西永安，开始在永安城内整顿，史称“永安建制”，其内容主要包括：修订历法，制订天历；命令百姓蓄发；建立圣库制度，将财产集中起来，统一进行管理；确立官制；分封五王，这五王分别为东王杨秀清、西王萧朝贵、南王冯云山、北王韦昌辉和翼王石达开，同时还规定其余四王均受东王节制——这项规定为日后的天京事变埋下了隐患。“永安建制”为太平天国建国奠定了的基础。

第二年4月初，太平军从永安出兵向湖南进发。行军途中，南王冯云山被清军的大炮击中，后因伤势过重而死。8月，萧朝贵和石达开率军对长沙展开了长达三个月的进攻，在此期间，西王萧朝贵战死。由于太平军始终未能攻下长沙，只能选择继续北上。第二年初，太平军成功占领了武昌，从此进入了快速发展的阶段，总人数激增至50万以上。

此后，太平军一路高歌猛进，于当年3月份攻下南京，并将其改名为“天京”，成为太平天国的首都。随后，太平天国颁布了《天朝田亩制度》，该制度依据“凡天下田，天下人同耕”的原则，把土地按照年产量的多少分为上、中、下三级九等，然后按人口进行平均分配，即“凡分田照人口，不论男妇，算其家口多寡，人多则分多，人寡则分寡”。《天朝田亩制度》是一个以解决农民土地问题为核心的革命斗争纲领和社会改革方案，内容涉及政治、经济、军事、文化等方方面面，是太平天国的纲领性文件，它把我国农民的平均主义思想以制度的形式固定下来，对于打击封建统治，推动生产力的发展起到了巨大的推动作用。

定都天京以后，太平军很快又开始了北伐和西征。两万多名北伐军在林凤祥和李开芳的领导下一路北上，一直进攻到天津一带，逼近北京城。这在清政府内部引起了极大的恐慌，大批清军赶来镇压北伐军，孤军深入的北伐军最终全军覆灭。在北伐军出征的同时，赖汉英等人率军开始了西征。西征军首先攻破了安庆，其后又攻下九江、武昌等地，进入湖南。在湖南，西征军与曾国藩领导的湘军多次正面交锋。由于翼王石达开指挥有方，西征军在与湘军交战的过程中屡屡获胜。

在太平军北伐和西征的同时，天京一直被清军围困。1856年5月，石达开率军返回天京，与丞相秦日纲会合，一举击破了清军的江南大营。天京就此摆脱了清军的围困，太平天国的军事力量也在此时到达了巅峰状态。

中法战争

1883年12月14日，法军率先对山西展开了进攻。两天后，山西便落入了法国手中。第二年2月，法军又开始进攻北宁，3月，北宁失陷。短短7日过后，法军又攻下了太原，随后又进一步入侵兴化。连续的败退让当时清政府的最高统治者慈禧太后陷入了巨大的恐慌，偏巧法国海军中校福禄诺在这时向清政府提出了五项议和条件，双方一拍即合。于是，在当年的5月份，中法两国便签订了《中法会议简明条约》。因为签订该条约的中法代表分别是李鸿章和福禄诺，所以这个条约也被称为《李福协定》。《李福协定》承认了法国对越南的保护权，并同意在中越边界开放通商。这个条约的签订标志着中法战争第一阶段的战事走到了终点。

然而，《李福协定》带给中法两国的和平时光只有短短40余日，6月23日，“北黎冲突”爆发。在此次冲突中，法军无故枪杀了三名清军联络官，进而又向清军发起了进攻。清军无奈之下，只好对法军予以还击，法军遭到重创。翌日，两军再次交战，最后的战败方仍是法军。福禄诺据此污蔑中方违背《李福协定》的规定，要求清政府马上从越南北部撤军，并赔偿法军的军费损失，高达2.5亿法郎。清政府最终同意撤军，但是拒绝了福禄诺提出的赔款要求。

1884年8月5日，法军舰队对台湾基隆展开了进攻，后被清军击退。其后，法国又对福建发动了马尾海战。地处福州东南的马尾是闽江下游的天然良港，也是福建海军与船厂的所在地，港内停泊着11艘福建水师军舰，驻扎着20余营江防陆军，总兵力要优于前来进犯的法军。不过，因为当时清政府的外交态度犹豫不定，马尾军队在迎战之前并没有做好充足的准备，再加上马尾的将领多为懦弱无能之辈，军队的武器装备不够优良，弹药也不足以应付即将到来的战争，所以马尾的清军战斗力十分低下，战争的结果不言而喻。

8月23日下午，法军主帅孤拔指挥法国军舰对福建海军发动了突袭，处于劣势地位的福建海军仓促抵抗，交战持续了大约半个小时。福建海军伤亡的将士高达700多人，11艘海军舰艇全都被法军击沉。与之相比，法军的损失则要轻微得多，仅有30多人伤亡，另有两艘鱼雷艇遭到了重创。在此之后，法军又炸毁了福州船政局，并在接下来的数日时间内将清政府在马尾和海口之间设立的岸防设施破坏殆尽。8月26日，清政府逼于无奈，向法国宣战。

同年10月，法军兵分两路，对台湾的基隆和淡水两地分别展开了进攻。台湾巡抚刘铭传组织台湾军民奋勇抗敌，法军始终无法深入台湾内部，只好对台湾实施了海上封锁，希望以此阻断南北海运，断绝台湾和福建之间的联系。在这样的情况下，清政府派出了南洋水师赶来支援台湾。1885年初，清军将领吴安康率领5艘战舰南下。法军主帅孤拔亲自率领舰队赶去拦截，双方在浙江海域正面交锋。清军的两艘战舰被法军击沉，其余三艘军舰暂停在镇海口。孤拔随即率军赶到镇海，由于镇海守军早有准备，并做好了充足的防御准备，最终成功击败了来犯的法军。孤拔也在镇海之战中身受重伤，不久便死去。

这一年初，法军从陆上入侵镇南关未果，随后又对谅山发起了进攻。攻陷谅山后，法军再度开始进攻镇南关。在法军正式对镇南关发起进攻之前，年近七旬的老将冯子材率领清军突袭法军，致使法军自乱阵脚，在援军赶到之前就匆匆忙忙地对镇南关发起了进攻。冯子材率领驻守镇南关的清军与法军展开了贴身肉搏，成功击溃了前来进犯的法军。其后，清军又乘胜追击，法军节节败退，仓皇逃窜，原先攻陷的文渊和谅山也相继失守。镇南关大捷的消息传到了法国，导致法国的茹费理内阁倒台。与此同时，也让广大清军将士和中国百姓大受鼓舞，并使得清军在中法战争中转败为胜。

中法战争发展到这一阶段，孰胜孰败已经变成了未知之数。如果不是软弱的清政府急于向法国侵略者屈膝求和的话，中国军民要想取得最后的胜利并不是没有可能的。但是，随着中法两国和谈的正式开始，这种可能性也就随之变为了零。故此，时人评价说："法国不胜而胜，中国不败而败。"

1885年5月，李鸿章奉命与法国驻华公使巴德诺在天津展开了和谈。6月9日，双方在天津签订了《中法新约》，条约规定：清政府承认法国对越南的保护权，并承认越南和法国签订的条约；法国从台湾和澎湖两地撤军；中越陆路交界开放贸易，中国在边界以内开辟两个通商口岸；日后云南和广西在与越南进行贸易时，将降低现有的通商税率；中国此后修建铁路应向法国商办。

《中法新约》签订后，中国的西南门户大开，法国的势力长驱直入，一直延伸到云南、广西和广东地区。从1886年到1888年，清政府又被迫与法国签订了《中法越南边界通商章程》《中法界务条约》《中法续议商务条约》等一系列不平等条约，使得法国侵略者在中国的势力迅速膨胀起来。

黄海海战

1894年8月1日，中日两国宣战，战争在海陆两战场全面展开。日本陆军在朝鲜半岛节节北进，同时日本海军联合舰队也向北推进到朝鲜半岛仁川至大同一带驻泊，企图切断中国至朝鲜的海上运输线，寻机同中国海军主力决战，歼灭北洋海军，夺取黄海和渤海制海权，为实施其在中国渤海海湾登陆并进行陆上战略总决战的计划创造条件。

9月16日，中国北洋海军提督丁汝昌奉命率舰队主力18艘舰只，护送运输船载陆军4000人至鸭绿江口大东沟登陆，增援平壤。17日上午登陆完毕后，舰队准备返航。11时左右，由海洋岛向东北方向搜索的日本联合舰队在大东沟海域发现北洋海军，列舰准备实施攻击，北洋水师立即启舰迎战。丁汝昌发出命令：姊妹舰结成对舰，构成基本战斗单元，全舰队一律以舰首对敌；各舰随同旗舰运动。北洋水师10艘主战军舰排成雁行阵迎敌，铁甲舰“定远”和“镇远”居中，左翼依次为巡洋舰“靖远”“致远”“广甲”和“济远”，右翼依次为巡洋舰“来远”“经远”“超勇”和“扬威”。在列阵过程中，由于各舰航速不一，北洋舰队的迎战队形实际成为“定远”和“镇远”突前的不规则横队。日联合舰队12艘军舰则以纵队迎战：第一游击队4舰依次居前，本队6舰依次居后，“西京丸”和“赤诚”二舰列于本队后尾非战斗的左侧。当双方舰队驶距6.4海里时，日联合舰队第一游击队稍向左转，准备攻击北洋水师右翼。

12时50分，双方舰队相距约3.2海里时，北洋水师首先发炮，战斗开始。日第一游击队向北洋舰队右翼实施猛烈攻击，“超勇”和“扬威”二舰中弹起火，先后沉没。交战初始，北洋舰队旗舰“定远”飞桥被震塌，正在飞桥上指挥舰队作战的丁汝昌摔伤，右翼总兵兼“定远”管带刘步蟾代替指挥。不久，“定远”舰信号设备被日舰炮火破坏，全舰队失去统一的战场指挥，诸舰各自为战。日联合舰队采用机动战术，第一游击队和本队分别向左后方、右后方转向，对北洋水师实施分割包抄。北洋水师雁阵被切断，陷入腹背受敌的不利境地，顿时混乱。激战中，北洋水师“致远”舰多处中弹，弹药用尽，舰身受伤倾斜，管带邓世昌见日先锋舰“吉野”横冲直撞，断然下令开足马力，驶向

“吉野”，准备用舰首冲角撞击之，与之同归于尽。但不幸被鱼雷击中，船体破裂后下沉，邓世吕等250名官兵壮烈殉国。

日舰“比睿”“赤城”此时却遭北洋水师“来远”“经远”重创，“赤城”舰长坂元八郎太当场毙命，“西京丸”也受重伤退出战斗。逃过“致远”撞击的日舰“吉野”号更为猖狂，又击中北洋水师“经远”号，“经远”管带林永升、大副陈策阵亡，不久“经远”再次中弹，最终沉没，250余名官兵罹难。15时30分，受到日舰围攻的“定远”和“镇远”二舰仍坚持奋战，重创敌旗舰“松岛”，打死打伤炮台指挥官海军大尉志摩清直以下百余人。“靖远”“来远”经过抢修，重新投入战斗，“靖远”大副刘冠雄见“定远”号旗杆断裂，不能升旗指挥，遂建议管带叶祖珪悬信旗集队，统一指挥各舰。此时，日旗舰“杉岛”已瘫痪，“吉野”也丧失再战能力，17时40分，日联合舰队司令伊东祐亨中将鉴于各舰伤亡惨重，再战乏力，怕遭北洋水师鱼雷艇袭击，而北洋水师又重新集结，于是下令收队，从东南撤出战场。北洋水师稍事追击，也下令收队，返回旅顺军港。历时5个多小时的黄海海战至此结束。

曾国藩与湘军

曾国藩作为晚清的名臣，是清代杰出的军事家、政治家和文学家。他出生于湖南一个地主家庭，是家中的长子，出生时正值嘉庆统治时期，清朝已经由繁盛转向了没落。

据说，曾国藩出生之前，他的爷爷曾经梦见自家的柱子上缠绕着一条巨蟒。曾国藩出生以后，爷爷便认为他是巨蟒转世。曾国藩从小就有皮肤病，全身都长满了癣，就像蟒蛇的鳞片一样。读书时不管天气多么热，他都会穿戴整齐，唯恐别人见到自己身上的癣。不过，他的爷爷也因此更加确定他就是转世的巨蟒。

曾国藩6岁时进入私塾读书，当时他的表现比其他同龄人都要笨拙，不过他胜在勤奋。正所谓“勤能补拙”，少年时代的曾国藩已在同龄人中鹤立鸡群。再加上父亲从旁指导，曾国藩在学业方面更是进步神速。22岁那年，曾国藩考中了秀才，第二年又顺利考取了举人，其后曾国藩经历了两次失败的科举考试，但最终高中进士，开始入朝为官，从最初的翰林院庶吉士到后来的总督，曾国藩只用了10余年时间就官拜一品。

1851年，太平天国运动爆发，当时曾国藩的母亲去世了，他正在湖南为母亲守丧。由于清朝的正规军队在与太平军交战的过程中屡遭失败，清政府只好求助于地方武装。为了效忠于清廷，曾国藩便在家乡湖南一手创立了湘军。其后，湘军便成了清政府镇压太平军的主力。太平天国运动失败以后，湘军又陆续镇压了其他的农民起义运动。可以说，清朝末年，湘军在维护清政府的统治方面功不可没。

湘军之中的将领多数都是湖南湘乡的儒生，也就是曾国藩的同乡。其中，部分主将与曾国藩的关系十分紧密，或是与他有同窗之谊，或是与他有师生之情，又或是他的好友甚至是亲人，湘军之中的士兵则是湘乡及其周边地区的农民，整支湘军只对曾国藩一人马首是瞻。湘军主要分为两大类别：一为陆军，二为水军，所装备的武器除了从西方进口的洋枪火炮之外，还有不少是自制的新型武器。

曾国藩在创立湘军之初，对于军事完全是个门外汉。为了让自己迅速成长为一个成熟的军事家，他在研究历代兵书的同时，更看重从实践中获取的经验教训。一开始在与太平军交战的过程中，湘军由于经验和兵力不足，接连遭遇失败，朝中很多大臣因此对曾国藩冷嘲热潮。极度失落的曾国藩曾两度跳江，想结束自己的生命，在被救上岸后，曾国藩痛定思痛，下定决心要改变这一现状。他不断从失败中吸取教训，逐渐改善战略战术。与太平军交战后期，曾国藩率领的湘军已经扭转了颓势，屡屡获胜。1864年，湘军在曾国藩的指挥领导下攻破了太平天国的都城天京，轰轰烈烈的太平天国运动宣告失败。

湘军的力量在镇压各地农民起义的过程中迅速壮大起来，除了曾国藩以外，湘军内部还涌现出了大批优秀的将领，如左宗棠、李鸿章、曾国荃等人，这些将领后来大多成了洋务运动的主要领导者。

湘军成功镇压了清末爆发的多次农民起义，从而有效地维护了清朝的统治。主要由湘军将领领导的洋务运动，虽然未能从根本上改变中国落后挨打的状况，但其“师夷”的思想还是对后世起到了深远的影响。

在成功镇压了太平天国起义后，曾国藩又率领湘军转战北方，镇压捻军起义，结果却因为指挥失误，导致湘军战败，清政府问责起来，免除了曾国藩湘军统帅的职位，由李鸿章取而代之。其实，在此之前，清政府就已对手握重兵的曾国藩十分忌惮。不仅如此，在咸丰帝大丧期间，曾国藩还偷偷娶了一房妾室，引得时人斥他为“伪君子”，对他在朝中的形象也造成了极大的损害。为了向朝廷表明自己的忠心，曾国藩特意将自己的家书印刷出版，公告天下。直至今日，曾国藩家书依然在全国各地广泛流传。

离开湘军之后，曾国藩担任直隶总督一职。1870年，他奉命前去查办天津教案，但他查办的结果却引起了公愤，他也因此声名狼藉。两年后，曾国藩在南京去世，享年61岁。

除了在政治、军事等方面的成就，曾国藩在文学方面同样成绩不俗，著有《曾文正公全集》流传于世，文正是他的谥号。他创立了晚清散文的“湘乡派”，其写作风格对后世的梁启超、严复等人产生了很大影响。